AF747686

Droits fondamentaux et crise(s) des solidarités

Le droit aujourd'hui

La collection « Le droit aujourd'hui » regroupe des études juridiques concernant des problèmes d'actualité nationale et internationale, dans divers domaines (éthique, politique, questions de société...).

Déjà parus

Hadi Azari, *La demande reconventionnelle devant la Cour internationale de Justice,* 2018.
Claire Joachim, *Protection de la qualité des eaux douces au canada et dans l'union européenne, Le partage des compétences,* 2018.
Ianjatiana Randrianandrasana, *Le droit de la protection de la nature à Madagascar : entre centralisme et consensualisme*, 2018.
Wendkouni Judicaël Djiguemdé, *L'aménagement conventionnel de la société commerciale en droit français et en droit OHADA*, 2018.
A. A. Cançado Trindade, *Vers un nouveau* jus gentium *humanisé. Recueil des opinions individuelles du juge A. A. cançado trindade*, 2018.
Fabienne Labelle et Damien Thierry (dir.), *Droit des sites et sols pollués. Bilans et perspectives*, 2018.
Moustapha Kamara (avec la collaboration d'Isabel Falconer et Samba Thiam), *Le contentieux du transfert des joueurs devant la FIFA et le Tribunal arbitral du sport. Guide juridique pratique*, 2017.
Marie Pelé et Cédric Sueur (Coord.), *Questions d'actualité en éthique animale*, 2017.
Guy Dibangue, *La recherche de l'équilibre contractuel dans le cautionnement*, 2017.
David Defrance, *Le retour à meilleure fortune, Étude en droit des difficultés économiques*, 2017.
Mariem Aydi Ghozzi, *Les principes généraux dans la jurisprudence de l'organe de règlement des différends de l'OMC, 2017.*
Boris Barraud, *Le droit postmoderne. Une introduction*, 2017.
Boris Barraud, *La jurisprudence et la doctrine*, 2017.
Geneviève Iacono, *Voyages au cœur des propriétés publiques*, 2016.
Nitish Monebhurrun, *La fonction du développement dans le droit international des investissements,* 2016.
Djiby Sow, *La légalité de l'intervention militaire française au Mali. Contribution à l'étude du cadre juridique de la lutte armée contre le terrorisme international*, 2016.
Emmanuel Tessier, *Le stade en droit public. Recherche sur le régime juridique des enceintes sportives*, 2015.

Sous la direction de
Fabien Bottini

Droits fondamentaux et crise(s) des solidarités

L'Harmattan

Du même auteur

BOTTINI F., *La protection des décideurs publics face au droit pénal*, Paris, LGDJ 2008, 376 p.
BOTTINI F., *L'action économique des collectivités publiques. Ses enjeux, son droit, ses acteurs* (à paraître en 2019).
BOTTINI F., *Le service public du développement économique*, Paris, LGDJ 2019 (à paraître).

BOTTINI F. (dir.), *L'État interventionniste*, Paris, L'Harmattan 2012, 192 p.
BOTTINI F. (dir.), *Les évolutions des modes de financement de l'action publique*, Paris, L'Harmattan 2014, 240 p.
BOTTINI F. (dir.), *Néolibéralisme et droit public*, Paris, Mare & Martin 2017, 436 p.
BOTTINI F. (dir.), *Néolibéralisme et américanisation du droit*, Paris, Mare & Martin 2019 (à paraître).
BOTTINI F. (dir.), *Le Léviathan face à Mammon. Essai sur l'économicisation du droit public*, Mare & Martin 2019 (en cours d'écriture).

BOTTINI F., GABA H. et CHABAL P. (dir.), *Le régionalisme et ses limites : regards croisés franco-kazakhs*, Bruxelles, PIE Peter Lang 2016, 182 p.
GABA H., BOTTINI F., DE RAULIN A. et PASTOREL J.-L (dir.), *Les relations UE, pays ACP et PTOM : vers la fin d'un cycle*, Nouméa, L'Harmattan 2019 (à paraître).

© L'Harmattan, 2019
5-7, rue de l'Ecole-Polytechnique, 75005 Paris

http://www.editions-harmattan.fr

ISBN : 978-2-343-16201-0
EAN : 9782343162010

DE LA SOLIDARITÉ A LA FRATERNITÉ. REFLEXIONS SUR UNE SUBSTITUTION JURIDIQUE, SA PORTEE ET SES LIMITES (Avant-propos)

Par
Fabien BOTTINI
Maître de conférences HDR
Directeur-adjoint du LexFEIM
Président de la Section droit
Responsable du Master droit des Collectivités territoriales
de l'Université Le Havre-Normandie

Parce que « savoir, c'est » – parfois – « se souvenir »[1] comme le concédait Aristote à Platon, souvenons-nous du 15 mai 1997. Ce jour-là, les membres du GREDFIC, le laboratoire de recherche en droit de l'Université du Havre dirigé par le Doyen Patrice Gélard, inauguraient, à l'initiative du Professeur Gilles Lebreton, ce qui allait devenir leur colloque biannuel sur les droits fondamentaux.

L'idée n'était alors pas seulement de prendre à échéance régulière le pouls de ces droits, dont la consécration avait été opérée quelques années auparavant – le 22 janvier 1990 – par le Conseil constitutionnel[2]. C'était aussi – et peut-être surtout ! – de le faire dans le cadre de manifestations pluralistes, permettant de porter un regard croisé sur les grandes problématiques posées par leur mise en œuvre.

Les membres du GREDFIC s'érigeaient ainsi en vigie des « droits et libertés constitutionnellement protégés »[3], pour veiller à ce que certains droits « nécessaires à l'épanouissement de la personne humaine » ne soient

---

[1] *Topiques*, Ladrange 1843, p. 74.
[2] CC 269 DC du 22.1.1990, *R.* 33, cs. 33.
[3] Favoreu L., « Rapport général », *in Cours constitutionnelles européennes et Droits fondamentaux*, PUAM-Economica 1987, p. 41.

pas « raval(é)s au rang de droit de deuxième classe »[4]. Au fur et à mesure des colloques, il s'est notamment agi pour le GREDFIC de vérifier que l'essor des droits fondamentaux ne rompe pas l'équilibre entre les droits de l'homme et du citoyen qui, depuis Machiavel, constitue le pilier du républicanisme, ni, d'une façon plus générale, n'ébranle l'indivisibilité des différentes générations de droits de l'homme. Comment parvenir à maintenir, dans le contexte de la mondialisation, l'équilibre entre les droits économiques, politiques et sociaux gagnés de haute lutte depuis 1789 ? Voilà, au fond, le fil conducteur de ces différentes manifestations.

Celles-ci ont été jalonnées par des communications qui, pour certaines, sont devenues de véritables morceaux d'anthologie de la recherche juridique, que l'on songe à la très sérieuse « Chronique nécrologique de l'universalisme français » du Professeur Hugues Moutouh[5], au percutant « Des droits ? Quels droits ? »[6] du Professeur Jacques Bouveresse, au grinçant « Jeu de nain, jeu de vilain »[7] du Professeur Olivier Cayla ou à la contribution, pleine d'humour, du Professeur Bernard Bouloc sur « La crise de la justice »[8]. Et encore : la liste est-elle loin d'être exhaustive !

En 20 ans, beaucoup de choses ont changé. Les professeurs Patrice Gélard et Gilles Lebreton se sont lancés dans la politique ; le GREDFIC est devenu le LexFEIM ; l'Université du Havre fait désormais partie de la COMUE de Normandie... Mais la multiplication des zones de conflit un peu partout dans le monde ; la montée en puissance du terrorisme ; l'éclatement de la crise économique… toutes ces considérations ont conjugué leurs effets pour ériger la protection des droits fondamentaux en thème indémodable, faisant ainsi mentir ceux qui avaient cru en 1989 que la chute de l'URSS marquerait *La fin de l'histoire*[9].

Dans la foulée du précédent colloque dirigé par le Professeur Vincent Tchen sur *Les droits fondamentaux à l'épreuve de la crise économique et financière*, le sujet du moment avait semblé être *Droits fondamentaux et crise(s) des solidarités*. C'est pourquoi les 27 et 28 avril 2017, le LexFEIM de l'Université Le Havre-Normandie a décidé de fêter l'anniversaire de ce

---

[4] Lebreton G., « Ouverture », *in Les droits fondamentaux de la personne humaine en 1995 et 1996*, L'Harmattan 1998, p. 5.

[5] « La différence dans l'égalité. Chronique nécrologique de l'universalisme juridique français », *in L'évolution des droits fondamentaux de la personne humaine en 1997-1998*, L'Harmattan 2000, p. 109.

[6] *In L'évolution des droits fondamentaux de la personne humaine en 1997-1998*, *op. cit.*, p. 237.

[7] *In Les droits fondamentaux de la personne humaine en 1995 et 1996*, L'Harmattan 1998, p. 149 s. Cet article se livre en 1997 à une critique aussi drôle qu'acérée de l'affaire du « lancé de nain » au cœur de l'affaire Morsang-sur-Orge, jugée par le Conseil d'État deux ans plus tôt, en 1995.

[8] Bouloc B., « La crise de la justice » », *in Crises sociales et droits fondamentaux de la personne humaine*, L'Harmattan 2009, p. 59 s.

[9] Fukuyama F., « La fin de l'histoire ? », *Commentaire* 1989-3/47. 457.

cycle d'études en se penchant à nouveau au chevet de ces droits, dans le contexte de l'élection présidentielle.

Si, à l'initiative de Benoît Hamon, la campagne s'était focalisée sur la nécessité d'apporter une réponse aux défis sociaux de la mondialisation[10], c'est parce que cette dernière ne remet pas seulement en cause les liens familiaux et interpersonnels via la montée de l'individualisme consumériste et la mobilité accrue des travailleurs qui l'accompagnent ; elle est aussi à l'origine d'un double phénomène de concentration des richesses et de la pauvreté.

D'un côté, un rapport officiel de l'OCDE s'inquiétait en 2016 de ce que les 10% des personnes les plus aisées aient capté dans les pays étudiés 24,7% de la part totale de revenus entre 2008 et 2014 (contre 2,9% pour les 10% les plus pauvres)[11]. Or, l'agravation des inégalités a été soulignée depuis. D'autres études ont en effet montré que 26 personnes dans le monde possédaient autant que la moitié de l'Humanité[12]. Rien qu'aux États-Unis, la fortune des 3 familles les plus riches a crû de 6 000% en 35 ans pendant que sur la même période le revenu médian diminuait de 3%[13]. Tant et si bien que leur richesse équivaut désormais à celle de 162 millions de leurs concitoyens[14], soit la moitié de la population américaine. Pendant que la part des 0,1 % les plus riches passait de 2% à plus de 8 % du total des revenus avant impôt outre-Atlantique, elle restait toutefois à 3% en France[15] où les 1 % des plus fortunés vivent en moyenne avec 7 600 euros par mois et par personne[16]. Si les mécanismes de redistribution des richesses français expliquent, selon Louis Maurin, le directeur de l'Observatoire des inégalités, que l'accroissement desdites inégalités ait été moins spectaculaire dans l'Hexagone, le ratio entre les revenus des 20 % les plus riches et ceux des 20 % les plus pauvres a tout de même bondi à 4,7 en 2011 (contre 4,3 en 2007) en raison de la crise économique : car celle-ci a surtout fait « plonger les revenus des moins aisé(e)s du fait de l'extension du chômage »[17], comme le remarquait le Conseil économique, social et environnemental (CESE). Entre 2004 et 2014, la France a par suite compté 950 000 pauvres de plus, entendus comme les personnes vivant avec moins de 50% du revenu médian

---

[10] « La lutte contre la pauvreté s'invite dans la campagne », *Le Monde* 15-16.1.2016.

[11] *Le point sur les inégalités de revenu*, OCDE 2016, p. 6.

[12] « Selon Oxfam, les vingt-six plus riches détiennent autant d'argent que la moitié de l'humanité », *Le Monde* 20.1.2019.

[13] Collins C. et Hoxie J., *Billionaire Bonanza 2018: Inherited Wealth Dynasties in the 21st-Century U.S. Report of October 30, 2018* (disponible sur le site : https://inequality.org).

[14] UBS, *New visionaries and the Chinese Century. Billionaires insights 2018* (disponible sur le site https://www.ubs.com).

[15] OCDE, *Très hauts revenus et fiscalité dans les pays de l'OCDE : la crise a-t-elle changé la donne ?*, OCDE 2014, p. 2.

[16] « Il vaut mieux prévenir que guérir, mais il n'existe pas de vaccin contre la pauvreté », *Le Monde* 14.6.2018.

[17] CESE, *Réconcilier la France*, éd. des Journaux officiels 2017, p. 19.

(soit moins de 848 euros par mois, prestations sociales incluses et impôts déduits)[18]. Ce qui portait son taux de pauvreté à 8,1 % de la population (5 millions de personnes dont 1,2 million d'enfants et adolescents), à 14,1% même (soit 9 millions de personnes) si l'on retient le seuil de 60 % du revenu médian préconisé au niveau européen[19]. Parallèlement, les inégalités de patrimoine augmentaient, elles, de façon plus significative entre 1998 et 2015, la moitié des ménages français concentrant 92% des avoirs patrimoniaux, selon l'INSEE[20].

D'un autre côté, le phénomène de métropolisation semble concentrer les richesses et les emplois qualifiés sur les grandes aires urbaines. France Stratégie relevait ainsi que « les quinze aires (…) de plus de 500 000 habitants (…) rassemblent aujourd'hui 40 % de la population et 55 % de la masse salariale »[30], étant précisé qu'« en 2011, 85 % des ingénieurs de l'informatique, 75 % des professionnels de l'information et de la communication et 69 % du personnel d'études et de recherche y étaient localisés »[21]. Rien d'étonnant dans ces conditions à ce qu'un Français sur trois estime vivre dans un territoire délaissé par les pouvoirs publics[22] et à ce que 3 576 communes françaises soient considérées comme des « territoires isolés » (c'est-à-dire des territoires comportant moins de 25% d'actifs). Il s'agit des communes de moins de 350 habitants qui représentent près de 10% des communes et 1,2 million de personnes (soit un peu moins de 2 % de la population)[23].

Si la crise est par définition un entre-deux – une situation intermédiaire entre un avant et un après qui s'expose au reproche perpétuel du « c'était mieux avant » –, l'État-providence semble en réalité avoir traversé une succession de crises depuis les années 1970, notamment illustrées par les chocs pétroliers de 1973 et 1979, l'effondrement de l'URSS en 1990, le krach de 2008 et le mouvement des « gilets jaunes » de 2018. Car, chacun de ces évènements a eu un impact sur ses politiques sociales : tandis que les chocs pétroliers ont empêché les autorités centrales d'adopter un budget en équilibre depuis 1974, la chute de l'Union soviétique est à l'origine de l'élargissement de l'UE aux pays d'Europe centrale et orientale (PECO) et du reproche de *dumping social* fait à leurs travailleurs détachés[24]. Quant aux crises de 2008 et de 2018, elles ont aggravé l'effet « ciseau » qui pèse sur les

---

[18] « La lutte contre la pauvreté s'invite dans la campagne », *Le Monde* 15-16.1.2016.

[19] « Le modèle social français atténue la paupérisation des ménages modestes », *Le Monde* 30.5.2017.

[20] *AFP* 5.6.2018.

[21] Cité *in* CESE, *Réconcilier la France*, *op. cit.*, p. 24.

[22] « Non, les métropoles ne réussissent pas toutes économiquement », *Gaz. cnes* 20.3.2018.

[23] « Numérique : les trucs et astuces de Google et Terra nova pour les territoires isolés », *Gaz. cnes* 11.1.2017.

[24] V. Directive « Bolkestein » 96/71/CE, concernant le détachement de travailleurs effectué dans le cadre d'une prestation de services toutefois modifiée par la directive (UE) 2018/957 du Parlement européen et du Conseil du 28 juin 2018, sauf en matière de transport routier.

finances publiques, en entrainant une baisse des ressources de l'État et une augmentation corrélative de ses dépenses.

Ces deux jours de colloque avaient ainsi pour ambition de dresser un bilan d'étape des réformes de l'État-providence menées depuis les années 1980 pour redonner du sens à ses transformations, à un moment où ce sentiment diffus dominait : « la maille » territoriale « de la cohésion républicaine s'effiloche » [25], comme le résumait Fabien Tastet, le président de l'association des Administrateurs Territoriaux de France.

Si ce constat est partagé par beaucoup d'acteurs de terrain, le phénomène semble toutefois contrebalancé par l'apparition de nouvelles formes de solidarités. De sorte qu'une grille d'explication des transformations en cours tient peut-être au remplacement progressif d'une solidarité conçue comme affaire de l'État (I) par une fraternité perçue comme l'affaire de tous (II).

I. LA SOLIDARITÉ COMME AFFAIRE DE L'ÉTAT

En France, l'histoire de la solidarité est d'abord celle du rejet de la fraternité comme catégorie juridique ; comme concept revêtu d'une autorité normative contraignante en raison de sa connotation religieuse.

Au XIXe siècle, l'idée s'impose en effet que la solidarité est plus à même de justifier que l'État intervienne dans le champ social en lieu et place de la charité chrétienne (A), dès lors qu'il s'agit d'une donnée factuelle pouvant bénéficier des progrès de la science (B).

A. LA SOLIDARITE COMME EXPRESSION D'UNE SECULARISATION

C'est à Robespierre que l'on doit d'avoir placé le mot « fraternité » sur le devant de la scène en en faisant un élément de la trilogie républicaine dans son discours du 5 décembre 1790, sur l'organisation des gardes nationales : « elles », disait-il à leur propos, porteront sur leur poitrine ces mots gravés : Le peuple français, et au-dessous : Liberté, Égalité, Fraternité. Les mêmes mots seront inscrits sur leurs drapeaux, qui porteront les trois couleurs de la nation »[26]. Il faudra certes attendre le 27 février 1848 pour que cette triade devienne la devise officielle de la France dans un document du *Moniteur universel* proclamant la République. Si la formule figure désormais à l'article 2 de la Constitution du 4 octobre 1958, c'est en réalité dès les premiers jours de la Révolution que l'aide aux plus démunis est devenue l'affaire de l'État.

---

[25] Cité *in* « Congrès des administrateurs territoriaux : "De l'expectative au clair-obscur" », *Gaz. cnes* 2.7.2018.

[26] *Arch. parl.*, t. 21, p. 249.

En même temps qu'ils transféraient la souveraineté de Dieu à la Nation, les Révolutionnaires ont en effet entendu créer un « établissement général de Secours publics ». Prévu par le Titre Ier de la Constitution du 3 septembre 1791 consacré aux « Dispositions fondamentales garanties par la Constitution », celui-ci avait vocation à « élever les enfants abandonnés, soulager les (...) infirmes, et fournir du travail aux pauvres ». Dans l'attente de sa création, les instruments de la charité chrétienne, comme les hôtel-Dieu, se trouvaient confisqués à l'Église les 10 octobre 1789 et 30 mars 1792 et leur gestion confiée à des établissements publics dont l'existence a fini par être pérennisée en 1804 à l'article 2045 du Code civil ; avant que la jurisprudence n'en fasse des personnes publiques distinctes, spécialement investies de la gestion d'un service public[27].

C'est que, dans les années 1820-1830, le filet de protection étatique mis en place sous la Révolution s'avère insuffisant pour atténuer les conséquences sociales de l'« ultralibéralisme »[28] initial des droits de l'homme liées à la paupérisation (du latin « *pauper* », « pauvre ») de la société. Du fait du développement du machinisme et de la multiplication des accidents du travail qui en ont découlé, l'État se voit contraint d'intervenir davantage dans l'économie au nom de la justice sociale. Il le fait en doublant son action en faveur des plus démunis de l'édification d'un droit du travail protecteur pour les salariés dont la loi du 22 mars 1841, sur le travail des enfants, sera la première pierre[29].

Comme le relevait, le *Dictionnaire critique du langage politique* publié en 1842 la connotation religieuse de la « fraternité » explique toutefois que les républicains aient été hésitants à s'approprier le terme : « Le mot fraternité », y lit-on, renvoie à l'idée que « devant Dieu, tous les hommes ont les mêmes devoirs à remplir et doivent en espérer les mêmes récompenses ». C'est donc pour donner un nom sécularisé à l'action sociale étatique que Pierre Leroux a recouru à celui de solidarité. Il le revendique en des termes on ne peut plus clair en 1859 dans *La grève de Samarez* : « J'ai le premier utilisé le terme (...) pour l'introduire dans la philosophie » avec l'ambition de « remplacer la charité du christianisme par la solidarité humaine »[30].

Le succès de cette substitution révélait alors la croyance en la capacité de l'État à faire mieux que l'Église grâce aux progrès de la science.

---

[27] Cf. Cass. civ. 5.3.1856, Caisse d'épargne de Caen, *S.* 1856. 1. 517 et TC 9.12.1899, Assoc. synd. du canal de Gignac, *S.* 1900. 3. 49, note Hauriou.

[28] Hincker F., *La Révolution française et l'économie*, Nathan 1989, p. 113.

[29] *Bull. l.* 1841, n° 795, texte n° 9203 : interdit de faire travailler ceux de moins de 8 ans et limite à 8 et 12h par jour le travail des enfants respectivement de 8 à 12 ans et de 12 à 16 ans.

[30] *La grève de Samarez*, t. 1, Dentu 1859, p. 254.

B. La solidarite comme croyance en la science

Au XIXe siècle, à l'heure du positivisme d'Auguste Comte, le terme de solidarité semblait jouir des vertus de la scienticité. L'idée était en effet admise qu'il n'est pas comme la (...) fraternité, un mot sonore mais un fait », comme l'expliquait Charles Gide, l'un des pères fondateurs du mouvement coopératif : de sorte, allait-il jusqu'à dire, « que si la devise républicaine liberté, égalité, fraternité était à refaire, notre mot (la solidarité) prendrait la place de l'un de ces trois termes et peut-être même, à lui seul, les remplacerait tous »[31].

Sous la IIIe République, cette caution scientifique conduisait Léon Bourgeois à faire de la solidarité le ressort de l'action publique étatique dans un ouvrage éponyme paru en 1896[32]. « L'individu isolé n'existant pas »[33], tous les hommes, y écrivait-il, sont unis par un « quasi-contrat »[34] qui les rend dépendants et « solidaires »[35] les uns des autres et les oblige à s'acquitter d'une « dette sociale »[36] par les droits sociaux, l'impôt progressif sur le revenu et les services publics mis en place par l'État. C'est ce solidarisme qui inspirera Léon Duguit dans l'élaboration de sa propre pensée juridique[37] et le conduira à affirmer qu'il y a, en dehors des missions de souveraineté, des activités « dont l'accomplissement doit être assuré, réglé et contrôlé par les gouvernants parce (qu'elles sont) indispensable(s) à la réalisation (...) de l'interdépendance sociale »[38]. Pour Léon Bourgeois comme pour Léon Duguit, « entre le fort et le faible, le seul protecteur efficace des libertés, le seul qui puisse être plus fort que le fort, c'est l'État »[39], comme le résumera Jean Rivero.

A partir du vote de la loi 8 avril 1898 sur les accidents du travail, l'action étatique sera progressivement consolidée par la mise en place d'un système de sécurité sociale, financé par des prélèvements obligatoires. Le plan complet piloté par Pierre Laroque pour le Conseil national de la résistance, afin d'« assurer, à tous les citoyens, des moyens d'existence dans tous les cas où ils sont incapables de se les procurer par le travail » et la consécration constitutionnelle de la dimension « sociale » de la République par le

---

[31] « L'idée de solidarité en tant que programme économique », *in La Coopération. Conférences de propagande*, Sirey 1910, p. 154.
[32] *Solidarité*, Paris, A. Colin et cie 1896, p. 126.
[33], *Id.*, p. 137.
[34] *Ibid.*, p. 115.
[35] *Ibid.*, p. 92.
[36] *Ibid.*, p. 148.
[37] Sur cette question, v. Amiel O., « Le solidarisme, une doctrine juridique et politique française de Léon Bourgeois à la Ve République », *Parlement(s)* 2009-1/11. 10.
[38] *Manuel de droit constitutionnel*, Fontemoing 1911, §26 ; Traité de droit constitutionnel, t. 2, E. de Boccard 1928, p. 61.
[39] Rivero J., « Les libertés publiques dans l'entreprise », *Dr. soc.* 1982. 422.

préambule de 1946 (al. 10 s.) et l'article 1er de la Constitution de 1958[40] marqueront l'aboutissement de cette évolution.

Mais pour qui l'État se prend-il ? contre-attaque toutefois l'Église dès le XIXe siècle avec le soutien de penseurs libéraux pour certains catholiques. Pour Dieu ? Déjà en 1842 le *Dictionnaire critique du langage politique* avait eu des mots très durs contre une telle arrogance : « prétendre », y lit-on, « que dans l'ordre civil et dans les rapports sociaux, l'égalité et la fraternité peuvent et doivent avoir le même caractère, en vertu des principes posés par la Révolution, il n'y a que la démagogie en délire qui ait pu imaginer une pareille absurdité et ait osé le dire »[41]. L'État croit-il véritablement pouvoir se substituer à la Divine-providence ? surenchérit le libéral Émile Ollivier dans un rapport au corps législatif du 27 avril 1864. Se prendrait-il pour un « État-providence » raille-t-il (à propos toutefois d'une loi sur les coalitions souhaitée par le second Empire) ?

L'expression fait mouche. Mais rien n'y fait : non seulement elle ne stoppe pas l'essor des politiques sociales porté par le suffrage universel, mais elle entre dans les mœurs épurée de sa connotation négative pour devenir synonyme d'un bienfait : ce bien-être que Dieu et l'Église nous promettent dans l'au-delà, l'État, lui, saura nous l'apporter ici-bas et maintenant grâce à ses politiques sociales. En 2015, le baromètre du CREDOC confirmait que 3/4 des Français restaient encore attachés à l'État-providence. Non sans raisons, puisque, d'après l'INSEE, l'impact combiné des prélèvements obligatoires et transferts avait permis en 2014 d'accroitre de 59 % le revenu des 20 % des ménages les plus modestes et de 164% les revenus des personnes du premier décile, en réduisant seulement d'environ 10 % le revenu des 40 % les plus aisés. Ces mécanismes avaient par exemple permis en 2018 à 4 154 480 personnes de bénéficier d'une aide sociale départementale dont le coût avait été estimé à 35,1 milliards d'euros en 2014[42]. Selon les enquêtes récurrentes parallèlement menées depuis quinze ans par le ministère des Affaires sociales, seulement 32 % des personnes interrogées pensent toutefois que l'État fait ce qu'il faut pour les plus démunis et seulement 8 % qu'il en fait trop : 59 % estiment que les pouvoirs publics n'en font pas assez[43].

En 1854, Tocqueville avait bien perçu les limites de l'ambition de l'État à se substituer à Dieu : « le gouvernement ayant pris la place de la

[40] Cf. CC 553 DC du 3.3.2007, *R.* 93, cs. 7 : se réfère à l'« exigence de solidarité découlant des dixième et onzième aliénas du préambule de 1946 ».
[41] Cité *in* Borgetto M., *La devise "liberté, égalité, fraternité"*, Que sais-je ? 1997, p. 47.
[42] « Le poids du social dans les départements, la nouvelle preuve par les chiffres », *Gaz. cnes* 5.11.2018.
[43] « Il vaut mieux prévenir que guérir, mais il n'existe pas de vaccin contre la pauvreté », *Le Monde* 14.6.2018.

providence », prophétisait-il, « il est naturel que chacun l'invoque dans ses nécessités particulières. On lui reproche jusqu'à l'intempérie des saisons »[44].

C'est sans doute pourquoi près de sept Français sur dix considèrent dans le même temps souhaitable de réformer le système de protection sociale selon le baromètre du CREDOC[45]. Car si ce désir de réformation peut être compris de diverses façons, on peut y voir le souhait de substituer une fraternité qui serait l'affaire de tous à cette solidarité qui n'aurait été que l'affaire de l'État.

II. LA FRATERNITÉ COMME AFFAIRE DE TOUS

Dès 1993 Michel Borgetto défendait l'idée de la juridicité de la fraternité[46]. Or, le Conseil constitutionnel lui a finalement donné raison dans une décision du 6 juillet 2018. Rendue sous la présidence de Laurent Fabius, celle-ci affirme la valeur constitutionnelle de l'expression[47], ouvrant ainsi le champ des possibles de ses effets de droit : dès le 28 août suivant, le juge administratif des référés de Besançon en déduisait par exemple « la liberté fondamentale d'aider autrui dans un but humanitaire »[48].

Cette constitutionnalisation marque l'aboutissement d'une évolution amorcée au tournant des années 1980-1990 dont le trait saillant nous semble de placer les politiques de solidarité sous l'empire d'un principe de responsabilité individuelle qui oblige chacun à contribuer, à son niveau, au bien-être de la collectivité.

Bien qu'elle trouve son origine dans la critique néolibérale de l'État-providence (A), cette évolution exprime en même temps son dépassement, dans la mesure où elle traduit un appel au « civisme public » pour vaincre la misère (B).

A. LA FRATERNITE COMME CRITIQUE DE L'ÉTAT-PROVIDENCE

« L'État ne peut pas tout »[49] : cet aveu d'impuissance fait en 1999 par le premier ministre Lionel Jospin explique en partie le retour en grâce de l'idée

---

[44] de Tocqueville A., *L'Ancien Régime et la Révolution*, A Lévy 1856, p. 108.

[45] CREDOC, « Evolution du regard des français sur la protection sociale et sur les politiques de solidarité au cours des vingt dernières années », *Rapport* 2015-234 (disponible sur https://www.credoc.fr).

[46] Borgetto M., *La Notion de fraternité en droit public français. Le passé, le présent et l'avenir de la solidarité*, LGDJ, 1993. V. aussi Borgetto M., *La devise "liberté, égalité, fraternité"*, *op. cit.*, p. 119.

[47] CC 717-718 QPC du 6.7.2018, *JO* 2018-155, texte n° 107, cs. 7.

[48] Ord. du 28.8.2018, Guardado, req. n° 1801454.

[49] « Jospin aux Français : mobilisez-vous ! », *Libération* 14.9.1999.

de fraternité. Car celui-ci reflète en filigrane l'idée que « chacun de nous charge l'État de faire la dépense qu'il ne peut pas ou qu'il ne veut pas faire »[50]. Exprimée sous la IIIe République par Léon Say – le petit-fils de Jean-Baptiste Say, l'un des chefs de file du libéralisme classique –, cette analyse a été renouvelée par les auteurs néolibéraux. Pour Friedrich Hayek « une action gouvernementale fournissant, hors marché, une certaine protection contre le dénuement extrême » est certes envisageable, mais à la condition que le marché ait « atteint un certain niveau de richesse »[51]. Pour autant, il ne faut pas aller au-delà car la « justice sociale » n'est guère qu'un prétexte pour obtenir que l'intérêt de certains groupes l'emporte sur l'intérêt général de tous »[52].

Cette ligne rouge ayant été tracée, l'architecture de l'État social s'est comme trouvée passée au tamis de la critique néolibérale, à mesure que l'« inadéquation de la France à la vie économique du monde »[53] soulignée en 1985 par Fernand Braudel devenait manifeste : l'État-providence ayant été imaginé dans une situation de plein emploi avec une pyramide des âges comptant un actif pour deux passifs, son financement par prélèvements obligatoires s'est révélé inadapté au chômage de masse et au vieillissement de la population[54] à un moment, qui plus est, où les entreprises nationales subissaient de plein fouet la compétition étrangère et où la liberté de circulation des capitaux favorisait l'exil fiscal des plus aisés. La libéralisation des échanges ayant brutalement révélé l'existence d'un seuil au-dessus duquel les prélèvements sont perçus comme injustes – confiscatoires même –, la tentation a été forte de recourir à l'emprunt pour financer la solidarité nationale. Mais cette solution a elle aussi montré ses limites avec le creusement de déficits publics (2,7% en 2007 du PIB contre à 3,4% en 2008 et 2,6% en 2018)[55] revenant à faire peser le poids de la dette sur les générations futures tout en rendant l'État dépendant des marchés financiers en cas de relèvement des taux d'intérêt. Si l'effort a alors reposé sur les classes moyennes et inférieures, le « ras le bol fiscal »[56] et social dénoncé par l'ancien ministre Pierre Moscovici dont la crise des gilets jaunes de 2018 est aussi l'expression montre que cette solution ne peut perdurer sous peine de voir « le social (…) tu(er) la solidarité »[57] comme le prophétisait Bruno Le Maire au moment des primaires républicaines de

---

[50] Cité *in* Lehmann P.-J., *Léon Say ou le libéralisme assumé*, Les Belles Lettres 2010, p. 192.
[51] Hayek F. A., *Droit, législation et liberté*, t. 2, *Le mirage de la justice sociale*, PUF 1986, p. 115.
[52] *Id.*, p. 115.
[53] « L'identité française est à rechercher en dehors de toute position partisane », *Le Monde* 24-25.3.1985.
[54] Sur cette question, v. « Projections à l'horizon 2070. Une hausse moins soutenue du nombre d'actifs », *INSEE Première* 2017-1646. 1.
[55] « En 2008, le déficit et la dette publique se sont creusés », *Le Monde* 15.5.2009.
[56] « Moscovici ; "Je suis très sensible au ras-le-bol fiscal" », *Le Point* 20.8.203.
[57] « Bruno Le Maire, Gribouille à l'assaut du "social" », *Le Monde* 22.9.2016.

2016. Leur manque de résultat révélé par certains programmes internationaux comme PISA (*Programme for International Student Assessment*) montre que, plus que le coût, c'est le manque d'efficience des politiques sociales qui est pointé du doigt par les auteurs néolibéraux depuis le tournant des années 1980. Parmi eux, certains n'ont pas hésité à promouvoir des réformes en faveur d'un « mieux d'État à moitié prix »[58], en soulignant l'écart grandissant entre le budget des politiques sociales et les besoins de la population. Tandis que le nombre de fonctionnaires a cru de 40% depuis 1981 la population, elle, n'a augmenté il est vrai que de 21% selon les chiffres livrés ailleurs par le Doyen Quintane (avec +84% d'effectifs la Fonction publique territoriale, 9,7% dans la Fonction publique d'État et 73% dans la Fonction publique hospitalière). Une cause de cette situation tenant à l'apparition de doublons administrations / initiative privée et au sein même de l'administration, les politiques menées au nom de la Révision Générale des Politiques Publiques (N. Sarkozy), de la Modernisation de l'Action Publique (F. Hollande) ou de Cap 2022 (E. Macron) tendent depuis une vingtaine d'années de désengager l'action publique des domaines pouvant être pris en charge par les particuliers ; et à fusionner des territoires d'un même niveau pour réduire leur coût de fonctionnement (régions, communes, EPCI). Parallèlement, les réformes ont tendu à renforcer l'utilitarisme économique des droits sociaux. Toujours en procès, ces droits n'ont connu de progrès et cessé d'être de pauvres droits que parce qu'ils sont devenus des droits des pauvres[59]. Un consensus est en effet apparu au sein des partis de gouvernement (PS et UMP puis Républicains) pour imposer le ciblage, l'individualisation et la contractualisation des prestations, de façon à conditionner leur versement à l'existence de contreparties, en termes de recherche active d'emploi notamment. La décision du gouvernement Philippe de baisser les Aides Personnalisées au Logement (APL) de 5 euros pour leurs 6,5 millions de bénéficiaires et la dénonciation par le président de la République du « pognon de dingue »[60] mis dans les aides sociales s'inscrivent dans la continuité de ces réformes, tout comme son « plan pauvreté ». Outre qu'il prévoit de lutter contre la reproduction de la misère par des actions ciblées en faveur de la petite enfance et la promotion du « sens de l'effort »[61] à l'école, ce plan mise sur le retour à l'emploi en renforçant l'accompagnement des chômeurs plutôt que la distribution de prestations

[58] Bennet J. et Johnson M., *Better government at half a price*, Caroline House 1981.
[59] Sur ces questions, v. Borgetto M., « Les droits sociaux entre procès et progrès », *Informations sociales* 2013/4-178. 12 ; Imbert P.-H., « Droits des pauvres, pauvre(s) droit(s) ? », *RDP* 1989. 739 et Roman D. (dir.), *La justiciabilité des droits sociaux : vecteurs et résistances*, Pedone 2012.
[60] « Pour Macron, les aides sociales coûtent un "pognon de dingue" sans résoudre la pauvreté », *Le Monde* 13.6.2018.
[61] « A Bourges, la rage intacte des "gilets jaunes" », *Le Monde* 13.1.2019.

monétaires[62] : fort de cette conviction, résumée par la ministre du Travail Agnès Buzin, qu'il faut permettre l'émancipation par l'emploi au lieu de tout miser sur des prestations sociales coûteuses à l'accès trop complexe, dès lors que travailler déclenche le bénéfice d'un certain nombre de droits (à l'assurance-chômage, aux congés maladie ou la retraite, etc.).

Il est vrai que 71 % des personnes en situation de pauvreté sont inactives ou au chômage et que cette situation frappe davantage les familles monoparentales et les ouvriers non qualifiés : tandis qu'un enfant sur cinq vivrait en dessous du seuil de pauvreté selon le Haut Conseil de la famille, de l'enfance et de l'âge (HCFEA) , 20,3 % des ouvriers non qualifiés seraient au chômage selon les chiffres livrés par l'Observatoire des inégalités en 2017 – contre 4% chez les cadres et alors que la moyenne est de 10% pour l'ensemble de la population active[63]. La pauvreté concerne toutefois au total, 7,7 millions de personnes dans la mesure où elle résulte plus largement du « mal-emploi » : elle frappe également les travailleurs pauvres en situation précaire ou ne parvenant pas à obtenir un travail à temps plein[64]. Il s'ensuit que l'emploi peut autant être une source d'aliénation que d'émancipation sans réforme équilibrée du droit du travail. Il ne faudrait ainsi pas que la politique menée donne l'impression de rendre l'inactivité moins attractive à défaut de rendre le marché du travail plus attractif, pour ne pas rompre avec le devoir fait à l'État d'assurer le « plus grand bonheur du plus grand nombre »[65]. D'autant que les réformes menées depuis les années 1990 ont atteint leurs objectifs d'après les spécialistes du secteur : tandis que Louis Gallois, le président de la Fédération des acteurs de la solidarité, dénonçait, à propos de la baisse des APL, une « mesure (…) aveugle » qui « frappe les plus pauvres » , Jérôme Vignon, le président de l'Observatoire national de la pauvreté et de l'exclusion sociale estimait les aides sociales désormais « globalement assez bien ciblées », en rappelant qu'elles permettent « de diviser par 1,6 le taux de pauvreté en France ». De ce point de vue, le véritable défi semble aujourd'hui de garantir l'accès au droit des plus démunis. Une piste intéressante réside dans la fusion des aides existantes. Proposée par Benoît Hamon lors de l'élection de 2017 sous la forme de la création d'un revenu universel[66], cette idée est désormais reprise par le président Macron, dans le cadre du « plan pauvreté », via l'instauration d'un « revenu citoyen universel d'activité ». Au travers de cette mesure, il s'agit tout à la fois d'économiser sur les frais de gestion des aides et d'accroître leur lisibilité. Le souhait présidentiel de créer une assurance-maladie universelle procède des mêmes considérations, dès lors

---

[62] « Les quatre axes du "plan pauvreté" de Macron : petite enfance, emploi, aides sociales et logement », *Le Monde* 12.9.2018.

[63] « Le modèle social français, amortisseur des inégalités », *Le Monde* 1er.6.2017.

[64] *Id.*

[65] Bentham J., *Déontologie ou science de la morale*, vol. 1, Ab. Cherbuliez 1834, p. 326.

[66] « La lutte contre la pauvreté s'invite dans la campagne », *loc. cit.*

que la Sécurité sociale dépense 6 milliards d'euros par an en frais de gestion, autant que l'ensemble des mutuelles[67]. Comme l'avait certes perçu Jacques Delors dans les années 1960, « nous sommes condamnés à devenir des inventeurs de simplicité » face à la complexification du monde induite par la mondialisation. Mais uniformisation ne saurait vouloir dire nivellement par le bas si on veut que la réforme reste une mesure de justice sociale. Car sinon elle risque d'être totalement contreproductive et de détourner un peu plus certains citoyens de la politique.

D'une certaine façon, l'État les incite toutefois à inventer de nouvelles formes de solidarité au nom de la fraternité. Ce qui montre que sa consécration traduit également un certain dépassement de la critique néolibérale.

B. La fraternite comme appel au « civisme public »

Dans le même temps qu'il affirmait « l'État ne peut pas tout », le premier ministre Lionel Jospin interpellait les Français : « mobilisez-vous ! », leur enjoignait-il, dans le contexte de la suppression d'emplois décidée par l'entreprise Michelin. En 2010, la Commission pour la libération de la croissance française présidée par Jacques Attali appelait en écho à « promouvoir le civisme public »[68]. Or, ces injonctions rejoignent les théories du « *care* ».

Apparues aux États-Unis au milieu des années 1980[69], celles-ci donnent une nouvelle signification au caractère subsidiaire désormais acquis par les politiques sociales dont le retour en force du mot « fraternité » nous semble être, au fond, l'expression : c'est d'abord à l'individu de pourvoir à ses besoins et à sa « communauté » (familiale, professionnelle, associative, voire cultuelle, etc.) de lui venir en aide quand il n'y parvient pas, l'État et ses démembrements ne devant intervenir que par défaut, quand aucune alternative n'existe. L'ancienne secrétaire du PS, Martine Aubry, résumait cette théorie en expliquant que « la société du bien-être passe aussi par une évolution des rapports des individus entre eux ». Elle appelait en conséquence à « passer d'une société individualiste à une société du "*care*" » qui « prend soin de vous, mais » dans laquelle « vous devez aussi prendre

---

[67] « Créons une assurance-maladie universelle », *Le Monde* 15-16.1.2017.

[68] Commission pour la libération de la croissance française, *Une ambition pour 10 ans*, DF 2010, p. 164.

[69] Cf. Giligan C., *In a Different Voice: Psychological Theory and Women's Development*, Harvard University Press ; Paperman P. et Laugier S., « Le souci des autres. Ethique et politique du care », éd. EHESS 2005.

soin des autres et de la société »[70]. Or, ces idées se reflètent dans plusieurs réformes de l'État-providence. Outre celle opérée par la loi n° 2016-1088 du 8 août 2016 permettant au salarié de suspendre son contrat de travail pour prendre un « congé de proche aidant » une personne handicapée ou faisant l'objet d'une perte d'autonomie d'une particulière gravité, deux initiatives récentes allant dans le même sens méritent d'être signalées.

La première tend à favoriser l'*empowerment* de la société civile, en s'inspirant de l'exemple américain[71]. Si on doit également à Charles Gide d'avoir inventé l'économie sociale et solidaire (ESS), les 1,5 millions d'associations recensées par le Répertoire National des Associations (RNA)[72] représentent à elles seules 10,5% de l'emploi total et 13,5% des salariés du secteur privé (avec 2,37 millions d'employés auxquels s'ajoutent 15 millions de bénévoles)[73]. Or, comme les Mutuelles, les coopératives, les fondations et les entreprises de l'ESS, elles bénéficient d'un cadre juridique renforcé depuis l'adoption de la loi Hamon n° 2014-856 du 31 juillet 2014 qui permet de retisser le lien social en milieu rural ou péri-urbain de différentes façons : outre qu'il favorise le développement de circuits courts, le texte facilite l'implantation de tiers lieux dans les territoires reculés notamment soutenue par le programme « cœur de ville » actuellement porté par la majorité LREM. L'expression fait référence à des lieux d'auto-fabrications sociale et culturelle apparus aux États-Unis dans les années 1980 fonctionnant grâce au numérique. Ouverts à tous, ils permettent le partage bénévole des savoirs et constituent pour cette raison un moyen de faciliter l'insertion sociale au moment où on assiste au recul des services publics dans les campagnes[74]. Si c'est pourquoi on peut y voir l'expression d'une nouvelle conception de la fraternité consistant à davantage associer la société civile à la mise en œuvre des actions de solidarité, l'article 13 de la loi précitée prévoit aux mêmes fins la mise en place de schémas de promotion des achats publics socialement responsables pour les opérations supérieures à 100 millions d'euros hors taxes : car cette mesure vise à encourager les acheteurs publics à introduire des clauses sociales dans leurs marchés publics.

La volonté de faire des tiers par rapport à l'État un levier de la fraternité sous-tend une seconde réforme qui retient également l'attention. Celle-ci

---

[70] « Martine Aubry cherche à redynamiser la pensée sociale progressiste », *Le Monde* 14.4.2010. Sur cette question, v. aussi Fabas-Serlooten L., « Le *care* saisi par le droit », *RLDC* 2017-147.

[71] Sur cette question, v. Bottini F. (dir.), *Néolibéralisme et américanisation du droit*, Mare & Martin 2019.

[72] Savatier J., « Rapport sur le projet de loi de finances pour 2018 », *Doc. AN* 2017-273, Annexe n° 3, p. 40.

[73] Ministère de la ville, *Guide d'usage de la subvention*, 2017.

[74] Sur cette question, v. notre article « Les tiers lieux administratifs, nouvelle forme d'externalisation de l'action publique ? », *RFFP* 2018-144.

consiste à davantage mettre l'accent sur le rôle social de l'entreprise. Dans la pensée néolibérale « l'unique responsabilité sociale de l'entreprise est d'accroître ses profits »[75], comme l'expliquait le prix Nobel d'économie (de tendance paléo-libérale) Milton Friedman en 1970. Or, différentes considérations conduisent désormais à mettre des objectifs sociaux (et environnementaux) à sa charge. Également apparue aux États-Unis au tournant des années 2000 avec la création d'un label spécifique récompensant les « *benefit corporations* », la transposition de cette solution en droit interne avait en filigrane été proposée par le rapport Attali précité sur la libération de la croissance. Le pré-projet de loi à l'origine de la loi Macron n° 2015-990 du 6 août 2015 avait envisagé de faire la réforme qui a à nouveau été suggérée par le Rapport Notat-Senard (du nom de l'ancienne secrétaire générale de la CFDT et du patron du groupe Michelin) de 2018 : le texte préconise de modifier l'article 1833 du Code civil de façon à ce que l'entreprise ne soit plus simplement « constituée dans l'intérêt commun des associés » mais également dans « l'intérêt des salariés et de l'environnement »[76]. Or, le projet de loi PACTE actuellement en discussion au Parlement prévoit d'inscrire à l'article 1833 que la société est « gérée dans l'intérêt social, en considérant les enjeux sociaux et environnementaux de son activité ». Il envisage également une réforme de l'article 1835, destinée à permettre aux sociétés qui le désirent de choisir « une raison d'être » traduisant un projet d'intérêt collectif sur le long terme, allant au-delà de la simple recherche d'un profit[77].

Vouloir faire de la fraternité l'affaire de tous n'a en soi rien de révolutionnaire, car elle relève bien de l'intérêt de chacun. Une première limite tient toutefois au risque de communautarisme – notamment religieux – que le vide laissé par l'État peut susciter. C'est pourquoi cette évolution doit lui ménager un rôle d'arbitre, aux fins de lui permettre de rester le garant de l'intérêt général et du « vivre ensemble ». Une seconde limite découle de l'articulation entre les droits sociaux des travailleurs et le transfert de charges opéré par certaines réformes. Le congé de proche aidant codifié à l'article L. 3142-16 du Code du travail réduit par exemple mécaniquement les droits normalement ouverts par son activité professionnelle au travailleur : puisqu'il ne peut ni faire d'heures complémentaires, ni exercer des activités accessoires. De sorte que le dispositif permet certes de réduire

---

[75] Friedman M., *Capitalism and freedom*, University of Chicago Press 2009, p. 133 : « *there is one and only one social responsibility of business – to use its resources and engage in activities designed to increase its profits* ». Cf. Friedman F. (sic.), « *A Friedman doctrine. The social responsibility of business is to increase its profits* », *The New York Times Magazine* 13.9.1970.

[76] Notat N. et à Senard J.-D., *L'Entreprise objet d'intérêt collectif*, DF 2018.

[77] « Projet de loi relatif à la croissance et la transformation des entreprises », *Doc. AN* 2018-1088. 58. Cf. « Proposition de loi entreprise nouvelle et nouvelles gouvernances », *Doc. AN* 2018-476.

les dépenses de l'État-providence, mais d'une façon qui pénalise en réalité le calcul des droits au chômage ou à la retraite des salariés.

* *
*

Même si Jean-Luc Mélenchon dénonce aujourd'hui un « coup d'État social » et Benoît Hamon (PS) « la grande braderie des droits des salariés »[78] personne ne réclame en France le démantèlement pur et simple des politiques sociales, contrairement aux attaques dont le *Welfare State* fait l'objet aux États-Unis au travers des tentatives d'abrogation de l'Obamacare. Au-delà de leurs divergences, les candidats à l'élection présidentielle de 2017 n'appelaient d'ailleurs à les réformer que pour assurer leur maintien.

Bien que l'influence de la recherche économique orthodoxe se fasse ressentir derrière ces évolutions, « discours néolibéral » et « surenchères électorales » [79] ne suffisent pas à expliquer ce désir de réforme. Les « destructions-créatrices » [80] d'emplois induites par la 4e Révolution industrielle ; la multiplication des travailleurs indépendants catalysée par le phénomène dit « d'ubérisation » de la société[81] ; l'apparition de travailleurs pauvres ; le fait que 85% des métiers de 2030 seraient encore à inventer[82]... toutes ces considérations imposent de renouveler les formes de la solidarité en en faisant la responsabilité de chacun, comme l'induit la consécration constitutionnelle de l'idée de fraternité.

Année après année, réformes après réformes, petite touche par petite touche, l'État-providence se transforme ainsi pour faire face aux défis de la mondialisation. La question de l'acceptabilité sociale de sa « modernisation » montre toutefois que l'équilibre entre les droits économiques, politiques et sociaux, loin d'être une problématique du passé, reste un enjeu de premier plan : les 0,2 points de PIB qu'auraient coûté à l'hiver 2018 le mouvement des gilets jaunes[83] et les 10 milliards d'euros de mesures d'urgence à caractère économiques et sociales votées par le Parlement (Prime exceptionnelle défiscalisée, défiscalisation des heures supplémentaires et annulation de la hausse de la CSG pour les retraités modestes)[84] sont là pour le rappeler : l'État-providence n'est pas qu'une

[78] « "M" comme Macron ou Machiavel », *Le Monde* 7.6.2017.

[79] Schnapper D. et a., « Les français et la sécurité sociale », *Revue histoire* 1986. 177.

[80] Schumpeter J. A., *Capitalism, Socialism and Democracy*, Routledge 2013, p. 80 : détaille « the process of creative destruction » dans le Chapitre VII.

[81] V. toutefois la réponse judiciaire à ce phénomène illustrée par Cass. soc. 28.11.2018, *Recueil Dalloz* 2018. 2312 et CA Paris 10.1.2019, M. X. c/ Uber cité *in Le Monde* 20.1.2019.

[82] « Une étude affirme que 85% des emplois de 2030 n'existent pas aujourd'hui », *Le Figaro* 17.7.2017.

[83] « Coup de frein sur la croissance, en partie à cause des Gilets jaunes », *Le Parisien* 10.12.2018.

[84] L. n° 2018-1213 du 24 décembre 2018, portant mesures d'urgence économiques et sociales.

question d'assistanat ; c'est avant tout un élément de la stabilité sociale qui est nécessaire à la prospérité économique d'un pays et à la vitalité de sa démocratie. C'est cette réalité que l'ancien président des États-Unis, Barak Obama, cherchait à rappeler en expliquant que les « Pères fondateurs » de la République américaine « savaient que la démocratie exige un sens fondamental de la solidarité »[85]. Il faut donc le garder à l'esprit : la croissance économique dépend aussi de l'acceptabilité politique et sociale des réformes menées. Sans adhésion populaire, elles ne peuvent qu'être contreproductives.

Pour réussir la modernisation de l'État-providence, les autorités doivent ainsi éviter l'écueil du dogmatisme et procéder de façon pragmatique et consensuelle. De ce point de vue, l'erreur de la majorité « La République En Marche » a sans doute été de vouloir faire les réformes à marche forcée pour respecter la règle européenne des 3%[86], alors que son fondement scientifique est sujet à caution[87]. Le ministre des comptes publics, Gérald Darmanin a d'ailleurs lui-même fini par le reconnaître : entre « 2,9 » et « 3,1 » : « l'enfer n'est pas d'un côté et le paradis de l'autre »[88].

Il faut en prendre conscience car l'une des difficultés actuelles tient au fait que 57% des 73 milliards d'euros d'impôt sur le revenu prélevés annuellement servent à rembourser les intérêts d'une dette dont beaucoup de contribuables ont le sentiment de ne pas avoir bénéficié ; au profit qui plus est de créanciers parfois impliqués dans des faits de fraude fiscale[89] : comme si ces derniers étaient aussi ceux qui creusaient les déficits que l'emprunt a vocation à combler. Si l'on ne veut pas que la « voracité consumériste » ne l'emporte sur « la fraternité »[90] comme nous met en garde de Pape François, la remise à plat des solutions apportées au déficit public, du mode de financement des politiques sociales, de l'étendue de leurs prestations et de ce qui est attendu de leurs bénéficiaires s'impose[91]. Le grand débat national voulu par le Président Macron pour faire face à la crise des gilets jaunes pourrait en être l'occasion. A voir ce qu'il en ressortira et le sort qui sera réservé aux propositions qui seront faites…

---

85 *Le Monde* 12.1.2017.

86 En réalité ramenée à 0,5% du déficit secondaire – entendu comme le déficit restant après paiement de la dette – par le Traité sur la Stabilité, la Coordination et la Gouvernance au sein de l'Union européenne (TSCG) du 2 mars 2012.

87 « Déficits : la règle des 3%, une invention française qui n'a aucun sens », *Le Figaro* 4.9.2015.

88 « Interview de M. Gérald Darmanin, ministre de l'action et des comptes publics », *France Inter* 6.12.2018 (disponible sur le site http://discours.vie-publique.fr).

89 « Fraude Fiscale : UBS et sa filiale française devant les juges », *Les Echos* 8.10.2018.

90 « Dans son message *Urbi* et *orbi*, le Pape appelle l'humanité à la fraternité », *Le Figaro* 25.12.2018.

91 Sur cette question, v. notre article, « Le coq français se prendrait-il pour le pygargue américain ? Réflexions sur la construction d'un état stratège de l'économie », *in Néolibéralisme et américanisation du droit, op. cit.*

« A l'heure où beaucoup s'accordent à souligner la nécessité de recréer du lien social », « l'« idée de fraternité apparaît aujourd'hui » comme le moyen « de réconcilier la société avec elle-même en rendant à la fois le droit social plus convivial et les mécanismes de l'État-Providence moins distants, abstraits et illisibles »[92] : dressé en 1997 par Michel Borgetto, ce constat apparaît plus de 20 ans plus tard comme prophétique. Il est important de bien le percevoir. Car, comme le disait Victor Hugo, « voir, c'est savoir et savoir, c'est » – aussi la clé pour – « créer » et, se permet-on d'ajouter, innover.

[92] Borgetto M., *La devise "liberté, égalité, fraternité"*, *op. cit.*, p. 123.

LA SOLIDARITÉ ET L'IDÉE DE RÉPUBLIQUE
OUVERTURE

Par
Catherine TROALLIC
Députée de Seine-Maritime

Mesdames et Messieurs les Professeur(e)s, cher(e)s étudiant(e)s, je suis très heureuse d'introduire ce colloque sur *Droits fondamentaux et crise(s) des solidarités* et je vous remercie pour cette invitation.

Dans le contexte de l'entre-deux tours de l'élection présidentielle de 2017, ce thème résonne évidemment de façon très particulière en ce moment et vous comprendrez bien qu'en qualité de députée PS mes propos seront peut-être davantage politiques que juridiques. Ils seront brefs. Je voudrais commencer cette ouverture en inscrivant ce colloque dans son contexte protéiforme.

Tout d'abord, nous ne pouvons ignorer l'actualité de ce deuxième tour de l'élection présidentielle qui se tient en ce moment en notre pays. Du fait des résultats du premier tour et de l'arrivée de Madame Le Pen au second tour, la thématique de ce colloque est réellement celle du jour. Nous, républicains, qui sommes attachés aux solidarités et à la fraternité sommes heurtés au plus haut point par cette situation. Les raisons qui y ont conduit sont multiples, complexes, anciennes ; politiques, économiques, sociales... Un contexte de crise, on le sait tou(te)s, attise des passions identitaires, le repli sur soi, la peur de l'autre : thématiques sur lesquelles le Front National sait surfer et diviser encore davantage la société et éloigner encore plus les solidarités.

Le second point, plus généraliste et sur lequel je voudrais m'attarder, est lié au premier : c'est la mutation de la société dans son rapport à l'État. Historiquement moteur de l'égalité collective et de l'intérêt général, il est désormais perçu comme un obstacle à l'individualisme, aux libertés de chacun, dans notre société en crise.

Quant à nous, notre rapport aux droits fondamentaux et aux crises qui affectent les solidarités, nous pourrions le résumé à travers un seul mot : celui de République. Non pas entendue comme un mode d'organisation du pouvoir mais réellement comme une idée politique. L'idée selon laquelle le rôle de la communauté des citoyens et de son organe – l'État républicain – est de permettre l'émancipation de chacun. Et comme républicaine, je fais mienne cette maxime de la Révolution française que vous connaissez tou(te)s : « la liberté de chacun s'arrête là où commence celle des autres ».

Finalement, c'est peut-être à travers cette phrase que l'on peut penser à la fois qu'elle doit être notre rapport aux droits fondamentaux et à la solidarité. Le droit fondamental inaliénable de chaque individu est de pouvoir jouir entièrement de sa personne, de sa pensée et de faire les choix qui lui semblent les plus justes pour lui mais aussi les autres. La solidarité en République quand notre devise met sur le même plan la liberté et l'égalité s'inscrit à mes yeux dans les services publics. Ils sont les seuls garants d'une solidarité qui ne se fasse pas au bon vouloir de chacun mais pour chacun. Ils sont finalement le patrimoine inaliénable de ceux qui n'en ont pas.

La solidarité républicaine, je considère donc qu'elle s'incarne dans l'école, dans notre système de protection sociale, mais aussi dans l'accès aux soins pour tou(te)s, dans la méritocratie républicaine dès lors que les plus hautes fonctions peuvent être rendues accessibles à n'importe quel individu, quels que soient son origine sociale, son sexe ou sa couleur de peau. Et cette promesse républicaine dont j'ai conscience que la mondialisation à tout va, sans règle, ni loi, a mis à mal, c'est notre rôle de responsable politique de la ré-enchanter.

C'est d'ailleurs dans cette actualité si particulière, cette actualité historique, le message d'espoir que nous devons retrouver pour éviter la démagogie frontiste ou l'illusion ultralibérale pour faire revivre la fraternité naît du siècle des Lumières.

Je vous remercie.

LA MUE DE L'ÉTAT-PROVIDENCE ET LES NOUVELLES PRATIQUES DE LA SOLIDARITÉ

OUVERTURE

Par
Agnès Canayer
Sénatrice de Seine-Maritime

Il m'appartient au moment de la sieste postprandiale d'introduire cette après-midi consacrée à l'approche juridique de la crise des solidarités.

Je tenais tout d'abord à remercier Fabien Bottini qui, en m'invitant encore cette année à participer à la nouvelle édition de son cycle d'études, me donne l'occasion de revenir à l'Université du Havre et de retrouver de nombreux amis et anciens collègues.

Mon intervention tendra à vous faire part de mon expérience de terrain en tant qu'adjointe au Maire du Havre en charge des Affaires sociales et des solidarités et de mon ressenti de parlementaire, membre de la Commission des Affaires sociales et représentante du Sénat au Conseil National de lutte contre l'Exclusion et la Pauvreté.

La solidarité collective qui découle de la notion d'État-providence impose un fort engagement politique et financier de l'État. Aujourd'hui 40 % de la richesse nationale est consacrée à la dépense sociale, comme a pu le soulever le Président de la Commission des Affaires sociales du Sénat, Alain Milon en février 2015, alors que plus de 14 % de la population vit en dessous de seuil de pauvreté.

Dans ces conditions, force est de constater que l'État n'arrive plus à faire vivre la fraternité, qui fonde notre République (I), et que l'État-providence doit faire sa mue afin de prendre en compte les nouvelles pratiques de la solidarité (II).

I. LES LIMITES DE LA SOLIDARITÉ NATIONALE

La solidarité nationale telle qu'elle a été pensée au sortir de la Seconde Guerre mondiale se heurte désormais à la réalité budgétaire (A) et à la nouvelle réalité sociale (B).

A. LA SOLIDARITE NATIONALE CONFRONTEE A LA REALITE BUDGETAIRE

La question qui se pose désormais est la suivante : la situation financière de la France permet-elle toujours d'assurer la même protection sociale des Français ?

Pour y répondre, il faut d'abord dater l'origine des notions solidarité et de cohésion sociale. C'est la Révolution de 1848 qui a fait émerger la question de l'injustice sociale. Peu à peu, la pauvreté n'est plus apparue comme une nécessité indispensable à l'équilibre de la société mais un véritable danger pour l'ordre social. Les premiers droits sociaux sont alors apparus.

Ceux-ci ne seront consacrés que par le Préambule de 1946. Mais les droits économiques et sociaux prennent véritablement corps avec l'apparition des assurances sociales au cours de la première moitié du XXe siècle. L'État prend alors en charge les risques sociaux et redistribue les richesses. Il recherche la solidarité et la justice sociale. En période de croissance économique, la solidarité nationale permet de garantir les risques sociaux de réduire les inégalités.

Le choc pétrolier de 1974 et la crise financière de 2008 ont ébranlé le système social qui reposait sur la croissance. Les mesures des Gouvernements Chirac en 1975 (15 Mds € d'investissements publics supplémentaires, des déductions fiscales à hauteur de 10 Mds €, et des crédits d'impôts accordés aux familles nombreuses et personnes âgées) et Mauroy en 1981(relèvement des minimas sociaux, SMIG, augmentation des allocations familiales, et du minimum vieillesse), d'inspiration keynésienne, étaient basées sur l'augmentation des prestations sociales afin de relancer la consommation, l'activité économique et donc de réduire le chômage.

En 2010, le Gouvernement Fillon a choisi la relance économique pour contrecarrer la récession. Le plan de relance de 2010 de 26 Mds € et son volet social de 2,6 Mds € sont destinés à soutenir la consommation en augmentant les prestations sociales. Cette augmentation de la dépense sociale intervient toutefois au moment même où les rentrées fiscales baissent fortement du fait de la récession économique. En attestent, le poids de la dette et le taux de prélèvement obligatoires.

Depuis 1974, le premier n'a cessé d'augmenter. En septembre 1981, la dette n'était que de 20,7% du PIB. En septembre 2003, elle représentait plus de 60% du PIB. Aujourd'hui, la dette atteint désormais 2 170,6 Mds €, soit 98,4 % du PIB. Et malheureusement, elle est toujours en augmentation croissante ! (+0,9 point sur le dernier trimestre…).

Quant au taux de prélèvement obligatoire, il est en France passé de 30 % du PIB dans les années 60 à 46,1 % du PIB pour l'année 2014 (sachant que le PIB français était de 1 946 milliards d'euros en 2010). C'est un des taux les plus élevés des pays de l'OCDE. Deuxième au classement mondial, la France est ainsi décrite comme une « championne de la pression fiscale dans le monde ».

B. La solidarite nationale confrontee a la realite sociale

Les droits sociaux ouverts en France garantissent-ils vraiment une plus grande justice sociale ?

Selon le rapport annuel du Conseil National de Lutte contre l'Exclusion et la pauvreté (2016), 14,3 % de la population soit 8,8 millions de personnes vivent sous le seuil de pauvreté, sachant que les indicateurs européens arrêtés à Laeken en 2001 fixent le taux de pauvreté à 60% du revenu médian (soit 1 008 € en France en 2014).

L'Observatoire National de la Pauvreté et de l'Exclusion Sociale (ONPES) précise qu'on est passé en 10 ans de 13 à 14 % de personnes pauvres en France.

De plus, 36 % des français estiment avoir un risque personnel de tomber dans la pauvreté et 87 % pensent que n'importe qui peut devenir pauvre en France.

Dans ce contexte, le Sénat estimait, dans le cadre de la mission d'information sur le revenu de base menée en 2016, entre 300 et 700 Mds € le coût annuel d'un revenu de base fondée sur une allocation universelle entre 500 et 1000 € par mois. Or, Etienne Pinte, le président du CNLE, rappelait, lors de son audition devant lui le 28 septembre 2016, que le non recours aux droits représente près de 10 Mds € aujourd'hui en France.

Ce phénomène concerne particulièrement les jeunes, puisque 56 % d'entre eux ne bénéficient pas des droits sociaux qui leur sont ouverts, selon le Baromètre DJEPVA sur la jeunesse du CREDOC/INJEP de juin 2016. Au Havre, 22 % de la population vit en dessous du seuil de pauvreté et seulement 12 % bénéficient aujourd'hui de la CMU.

Plusieurs causes expliquent cette situation :

Tout d'abord, **la complexité des procédures**. Comme le relève le rapport de Sirugue intitulé *Repenser les minima sociaux : vers une couverture socle commune* du 18 avril 2016, les minimas sociaux s'organisent actuellement en dix dispositifs différents, gérés par de multiples acteurs, et dont les conditions d'octroi sont souvent très compliquées à comprendre pour les personnes qui en sont destinataires. Au Revenu de solidarité active (RSA), s'ajoutent l'Allocation de solidarité pour les personnes âgées (ASPA), l'Allocation de solidarité spécifique (ASS), la Prime transitoire de solidarité (PTS), l'Allocation temporaire d'attente (ATA), l'Allocation veuvage, le Revenu de solidarité outre-mer (RSO), l'Allocation demandeurs d'asile (ADA), l'Allocation adulte handicapé (AAH) et l'Allocation supplémentaire d'invalidité (ASI).

Ensuite, **la multiplication des institutions concernées** aggrave le manque de visibilité des aides et favorise le non recours, puisque l'interlocuteur est tantôt l'État, tantôt le département, tantôt la ville, tantôt le CCAS, tantôt la CAF, tantôt la CPAM, etc.

Enfin, **la réorganisation des administrations et la centralisation des guichets** instaurent une plus grande distance entre les administrés et l'administration rendant l'accès aux droits plus difficile. Cette distanciation n'est malheureusement pas compensée par le développement des plateformes numériques, trop souvent peu accessibles pour les personnes en situation de précarité

L'État-providence ne peut plus seul assurer aujourd'hui la protection suffisante de tous les Français. C'est la raison pour laquelle on voit émerger de nouvelles formes de solidarités en parallèle d'une mue de l'État-providence.

II. VERS UNE SOLIDARITÉ PLUS PARTICIPATIVE ?

Les difficultés que connaît l'État-providence s'accompagne d'une plus grande responsabilisation des publics (A) et de l'émergence de nouvelles formes de solidarité (B).

A. UNE PLUS GRANDE RESPONSABILISATION DES PUBLICS

Parmi les dispositifs imaginés depuis le tournant des années 2000 pour responsabiliser davantage les bénéficiaires des prestations sociales, 3 peuvent retenir l'attention.

En premier lieu, le **Revenu de Solidarité Active (RSA)**. Issu de la loi du 1er décembre 2008, il remplace le Revenu Minimum d'Insertion (RMI), vieux de 20 ans. Créé par la loi du 1er décembre 1988, ce dernier avait montré ses limites du fait de l'absence d'insertion des bénéficiaires. Ceux du RSA ont en réaction des obligations de rechercher un emploi ou d'engager des démarches d'insertion sociale, professionnelle ou socio-professionnelle. Afin de faciliter leur insertion professionnelle et leur engagement dans ces démarches, la loi du 15 août 2015 a fusionné le RSA « activité » et la prime pour l'emploi en une seule prime d'activité, pour favoriser le cumul d'activité et le RSA et éviter les effets de seuils. Pour améliorer encore le dispositif, l'idée revient régulièrement (comme dans le Haut-Rhin dernièrement) de faire faire du bénévolat une contrepartie du RSA.

En deuxième lieu, peut-être cité le cas de **la Garantie Jeune**. Expérimentée depuis 2013 et généralisée par la loi Travail du 9 août 2016, ce dispositif bénéficie aux moins de 25 ans qui ne sont ni en emploi, ni en formation, ni en étude (les « NEET »), en contrepartie d'un parcours insertion d'un an. Actuellement, 16,6 % des jeunes sont dans cette situation en France, contre 14 % en 2008. Cette hausse s'explique notamment par la progression du taux chômage des jeunes. Selon les données de L'INSEE, ce taux est en effet passé de 18,3 % de la population active en 2008 à 23,4 % en 2014.

En troisième lieu, la loi Borloo de 2003 avait fixé le rôle du maire dans **la « Politique de la ville »** (PLV), en en faisant l'acteur de la proximité pour mettre en place les dispositifs globaux et transversaux, afin de restaurer cohésion sociale, sécurité et citoyenneté. Dans ce cadre, des politiques « Quartiers prioritaires de la ville » (QPV) ont été mises en place, afin de renforcer la prévention et la responsabilisation des bénéficiaires des prestations sociales, dans les cas qui demandent un investissement permanent. Elles visent les quartiers dont une grande partie de la population gagne moins de 60 % du revenu médian. De même, ont été imaginés des Ateliers citoyens. Instaurés par la loi Lamy du 21 février 2014, ils permettent aux habitants de dessiner une ville au service de leur vie quotidienne, fort de cette idée que « l'avenir ne se fera pas sans eux ».

B. L'EMERGENCE DE NOUVELLES FORMES DE SOLIDARITES

La crise de l'État-providence favorise l'émergence de nouvelles formes de solidarités.

Des **solidarités intra-familiales**, d'abord : puisque les mutations de la société, la mobilité croissante, l'ouverture aux cultures des autres continents transforment les formes de solidarité. Force est en effet de constater la solidarité entre membre d'une même famille est extrêmement forte sur certains territoires au moment où la notion même de famille évolue au point de vue sociologique et où la plus grande pauvreté se situe dans les familles monoparentales (36 % des familles monoparentales). Cette situation favorise l'intervention des grands-parents pour la garde des enfants, l'aide alimentaire entre frères et sœurs… La diversité culturelle, religieuse et ethnique fait aussi naître des solidarités intrafamiliales, voire communautaires nouvelles. La *zakât* ou l'aumône pour les plus faibles est une des obligations des musulmans. Ce qui génère soit une redistribution des revenus entre musulmans, soit la base de collectes d'associations « satellites » qui peuvent redistribuer plus largement auprès de bénéficiaires du quartier. De même, en matière de prise en charge des seniors, il n'est pas rare que, dans certaines communautés, les membres de la famille se relayent pendant des années pour aider accompagner jusqu'à son dernier souffle son parent vieillissant et de l'accueillir naturellement chez soi. Le législateur accompagne ces volontés : depuis le 1er janvier dernier, les salariés peuvent bénéficier du congé de proche aidant, créé par la loi 14 décembre 2015, portant adaptation de la société au vieillissement.

On assiste ensuite à l'**apparition de solidarités nées d'initiatives privées**, du fait du développement et de la multiplication des associations œuvrant en ce domaine. Selon le CEVIPOF, 45 % des Français adhèrent à une association, 25 % donnent de leur temps gratuitement et 20 % donnent de l'argent régulièrement. Le rapport de l'association Recherches et solidarités de septembre 2016 estime en outre à 71 000 le nombre des associations créées en France entre septembre 2015 et août 2016. Parmi les actions, les plus emblématiques on peut citer celle des « restos du cœur », avec plus de 7 millions de repas distribués entre 1985 et 2017. Mais on peut également citer l'exemple de la banque alimentaire avec 210 millions repas distribués ou de la collecte ou des dons des surplus de la grande distribution en vue de leur redistribution aux plus démunis désormais permis par la loi du 11 février 2016, sur la lutte contre le gaspillage alimentaire : car ce texte facilite les dons des invendus et interdit leur javellisation… En 2016, 65 000 tonnes de denrées étaient ainsi concernées par la réforme qui intervient en complément des aides distribuées par le CCAS et s'inscrit dans le processus d'accompagnement vers l'autonomie des acteurs sociaux.

Enfin, **les initiatives innovantes** se multiplient, souvent parties d'initiatives locales, sous forme de *crowdfounding*, de défis solidaires, de disco soupes… ou encore d'habitat commun pour les seniors : l'initiative HABICOOP vise ainsi à la mise en commun d'un habitat adapté aux seniors, géré sous forme de coopérative. On peut encore citer les colocations intergénérationnelles, basées sur l'échange de services.

* *
*

En conclusion, on assiste à une mue de l'État-providence, fondée sur l'innovation et la confiance.

Celle-ci se caractérise par un resserrement de l'État sur ses missions régaliennes et l'essor corrélatif du rôle social des tiers, grâce à l'apparition de cadres législatifs propices à favoriser les initiatives locales et associatives. Parmi eux peuvent être citées les lois mécénat du 1er août 2003, du 11 février 2016, sur la lutte contre le gaspillage alimentaire, ou encore du 14 décembre 2015, sur l'adaptation de la société au vieillissement créant le congé aidant familial.

Cette évolution se double de mesure destinées à renforcer la prévention en matière de santé ou de lutte contre l'exclusion ; à assurer une protection accrue des plus faibles (via le relèvement proposé du minimum vieillesse et le maintien des allocations familiales) et à accompagner les publics les plus en difficultés dans une volonté de sortir de la logique d'assistanat pour entrer dans une dynamique de responsabilisation de la personne.

Comme on le voit, la crise des solidarités ne signifie par la crise de la solidarité.

I.

L'ESSOUFFLEMENT DES SOLIDARITÉS ?

DROIT OU CRISE DE LA SCIENCE SOLIDAIRE ?

Par
Catherine PUIGELIER
Professeur à l'Université Paris Lumières (Paris VIII)
Membre du Laboratoire de droit social de l'Université Panthéon-Assas (Paris II)
Forces du droit
CERSA/CNRS
CHArt

S'interroger sur le point de savoir si l'on assiste à un droit ou à une crise de la science solidaire nécessite une définition préalable de celle-ci.

La science solidaire est ici entendue comme une activité de l'esprit susceptible d'apporter aux connaissances humaines[1]. Elle est qualifiée de solidaire si elle s'exerce seule ou à plusieurs au sein d'une collectivité. La science solidaire répond au principe selon lequel le savoir est un bien commun de l'humanité[2].

Or il va être constaté que la relative simplicité de cette définition peut être l'objet de complications ou de controverses, voire de vives oppositions[3].

La science – par essence solidaire – est à la marge de la liberté et de la contrainte, de l'envol et de l'enfermement[4]. La solidarité peut être une cause d'ouvertures ou de fermetures vers les beautés du monde[5]. Elle est

---

[1] D. Guthleben, *Histoire du CNRS de 1939 à nos jours* (préface de M. Blay), Paris, Armand Colin, 2013.

[2] C. Puigelier, *Intelligence et droit de la recherche scientifique (volume 1). La liberté de la recherche scientifique,* Paris, éditions Mare et Martin, Collection Science et Droit, 2017.

[3] C. Grignon, « La réfutation dans les sciences historiques », *in Revue européenne des sciences sociales,* 2008, p. 35 et s.

[4] A. Maurel, *Les chercheurs saisis par la norme. Contribution à l'étude des droits et devoirs des chercheurs* (préface de J. Larrieu), Paris, Toulouse, LGDJ, Presses de l'Université de Toulouse 1 Capitole, 2014.

[5] C. Puigelier et F. Terré (sous la direction de), *Droit et non-droit du savant* (avant-propos de J. Hoffmann) (avant-propos de F. Gros) (préface de F. Terré) (préface de D. Schnapper), Paris, éditions Panthéon-Assas, 2013.

nécessairement une cause de conflits tirés des jeux de l'individualité au sein d'une collectivité[6].

Pour approfondir ce qui précède, il importe de s'intéresser :

- d'une part, au droit de la science solidaire (s'il en existe un ?) (I)[7]
- d'autre part, à la crise de la science solidaire (s'il en existe une ?) (II).

I. UN DROIT DE LA SCIENCE SOLIDAIRE ?

Le droit de la science solidaire se développe au travers de la liberté de la recherche individuelle ainsi qu'au travers de la liberté de la recherche collective.

A. LA LIBERTE DE LA RECHERCHE INDIVIDUELLE

La liberté de la recherche individuelle est susceptible de s'épanouir dans l'Université ou hors de celle-ci.

1. DANS L'UNIVERSITE

François Terré (professeur émérite de l'Université Panthéon-Assas (Paris II), membre de l'Académie des sciences morales et politiques) rappelle dans la préface d'un livre sur le doctorat que l'accès à la connaissance constitue un droit fondamental que les textes français, européens ou internationaux ont toujours rappelé[8].

C'est ainsi que l'article 10 de la Déclaration des droits de l'homme de 1789 consacre la liberté d'expression ou que l'article L. 952-2 du Code de l'éducation affirme que « Les enseignants-chercheurs, les enseignants et les chercheurs jouissent d'une pleine indépendance et d'une entière liberté d'expression dans l'exercice de leurs fonctions d'enseignement et de leurs activités de recherche, sous les réserves que leur imposent, conformément aux traditions universitaires et aux dispositions du présent code, les principes de tolérance et d'objectivité »[9].

---

[6] J.-L. Fripp, A. Gorse, N. Manceau, N. Struckmeyer (textes réunis et présentés par), *Artistes savants et amateurs : Art et sociabilité au XVIIIème siècle (1715-1815),* Paris, éditions Mare et Martin, 2016.

[7] C. Blaizot-Hazard, *Droit de la recherche scientifique* (préface de R. Drago, postface de P. Potier), Paris, PUF, 2003 ; M.-G. Calamarte-Doguet, *Le droit de la recherche,* Paris, LGDJ, 2005.

[8] F. Terré, « Préface. « Le doctorat tel qu'il est conçu » », *in L'œuvre doctorale* (sous la direction de C. Puigelier), Paris, éditions Mare et Martin, 2017, p. 21.

[9] C. Blaizot-Hazard, *Droit de la recherche scientifique* (préface de R. Drago, postface de P. Potier), Paris, PUF, 2003 ; M.-G. Calamarte-Doguet, *Droit de la recherche,* Paris, LGDJ,

Le Conseil constitutionnel [10] et le Conseil d'État [11] ont quant à eux régulièrement posé le principe à valeur constitutionnelle d'indépendance des professeurs de l'enseignement supérieur.

Catherine Blaizot-Hazard (maître de conférences des Universités, chargée de mission auprès de l'Institut de France) note à cet égard dans son ouvrage sur le droit de la recherche scientifique que « Toute l'histoire de l'humanité pourrait être lue à la lumière du désir de savoir, et l'accomplissement d'un tel désir est certainement l'une des libertés les plus fondamentales de l'être humain »[12].

C'est également ainsi que la Convention européenne de sauvegarde des droits de l'homme et des libertés fondamentales décide dans son article 9 que :

« Toute personne a [le] droit à la liberté de pensée ».

et qu'elle pose dans son article 10 que :

« Toute personne a [le] droit à la liberté d'expression ».

La Cour européenne des droits de l'homme estime d'ailleurs qu'il existe une liberté d'expression scientifique[13].

C'est encore ainsi que le Pacte international relatif aux droits économiques, sociaux et culturels (PIDESC) ou que le Pacte international relatif aux droits civils et politiques (PIDCP) soulignent l'importance pour chacun de bénéficier du droit de savoir.

2. HORS DE L'UNIVERSITE

Il est hors de l'Université possible de parler de science solidaire et/ou de savoir solidaire.

* La science solidaire

Les mots « science solidaire » sont (notamment) utilisés pour définir des voyages d'ordre pédagogique ou d'ordre culturel.

L'association à but non lucratif « Objectif Sciences International » organise des expéditions scientifiques accessibles « à toutes les phases de la vie, et à tous les niveaux »[14].

2005 ; C. Puigelier, *Intelligence et droit de la recherche scientifique (volume 1). La liberté de la recherche scientifique, op. cit.*

[10] Cons. cons., 20 janvier 1984, n° 83-165 DC.

[11] CE. 29 mai 1992, n° 67622, Association Amicale des professeurs titulaires du Museum national d'histoire naturelle, Rec. p. 217.

[12] C. Blaizot-Hazard, *Droit de la recherche scientifique* (préface de R. Drago, postface de P. Potier), *op. cit.*, p. 26.

[13] *Id.*, p. 38.

[14] Site Congés Science Solidaire, consulté le 28 mai 2017.

Il est notamment question d'expéditions dans le Québec sauvage (pour y rencontrer des castors, des ours noirs ou des loups de l'Est) ou de missions en Asie centrale (pour y approcher des grands fauves)[15]. Ces expéditions ou ces missions – en faveur – on l'a compris – d'un développement durable – sont encadrées par des équipes de chercheurs, de techniciens et d'éducateurs scientifiques[16]. La science solidaire a trait à l'océanologie, la météologie, l'ethnologie, l'anthropologie, la biologie, la zoologie et à bien d'autres disciplines.

Cette association n'est toutefois pas la seule à œuvrer de cette façon.

Il en existe d'autres comme l'association C.A.P. Terre (Comité Aquitain de la Planète Terre)[17].

En quoi la science est-elle alors solidaire ?

Elle est solidaire parce qu'elle s'ouvre à toutes les disciplines et à tous les espaces. Elle est solidaire parce qu'elle vulgarise (à juste titre) la science et qu'elle permet de la connaître et d'y collaborer. La science solidaire signifie également la possibilité de revêtir le manteau du scientifique (ou de celui de l'écrivain s'il l'on s'intéresse notamment aux sciences sociales) quand on le désire sans nécessairement bénéficier des diplômes correspondants (ou équivalents).

La science solidaire individuelle est par la force des choses devenue collective.

Le passage de l'individuel au collectif est-il cependant souhaitable ?

Il est très certainement souhaitable pour mieux connaître ou pour mieux apprendre mais il l'est un peu moins lorsqu'il est encadré d'une façon trop stricte ou d'une façon trop excessive (deuxième partie).

* Le savoir solidaire

Il existe également un (ou le) « savoir solidaire » qui est un portail Web gratuit et de libre accès.

« Savoir solidaire » a été mis en place par l'association à but non lucratif « Bibliothèques Sans Frontières » (BSF)[18].

On peut lire sur le site de l'Université Paris-Sorbonne que Bibliothèque Sans Frontières (BSF) a vocation à créer ou soutenir des projets ou des créations de bibliothèques dans des pays où « les besoins s'en font sentir » comme (par exemple) dans des pays d'Afrique ou dans des pays du Pacifique[19]. Bibliothèque Sans Frontières est à l'origine de la mise en place de près de 200 bibliothèques[20]. Elle concerne une vingtaine de pays[21].

---

[15] *Id.*
[16] *Ibid.*
[17] Site de C.A.P. Terre, consulté le 28 mai 2017.
[18] Voir le blog des bibliothèques Paris-Sorbonne Université.
[19] *Id.*
[20] *Ibid.*

À l'instar de la science solidaire, il existe d'autres structures consacrées au savoir solidaire.

Tel est par exemple le cas de l'organisation non-gouvernementale (ONG) sans but lucratif « Éducation Sans Frontières »[22].

B. La liberte de la recherche collective

La liberté de la recherche collective est également susceptible de s'épanouir dans l'Université ou hors de celle-ci.

1. Dans l'Universite

L'Université a toujours connu une forme de recherche collective. Il est à peine besoin de rappeler l'existence de grands laboratoires de sciences dites dures (comme des laboratoires de médecine, de biologie ou de physique...) dans lesquels travaillaient (et travaillent toujours) de nombreux chercheurs[23].

La massification de l'Université et les différentes réformes qui l'ont touchée ont cependant considérablement renforcé la recherche collective et par suite redessiné la liberté qui l'accompagne[24].

C'est ainsi que l'école doctorale (ou les écoles doctorales) fut (ou furent) mise(s) en place par un arrêté du 30 mars 1992 (voir, également, arrêté du 25 avril 2002 et arrêté du 7 août 2006)[25].

Comme le souligne Jean-Claude Daumas (professeur d'histoire économique à l'Université de Franche-Comté, membre de l'Institut universitaire de France), l'école doctorale doit, selon les textes, « offrir aux doctorants un encadrement scientifique » assuré par une (ou des) des équipe(s) de recherche[26]. Elle doit également s'atteler à la distribution des allocations de recherche doctorale[27].

L'arrêté du 25 mai 2016 fixant le cadre national de la formation et les modalités conduisant à la délivrance du diplôme national de doctorat a en ce

---

[21] *Ibid.*

[22] Site d'Éducation Sans Frontières (ONG) consulté le 28 mai 2017.

[23] M.-H. Marchand, *Une histoire de l'Institut Pasteur au cœur de la santé publique mondiale* (préface de F. Gros), Toulouse, éditions Privat, 2015.

[24] C. Musselin, *La grande course des Universités,* Paris, Sciences Po, Les Presses, 2017.

[25] J.-C. Daumas, « Mais à quoi peut bien servir une école doctorale ? Réflexions d'un praticien sur les missions et la politique des écoles doctorales », *in Université, Universités* (sous la direction de C. Fortier), Paris, Dalloz, 2010, p. 192 et s.

[26] *Id.,* p. 192 ; V. encore, C. Puigelier, « Le doctorat. Un grade universitaire parmi d'autres ? », *in L'œuvre doctorale* (sous la direction de C. Puigelier) (préface de F. Terré), *op. cit,* p. 201.

[27] J.-C. Daumas, « Mais à quoi peut bien servir une école doctorale ? », *in Université, Universités* (sous la direction de C. Fortier), *op. cit.,* p. 194 ; V. encore, C. Puigelier, « Le doctorat. Un grade universitaire parmi d'autres ? », *in L'œuvre doctorale* (sous la direction de C. Puigelier) (préface de F. Terré), *op. cit.,* p. 205.

qui le concerne renforcé les missions de l'école doctorale et plus exactement il a renforcé le caractère collectif de la recherche en instituant (notamment) un comité de suivi individuel du doctorant (article 13)[28].

2. HORS L'UNIVERSITE

La différence est – hors de l'Université – ténue entre la science solidaire et le savoir solidaire individuel ou collectif.

Il est possible de rencontrer seul des castors, des ours noirs ou des loups de l'Est du Québec sauvage ou d'approcher seul des grands fauves de l'Asie centrale. Mais il est également dangereux de le faire sans une préparation avec d'autres acteurs ou plus simplement sans une équipe de recherches.

La liberté de la recherche scientifique consiste – semble-t-il – aussi à protéger l'intégrité physique d'un sujet afin qu'il puisse partager avec d'autres acteurs – pendant l'événement ou après celui-ci – des moments exceptionnels ou inoubliables.

Il est encore possible d'accéder seul à un portail Web gratuit et de libre accès comme Bibliothèque Sans Frontières. Mais il est également impossible d'avoir accès à une telle mine d'informations (ou à une telle mine de documentations) sans une structure technique ayant justifié (et justifiant) les collaborations de nombreux acteurs comme des bibliothécaires, des informaticiens, des éditeurs…

La liberté de la recherche collective est en pareille hypothèse consubstantielle (ou indissociable) d'une solidarité et plus exactement d'une multiplicité.

La différence est en revanche – hors de l'Université – nettement plus marquée entre la science solidaire et le savoir solidaire individuel et collectif si l'on examine celle-ci sous le prisme des structures privées comme des associations ou des fondations.

La liberté de la recherche collective est nécessairement modifiée dès qu'il s'agit de s'inscrire dans des structures normées (que celle-ci soit d'ailleurs de l'ordre du privé ou de l'ordre du public).

Une association ou une fondation bénéficient de la personnalité juridique. Il existe de nombreuses associations et de nombreuses fondations dans le domaine de la recherche scientifique ou dans celui du savoir.

Le Collège de France a ainsi mis en place une fondation.

Parmi les fondations vouées à la recherche scientifique les plus célèbres, il est possible de citer :

- la Fondation Jean Dausset. Centre d'étude du polymorphisme humain (CEPH)[29],

---

[28] C. Puigelier, « Le doctorat. Un grade universitaire parmi d'autres ? », *op. cit.*, p. 159 et s.

[29] V. à cet égard, P. Mazeaud et C. Puigelier *« L'homme s'affranchit du mystère ». Une histoire de la tolérance et de la transplantation* (tome 1), Paris, éditions Mare et Martin,

- l'Institut Pasteur[30],
- la Fondation pour la recherche médicale,
- la Fondation Cognition,
- l'Institut Curie.

CONCLUSION DE LA PREMIÈRE PARTIE : C'est à l'aide de la sémiotique (ou de la théorie du langage) qu'il est possible de conclure cette première partie relative à la possibilité d'un droit de la science solidaire.

Algirdas Julien Greimas (directeur d'études à l'École des Hautes Études en Sciences sociales) et Joseph Courtés (professeur de Sciences de langage à l'Université Toulouse-Le Mirail) écrivent dans leur Dictionnaire de sémiotique (ou Dictionnaire raisonné de la théorie du langage) en ce qui concerne le mot « savoir » que :

« La communication peut être considérée, d'un certain point de vue, comme la transmission du savoir d'une instance de l'énonciation à l'autre. Le savoir ainsi transféré [...] se présente d'abord comme une structure transitive »[31].

Il résulte clairement de cette définition que le savoir ne présente un intérêt que s'il est mis en circulation.

Il est de ce fait possible d'affirmer que la science est nécessairement solidaire ou tout au moins nécessairement comprise dans un mouvement limitant la liberté de la recherche scientifique.

II. UNE CRISE DE LA SCIENCE SOLIDAIRE ?

Une crise de la science solidaire est susceptible de se manifester au travers d'une liberté malmenée de la recherche scientifique ainsi que d'une liberté abandonnée de celle-ci.

Collection Science et Droit, 2016 ; P. Mazeaud et C. Puigelier (sous la direction de), *« La connaissance est un trésor ». Une histoire de la tolérance et de la transplantation* (tome 2), Paris, éditions Mare et Martin, Collection Science et Droit, 2016 ; P. Mazeaud et C. Puigelier (sous la direction de), *« Ce n'est pas vrai... ». Une histoire de la tolérance et de la transplantation* (tome 3), Paris, éditions Mare et Martin, Collection Science et Droit, 2017.

[30] P. Mazeaud et C. Puigelier (sous la direction de), *Louis Pasteur. Imagination et droit,* Paris, éditions Mare et Martin, Collection Science et Droit, 2015.

[31] A. J. Greimas et J. Courtès, « Savoir », *in Sémiotique. Dictionnaire raisonné de la théorie du langage,* Paris, Hachette, 1993, p. 321.

A. UNE LIBERTE MALMENEE ?

La question posée est ici la suivante : la liberté de la recherche scientifique (qu'elle soit individuelle ou collective) est-elle susceptible d'être malmenée tant dans l'Université qu'en dehors de celle-ci ?

1. DANS L'UNIVERSITE

Olivier Beaud (professeur à l'université Panthéon-Assas (Paris II), directeur de l'Institut Michel Villey) estime – à l'instar d'autres universitaires – que des réformes successives de l'Université ont profondément bouleversé la liberté académique[32].

Il souligne que ses recherches lui ont permis de comprendre à quel point la liberté académique était ignorée en France, « y compris par les universitaires eux-mêmes, et [...] à quel point le droit qui garantit [cette liberté] était mal traité » (ou à quel point ces libertés universitaires étaient maltraitées) par les pouvoirs publics ainsi que par les tribunaux[33].

Il rappelle pourtant la décision du Conseil constitutionnel du 20 janvier 1984 ayant posé le principe d'indépendance des professeurs en principe à valeur constitutionnelle[34] ainsi que les textes applicables dans ce domaine dont le contenu de l'article L. 952-2 du Code de l'éducation[35].

C'est, poursuit-il, l'impressionnant tissu règlementaire « qui encadre la vie quotidienne de l'universitaire » qui explique cette maltraitance[36]. La liberté de ce dernier est aujourd'hui réduite à une « peau de chagrin »[37].

Il ne peut être nié que dans les pays « qui ont de véritables universités, la liberté académique est perçue comme une arme de défense contre des interventions de puissances extérieures pouvant remettre en cause la nécessaire liberté dont doit jouir l'universitaire pour exercer correctement son métier »[38].

---

[32] O. Beaud, *Les libertés universitaires à l'abandon ?*, Paris, Dalloz, 2010, p. 9.
[33] *Id.*, p. 9.
[34] *Ibid.*, p. 33.
[35] *Ibid.*, p. 33.
[36] *Ibid.*, p. 35.
[37] *Ibid.*, p. 35.
[38] *Ibid.*, p. 50 ; V. encore, M. Bigday, *L'engagement intellectuel sous régime autoritaire. Les « Think Tankers » biélorusses entre expertise et dissidence* (préface de V. Dubois), Paris, Dalloz, 2017 ; A. Mongili, *La chute de l'URSS et la recherche scientifique : une science fantôme et de vrais scientifiques,* Paris, L'Harmattan, 1998 ; I. Popa, *Traduire sous contraintes. Littérature et communisme (1947-1989),* Paris, CNRS Editions, 2010.

C'est dans le même esprit que Jean-Marie Pontier (professeur à l'Université d'Aix-Marseille) envisage la dualité des libertés entre la liberté des enseignants et la liberté des établissements d'enseignement supérieur[39].

Il rappelle que les atteintes aux libertés universitaires, « furent dans le passé, celles qui provenaient, dans un premier temps, des pouvoirs religieux puis, dans un second temps [celles qui provenaient] des pouvoirs politiques »[40].

La situation est de nos jours différente dans la mesure où les atteintes susceptibles d'être portées aux libertés universitaires sont d'ordre économique[41]. Il existe des « tableaux de bord » des Universités, des classements internationaux de celles-ci...[42]

Jean-Marie Pontier affirme d'une façon amère que pour être véritablement indépendant, il faut ne rien attendre de l'Université, « ni espérer obtenir quoi que ce soit, ni moyens ni récompense »[43]. L'indépendance a, dit-il, un prix et elle est soumise à des sacrifices[44].

2. Dans et hors de l'Universite

* Autour des écoles doctorales et des laboratoires

Jean-Claude Daumas relève à propos des écoles doctorales que celles-ci ne pouvaient manquer « à la longue, de faire évoluer l'encadrement des thèses en leur conférant une dimension plus collective »[45].

C'est également, poursuit-il, « au nom de cette conception nouvelle que l'école doctorale s'est préoccupée, alors même que le ministère de la Recherche n'avait encore aucune exigence dans ce domaine, de fixer un quota de thèses par directeur de recherche »[46].

---

[39] J.-M. Pontier, « Les libertés universitaires et la réforme de l'enseignement supérieur », *in Les libertés universitaires en France et au Japon* (sous la direction de H. Otsu) (ouverture de T. Sokimoto), Aix-en-Provence, Presses universitaires d'Aix-Marseille, 2016, p. 49.

[40] *Id.*, p. 61.

[41] *Ibid.*, p. 61.

[42] *Ibid.*, p. 62.

[43] *Ibid.*, p. 67.

[44] *Ibid.*, p. 67.

[45] J.-C. Daumas, « Mais à quoi peut bien servir une école doctorale ? », *in Université, Universités* (sous la direction de C. Fortier), *op. cit.*, p. 192 ; V. encore, C. Puigelier, « Le doctorat. Un grade universitaire parmi d'autres ? », *in L'œuvre doctorale* (sous la direction de C. Puigelier) (préface de F. Terré), *op. cit.*, p. 202.

[46] J.-C. Daumas, « Mais à quoi peut bien servir une école doctorale ? », *in Université, Universités* (sous la direction de C. Fortier), *op. cit.*, p. 193 ; V. encore, C. Puigelier, « Le doctorat. Un grade universitaire parmi d'autres ? », *in L'œuvre doctorale* (sous la direction de C. Puigelier) (préface de F. Terré), *op. cit.*, p. 203.

C'est ainsi que le travail doctoral a cessé « d'être l'affaire exclusive du directeur de recherche pressenti »[47].

Plusieurs acteurs sont – on l'a compris – concernés par la mission de l'école doctorale de sorte que des rapports de force se sont inévitablement installés entre eux[48].

Olivier Beaud présente à cet égard le cas d'une collègue historienne (professeur) dont la spécialité ne correspondait pas à la spécialité du laboratoire de son Université d'affectation[49].

Elle fut contrainte de rejoindre son laboratoire d'origine au sein d'une autre Université mais elle fut également confrontée à bien des difficultés comme le fait de se voir refuser l'inscription de tout nouveau doctorant ou de tout nouveau candidat à une habilitation à diriger des recherches (HDR) dans son Université d'affectation[50].

Pour tenter de sortir de cette situation, poursuit l'auteur, une convention fut négociée entre son Université d'affectation et « le laboratoire de rattachement » mais sa ratification fut bloquée par le conseil scientifique de son Université d'affectation « au nom d'une nécessaire spécialisation disciplinaire »[51].

« Dans le cadre de la loi LRU qui encourage les universités à afficher des pôles (ou instituts) très spécialisés et qui renforce le pouvoir des présidents des universités sur le déroulement des carrières, les difficultés se sont encore aggravées. Astreinte à choisir son affectation entre les nouvelles structures issues de l'éclatement de l'UFR, l'universitaire en question, se trouvant marginalisée de fait par sa propre discipline, s'est rapprochée des sciences sociales avec lesquelles elle a toujours travaillé et a demandé à rejoindre le

---

[47] J.-C. Daumas, « Mais à quoi peut bien servir une école doctorale ? », *in Université, Universités* (sous la direction de C. Fortier), *op. cit.*, p. 193 ; V. encore, C. Puigelier, « Le doctorat. Un grade universitaire parmi d'autres ? », *in L'œuvre doctorale* (sous la direction de C. Puigelier) (préface de F. Terré), *op. cit.*, p. 203.

[48] J.-C. Daumas, « Mais à quoi peut bien servir une école doctorale ? », *in Université, Universités* (sous la direction de C. Fortier), *op. cit.*, p. 192 ; V. encore, C. Puigelier, « Le doctorat. Un grade universitaire parmi d'autres ? » *in L'œuvre doctorale* (sous la direction de C. Puigelier) (préface de F. Terré), *op. cit.*, p. 202.

[49] O. Beaud, *Les libertés universitaires à l'abandon ?, op. cit.*, p. 66 ; V. encore, C. Puigelier, « Le doctorat. Un grade universitaire parmi d'autres ? », *in L'œuvre doctorale* (sous la direction de C. Puigelier) (préface de F. Terré), *op. cit.*, p. 209.

[50] O. Beaud, *Les libertés universitaires à l'abandon ?, op. cit.*, p. 66 ; V. encore, C. Puigelier, « Le doctorat. Un grade universitaire parmi d'autres ? », *in L'œuvre doctorale* (sous la direction de C. Puigelier) (préface de F. Terré), *op. cit.*, p. 209.

[51] O. Beaud, *Les libertés universitaires à l'abandon ?, op. cit.*, p. 67 ; V. encore, C. Puigelier, « Le doctorat. Un grade universitaire parmi d'autres ? » *in L'œuvre doctorale* (sous la direction de C. Puigelier) (préface de F. Terré), *op. cit.*, p. 209.

centre de recherche de sociologie de son université. Elle a le sentiment d'avoir été contrainte à abandonner sa discipline »[52].

Olivier Beaud considère très justement qu'il existe une manifeste contradiction entre la liberté de rattachement à un laboratoire et la réalité administrative[53].

* Autour de la mondialisation du droit

Deux questions doivent être posées :

1° La mondialisation du droit correspond-elle à une science (ou un savoir) solidaire ?

2° La mondialisation du droit donne-t-elle lieu à une liberté malmenée et donc à une crise de la science solidaire ?

1) Première question :

La mondialisation du droit peut être également nommée la transnationalisation ou la globalisation du droit.

L'idée est toujours la même : il existe (ou il existerait) un droit mondial, un droit global ou un droit transnational dans lesquels se développent (ou se développeraient) les mêmes processus de droit ou les mêmes règles de droit.

La science solidaire trouve alors matière à penser et plus simplement un accueil dans ce qui s'emmaillote par la force des choses ou dans ce qui ce qui se complète (sans d'ailleurs que l'on s'en rende toujours compte). Il y a plus précisément ce qui a été voulu par les États et il y a ce qui n'a pas été voulu par ceux-ci mais qui s'impose toujours à l'esprit juridique.

La solidarité est ici – on l'a compris – artificielle ou naturelle. Elle correspond dans tous les cas à un phénomène de mondialisation[54].

Or la mondialisation du droit emporte nécessairement une dénationalisation de l'enseignement du droit. Des ouvrages de droit (dont celui des professeurs Pascal Ancel (professeur de droit civil à l'Université du Luxembourg) et Luc Heuschling (professeur de droit constitutionnel à l'Université du Luxembourg)) s'attèlent opportunément à démontrer une dénationalisation (ou une transnationalisation) de l'enseignement du droit et par suite une solidarisation de celui-ci[55].

2) Deuxième question :

---

[52] O. Beaud, *Les libertés universitaires à l'abandon ?, op. cit.*, p. 67 ; V. encore, C. Puigelier, « Le doctorat. Un grade universitaire parmi d'autres ? » *in L'œuvre doctorale* (sous la direction de C. Puigelier) (préface de F. Terré), *op. cit.*, p. 210.

[53] O. Beaud, *Les libertés universitaires à l'abandon ?, op. cit.*, p. 67 ; V. encore, C. Puigelier, « Le doctorat. Un grade universitaire parmi d'autres ? » *in L'œuvre doctorale* (sous la direction de C. Puigelier) (préface de F. Terré), *op. cit.*, p. 210.

[54] O. Dollfus, *La mondialisation* (préface de J. Lévy), Paris, Presses de Sciences Po, 2007.

[55] P. Ancel et L. Heuschling (sous la direction de), *La transnationalisation de l'enseignement du droit*, Bruxelles, éditions Larcier, 2016.

Jan M. Smits (professeur de droit privé européen à l'Université de Maastricht) relève cependant que les mêmes modèles d'enseignement du droit ne conviennent pas – pour l'instant – à tout le monde[56].

Il est, dit-il, compliqué de trouver un compromis entre les demandes de la pratique juridique et les demandes de l'Université[57]. « Combiner les deux dans un même programme semble difficile »[58].

La transnationalisation de l'enseignement du droit se heurte, écrit également Matthias Lehmann (professeur de droit privé et économique allemand, européen et international à l'Université de Bonn), à une porte « plutôt fermée » ou plus simplement se heurte à une crise des structures d'enseignement et de recherches (l'auteur regrette toutefois un tel constat. Il estime que différentes possibilités permettraient d'échapper à ces difficultés)[59].

B. Une liberte abandonnee ?

À ce point donné de l'étude, il est possible de se demander si le problème ne s'est pas déplacé ou plus simplement si l'on parle toujours de la même liberté (ou s'il existe désormais une autre liberté) ?60 (que celle-ci soit de nature universitaire ou de nature purement scientifique)61.

1. Une autre liberte tiree de la science (ou du savoir) solidaire ? (1ere partie)

* La masse d'informations – vers un savoir semi-individuel

Daniel Renoult (doyen honoraire de l'Inspection générale des bibliothèques) rappelle dans un colloque sur la mondialisation de la

[56] J. M. Smits, « Trois modèles d'enseignement du droit : une même taille ne convient pas à tout le monde », *in La transnationalisation de l'enseignement du droit* (sous la direction de P. Ancel et L. Heuschling), *op. cit.*, p. 44.

[57] *Id.*, p. 44.

[58] *Ibid.*, p. 44.

[59] M. Lehmann, « L'examen d'État (Staatsexamen) en Allemagne : un obstacle insurmontable à la transnationalisation du droit ? », *in La transnationalisation de l'enseignement du droit* (sous la direction de P. Ancel et L. Heuschling), *op. cit.*, p. 169.

[60] C. Lensing-Hebben, *La médiatisation des chercheurs en sciences sociales. L'éthique professionnelle contre emprise médiatique,* Thèse de sciences politiques, Institut d'Études Politiques (IEP) de Paris, 2010.

[61] C. Musselin, *La longue marche des Universités françaises,* Paris, PUF, 2001 ; C. Musselin, *La grande course des Universités,* Paris, Presses de Sciences Po, 2017.

recherche en 2010 (du Collège de France) les bouleversements des bibliothèques dus (notamment) à la « numérisation du monde »[62].

Il fait état des permanences et des métamorphoses des bibliothèques de recherches. Il constate trois points importants, à savoir :

- l'hyperspécialisation de la recherche et de la pensée scientifique,
- la croissance permanente du volume d'informations (avec notamment la numérisation toujours croissante des informations scientifiques),
- la mondialisation de l'industrie de l'information avec une très forte concentration de cette industrie entre les mains de quelques groupes[63].

Or il s'agit – selon nous – d'un exemple intéressant d'un passage d'un savoir individuel à un savoir collectif qui – pour des raisons financières – redevient non pas individuel mais semi-individuel en ce sens qu'il est concentré entre les mains de quelques-uns[64].

La liberté du chercheur scientifique s'en trouve par conséquent nécessairement affectée.

* Les volontés de quelques-uns – vers un savoir semi-individuel

Jacques Mairesse (directeur d'études honoraire à l'École des hautes études en sciences sociales (EHESS), président du comité scientifique de l'Observatoire des Sciences et Techniques) souligne dans le même colloque sur la mondialisation de la recherche en 2010 (du Collège de France) les évolutions de la productivité scientifique à partir des bases de données (il s'agit là de l'économie de la science)[65].

Il relève que 10% des savants physiciens publient 50% des papiers scientifiques. Ce sont – dit-il – toujours les mêmes scientifiques qui publient le plus (il est d'ailleurs possible de constater une persistance ou une accélération des performances des savants au cours de leur carrière).

Il existe en toute hypothèse des incitations de plus en plus fortes à publier avec des indicateurs bibliométriques (ou des évaluations bibliométriques) (notamment pour obtenir des fonds au sein des laboratoires). Il s'agit là tant de publications individuelles que de publications par équipes.

---

[62] D. Renoult, « Bibliothèques de recherche et information scientifique. Permanences et métamorphoses », *in La mondialisation de la recherche : compétition, coopérations, restructurations* (sous la direction de G. Fussman), Paris, Collège de France, 2010.

[63] *Id.*

[64] R. Chartier, « Qu'est-ce qu'un livre ? Grandeurs et misères de la numérisation », *in La mondialisation de la recherche : compétition, coopérations, restructurations* (sous la direction de G. Fussman), *op. cit.* ; P. Dacos et P. Mounier, *L'édition électronique*, Paris, La Découverte, 2010 ; B. Patino, *Le devenir numérique de l'édition : du livre objet au livre droit,* Paris, La Documentation française, 2008.

[65] J. Mairesse, « L'estimation de la productivité scientifique à partir des bases de données », *in La mondialisation de la recherche : compétition, coopérations, restructurations* (sous la direction de G. Fussman), *op. cit.*

Il existe également (toujours selon Jacques Mairesse) une corrélation entre le nombre de publications et le nombre de coauteurs.

Notamment (en physique) (en apparence) ceux qui publient beaucoup (et qui sont performants) ont tendance à travailler avec ceux qui sont les plus performants.

La dimension collective de la recherche scientifique est, affirme Jacques Mairesse, devenue un phénomène fondamental.

Or il s'agit – selon nous – à nouveau d'un exemple intéressant d'un passage d'un savoir individuel à un savoir collectif qui – pour des raisons de dynamisme – redevient non pas individuel mais semi-individuel en ce sens qu'il est concentré entre les volontés de quelques-uns (ou de quelques chercheurs)[66].

La liberté du chercheur scientifique s'en trouve par conséquent une nouvelle fois nécessairement affectée.

2. Une autre liberté tirée de la science (ou du savoir) solidaire ? (2ème partie)

* La mutualisation des savoirs – vers un savoir semi-individuel

Gabriele Veneziano (professeur au Collège de France, titulaire de la chaire de Particules élémentaires, gravitation et cosmologie) s'intéresse (toujours) dans le même colloque sur la mondialisation de la recherche en 2010 (du Collège de France) aux transformations de l'élaboration du progrès scientifique[67].

Il souligne une mutualisation des savoirs en physique fondamentale à l'échelle mondiale. On est, dit-il, passé avec le CERN (Organisation européenne pour la recherche nucléaire) (qui correspond à une collaboration scientifique en Europe relative à la physique des particules) des programmes nationaux de recherche scientifique à des programmes planétaires de recherche scientifique.

Un État ne peut à lui seul prendre en charge un matériel d'accélérateur de particules de sorte qu'il est contraint de s'associer (ou de collaborer) avec d'autres États pour réaliser des recherches à partir d'un tel matériel.

Or il s'agit – selon nous – encore d'un exemple intéressant d'un passage d'un savoir individuel à un savoir collectif qui – pour des raisons financières – redevient non pas individuel mais semi-individuel en ce sens qu'il est concentré entre les volontés de quelques États.

---

[66] *Id.*

[67] G. Veneziano, *« La mutualisation des savoirs à l'échelle mondiale », in La mondialisation de la recherche : compétition, coopérations, restructurations* (sous la direction de G. Fussman), *op. cit.*

La liberté du chercheur scientifique s'en trouve par conséquent encore nécessairement affectée.

* Des contestations

Denis Guthleben (historien et attaché scientifique au Comité d'histoire du CNRS) note dans son ouvrage sur l'histoire du CNRS que des directeurs de laboratoire ont pu être seuls récompensés à la suite de travaux scientifiques réalisés par une équipe et donc par plusieurs chercheurs, voire par de nombreux chercheurs[68].

Il est – semble-t-il – possible de percevoir dans les observations de l'historien des sciences des regrets non pas quant au choix des gratifiés mais des regrets quant à l'abandon d'une équipe ayant permis une gratification[69].

Jacques Larrieu (professeur de droit privé à l'Université de Toulouse) fait également état d'une controverse à la suite de l'obtention en 2013 du prix Nobel de physique par les professeurs Peter Higgs et François Englert pour leurs travaux sur le « boson de Higgs »[70].

Des contestataires estimèrent que « le prix aurait dû honorer l'ensemble des équipes du CERN »[71]. Il était plus précisément invoqué le fait que l'attribution du prix Nobel de physique en 2013 était liée « à la mise en évidence, quelques mois auparavant, de l'existence dudit « boson de Higgs » grâce à l'accélérateur de particules du CERN et au travail de milliers de chercheurs de ce laboratoire européen »[72].

Jacques Larrieu rappelle ainsi que le travail scientifique est devenu un travail d'équipe et que les règles d'attribution du prix Nobel (insusceptibles de récompenser plus de trois personnes à la fois) « devraient être réformées pour tenir compte des évolutions de la recherche scientifique »[73].

CONCLUSION DE LA DEUXIÈME PARTIE : C'est à nouveau à l'aide de la sémiotique (ou de la théorie du langage) qu'il est possible de conclure cette deuxième partie relative à la possibilité d'une crise de la science solidaire.

Algirdas Julien Greimas et Joseph Courtès écrivent dans leur Dictionnaire de sémiotique (ou Dictionnaire raisonné de la théorie du langage) en ce qui concerne le mot « modèle » que :

---

[68] D. Guthleben, *Histoire du CNRS de 1939 à nos jours* (préface de M. Blay), *op. cit.*

[69] *Id.*

[70] J. Larrieu, « Préface », *in Les chercheurs saisis par la norme. Contribution à l'étude des droits et devoirs des chercheurs,* thèse rédigée par Amélie Maurel, *op. cit.*, p. 21.

[71] *Id.*, p. 21.

[72] *Ibid.*, p. 21.

[73] *Ibid.*, p. 21.

« Dans le sens hérité de la tradition classique, on entend par modèle ce qui est susceptible de servir d'objet d'imitation »[74].

Ils affirment également que la question qui se pose est celle du « bon usage » du modèle[75].

« Il est évident que les modèles, considérés comme des hypothèses falsifiables, jouent un rôle remarquable dans la mesure où ils se substituent, petit à petit, à l'intuition du sujet du faire scientifique ; ils peuvent également rendre d'appréciables services s'ils satisfont à l'exigence de la généralisation » (ils correspondent plus simplement à une exigence de généralisation)[76].

Mais, poursuivent-ils, « la reproduction imitative de mêmes modèles risque de transformer une quête du savoir en une technologie sans imagination »[77].

Il résulte clairement de cette définition que le savoir provient d'un modèle susceptible de servir d'objet d'imitation.

Il est de ce fait possible d'affirmer que la science est nécessairement solidaire ou tout au moins comprise dans un tout limitant par voie de conséquence l'imagination (ou l'initiative) et donc la liberté de la recherche scientifique.

* *
*

Il est un autre cas de savoir collectif susceptible d'être en crise s'il reste seul.

Il s'agit de la découverte qui appartient à tous alors que l'invention n'appartient qu'à un seul (ou tout au moins n'appartient qu'à celui ayant inventé)[78].

La découverte mérite d'être transmise pour le bien de tous mais également pour le bien du découvreur.

L'exemple du philosophe René Descartes (1596-1650) est à cet égard révélateur. Il a pu être considéré que le fait pour lui de rester taisant en ce qui concerne ses découvertes (notamment) de physique fondamentale l'a écarté

---

[74] A. J. Greimas et J. Courtès, « Modèle », *in Sémiotique. Dictionnaire raisonné de la théorie du langage, op. cit.*, p. 232.

[75] *Id.*, p. 233.

[76] *Ibid.*, p. 233.

[77] *Ibid.*, p. 233.

[78] N. Binctin, Droit de la propriété intellectuelle, Paris, LGDJ, 2016 ; J.-M. Bruguière et M. Vivant, Droit d'auteur et droits voisins, Paris, Dalloz, 2015 ; P.-Y. Gautier, Propriété littéraire et artistique, Paris, PUF, 2017.

de l'Histoire de la physique[79] ou plus exactement a permis à d'autres de prendre sa place[80].

La linguistique générale pourrait par ailleurs (à nouveau) éclairer sur la nécessité d'une science solidaire et plus simplement sur l'importance d'une connexion indispensable à l'élaboration de la pensée[81].

Philippe Monneret (professeur de linguistique à l'Université de Bourgogne) rappelle l'importance de la connexion résumée par Lucien Tesnière (1893-1954) (professeur de linguistique à l'Université de Montpellier) en les termes suivants :

« Tout mot qui fait partie d'une phrase cesse par lui-même d'être isolé comme dans le dictionnaire. Entre lui et ses voisins, l'esprit reçoit des *connexions*, dont l'ensemble forme la charpente de la phrase »[82].

Or il est possible de considérer que le mot « science » constitue un exemple type de la connexion entre des mots dans le but de former une charpente d'idées.

La science d'une seule personne est presque impossible. Elle est un tout. Elle est nécessairement pluridisciplinaire et solidaire.

Elle sera donc toujours en crise dès qu'il s'agit de liberté ou dès qu'il s'agit de pouvoir penser comme on le désire.

---

[79] R. Penrose, À la découverte des lois de l'univers. La prodigieuse histoire des mathématiques et de la physique, Paris, Odile Jacob, 2007.

[80] A. D. Aczel, Le carnet de Descartes. Une histoire véridique où il est question de mathématiques et de la quête de la vérité ultime sur l'Univers, Paris, J.-C. Lattès, 2007.

[81] P. Monneret, Exercices de linguistique, Paris, PUF, 2014.

[82] *Id.*, p. 323.

UN ASPECT DES SOLIDARITÉS FAMILIALES AU SEIN DE LA FAMILLE NUCLÉAIRE : LA RELATION PARENT(S)/ENFANT(S)

Par
Laurence MAUGER-VIELPEAU
Professeure de droit privé
à l'Université Caen-Normandie

« *Droits fondamentaux et crise(s) des solidarités* » est un thème de colloque qui a une portée très large. A ce titre, il est susceptible de viser *la famille* comme le propose la présente contribution. Rappelons à ce sujet notamment que la Convention européenne de sauvegarde des droits de l'homme et des libertés fondamentales consacre en son article 8 le respect de la vie familiale et en son article 12 le droit de se marier et de fonder une famille. Mais alors, s'il faut envisager la crise des solidarités à l'aune des rapports familiaux, de quelle(s) famille(s) s'agit-il ?

La famille est un groupement fondamental dans l'organisation de la vie de toute société. Comme le soulignait le doyen Carbonnier, c'est un « *phénomène* » permanent et universel « *à base de données biologiques, psychologiques et sociologiques* »[1]. On pourrait aussi y ajouter une donnée économique dans la mesure où, dans ce domaine comme bien d'autres, cette donnée guide de nombreux choix même personnels, notamment celui de fonder une famille, le moment pour le faire ou la taille de celle-ci.

De manière classique, la famille peut être entendue doublement. Ces deux sens correspondent aux « *deux cercles concentriques* » développés par le doyen Carbonnier[2].

Dans un sens large, la famille vise toutes les personnes qui descendent d'un auteur commun : parents, grands-parents, enfants, petits-enfants, oncles, tantes, neveux, nièces et éventuellement les alliés (conjoints des parents et

---

[1] J. Carbonnier, *Droit civil, Introduction, Les personnes, La famille, l'enfant, le couple,* vol. 1, QUADRIGE/PUF, 2004, n° 386.
[2] J. Carbonnier, *ibid*

parents de ces conjoints). C'est la famille telle qu'elle est décrite dans un arbre généalogique. Elle se manifeste surtout lorsque l'un de ses membres décède et qu'il faut régler sa succession[3]. En ligne directe, le lignage fonde aussi des obligations alimentaires[4].

Dans un sens plus étroit, la famille vise les parents et leurs enfants. C'est la famille dite nucléaire. Celle-ci est devenue protéiforme. Traditionnellement fondée sur le mariage, la famille « légitime » a longtemps constitué le modèle de référence du législateur. Puis la société a évolué et d'autres formes de familles ont surgi : la famille naturelle fondée sur des parents non mariés ; la famille monoparentale : lorsque l'enfant ou les enfants sont élevés par un seul parent (souvent la mère) ; ou la famille recomposée comprenant des enfants issus de parents différents qui refont leur vie ensemble ; ou la famille homosexuelle avec des parents de même sexe. C'est cette famille resserrée qui est envisagée à travers le couple, la filiation et des obligations alimentaires renforcées.

Cette double acception traditionnelle de la famille ressurgit sur le lien familial qui peut résulter soit du lien d'alliance, soit du lien de parenté. La famille se définit alors comme un groupe de personnes qui sont reliées entre elles par des liens fondés sur la parenté et sur l'alliance.

Ce schéma classique est de plus en plus mis à mal sous l'influence des droits fondamentaux : on parle désormais davantage de « vie familiale » que de « lien familial » conformément à l'article 8 de la Convention de sauvegarde des droits de l'homme et des libertés fondamentales[5], nous le reprenons mais nous nous consacrerons exclusivement à la famille dite nucléaire et plus particulièrement à la relation parent(s)[6]/enfant(s). Nous avons pris le parti d'exclure la solidarité entre époux révélée notamment par l'obligation d'assistance, la contribution aux charges du mariage, le devoir de secours ou la réserve héréditaire du conjoint survivant car il aurait fallu alors intégrer tous les modes de conjugalité (PACS et concubinage) pour avoir une vision complète de la relation de couple qui n'offre pourtant pas toujours cette solidarité. Nous nous cantonnerons donc à la relation

[3] Art. 734 C. civ. Sur la définition et les droits du conjoint survivant, v. aussi art. 732 et 757 et s. C. civ.

[4] Art. 203 à 211 C. civ. Aux parents en ligne directe, il faut ajouter les alliés dits privilégiés (les père et mère du conjoint dans leur relation avec les conjoints de leurs enfants) : art. 206 C. civ.

[5] V. dernièrement à ce sujet : H. Fulchiron, « Le lien familial », in Dossier : La revue Droit de la famille fête son anniversaire, *Droit de la famille* 2016, n° 50.

[6] Le mot *parent(s)* est polysémique et peut désigner tant le(s) parent(s) comme ici que le lien de parenté. Ici, sont donc visés le père et/ou la mère ou deux pères ou deux mères conformément à l'article 6-1 du Code civil issu de la loi n° 2013-404 du 17 mai 2013 ouvrant le mariage aux couples de personnes de même sexe, JORF n°0114 du 18 mai 2013, p. 8253, qui prévoit que: « *Le mariage et la filiation adoptive emportent les mêmes effets, droits et obligations reconnus par les lois, à l'exclusion de ceux prévus au titre VII du livre Ier du présent code, que les époux ou les parents soient de sexe différent ou de même sexe* ».

parent(s)/enfant(s)[7] car, quelle que soit la vie de couple des parents, la solidarité familiale touche tous les enfants unis à leur(s) parent(s) par un lien juridique de filiation.

C'est donc le lien de parenté en ligne directe et au premier degré que nous privilégions. Rappelons que le lien de parenté unit deux personnes qui descendent l'une de l'autre ou d'un auteur commun. On parle de ligne directe lorsque ces personnes descendent les unes des autres et de ligne collatérale lorsque les personnes descendent d'un auteur commun. Après tout, en dépit des transformations et des évolutions qu'a connues la famille, ce lien demeure encore le plus incontestable.

Lorsque l'on envisage la solidarité en matière familiale il s'agit d'une solidarité spécifique. Nous nous concentrerons sur la solidarité familiale et excluons la solidarité sociale souvent présentée comme subsidiaire par rapport à la solidarité familiale et reposant sur un système complexe et peu cohérent notamment en matière de recours ou de récupération des sommes litigieuses contre les obligés alimentaires de l'allocataire ou sa succession[8].

Quand on traite de solidarité familiale, on songe d'emblée à l'obligation alimentaire existant entre certains membres d'une même famille. Pour autant, cette notion d'obligation alimentaire est beaucoup plus réduite que celle de solidarité familiale ; celle-ci doit être entendue plus largement. L'obligation alimentaire est en outre contraignante : la loi détermine quelles personnes sont *obligées* alimentaires à l'égard d'autres personnes. L'obligation alimentaire est donc un devoir relevant de la solidarité familiale (c'est une forme de solidarité familiale contrainte), mais elle n'en révèle qu'un aspect.

En ce sens, la solidarité familiale peut être définie comme un *« impératif d'entraide qui, dans l'épreuve, soumet réciproquement les plus proches parents et alliés à des devoirs élémentaires de secours et d'assistance (obligation alimentaire ; charges tutélaires) et se prolonge, après la mort, par une vocation successorale réservataire »*[9]. Ainsi présentée la solidarité familiale a une double nature : elle peut être extra-patrimoniale ou patrimoniale. Elle intervient du vivant des personnes ou après leur décès. Elle est en outre en principe réciproque.

Mais la solidarité familiale n'est pas réduite à la contrainte. Elle peut aussi être volontaire. C'est pourquoi elle peut aussi être définie comme un « *lien*

---

[7] On aurait pu aussi songer aux petits-enfants, qui compte tenu de l'allongement de la durée de la vie, seront de plus en plus sollicités par leurs ascendants si leurs propres parents ne peuvent pas eux-mêmes assumer cette solidarité familiale.

[8] V. notamment à ce sujet : *L'entraide familiale : régulations juridiques et sociales,* sous la dir. de F. Le Borgne-Uguen et M. Rebourg, PUR, 2012 ; dossier *Obligation alimentaire et dépendance*, AJ fam., mai 2014, p. 269 et s. ; J. Hauser, « Une famille récupérée », *in Mélanges P. Catala, Le droit privé français à la fin du XXe siècle*, Litec, 2001, p. 327 et s.

[9] *Vocabulaire juridique*, sous la dir. de G. Cornu, Association Henri Capitant, QUADRIGE-PUF 2014, 10e éd., *V° solidarité familiale,* sens 1/a.

moral, esprit de famille qui rassemble toute la parenté autour de ses valeurs communes (nom de famille, honneur, traditions) et anime une vie de famille (entreprises communes, entraide professionnelle, regroupements familiaux)[10].

Ces dernières décennies, la solidarité familiale a assurément connu de profondes mutations en raison de multiples facteurs. Comme le relevait le professeur Fulchiron en 2011 « *l'allongement de la durée de la vie, l'urbanisation des populations, les mutations économiques, les difficultés d'entrée sur le marché du travail, l'éclatement des modèles familiaux traditionnels, la multiplication des séparations et des recompositions familiales, le rétrécissement de la famille autour du noyau formé par les parents et leurs enfants, parfois par un parent seul et ses enfants, l'individualisation des rapports au sein de la famille : autant de phénomènes qui marquent en profondeur le monde contemporain* »[11].

Plus fondamentalement, en reprenant le thème du colloque – « *Droits fondamentaux et crise(s) des solidarités* » – peut-on encore traiter de la solidarité familiale dans une société régie par les droits fondamentaux et une bonne dose d'individualisme ? L'individualisme marquant nos sociétés contemporaines laisse-t-il encore une place à une certaine solidarité notamment familiale ? Existe-t-il en la matière une crise des solidarités ? Et ce particulièrement dans la relation parent(s)/enfant(s) ?

Pour déterminer s'il existe une crise des solidarités familiales dans les rapports parent(s)/enfant(s), il faut donc analyser la mise place dans notre droit positif d'éventuelles solidarités familiales tant personnelles (I) que patrimoniales (II). En effet, comme il a été dit, la solidarité familiale ne se réduit pas à une obligation alimentaire et doit être entendue plus largement : elle peut être tant extra-patrimoniale ou personnelle que patrimoniale et elle peut être tant volontaire que contrainte.

I. LES SOLIDARITÉS FAMILIALES PERSONNELLES

Depuis quelques années, le législateur a organisé et développé de véritables solidarités familiales personnelles. Celles-ci sont en principe réciproques et existent tant en matière médicale (sous certaines réserves) (A) que dans le domaine des mesures de protection juridique des majeurs (B).

---

[10] *Vocabulaire juridique*, préc., *V° solidarité familiale*, sens 1/b.

[11] H. Fulchiron, « Les solidarités entre générations », dossier, Droit de la famille 2011, n° 10.

A. EN MATIERE MEDICALE

En matière médicale, le Code de la santé publique prévoit dans le cadre de la protection des personnes en matière de santé[12], le droit pour une personne majeure de « désigner une personne de confiance qui peut être un parent, un proche ou le médecin traitant et qui sera consultée au cas où elle-même serait hors d'état d'exprimer sa volonté et de recevoir l'information nécessaire à cette fin. Elle rend compte de la volonté de la personne »[13].

Le tiers de confiance peut donc être en premier lieu un parent, autrement dit une personne ayant un lien de parenté avec le patient. A ce titre, un enfant peut être choisi par son parent (père et/ou mère) et un enfant majeur peut choisir son parent (père et/ou mère) comme personne de confiance.

Il s'agit bien d'une solidarité personnelle puisque le tiers de confiance est chargé de rendre compte de la volonté du patient en cas d'hospitalisation de ce dernier dans un établissement de santé si ce dernier est hors d'état d'exprimer sa volonté.

C'est aussi une solidarité volontaire car elle nécessite une désignation de la personne de confiance par le patient, étant précisé que cette désignation est révisable et révocable à tout moment, et qu'elle doit être cosignée par la personne désignée. Pour autant, la loi n'a pas jugé bon de permettre à un mineur de désigner un tiers de confiance, et encore moins de présumer que les parents sont personnes de confiance (même si l'on fut tenté à une époque de le prévoir). Au fond, pour les mineurs, tout se passe comme s'il n'était pas utile de dire que les parents, protecteurs naturels, expriment en tant que besoin la volonté du mineur lui-même. D'ailleurs, le mineur en rupture avec ses parents peut même décider de les écarter purement et simplement. Un parent (père et/ou mère) peut être exclu par son enfant mineur de la prise de décisions fondamentales le concernant[14].

Pour mieux comprendre rappelons que dans la relation, parent(s)/enfant(s) mineur(s), en principe, les soins et traitements relèvent de l'autorité parentale qui inclut la santé de l'enfant[15]. À ce titre, il appartient aux parents de consentir aux soins dispensés à l'enfant, notamment aux interventions chirurgicales. Le consentement personnel du mineur est lui aussi exigé s'il est en mesure de l'exprimer.

Par exception, toutefois, certains textes diminuent les droits des père(s) et/ou mère(s). Ainsi, le mineur peut prendre seul certaines décisions lorsqu'il désire garder le secret sur son état et s'oppose à la consultation du ou des titulaires de l'autorité parentale. Il lui suffit alors d'être accompagné par un

---

[12] Le livre Ier de la première partie du Code intitulée *Protection générale de la santé* est consacré à la *Protection des personnes en matière de santé.*

[13] Art. L. 1111-6, al. 1 CSP.

[14] Art. L. 1111-5-1 CSP.

[15] Art. 371-1, al. 2 C. civ.

autre adulte de son choix. Il en va ainsi en cas de décisions médicales à prendre lorsque l'action de prévention, le dépistage, le diagnostic, le traitement ou l'intervention s'impose pour sauvegarder sa santé[16] et pour l'interruption volontaire de grossesse[17]. En cas de décès du mineur, le secret médical est même alors absolu : le médecin ne pourra expliquer aux parents les causes de la mort de l'enfant.

Hormis ces exceptions, on voit que le législateur organise une solidarité familiale en matière médicale. Voyons ce qu'il en est maintenant dans le cadre des mesures de protection juridique des majeurs.

B. En matiere de mesures de protection juridique des majeurs

Le Code civil prévoit diverses mesures de protection juridique des majeurs : trois mesures judiciaires -la sauvegarde de justice, la curatelle et la tutelle-, le mandat de protection future et l'habilitation familiale[18].

Cette protection vise tant la personne des majeurs [19] que leurs biens. Comme l'on étudie les solidarités familiales personnelles, c'est ici la protection de la personne qui est seule visée ; mais ce qui est dit vaut aussi pour la protection du patrimoine du majeur protégé.

Rappelons que l'article 415, alinéa 2, du Code civil prévoit que « cette protection est instaurée et assurée dans le respect des libertés individuelles, des droits fondamentaux et de la dignité de la personne ». L'article 415 du Code civil in fine précise que cette protection de la personne (et des biens) est « un devoir des familles et de la collectivité publique ». Elle est donc avant tout un devoir des familles et le demeure. La solidarité familiale se caractérise par le caractère gratuit de la prise en charge de la protection juridique[20].

Cette protection de la personne est organisée dans une sous-section relative aux effets de la curatelle et de la tutelle quant à la protection de la personne[21]. Ce sont les articles 457-1 à 463 du Code civil. Ils prévoient des règles particulières en matière d'informations sur la situation personnelle du majeur, d'actes strictement personnels ne pouvant être accomplis que par lui seul, de mesures de protection de la personne possibles, de choix de son lieu de résidence, de mariage ou de pacs.

---

[16] Art. L. 1111-5 CSP.

[17] Art. L. 2212-7 CSP.

[18] Art. 425 à 494-12 C. civ.

[19] Rappelons que celle-ci a été consacrée par le législateur dans le cadre de la loi n° 2007-308 du 5 mars 2007 portant réforme de la protection juridique des majeurs, JORF n°56 du 7 mars 2007, p. 4325.

[20] Art. 419 C. civ.

[21] Il s'agit de la sous-section 4 de la section IV relative à la curatelle et la tutelle.

La mesure symbolisant le mieux cette solidarité familiale est la récente habilitation familiale. En effet, cette mesure est issue non pas de la loi du 5 mars 2007 portant réforme de la protection juridique des majeurs, mais de l'ordonnance n° 2015-1288 du 15 octobre 2015 portant simplification et modernisation du droit de la famille[22], ratifiée par la loi n° 2016-1547 du 18 novembre 2016 de modernisation de la justice du XXIe siècle[23] qui a modifié certains textes, car il manquait dans la réforme de 2007 la mise en place d'une mesure propre et simplifiée au bénéfice de la famille, sans recours systématique du juge des tutelles. Ainsi, un membre de la famille peut bénéficier d'une habilitation générale ou spéciale du juge des tutelles pour accomplir des actes au nom d'une personne hors d'état de manifester sa volonté[24].

Au titre de la famille, on trouve en premier lieu les ascendants ou les descendants. La famille nucléaire bénéficie ainsi de cette mesure au premier chef. C'est bien une solidarité personnelle[25] et réciproque.

Si c'est une mesure volontaire du point de vue de la personne habilitée, elle ne l'est pas en ce qui concerne le majeur protégé puisque par hypothèse il est hors d'état de manifester sa volonté, mais la nécessité de protection l'emporte.

Outre l'habilitation familiale, les autres mesures de protection juridique du majeur, notamment les mesures de protection judiciaire, prennent aussi en compte la famille nucléaire mais de manière plus subsidiaire. Le choix de l'organe de protection appartient en principe au majeur, son choix s'impose au juge sauf si la personne désignée refuse la mission ou est dans l'impossibilité de l'exercer ou si l'intérêt de la personne protégée commande de l'écarter[26]. Dans ce cas, si le majeur désigne l'un de ses père(s) et/ou mère(s) ou l'un de ses enfants, c'est une solidarité familiale personnelle[27], réciproque et volontaire si la personne accepte. A défaut de désignation par le majeur, l'époux, le partenaire de pacs ou le concubin est par principe sollicité avant et c'est seulement en l'absence d'une vie de couple ou si la vie commune a cessé entre eux[28] ou qu'une autre cause empêche de lui

[22] JORF n°0240 du 16 octobre 2015, p. 19304.

[23] JORF n°0269 du 19 novembre 2016, texte n° 1.

[24] Art. 494-1 à 494-12 C. civ. La définition de la famille dans la l'habilitation familiale est resserrée par rapport à la définition de la famille pour les autres mesures de protection juridique (C. civ., art. 430).

[25] Si l'habilitation porte sur des actes relatifs à la personne à protéger, l'article 494-6 C. civ. renvoie alors aux articles 457-1 à 459-2 C. civ. évoqués précédemment.

[26] Art. 448, al. 1 C. civ.

[27] Rappelons que si la mesure est une sauvegarde de justice et qu'un mandataire spécial est désigné par le juge des tutelles, il peut se voir confier une mission de protection de la personne conformément aux articles 457-1 à 463 C. civ. comme le prévoit l'art. 438 C. civ.

[28] Récemment, dans l'affaire *Vincent Lambert*, la Cour de cassation a admis que l'état de conscience minimale dans lequel était plongé un époux ne privait pas son conjoint de maintenir unilatéralement la vie commune : Cass., 1e civ., 8 décembre 2016, n° 16-20.298 P :

confier la mesure que le juge peut désigner un parent au sens large visant le lien de parenté. Il peut alors s'agir de l'un de ses père(s) et/ou mère(s) ou de l'un de ses enfants. C'est dans ce cas une solidarité personnelle et réciproque. En revanche, elle n'est pas volontaire pour le majeur car c'est le juge qui procède à la désignation même s'il prend en considération les sentiments exprimés par le majeur[29] et pas davantage pour l'organe de protection pour qui c'est un devoir. Les parents et les enfants ne peuvent pas échapper à la charge tutélaire : pour eux la charge est obligatoire[30] (sauf décharge). Là encore, la nécessité de protection l'emporte.

En cas de mandat de protection future, « toute personne majeure ou mineure émancipée » capable de faire un tel mandat[31] peut désigner la personne de son choix, y compris l'un de ses père(s) et/ou mère(s) ou l'un de ses enfants[32]. C'est aussi alors une solidarité personnelle[33], réciproque et volontaire.

La faveur du législateur pour la solidarité familiale personnelle apparait avec encore plus d'évidence lorsque l'on réfléchit aux pouvoirs d'anticipation des père et mère. Ainsi les parents ou le dernier vivant des père et mère ne faisant pas l'objet d'une mesure de curatelle ou de tutelle, qui exercent l'autorité parentale sur leur enfant mineur ou assument la charge matérielle et affective de leur enfant majeur peuvent désigner une ou plusieurs personnes chargées d'exercer les fonctions de curateur ou de tuteur à compter du jour où eux-mêmes décéderont ou ne pourront plus continuer à prendre soin de l'intéressé[34]. De même, les parents ou le dernier vivant des père et mère, ne faisant pas l'objet d'une mesure de curatelle ou de tutelle ou d'une habilitation familiale, qui exercent l'autorité parentale sur leur enfant mineur ou assument la charge matérielle et affective de leur enfant majeur peuvent, pour le cas où cet enfant ne pourrait plus pourvoir seul à ses intérêts pour l'une des causes prévues à l'article 425, désigner un ou plusieurs mandataires chargés de le représenter. Cette désignation prend effet à

JCP., éd. G. 2017, 79, note J. Hauser ; *Dr. famille* 2017, comm. 48, I. Maria ; *RGDM* 2017, n°62, p. 133 à 157, étude G. Raoul-Cormeil.

[29] Art. 449 C. civ.

[30] V. à ce sujet : C. HERIN GILLIER, « *La charge tutélaire* », thèse dirigée par A. Batteur et G. Raoul-Cormeil, UCN, 2017, spéc. n° 60 et s.

[31] Art. 477, al. 1 et 2 C.civ. : « Toute personne majeure ou mineure émancipée ne faisant pas l'objet d'une mesure de tutelle ou d'une habilitation familiale peut charger une ou plusieurs personnes, par un même mandat, de la représenter pour le cas où, pour l'une des causes prévues à l'article 425, elle ne pourrait plus pourvoir seule à ses intérêts.
La personne en curatelle ne peut conclure un mandat de protection future qu'avec l'assistance de son curateur ».

[32] Mais la loi permet au mandant de préférer un ami à ses propres enfants pour prendre en charge contractuellement sa personne (et ses biens) : Cass., 1e civ., 4 janvier 2017, n°15-28.669 ; *D.* 2017, p. 191, note D. Noguéro ; *AJ famille* 2017, p. 144, obs. G. Raoul-Cormeil.

[33] L'art. 479, al. 1 C. civ. renvoie alors notamment aux art. 457-1 à 459-2 C. civ.

[34] Art. 448, al. 2 C. civ.

compter du jour où le mandant décède ou ne peut plus prendre soin de l'intéressé [35]. L'on sait que le législateur a pensé au cas des enfants handicapés, pris en charge depuis longtemps par leurs parents : la présomption de confiance envers les parents est alors pleine et entière.

Au fil de ces dispositions, on peut souligner qu'il existe toujours dans notre droit positif des mesures révélant la persistance d'une solidarité familiale personnelle dans la relation parent(s)/enfant(s) et on peut s'en réjouir. Pour l'essentiel, ce sont des solidarités réciproques et volontaires. Voyons maintenant ce qu'il en est d'un point de vue patrimonial.

II. LES SOLIDARITÉS FAMILIALES PATRIMONIALES

On retrouve des solidarités familiales en matière patrimoniale dans la relation parent(s)/enfant(s), mais à la différence des solidarités familiales personnelles, elles peuvent être imposées et elles ne sont pas tout à fait réciproques dans la mesure où elles sont plus prégnantes à l'encontre des parents que des enfants. Ceci se révèle de leur vivant (A) et davantage encore à cause de mort (B).

A. DU VIVANT DES PERE ET MERE

Du vivant des parents, c'est surtout l'obligation alimentaire à laquelle on songe, mais il existe d'autres formes de solidarité familiale patrimoniale, notamment les mesures de protection juridique des majeurs étudiées précédemment dans leur dimension patrimoniale.

On pourrait aussi citer le « nouvel » article 1242, alinéa 4, du Code civil (ex article 1384, alinéa 4) [36] prévoyant que « le père et la mère, en tant qu'ils exercent l'autorité parentale, sont solidairement responsables du dommage causé par leurs enfants mineurs habitant avec eux ». Mais, bien entendu, ce n'est pas notre sujet car celui-ci porte sur la solidarité familiale au bénéfice de la famille, intra familiale et non sur la solidarité de droit des obligations au profit des tiers qui sont ainsi garantis d'être payés par des parents solvables. Cela dit, tout de même, indirectement, en obligeant les parents à assumer le paiement des dommages et intérêts, la loi permet d'éviter qu'une dette trop lourde ne pèse sur le mineur à l'avenir.

En ce qui concerne l'obligation alimentaire, les père(s) et/ou mère(s) sont pendant un certain temps tenus à une obligation alimentaire spéciale à

[35] Art. 477, al. 3 C. civ.

[36] Cette nouvelle numérotation est issue de l'Ordonnance n° 2016-131 du 10 février 2016 portant réforme du droit des contrats, du régime général et de la preuve des obligations, JORF n°0035 du 11 février 2016, texte n° 26, mais le contenu du texte demeure pour l'heure inchangé.

l'égard de leurs enfants : la contribution à leur entretien et à leur éducation[37]. Les enfants sont eux sont soumis vis-à-vis de leur(s) parent(s) au seul droit commun de l'obligation alimentaire[38].

La contribution à l'entretien et à l'éducation des enfants est liée par le législateur à l'autorité parentale[39], mais elle demeure lorsque l'enfant devient majeur s'il poursuit ses études, à défaut de quoi l'obligation alimentaire stricto sensu prend le relai[40]. La contribution à l'entretien et à l'éducation est une obligation alimentaire spéciale qui obéit notamment à un régime juridique propre plus favorable au créancier que l'obligation alimentaire de droit commun[41].

Tous les parents y sont tenus, qu'ils soient mariés, pacsés, en concubinage, séparés[42]ou même célibataires. « Chacun des parents contribue à l'entretien et à l'éducation des enfants à proportion de ses ressources, de celles de l'autre parent, ainsi que des besoins de l'enfant »[43]. Elle s'exécute en nature, quotidiennement à moins que les parents ne soient séparés car elle prend alors la forme d'une pension alimentaire[44] ou d'une prise en charge directe de frais exposés au profit de l'enfant voire encore du versement d'une somme d'argent entre les mains d'un organisme accrédité chargé d'accorder en contrepartie à l'enfant une rente indexée, l'abandon de biens en usufruit ou l'affectation de biens productifs de revenus. Le juge aux affaires

---

[37] Art. 371-2 C. civ. V. aussi pour les époux l'art. 203 C. civ. : « *les époux contractent ensemble, par le seul fait du mariage, l'obligation de nourrir, entretenir et élever leurs enfants* ».

[38] Art. 205 C. civ.

[39] On aurait presque pu en traiter dans la première partie parce que l'article 371-2 C. civ. la prévoyant figure dans le premier chapitre consacré à l'autorité parentale intitulé : « *de l'autorité parentale relativement à la personne de l'enfant* » (nous soulignons). Cette contribution est en effet destinée à entretenir l'enfant matériellement mais aussi à pourvoir à son éducation. Sa finalité est donc principalement attachée à la personne de l'enfant.

[40] Art. 371-2, al. 2 C. civ.

[41] V. notamment à ce sujet : A. Batteur, *Droit des personnes, des familles et des majeurs protégés*, LGDJ-lextensoéditions, 8e éd., 2015, n° 621 et s. ; Ph. Malaurie et H. Fulchiron, *Droit civil, Droit de la famille*, , LGDJ-lextensoéditions, 5e éd., 2015, n° 1780 et s. qui distinguent l'obligation alimentaire de l'obligation d'entretien, spéc. n° 1782.

[42] Art. 373-2-2 à 373-2-5 C. civ.

[43] Art. 371-2, al. 1er C. civ.

[44] Signalons qu'il existe en la matière une table de référence mise au point par le Ministère de la justice qui avait été initialement annexée à une circulaire du 12 avril 2010, CIV/06/10 permettant la fixation de cette contribution sous forme de pension alimentaire, en fonction des revenus du débiteur, de l'amplitude de son « droit de visite et d'hébergement » et du nombre d'enfants, qui est régulièrement actualisée. La Cour de cassation a précisé à cet égard que les juges du fond ne peuvent fixer le montant de la contribution en fondant leur décision sur cette seule table de référence mais *« en considération des seules facultés contributives des parents de l'enfant et des besoins de celui-ci »* : Civ. 1re, 23 octobre 2013, pourvoi n° 12-25301, Droit de la famille, 2013, com. 162, note J.-C. Bardou, AJ fam. 2013, 703, obs. S. Thouret, RTDciv. 2014, 77, obs. P. Deumier, 105, obs. J. Hauser.

familiales peut décider, ou les parents convenir, que cette contribution sera versée en tout ou partie entre les mains de l'enfant.

La contribution à l'entretien et à l'éducation des enfants est donc une forme de solidarité familiale patrimoniale, unilatérale car elle ne profite qu'aux enfants[45] et volontaire ou contrainte si l'un des père(s) et/ou mère(s) ne s'exécute pas volontairement et dans ce cas il peut y être contraint comme tout obligé alimentaire[46].

Si les enfants ont largement dépassé l'âge de la majorité[47], ils ne relèvent plus de la contribution à leur entretien et à leur éducation mais de l'obligation alimentaire de droit commun[48] dont ils sont eux-mêmes redevables à l'égard de leur(s) parent(s)[49]. Il ne s'agit plus de pourvoir à leur éducation mais de leur assurer un minimum vital.

Curieusement, l'obligation alimentaire de droit commun figure toujours dans les textes relatifs au mariage[50] alors que, comme la contribution à l'entretien et à l'éducation des enfants, elle concerne tous les enfants que leurs parents soient mariés, pacsés, en concubinage, séparés ou même célibataires.

Elle est due au créancier dans le besoin[51] proportionnellement aux besoins du créancier et aux ressources du débiteur[52]. En cas de pluralité de débiteurs,

---

[45] On peut toutefois considérer que les parents bénéficient d'une certaine contrepartie avec le droit de jouissance légale qui est le droit pour les parents de percevoir et de s'approprier les revenus de leurs enfants mineurs de moins de 16 ans et de jouir de leurs biens comme le ferait un usufruitier. Ce droit est organisé par les articles 386-1 à 386-4 du Code civil.

[46] La sanction peut être pénale : art. 227-3 C. pén. : « *Le fait, pour une personne, de ne pas exécuter une décision judiciaire, une convention judiciairement homologuée ou une convention prévue à l'article 229-1 du code civil lui imposant de verser au profit d'un enfant mineur, d'un descendant, d'un ascendant ou du conjoint une pension, une contribution, des subsides ou des prestations de toute nature dues en raison de l'une des obligations familiales prévues par le code civil, en demeurant plus de deux mois sans s'acquitter intégralement de cette obligation, est puni de deux ans d'emprisonnement et de 15 000 euros d'amende.*
Les infractions prévues par le premier alinéa du présent article sont assimilées à des abandons de famille pour l'application du 3° de l'article 373 du code civil » ou civile : paiement direct, saisies, recouvrement par le Trésor public ou intervention de la CAF. V. Notamment à ce sujet le dossier spécial *Recouvrement des pensions alimentaires in* AJ famille 2017, p. 269 et s.

[47] Il est difficile de fixer un seuil d'âge en la matière puisque la contribution à l'entretien et à l'éducation des enfants demeure au-delà de l'âge de la majorité, particulièrement si l'enfant poursuit des études qui peuvent parfois être longues. C'est une question d'espèce relevant de l'appréciation souveraine des juges du fond. En cas de contentieux, le demandeur ne sera pas le même : la contribution à l'entretien et à l'éducation des enfants se règle entre parents et c'est celui qui contribue au moins en nature qui assigne l'autre défaillant ; en revanche en cas de mise en cause de l'obligation alimentaire de droit commun c'est l'enfant qui agit lui-même contre son ou ses parent(s).

[48] V. à ce sujet notamment : A. Batteur, *op. cit.*, n° 1147 et s.

[49] Art. 205 et 207, al. 1 C. civ.

[50] Art. 203 à 211 C. civ.

[51] Art. 205 C. civ.

[52] Art. 208, al. 1 C. civ.

chacun y est tenu en fonction de ses ressources ; c'est donc une dette individuelle qui n'est pas indivisible ou solidaire[53]. Si l'un des codébiteurs a payé l'intégralité de la créance alimentaire, il peut se retourner contre les autres proportionnellement aux ressources de chacun au moment où la créance est née[54]. La solidarité familiale doit donc être assumée par chacun à proportion de ses facultés financières.

Certains débiteurs, particulièrement les enfants, tentent toutefois de plus en plus d'échapper à cette obligation alimentaire en invoquant « l'exception d'indignité »[55] résultant de l'article 207, alinéa 2, du Code civil qui précise que « quand le créancier aura lui-même manqué gravement à ses obligations envers le débiteur, le juge pourra décharger celui-ci de tout ou partie de la dette alimentaire ». Il existe même des cas de décharge spécifique prévus par la loi lorsque les parents ont été des parents « indignes », ayant abandonné leurs enfants[56] : pour la loi il existe une limite, certes restrictive, à la solidarité imposée.

La solidarité familiale est donc patrimoniale, réciproque et souvent contrainte. Elle prend généralement la forme d'une pension alimentaire, mais elle peut aussi s'exécuter en nature et dans ce cas, le débiteur d'aliments loge, nourrit et entretient le créancier[57]. Il existe à ce sujet une disposition spécifique au(x) parent(s) : l'article 211 du Code civil qui prévoit que « le juge aux affaires familiales prononcera également si le père ou la mère qui offrira de recevoir, nourrir et entretenir dans sa demeure, l'enfant à qui il devra des aliments, devra dans ce cas être dispensé de payer la pension alimentaire ». Curieuse obligation que celle qui s'exécute en nature lorsqu'elle est imposée par le juge…

Ce sont les mêmes sanctions que pour la contribution à l'entretien et à l'éducation des enfants qui s'appliquent en cas de manquement à cette obligation alimentaire de droit commun.

On voit bien que ces solidarités familiales patrimoniales sont strictement réglementées car elles peuvent ne pas intervenir volontairement, à l'initiative des débiteurs. La solidarité familiale pécuniaire peut par nature être contrainte contrairement à la solidarité familiale personnelle qui ne peut pas l'être. Le législateur accentue la charge parentale pendant ou juste après la minorité des enfants, tant qu'ils sont à charge, car la contribution à leur

---

[53] V. notamment à ce sujet : Ph. Malaurie et H. Fulchiron, *op. cit.*, spéc. n° 1751 et les références jurisprudentielles citées en note.

[54] V. notamment à ce sujet : Ph. Malaurie et H. Fulchiron, *op. cit.*, spéc. n° 1752 et les références jurisprudentielles citées en note.

[55] V. notamment à ce sujet : C. Lienhard, « Article 207 du Code civil : le renouveau de l'exception d'indignité », AJ famille 2014, p. 283 et s.

[56] Tel l'article 379, alinéa 2 du Code civil en cas de retrait total de l'autorité parentale prononcé en vertu des articles 378 ou 378-1 C. civ. qui prévoit que ce retrait total emporte, pour l'enfant, dispense de l'obligation alimentaire, par dérogation aux articles 205 à 207, sauf disposition contraire dans le jugement de retrait.

[57] Art. 210 C. civ.

entretien et à leur éducation relève de l'autorité parentale ; ce qui justifie son caractère unilatéral. Après, passé cette période, au fil de la vie, chacun est redevable dans les mêmes termes de l'obligation alimentaire de droit commun qui est elle réciproque. Il n'en reste pas moins qu'elle se poursuivra : on la retrouve au décès.

B. A CAUSE DE MORT

En cas de décès, la solidarité familiale patrimoniale est bien davantage instaurée au bénéfice des enfants que de leur(s) parent(s)[58].

En effet, non seulement les enfants sont classés au premier ordre dans la dévolution légale, la succession ab intestat, et au premier degré[59], mais en plus ils sont héritiers réservataires[60] dans la succession de leur(s) parent(s).

Si on retrouve les père(s) et mère(s) au deuxième ordre et au premier degré dans la succession ab intestat[61] de leur(s) enfant(s), ils ne sont plus héritiers réservataires dans leur(s) succession(s) depuis la loi n° 2006-728 du 23 juin 2006 portant réforme des successions et des libéralités[62]. Ils ont été primés par le conjoint successible, mais c'est un autre débat.

En tous les cas, si les enfants ne peuvent pas être totalement exhérédés par leurs parents, au contraire les parents peuvent l'être par leurs enfants. Mais c'est finalement l'ordre des transmissions : c'est plus la vocation des parents de transmettre leur patrimoine à leurs enfants que l'inverse. Sauf à considérer que même cette vision est aujourd'hui dépassée et qu'il faudrait alors supprimer toute réserve héréditaire. Il faut bien reconnaître que la loi du 23 juin 2006 y a déjà largement porté atteinte en admettant la faculté de renoncer à l'action en réduction de manière anticipée (art. 929 à 930-5 C. civ.) et en consacrant la généralisation de la réduction en valeur notamment dans le souci de favoriser la volonté du défunt. Pour notre part, nous sommes défavorables à cette suppression dans la relation parent(s)/enfant(s) car cela

---

[58] V. notamment à ce sujet le dossier « *Quelles solidarités pour une famille renouvelée ? Colloque université d'Angers 24 mars 2016* », Droit de la famille 2016, n° 14 et s. ; spéc. S. Gaudemet, « Solidarités familiales et transmission successorale », n° 16 ; Ch. Blanchard, « Solidarités familiales imposées ou volontaires ? », n° 18 ; M. Nicod, « Solidarités familiales et dépendance économique des ascendants », n° 19.

[59] Art. 734-1° et art. 743 C. civ.

[60] Article 913, al. 1er du Code civil : « *les libéralités, soit par actes entre vifs, soit par testament, ne pourront excéder la moitié des biens du disposant, s'il ne laisse à son décès qu'un enfant ; le tiers, s'il laisse deux enfants ; le quart, s'il en laisse trois ou un plus grand nombre* ».

Rappelons que l'article 912 C. civ. précise que : « *la réserve héréditaire est la part des biens et droits successoraux dont la loi assure la dévolution libre de charges à certains héritiers dits réservataires, s'ils sont appelés à la succession et s'ils l'acceptent.*

La quotité disponible est la part des biens et droits successoraux qui n'est pas réservée par la loi et dont le défunt a pu disposer librement par des libéralités ».

[61] Art. 734-2° et art. 743 C. civ.

[62] JORF n°145 du 24 juin 2006, p. 9513.

reviendrait à faire disparaître une forme de solidarité familiale patrimoniale, certes unilatérale, contrainte [63] et *post mortem*, mais essentielle à la singularité du lien unissant des parents à leurs enfants.

Les parents sont donc moins bien lotis que leurs enfants dans le cadre successoral *ab intestat*[64]. Au mieux, ils peuvent bénéficier du prétendu « droit de retour » prévu par l'article 738-2 du Code civil[65]. En revanche, on peut regretter qu'ils aient été exclus de la liste des ascendants du défunt susceptibles de bénéficier d'une créance d'aliments contre sa succession[66] s'ils sont dans le besoin et que le conjoint recueille la totalité ou les trois quarts des biens[67].

* *
*

Pour conclure, on peut être rassuré car demeurent bien dans notre droit positif des solidarités familiales tant personnelles que patrimoniales qui gouvernent la relation parent(s)/enfant(s). Les solidarités familiales personnelles restent marquées par le volontarisme et ne sauraient pour l'essentiel être imposées à ceux qui peuvent les mettre en œuvre et les exécuter. En revanche, les solidarités familiales patrimoniales ont été conçues pour l'être à défaut d'exécution spontanée. La reconnaissance des droits fondamentaux et l'individualisme y étant attaché n'ont donc pas encore trop écorné les solidarités familiales dans la relation parent(s)/enfant(s). En tous les cas le législateur les prévoit, les organise voire les impose si nécessaire. Mais on s'aperçoit aussi que la loi a ses limites, qu'elle ne peut pas tout comme l'illustre le non-paiement des

---

[63] Là encore il s'agit d'une solidarité familiale imposée si nécessaire, mais rien n'empêche les parents, voire les enfants, d'accroitre ce que la loi prévoit par un acte de volonté (donation ou testament) dans les limites de la quotité disponible.

[64] Sauf en cas de renonciation à la succession car le législateur impose alors à tous une solidarité pour les frais funéraires. L'article 806 C. civ. prévoit que « *Le renonçant n'est pas tenu au paiement des dettes et charges de la succession. Toutefois, il est tenu à proportion de ses moyens au paiement des frais funéraires de l'ascendant ou du descendant à la succession duquel il renonce* » (c'est nous qui soulignons).

[65] « *Lorsque les père et mère ou l'un d'eux survivent au défunt et que celui-ci n'a pas de postérité, ils peuvent dans tous les cas exercer un droit de retour, à concurrence des quote-parts fixées au premier alinéa de l'article 738, sur les biens que le défunt avait reçus d'eux par donation.*
La valeur de la portion des biens soumise au droit de retour s'impute en priorité sur les droits successoraux des père et mère.
Lorsque le droit de retour ne peut s'exercer en nature, il s'exécute en valeur, dans la limite de l'actif successoral ».

[66] V. à ce sujet notamment : G. Raoul-Cormeil, « Aliments et successions », *in Mélanges R. Le Guidec*, LexisNexis, 2014, p. 459 et s.

[67] Art. 758 C. civ.

pensions alimentaires par certain(s) parent(s) au profit de leur(s) enfant(s) qui nécessite de revoir régulièrement la législation en la matière pour en faciliter toujours davantage le recouvrement.

LE SOLIDARISME A L'ÉPREUVE DE LA NOUVELLE CONSTITUTION ÉCONOMIQUE DE LA FRANCE

Par
Fabien BOTTINI
Maître de conférences HDR
Directeur-adjoint du LexFEIM
Président de la Section droit
Responsable du Master Collectivités territoriales
de l'Université Le Havre-Normandie

« Are we (...) to serve the nation as a whole
or are we to serve a special group within the nation? »
(Irvin Fischer[1])

Si le Pape François s'inquiétait en 2016 du danger que le « Dieu argent » faisait peser sur le monde[2], l'économiste américain Irvin Fischer redoutait déjà en 1919 que « la ploutocratie » ne finisse par « acheter la démocratie »[3].

C'est pour prévenir cette menace que le général de Gaulle vantait encore dans son discours de Cherbourg du 7 avril 1947 « la solution humaine, française, pratique » de la question sociale héritée des idées solidaristes de Léon Bourgeois[4].

---

[1] « Devons nous être au service de la nation prise dans son ensemble, ou sommes-nous au contraire là pour servir un groupe spécial d'individus au sein de la nation? », *in* « Economists in public service. Annual adress of the President », *The American Economic Review*, 1919-9/1. 18.

[2] « Pour le pape François, il n'est pas "juste d'associer islam et violences" », *Le Monde* 1er.8.2016.

[3] *Loc. cit.*, p. 18.

[4] V. Sorlot M., *Léon Bourgeois. Un moraliste en politique*, Bruno Leprince Éditeur 2005 ; Zeyer M.-A., *Léon Bourgeois, père spirituel de la Société des Nations. Solidarité internationale et service de la France (1899-1919)*, Thèse de l'École des Chartes 2006 ; Audier S., *Léon Bourgeois. Fonder la solidarité*, Michalon 2007 ; Niess A. et Vaïsse M.

Parlementaire (il bat le général Boulanger aux élections partielles du 26 février 1888 !), président de chambre (de l'Assemblée nationale du 10 juin 1902 à janvier 1904 puis du Sénat de janvier 1920 à février 1923), ministre (il participe à treize cabinets entre 1888 et 1917), président du Conseil (du 1er novembre 1895 au 29 avril 1896), prix Nobel de la paix le 11 décembre 1920, Léon Bourgeois a en effet donné un fondement théorique à l'expansionnisme étatique de la IIIe République, caractérisé par le développement de l'État-providence. Ce fondement expliquait-il, dans son ouvrage *Solidarité* paru en 1896, c'est l'interdépendance sociale [5]. « L'individu isolé n'existant pas » [6], tous les hommes, sont unis par un « quasi-contrat »[7] qui les rend dépendants et « solidaires »[8] les uns des autres et les oblige à s'acquitter d'une « dette sociale »[9] par les droits sociaux, les services publics et l'impôt progressif sur le revenu.

À la fin de sa vie, en 1922, Léon Bourgeois interrogeait toutefois les membres du comité Nobel : un tel « droit, arbitre souverain et sans appel » de la paix sociale « existe-t-il en fait ? »[10]. C'est peut-être pour lui donner corps que des économistes allemands ont forgé dans les années 1930 l'école ordo-libérale de Fribourg-en-Brisgau.

Comme l'explique le Professeur Vincent Valentin, l'ordo-libéralisme a pour originalité de renverser la formule libérale classique en « pens(ant) le libéralisme comme un programme d'action publique, dont la fin [est] les droits de l'individu et le fonctionnement d'une économie concurrentielle, mais dont le moyen [est] la mise en place d'un cadre juridique et d'un accompagnement actif de l'État »[11]. Sa spécificité se résume ainsi à cet oxymore du Professeur Wilhem Röpke en faisant un « interventionnisme libéral »[12] permettant de prévenir l'arbitraire du marché, sans favoriser celui de l'État.

Or, la construction communautaire a, dans les années 1950, été l'occasion de mettre en œuvre ces idées. Non seulement elles ont directement inspiré en 1957 les clauses relatives au droit de la concurrence du traité de Rome, mais ce dernier a pour cette raison été assimilé à une « Constitution économique »

(dir.), *Léon Bourgeois (1851-1925). Du solidarisme à la Société des Nations*, Dominique Guéniot 2006.

[5] *Solidarité*, Paris, A. Colin et cie 1896, p. 126.

[6], *Id.*, p. 137.

[7] *Ibid.*, p. 115.

[8] *Ibid.*, p. 92.

[9] *Ibid.*, p. 148.

[10] « Les raisons de vivre de la Société des Nations. Communication de M. Léon Bourgeois au Comité Nobel du Parlement norvégien lu en décembre 1922 », *in Peace 1901-1925*, Elsevier Publishing Company 1972, p. 304 s.

[11] Valentin V., « L'idée libérale et ses interprètes », *in Les penseurs libéraux*, Les Belles Lettres 2012, p. 63.

[12] Cité *in* Rabaey O., « L'"interventionnisme libéral" paradoxe de la constitution économique européenne », *in La Constitution économique de l'UE*, Bruylant 2008, p. 151.

(« *Grundzüge (...) Wirtschaftsverfassung* ») devant guider l'action publique. Forgée par Léontin-Jean Constantinesco[13], l'expression renvoie au projet ordo-libéral d'inscrire au plus haut niveau de la hiérarchie des normes les principes nécessaires à la construction et au bon fonctionnement d'une économie sociale de marché par le droit[14].

Sans doute l'influence de l'école de Fribourg a-t-elle été éclipsée dans les années 1980 par l'essor du monétarisme[15]. Créée à l'Université de Chicago à l'initiative de Milton Friedman, cette autre école de pensée de la recherche économique néolibérale insiste sur la nécessité de soumettre l'État au respect d'une règle d'or, ayant pour conséquence de limiter sa capacité d'intervention dans l'économie[16]. Mais l'école allemande semble connaître un regain d'influence depuis la crise économique de 2008. Outre que les propositions du 26 avril 2017 de la Commission européenne en faveur d'une Europe plus sociale s'y rattachent, ses préceptes paraissent avoir pénétré le droit français par le biais de celui de l'UE : dès lors que la compétition internationale à laquelle se livrent les États dans le cadre de la mondialisation pour attirer les opérateurs économiques n'est pas sans affecter le contenu du droit constitutionnel interne.

N'assistons-nous ainsi pas, sinon à la rédaction d'une Constitution économique en droit français[17], du moins au **développement d'une nouvelle branche du droit constitutionnel : le droit constitutionnel économique dont l'objet est tant de fonder que d'encadrer la politique économique de l'État par la norme suprême** ? En germe depuis la décision 132 DC du 16 juillet 1982 sur les nationalisations, la réalisation d'une telle évolution semble en cours d'accélération à la lumière des décisions constitutionnelles rendue entre 2013 et 2017.

Face aux tentations du Mammon économique, le dieu *Demos* semble en effet emprunter trois voies pour écrire de nouvelles tables de la Loi fondamentale (I) dont découle l'énoncé de trois nouveaux commandements posant les fondements et les limites de l'interventionnisme étatique (II).

---

[13] « La Constitution économique de la RFA », *Rev. éco.* 1960-2. 266-290 ; « La Constitution économique de la CEE », *RTDE* 1977. 244 s.

[14] Cf. Mongouachon C., « Avant-propos », et Martucci F., « Propos introductifs » *in La Constitution économique*, La Mémoire du droit 2015, p. 21 et 42.

[15] Mongouachon C., « Ordolibéralisme versus néolibéralisme : De quelques antagonismes idéologiques, et de leurs conséquences pratiques en droit européen de la concurrence », *in Droit et marché*, LGDJ 2015, p. 21-44.

[16] Sur cette question v. Caron M., « La genèse du néolibéralisme et de son influence sur le droit public français », *in Néolibéralisme et droit public*, Mare & Martin 2017, p. 50.

[17] Sur cette question, v. *La Constitution économique de l'UE, op. cit.* ; *La Constitution économique, op. cit.*

I. LES TROIS VOIES MENANT AUX NOUVELLES TABLES DE LA LOI

Trois voies favorisent désormais l'élaboration du droit constitutionnel économique, quoique de façon inégale : au « chemin de croix » de la révision constitutionnelle (A) s'ajoutent la porte étroite du contrôle *a priori* (B) et la voie « céleste » du contrôle *a posteriori* (C).

A. LE CHEMIN DE CROIX DE LA REVISION CONSTITUTIONNELLE

La révision constitutionnelle constitue un véritable chemin de croix pour l'écriture de cette nouvelle branche du droit constitutionnel, dès lors que la Constitution de 1958 s'analyse comme une Constitution rigide. Sa révision passe, selon ses articles 89 et 11 (89 et 11 C.), par une procédure lourde, qui suppose, pour aboutir, de recueillir l'accord du peuple ou des parlementaires réunis en Congrès du Parlement. Si cela rend incertain l'avenir de toute tentative de révision, on comprend que le corps même de la Constitution comporte en réalité peu de dispositions directement en lien avec les questions économiques.

I. L'absence de certitude sur la capacité d'une révision à aboutir se déduit notamment du report *sine die* du référendum du 16 juin 1968, en faveur d'une « rénovation (...) économique », et du rejet de celui du 29 mai 2005, proposant de ratifier le traité portant Constitution pour l'Europe. Car tandis qu'il s'agissait tacitement en 1968 de réviser la Constitution pour intégrer dans la liste des matières pouvant être soumises au référendum de l'article 11 les réformes se rattachant à la politique économique ou sociale de la nation[18], l'objectif était tout aussi implicitement en 2005 d'inscrire dans le texte suprême les principes directeurs de l'économie de marché[19]. Or, non seulement il a fallu 27 ans et le vote par le Congrès du Parlement de la loi constitutionnelle n° 95-880 du 4 août 1995 pour que la première réforme soit finalement adoptée, mais le rejet de la seconde a eu pour conséquence de bloquer l'entrée en vigueur de la révision du 1er mars 2005[20] destinée à tirer les conséquences de l'adoption du traité.

Ces difficultés expliquent ainsi les réticences du constituant dérivé à désormais modifier la Constitution pour encadrer l'action économique

---

[18] En ce sens, V. l'analyse de F. Luchaire, alors membre du Conseil constitutionnel, doutant que le projet de référendum « se situe réellement dans le cadre prévu » par l'article 11. Cité *in* CC, « Compte-rendu de la séance du 27 mai 1968 », p. 4.

[19] En ce sens, v. Gorgopoulos T., « Sur le concept "de constitution économique de l'UE", *in La Constitution économique de l'UE, op. cit.*, p. 3 s.

[20] L'art. 3 de la loi conditionnait en effet l'entrée en vigueur de la réforme à l'adoption du traité.

étatique, comme cela ressort de la modalité retenue pour transposer le traité sur la stabilité, la coordination et la gouvernance (TSCG) du 2 mars 2012 dans l'ordre interne. Ce texte impose le respect d'une règle d'or au niveau national, qui oblige les États parties à maintenir leur déficit structurel à un niveau inférieur ou égal à 0,5 % de leur PIB. Or, sa transposition s'est faite, non par une nouvelle révision de la Constitution, mais par le vote de la loi organique n° 1403 du 17 décembre 2012, bien que sa comptabilité avec les articles 3 (souveraineté nationale), 47 (lois de finances), 47-1 (lois de financement de la Sécurité sociale) et 89 (révision) C. ait été contestée[21].

II. Rien d'étonnant dès lors à ce que le corps de la Constitution comporte à la lettre peu de dispositions directement en lien avec les questions économiques. Alors qu'on en recensait 5 en 1958 (art. 20, 34 ; 53 ; 69 ; 78 et 88), on en compte désormais 9 (art. 11 ; 13 ; 20 ; 34 ; 53 ; 69 ; 75 ; 88 ; 88-1).

Peu d'entre elles lient cependant les pouvoirs institués, dès lors que la plupart leur reconnait un pouvoir discrétionnaire. C'est en effet le cas de l'article 11 précité permettant au chef de l'État de recourir librement au référendum à propos de questions économiques ou sociales ; de l'article 20 reconnaissant au gouvernement le droit de « détermine(r) et condui(re) la politique de la nation » ; de l'articles 69 lui ouvrant, ainsi qu'au parlement, la faculté de solliciter l'avis du Conseil économique social et environnemental (CESE) sur des textes relevant de leur compétence[22] ; de l'article 74 investissant les « collectivités d'outre-mer » bénéficiant de l'« autonomie » du pouvoir de déterminer les mesures préférentielles éventuellement à prendre au bénéfice de leur « population » en matière « d'accès à l'emploi, de droit d'établissement pour l'exercice d'une activité professionnelle »[23] ; et de l'article 88 habilitant « la République » à conclure des accords d'association avec d'autres États « pour développer leur civilisation »[24].

Seules 5 sortes de règles placent ainsi les autorités en situation de compétence liée : l'article 13 imposant depuis la révision du 27 juillet 2008 un contrôle parlementaire sur les nominations présidentielles d'« importance pour (...) la vie économique et sociale de la Nation » ; l'article 34 en ce qu'il n'habilite le législateur 1°) qu'à porter des atteintes proportionnées[25] au droit de propriété et aux libertés publiques[26] et 2°) en ce qu'il lui assigne un

---

[21] Sur cette question, v. Lebreton G., « La règle d'or », *in L'évolution des modes de financement de l'action publique*, L'Harmattan 2014, p. 104.

[22] L. const. n° 2008-724 du 23.7.2008, art. 33.

[23] L. const. n° 2003-276 du 28.3.2003, art. 10.

[24] L. const. n° 95-880 du 4.8.1995, art. 13.

[25] Référendum du 28 septembre 1958.

[26] Contra Goesel-Le Bihan V., « Le contrôle de proportionnalité exercé par le Conseil constitutionnel », *Les nouveaux cahiers du CC* 2007-22 : l'auteure considère que le Conseil soumet les libertés publiques de nature économique à un contrôle de l'erreur manifeste,

objectif d'« équilibre » des « lois de financement de la sécurité sociale »[27] et « des comptes des administrations publiques »[28] depuis les révisions du 22 février 1996 et de 2008 précitée ; l'article 53 lui permettant simplement de ratifier ou non « les traités de commerce » suite au référendum du 28 septembre 1958 et l'article 88-1 obligeant les différentes autorités de l'État à respecter le droit de l'UE, notamment de la concurrence, en vertu des révisions constitutionnelles n° 92-554 du 25 juin 1992 et n° 2008-724 du 23 juillet 2008.

Face au faible nombre de dispositions constitutionnelles encadrant l'action économique des gouvernants, il serait tentant de croire que le constituant français reste fidèle à l'analyse de Napoléon pour qui il fallait « qu'une Constitution soit courte et obscure (...) de manière à ne pas gêner l'action du gouvernement ». Mais il n'en est rien, dès lors que la consécration et le développement du contrôle de constitutionnalité conduisent le juge à préciser les implications du texte suprême en matière économique. Les opérateurs du marché (entendu dans un sens très large : entreprises, syndicats, groupes d'intérêts, mais aussi simples particuliers saisissant le Conseil de questions économiques...) n'hésitent en effet plus à mettre le Conseil constitutionnel en concurrence avec la CJUE sur ces questions, pour obtenir une protection des règles nécessaires au bon fonctionnement de l'économie de marché au moins équivalente à celle garantie par le droit européen. Cette situation est notamment permise par la « porte étroite » qu'ils ne se privent pas d'emprunter pour accéder au contrôle *a priori* et faire passer au juge constitutionnel une sorte de « brevet de conventionnalité »[29].

B. LA PORTE ETROITE DU CONTROLE *A PRIORI*

S'il est difficile de dire combien des 642 décisions DC rendues entre 1959 et 2016[30] ont répondu aux attentes des acteurs du marché, il n'est désormais plus douteux que ces derniers cherchent à exercer une sorte de « magistrature d'influence » sur la jurisprudence du Conseil. Car ils n'hésitent pas à s'adresser à lui dans l'espoir d'orienter ses décisions dans un sens conforme à leurs intérêts.

---

ménageant le pouvoir discrétionnaire du législateur d'y porter atteinte. À la lettre toutefois, le Conseil n'admet de telles atteintes qu' « à la condition qu'il n'en résulte pas d'atteintes disproportionnées au regard de l'objectif poursuivi » (CC 451 DC du 27.11.2001, *R.* 145, cs. 18). C'est pourquoi sa jurisprudence semble plutôt le placer en situation de compétence liée selon nous.

[27] L. const. n° 96-138 du 22.2.1996, art. 1er. Cf. CC 393 DC du 18.12.1997.

[28] L. const. n° 2008-724 *préc.*, art. 11.

[29] Burgorgue-Larsen L., « La jurisprudence de la Cour européenne ou la contrainte conventionnelle sur les systèmes juridiques », *in L'évolution des droits fondamentaux de la personne humaine en 1997-1998*, L'Harmattan 2000, p. 68.

[30] « Bilan statistique au 30 septembre 2016 », *Nouveaux Cahiers du CC* 2017-54.

I. En ouvrant à 60 députés ou sénateurs le droit de saisir le Conseil, la révision constitutionnel n° 74-904 du 29 octobre 1974 n'a pas seulement favorisé un essor quantitatif du contrôle *a priori* organisé par l'article 61 C. ; elle a également été à l'origine de son amélioration qualitative, en permettant aux lobbys de faire connaître leur point de vue au juge de la rue Montpensier. Depuis cette date, ceux-ci peuvent en effet le saisir de façon indirecte, par la voie des membres de l'opposition – ou même désormais des « frondeurs » de la majorité, comme l'a montrée la saisine du Conseil de la loi El Khomri n° 2016-1088 du 8 août 2016, relative au travail –, et de façon directe : par le jeu de la « porte étroite »[31].

Forgée par le doyen Vedel [32], l'expression renvoie à la faculté progressivement reconnue aux tiers à partir de 1975 de joindre leurs observations à une saisine du Conseil par les plus hautes autorités de l'État[33]. Or, l'ancien secrétaire général du Conseil de 1993 à 1997, Olivier Schrameck, a confirmé l'existence d'une corrélation « entre l'importance des intérêts économiques et financiers mis en cause et la multiplicité des documents parvenant au Conseil par cette voie »[34]. Son successeur en poste depuis 2007, Marc Guillaume, expliquait ainsi en 2014 que feu le Professeur Guy Carcassonne avait déposé 29 interventions entre 1995-2013 pour des « acteurs économiques, tels que l'Association française des entreprises privées ou la Fédération française des sociétés d'assurance »[35]. Entre 2013 et 2017, la loi Macron n° 2015-990 du 6 août 2015, pour la croissance, l'activité et l'égalité des chances économiques suscitait encore 24 interventions spontanées, selon Jean-Louis Debré qui présidait alors le Conseil[36]. Les opérateurs économiques sont d'autant plus encouragés à s'adresser au juge constitutionnel par ce biais que le document « reste caché dans les tréfonds du Palais-Royal » [37] et que son dépôt n'est soumis à aucun formalisme particulier. Comme l'explique Denys de Béchillon, l'envoi d'une simple

[31] CC 736 DC du 4.8.2016, *JO* 2016-184, texte n° 8.

[32] Vedel G., « L'accès des citoyens au juge constitutionnel. La porte étroite », *La vie judiciaire* 11-17.3.1991.

[33] Mathieu B. et a., *Les grandes délibérations du Conseil constitutionnel*, Dalloz 2009, p. 13.

[34] Schrameck O., « Les aspects procéduraux des saisines », *in Vingt ans de saisine parlementaire*, Economica – PUAM 1995, p. 81.

[35] « Guy Carcassonne et le Conseil constitutionnel », *in Hommage à Guy Carcassonne. Colloque au Conseil constitutionnel 10 avril 2014* (disponible sur le site Internet du CC). Cf. Carcassonne G., « Observations présentées pour la société Canal Plus au soutien de l'article 17 de la loi portant diverses dispositions d'ordre social, éducatif et culturel », *Cahiers du CC* 2001-11. 27 ; « intervention rédigée par Guy Carcassonne pour le compte de l'Association des agences conseils en communication », *Commentaires* 1995-70. 331. V. aussi Jan P., *La saisine du Conseil constitutionnel*, LGDJ 1999 : portes étroites produites en annexe.

[36] Cité *in* V. Champeil-Desplats V., « Retour sur la case prison : le Conseil constitutionnel, un monde à part ? », *Revue de droit du travail* 2016. 611.

[37] Béchillon D., « Réflexions sur le statut des "portes étroites" devant le Conseil constitutionnel », p. 14 (disponible sur le site Internet du Club des juristes).

lettre suffit[38]. Les acteurs du marché n'hésitent ainsi pas à emprunter cette voie tantôt pour venir en renfort des parlementaires, en corroborant leurs arguments contre les mêmes dispositions ; tantôt pour agir en complément de leur action, en invoquant de nouveaux moyens ou en attaquant de nouvelles dispositions ; tantôt, enfin, pour se faire « l'avocat du diable » et alimenter les débats, en prenant la défense du texte attaqué[39].

II. Si possibilité leur est ainsi donnée d'influer sur le cadre normatif, les opérateurs économiques ne se privent pas de le faire dès lors que le contrôle *a priori* présente pour eux un double avantage.

Sur le plan législatif, il leur permet d'espérer une validation ou une annulation du texte voté. Tandis qu'une validation présente l'intérêt de rendre en principe irrecevable contre lui une QPC ultérieure fondée sur l'article 61-1 C., pour cause de « déjà vu constitutionnel », une annulation a le mérite d'entraîner *ab initio* la disparition de la dispoisition litigieuse, avant qu'elle n'ait pu produire ses effets[40]. Le contrôle *a priori* multiplie d'ailleurs les chances des requérants d'obtenir ce résultat, dès lors qu'il offre un panel de cas d'ouverture plus étoffé que le contrôle *a posteriori.* Contrairement à ce dernier, les moyens d'inconstitutionnalité externe (incompétence, vice de forme ou de procédure) et interne (violation des normes de références et peut-être détournement de pouvoir) sont tous invocables au titre de l'article 61 C. Ce n'est toutefois pas le seul intérêt du contrôle *a priori*[41].

Car en agissant par le truchement des parlementaires ou de la porte étroite, les opérateurs économiques peuvent également espérer influencer le contenu même du droit constitutionnel, en obtenant soit la réinterprétation de règles existantes, soit la consécration de nouvelles dispositions[42]. L'enjeu est ici de taille puisque le Conseil accepte depuis 1970[43] d'apprécier la validité de la disposition attaquée au regard des textes inclus dans le préambule de 58. Alors qu'il était acquis lors de l'élaboration de la Ve République qu'il serait dépourvu de valeur juridique[44], le préambule et les textes auxquels il renvoie

---

[38] Comme l'explique Denys de Béchillon en effet, l'envoi d'une simple lettre au secrétariat du Conseil suffit (*id.*, p. 15).

[39] En ce sens, v. Connil D., « Histoire et typologie des "portes étroites" devant le Conseil constitutionnel » *in* « Réflexions sur le statut… », p. 65 s.

[40] Béchillon D., *loc. cit.*

[41] Sur ces questions, v. Béchillon D. et Connil D., *loc. cit.*

[42] *Id.*, p. 17, 66 et 67.

[43] CC 39 DC du 19.6.1970, R. 15 : Vu la Constitution et notamment son préambule et ses articles 53, 54 et 62. Revient sur : CC 1 AUTR du 14.9.1961, Demande d'avis, *R.* 55.

[44] En 1958, le commissaire du gouvernement Janot avait en effet obtenu du Comité consultatif constitutionnel, chargé de représenter le parlement dans le processus d'élaboration de la nouvelle Constitution, qu'il rejette un amendement conférant valeur constitutionnelle à son préambule en expliquant : « ni la Déclaration, ni le préambule n'ont, dans la jurisprudence actuelle, valeur constitutionnelle. Leur donner valeur constitutionnelle aujourd'hui, au moment où on crée un Conseil constitutionnel, c'est aller au-devant de difficultés

(DDHC, Préambule de 1946 et, depuis 2005, Charte de l'environnement de 2004) ont depuis lors été inclus dans le « bloc de constitutionnalité »[45]. À travers eux, le contrôle peut ainsi servir de support à un renforcement des règles nécessaires à l'économie de marché au niveau constitutionnel. La célèbre décision liberté d'association du 16 juillet 1971[46] dans lequel le Conseil a reconnu valeur constitutionnelle au préambule a d'entrée de jeu montré le potentiel de la nouvelle jurisprudence du points de vue économique : dès lors que de l'exercice de cette liberté découle une grande partie de l'économie sociale et solidaire.

Conscient du risque d'instrumentalisation que ce genre d'« intervention corporative »[47] fait peser sur sa jurisprudence, le Conseil sait toutefois y résister. Il refuse régulièrement de reconnaître « un droit de propriété » au titulaire « d'autorisations administratives »[48] ou au bénéficiaire d'un monopole[49] ; et il n'a pas hésité à rejeter en 2015 l'idée selon laquelle un droit à « l'individualisation de la relation contractuelle » découlerait du « principe de liberté contractuelle »[50] garanti par la Constitution.

Si ces décisions n'en contribuent pas moins à dessiner en creux les contours du droit constitutionnel économique, le rôle central joué par le juge constitutionnel en la matière se trouve désormais décuplé par les effets du contrôle *a posteriori*.

C. La voie celeste du controle *a posteriori*

Avec 68 décisions sur 235 – soit près de 29% – directement rendues à la demande de sociétés[51] ou de groupements d'employeurs[52] entre le 1er janvier

considérables, et c'est s'orienter dans une très large mesure vers ce Gouvernement des juges, que beaucoup d'entre vous croyaient redoutables » (*Documents pour servir à l'histoire de l'élaboration de la Constitution du 4 octobre 1958*, vol. II, DF 1988, p. 254 s.).

45 Note Emeri C. et Seurin J.-L. sous CC 39 DC du 20.11.1969, *RDP* 1970. 678.

46 CC 44 DC du 16.7.1971, Liberté d'association, *R.* 29.

47 Mot du Rapporteur du Conseil constitutionnel dans la séance du 30 décembre 1977 à propos de la décision Lois de finances pour 1978 à propos de l'envoi par l'ordre des experts-comptables d'une consultation d'un professeur de droit. Cité *in* Rousseau D. et a., *Les grandes délibérations du Conseil constitutionnel*, Dalloz 2009, p. 236.

48 Cf. CC 150 DC du 30.12.1982, *R.* 86, cs. 3 et CC 718 DC du 13.8.2015, *JO* 2015. 14376, texte n° 4, cs 56.

49 CC 440 DC du 10.1.2001, *D.* 2002. 1946, cs. 5, obs. J.-C. ; 624 DC du 18.1.2010, *R.* 66, cs. 16.

50 CC 715 DC du 5.8.2015, *JO* 2015. 13616, texte n° 2, cs. 23 (loi Macron).

51 Parmi les plus connues on peut citer la SNCF (CC 622 QPC du 30.3.2017, *JO* 2017-78, texte n° 105) ; Goodyear Dunlop Tires France SA (582 QPC du 13.10.2016, *JO* 2016-241, texte n° 69) ; BNP Parisbas SA (574 QPC du 5.10.2016, *JO* 2016-234, texte n° 124) ; Natixis (553 QPC du 8.7.2016, *JO* 2016-160, texte n° 30) ; UBER France (484 QPC du 22.9.2015, *JO* 2015-222, texte n° 78 et 468 QPC du 22.5.2015, *JO* 2015-119, texte n° 39) ; Crédit Agricole (475 QPC du 17.7.2015, *JO* 2015-165, texte n° 47) ; Crédit Mutuel (414 QPC du 26.9.2014, *JO* 2014-225, texte n° 48) ; Red Bull (417 QPC du 19.9.2014, *JO* 2014. 15472, texte n° 32) ; Orange SA (400 QPC du 6.6.2014, *JO* 2014. 9674, texte n° 30) ; Sephora (374

2014 et le 23 avril 2017, la QPC semble être devenue la voie principale de l'écriture du droit constitutionnel économique. Or, l'engouement des acteurs du marché pour la procédure s'explique dans la mesure où elle présente également pour eux un double intérêt.

I. Le premier est de permettre à tout moment d'un procès – *in limine litis* comme par la suite en 1re instance (sauf devant les cours d'assises, en vertu de l'article 23-1 de l'ordonnance n° 58-1067 du 7 novembre 1958), en appel ou en cassation – l'examen ou le réexamen de la constitutionnalité des lois. Elle permet en effet d'obtenir l'examen de toutes celles qui ont été votées avant l'entrée en vigueur de la Constitution de 1958 et le réexamen de toutes celles qui, bien qu'adoptées depuis cette date, ont soit été soustraites au contrôle *a priori* – comme la loi du 3 avril 1955 sur l'état d'urgence[53] –, soit ont fait l'objet d'un changement de circonstances les rendant de nouveau attaquables. Des modifications des conditions ayant existé au moment où le juge s'est prononcé au titre du contrôle *a priori* rendent en effet possible sa saisine au titre du contrôle *a posteriori*. Comme de tels changements peuvent être de fait ou droit[54], la QPC présente en outre l'avantage pour les opérateurs économiques de s'autoalimenter chaque fois que le juge accepte de modifier le contenu des normes constitutionnelles à leur demande, notamment pour tenir compte des évolutions de la jurisprudence européenne.

II. C'est en effet le second intérêt de la QPC : cette voie de recours constitue entre les mains de plaideurs habiles une arme contentieuse permettant d'espérer rapidement la réinterprétation d'une norme constitutionnelle déjà appliquée ou la consécration d'une nouvelle norme constitutionnelle, dès lors que le Conseil doit se prononcer dans les 3 mois de sa saisine. La première de ces facultés s'explique comme le résume Guy Canivet, dès lors que le « Conseil fait (...) évoluer le sens, la portée et le champ d'application » des textes formant le « bloc de constitutionnalité en les interprétant de manière évolutive et dans leur contexte contemporain »[55], notamment pour tenir compte des difficultés mises en lumière par la pratique

---

et 373 QPC du 4.4.2014, *JO* 2014. 6477, texte n° 1) ; ou encore TF1 (362 QPC du 6.2.2014, *JO* 2014. 2386, n° 39).

[52] V. par ex. Association française des entreprises privées (CC 437 QPC du 20.1.2015, *JO* 2015. 1025, n° 81) ; Association pour le droit à l'initiative économique (139 QPC du 24.6.2011, *JO* 2011. 10841, texte n° 71) ; Association nationale des sociétés d'exercice libéral (24 QPC du 6.8.2010, *JO* 2010. 4617, texte n° 45) ; Association Groupement d'employeurs AGRIPLUS (497 QPC du 20.11.2015, *JO* 2015. 21746, texte n° 36) ; Confédération française du commerce de gros et du commerce international (605 QPC du 17.1.2017, *JO* 2017-17, texte n° 78) ; Fédération des promoteurs immobiliers (517 QPC du 22.1.2016, *JO* 2016-20, texte n° 66).

[53] CC 527 QPC du 22.12.2015, *JO* 2015. 24084, texte n° 210, cs. 15 ; 536 QPC du 19.2.2016, *JO* 2016-44, texte n° 27, cs. 8 et 12.

[54] CC 712 DC du 11.6.2015, *JO* 2015-136, texte n° 35, cs. 49 à 52 : le contrôle redevient possible après l'adoption d'une résolution modifiant un règlement parlementaire.

[55] « Les limites de la mission du juge constitutionnel », *Cités* 2017-1/6. 41, n° 8.

de l'application de dispositions antérieures. Il procède ainsi à une « interprétation vivante » qui « lui permet de prendre en compte les impératifs économiques d'intérêt général »[56] du moment. La seconde faculté est permise par les textes qui encadrent la mise en œuvre de la procédure, dès lors que la recevabilité de la QPC n'est pas conditionnée à la violation d'une disposition suprême déjà existante[57]. Il suffit que la norme puisse exister pour que la question ait une chance d'être examinée, si les autres conditions de recevabilité sont remplies. La procédure permet ainsi aux acteurs économiques d'obtenir la consécration de nouvelles règles constitutionnelles favorables aux affaires, avec parfois le soutien de tiers dès lors que ces derniers peuvent intervenir au procès[58].

Comme dans le cas de la « porte étroite », leur intervention est toutefois à double tranchant : dès lors qu'elle peut également viser à faire valoir un point de vue contraire à celui du demandeur. S'il est là encore difficile d'apprécier le rôle des acteurs économiques dans l'évolution de la jurisprudence constitutionnelle, force est d'ailleurs de constater que le Conseil sait résister à leurs sollicitations. Outre qu'il n'hésite pas à profiter de sa saisine pour maintenir une jurisprudence antérieure, il sait faire évoluer ses positions… dans un sens défavorable au requérant. S'il refuse de façon constante de reconnaître en tant que telle l'existence d'un principe constitutionnel de sécurité juridique en droit français, il s'est par exemple emparé des affaires « Cahuzac » et « Wildenstein » pour durcir l'état du droit. Sous trois réserves d'interprétation, il a en effet validé le cumul des sanctions fiscales pour insuffisance de déclaration prévue à l'article 1729 du Code général des impôts (CGI) et des poursuites pénales pour fraude fiscale énoncée à l'article 1741 du même code[59], contrairement à ce que lui demandaient les auteurs de la saisine dans ces affairs.

Comme dans le cadre du contentieux *a priori*, le contrôle *a posteriori* lui donne ainsi la possibilité de préciser les implications de la Constitution dans le domaine économique. Dès lors que la justice est en France rendue « au nom du peuple français » et que la révision de la Constitution procède d'un acte de souveraineté, il est possible de voir dans les différentes voies qui mènent à l'écriture de ces nouvelles tables de la Loi l'expression de la volonté du dieu *Démos*. Reste à savoir quels peuvent bien en être les nouveaux commandements.

---

[56] *Id.*

[57] Cf. art. 61 C. et Ord. n° 58-1067 du 7.11.1958, art. 23-1 s.

[58] Déc. modifiée du 4.2.2010, portant règlement intérieur sur la procédure suivie devant le Conseil constitutionnel pour les QPC, sp. art. 7.

[59] CC 545 et 546 QPC des 24.6.2016, *JO* 2016-151, texte n° 3.

II. LES TROIS COMMANDEMENTS ISSUS DES NOUVELLES TABLES DE LA LOI

Si, comme l'explique J. Drexl, les ordo-libéraux préconisent d'inscrire au sommet de la hiérarchie des normes des « principes constitutifs » – permettant « de créer l'ordre concurrentiel » – et « régulateurs » – garantissant son « bon fonctionnement »[60] –, de tels principes semblent bien en cours d'apparition en droit interne. Depuis les années 1980, le droit constitutionnel s'est en effet enrichi de trois nouveaux commandements dont le point commun est de protéger un certain nombre de droits fondamentaux, à la fois des atteintes qui peuvent leur être portées et des abus auxquels leur exercice pourrait conduire, afin d'assurer le libre jeu du marché.

Outre qu'ils garantissent le respect des droits économiques (au sens large) nécessaires au bon fonctionnement de l'économie (A), ces commandements visent à mieux délimiter le champ d'application des droits sociaux (au sens strict) (B) et à prévenir toute instrumentalisation des droits du citoyen, dans un sens contraire aux valeurs cardinales portées par la Constitution (C).

A. « LES DROITS ECONOMIQUES NECESSAIRES AU JEU DU MARCHE TU GARANTIRAS »

Le premier commandement enjoint de protéger l'ensemble des droits et libertés dont le respect est nécessaire à la fondation ou au fonctionnement du marché et que l'on peut qualifier pour cette raison de « droits économiques fondamentaux » – même si le contenu de l'expression fait débat[61].

L'affirmation de ce commandement se déduit d'abord de la protection désormais accordée par la jurisprudence constitutionnelle au droit de propriété et aux droits civils de première génération dont les implications économiques conditionnent la construction d'une économie de marché. Non seulement le Conseil a progressivement reconnu leur valeur suprême à partir de 1971, mais il tend à en retenir une interprétation extensive. Après avoir reconnu la constitutionnalité du droit de propriété sur le fondement des articles 2 et 17 de la DDHC[62], il a en effet affirmé celle de la liberté contractuelle[63] et de la liberté d'entreprendre[64] à partir du droit à la liberté

---

[60] Drexl J., « La Constitution économique européenne », *RIDE* 2011-4. 200. Cf. V. Eucken W., *Die Wettbewerbsordnung und ihre Verwirklichung*, *Ordo* 1949-2. 22 et s.

[61] En ce sens, v. par ex. Marson G., *Le juge administratif et les libertés économiques*, Thèse Paris-Ouest Nanterre 2012.

[62] CC 132 DC du 16.1.1982, *R.* 18, cs. 14.

[63] Cf. CC 401 DC du 10.6.1998, *R.* 258, cs. 29 et 691 DC du 20.3.2014, *JO* 2014. 5925, texte n° 2, cs. 26 ; 715 DC du 5.8.2015, *préc.*, cs. 22 (à propos de la loi Macron du 2015-990 du 6

individuelle ou de la garantie des droits proclamés par ses articles 4 et 16. Le droit de propriété et la liberté d'entreprendre sont en outre entendus très largement : outre qu'il bénéficie aux personnes publiques comme aux personnes privées[65], le premier protège les biens corporels (mobilier[66] ou immobilier[67]) comme incorporels[68] (propriété intellectuelle – industrielle ou littéraire[69] –, ou commerciale[70]) si nécessaires aux affaires. Quant à la liberté d'entreprendre, elle inclut selon le Conseil « non seulement la liberté d'accéder à une profession ou à une activité économique mais également la liberté dans l'exercice de cette profession ou de cette activité »[71]. Certes, la protection de ces droits ou libertés ne suffit pas à assurer le bon fonctionnement de l'économie de marché. Et c'est pourquoi les ordo-libéraux préconisent de doubler ces « principes constitutifs » de « principes régulateurs ». Mais ces derniers ont également fait leur apparition en droit constitutionnel.

La preuve en est que le Conseil reconnaît depuis le début des années 2010 l'existence d'un « objectif de préservation de l'ordre public économique ». D'abord présenté comme une fin « poursuivie par le législateur » [72], cet objectif semble désormais constituer une finalité lui étant assignée par la Constitution[73]. Or, cette évolution permet de redonner une cohérence à un

---

août 2015, pour la croissance, l'activité et l'égalité des chances économiques). Cette jurisprudence revient sur CC 348 DC 3.8.1994, *R.* 117, cs. 9.

[64] CC 318 QPC du 7.6.2013, *JO* 2013. 9630, texte n° 18, cs. 12 ; 682 DC du 19.12.2013, *JO* 2013. 21069, texte n° 4, cs. 43 ; 364 QPC du 31.1.2014, *JO* 2014. 1991, texte n° 45, cs. 6 à 8 ; 706 DC du 18.12.2014, *JO* 2014. 21789, texte n° 2, cs. 25: libre exercice de la profession médicale ; CC 715 DC du 5.8.2015, *préc.*, cs. 30.

[65] CC 292 QPC du 15.2.2013, *JO* 2013. 2685, texte n° 68, cs. 4 à 6 : validité d'une disposition prévoyant que la réquisition d'une nouvelle déclaration d'utilité publique peut valablement faire obstacle à une demande de rétrocession formée par l'ancien propriétaire ou ses ayants droit.

[66] CC 369 QPC du 28.2.2014, *JO* 2014. 4119, texte n° 44, cs. 10: droit de vote de l'actionnaire.

[67] CC 720 DC du 13.8.2015, *JO* 2015. 14401, texte n°11, cs.14.

[68] CC 370 QPC du 28.2.2014, *JO* 2014. 4120, texte n° 45, cs. 13.

[69] CC 430 QPC du 21.11.2014, *JO* 2014-271. 19678, texte n° 31, cs. 5. V. aussi CC 687 DC du 23.1.2014, *JO* 2014. 1622, texte n° 7, cs. 53.

[70] CC 727 DC 21.1.2016, *JO* 2016-22, texte n° 2, cs. 19 et 20 : « marque régulièrement déposée ».

[71] CC 285 QPC du 30.11.2012, *R.* 636, cs. 7.

[72] CC 126 QPC du 13.5.2011, *JO* 2011. 8400, texte n° 71, cs. 5 ; 280 QPC du 12.10.2012, *JO* 2012. 16031, texte n° 49, cs. 11 : le conseil évoque « l'objectif » (1ère décision) ou « les objectifs » (2e décision) « de préservation de l'ordre public économique qu'il (le législateur) s'est assignés ».

[73] En ce sens, v. CC 715 DC *préc.*, cs. 32 ; 489 QPC du 14.10.2015, *JO* 2015. 19325, texte n° 75, cs. 14 ; 507 QPC du 11.12.2015, *JO* 2015. 23055, texte n° 67, cs. 8 : le Conseil valide la disposition litigieuse sur le fondement de « l'objectif de préservation de l'ordre public économique ».

certain nombre de dispositions constitutionnelles ayant pour point commun d'ordonner l'économie par le droit.

Elle éclaire en premier lieu le rappel récurrent de la fondamentalité des droits économiques *stricto sensu* contenus dans le préambule de 1946 : le droit de grève [74], la liberté syndicale [75], comme les droits-créances garantissant à chacun le droit de participer à la détermination collective des conditions de travail[76] ou d'obtenir un emploi »[77] (qui évolue de plus en plus vers un devoir d'occuper n'importe quel emploi) ont pour point commun d'assurer le bon fonctionnement du marché, tantôt en permettant de prévenir ou de régler les conflits sociaux, tantôt en assurant les employeurs qu'ils pourront pourvoir à leurs besoins en termes de main d'œuvre.

L'objectif d'ordre public économique permet en second lieu d'expliquer la protection constitutionnelle désormais accordée aux mesures prises pour garantir une certaine sécurité juridique et préserver l'ordre concurrentiel. D'une part, le Conseil ne se contente pas d'admettre que la sécurité juridique est un « souci » dont le législateur peut s'inspirer[78]. S'il refuse de la consacrer en tant que tel au niveau constitutionnel, un nombre croissant de ses implications se trouve constitutionnalisé. Non seulement il a accepté de dégager un objectif d'accessibilité et d'intelligibilité des dispositions législatives au sommet de la hiérarchie des normes[79], mais celle-ci impose selon lui le respect d'un principe de clarté des lois[80] tout en défendant au législateur de modifier brutalement des situations juridiques légalement constituées : de façon à respecter « les effets qui peuvent légitimement » en « être attendus »[81] par leurs bénéficiaires. D'autre part, l'objectif d'ordre public économique explique la consécration de la liberté de la concurrence et le soin avec lequel le Conseil veille à l'efficacité du droit de la concurrence. Alors que la première interdit à la puissance publique d'avantager un opérateur économique au détriment d'un autre[82], le second l'oblige à veiller au respect de l'ordre concurrentiel du marché[83]. Or, ces deux garanties revêtent désormais une valeur constitutionnelle, puisque le Conseil fait

---

[74] CC 485 QPC, 25 septembre 2015, *JO* 2015. 17328, texte n° 40, cs. 8.

[75] CC 345 QPC du 27.9.2013, *JO* 2013. 16307, texte n°66, cs. 3.

[76] CC 519 QPC du 3.2.2016, JO 2016-32, texte n° 33, cs. 11 : « Le huitième alinéa, qui consacre un droit aux travailleurs, par l'intermédiaire de leurs délégués, à la participation et à la détermination collectives de leurs conditions de travail, ne confère aucun droit équivalent au bénéfice des employeurs ».

[77] Cf. al. 5 du Pr. de 1946 et CC 156 DC 28.5.1983, *R.* 41, cs. 4 ou 98 QPC du 4.2.2011, *R.* 108, cs. 3.

[78] CC 373 DC du 9.4.1996, *R.* 43, cs. 85.

[79] CC 715 DC du 5.8.2015, *préc.* (L. Macron).

[80] CC 401 DC du 10.6.1998, *R.* 258, cs. 7.

[81] CC 682 DC du 19.12.2013, *R.* 1094, cs. 18.

[82] CC 556 DC du 16.8.2007, *R.* 319, cs. 23.

[83] CC 715 DC du 5.8.2015, *préc.*, cs. 28 et 32 ; 489 QPC du 14.10.2015, *JO* 2015. 19325, texte n° 75, cs. 14 ; 510 QPC du 7.1.2016, *JO* 2016-8, texte n° 18, cs. 6.

découler la liberté de la concurrence du principe d'égalité[84] et qu'il valide, au nom de la préservation de l'ordre public économique, les dispositions législatives destinées à lutter de façon proportionnée contre les concentrations d'entreprise[85]. S'il ne lui a ainsi pas reconnu valeur constitutionnelle en tant que tel, le droit de la concurrence se trouve malgré tout indirectement protégé au sommet de la hiérarchie des normes, par le biais de cet objectif. Une constitutionnalisation pure et simple de ce droit n'est d'ailleurs pas à exclure à terme, dès lors qu'il serait possible de la fonder sur l'article 88-1 C. dans les cas d'application du droit européen ; et que certains auteurs estiment plus généralement envisageable de la faire découler de l'alinéa 9 du Préambule de 1946[86].

Cette évolution serait en tout cas conforme à la tendance actuelle du droit constitutionnel en faveur d'une protection accrue des droits économiques fondamentaux. Si cette dernière est révélatrice de l'apparition d'un nouveau commandement suprême, celui-ci est complété par un deuxième, destiné à encadrer l'exercice des droits sociaux de nature non économique.

B. « PAR LES DROITS SOCIAUX SUR LES PLUS FAIBLES TU VEILLERAS »

Le second commandement consiste à réserver prioritairement le bénéfice des droits sociaux aux plus démunis, indépendamment de leur nationalité. Il sanctuarise ainsi l'existence des droits-créances tout en tenant compte des contraintes démographiques et budgétaires qui pèsent sur l'État, du fait de la nécessité de pallier le vieillissement de la population active et d'alléger la fiscalité des entreprises, pour soutenir la croissance économique. Si, en 1989, le Professeur Imbert avait perçu cette évolution comme leur transformation en « droits des pauvres » et en « pauvres droits »[87], l'analyse semble globalement se vérifier dans la jurisprudence récente du Conseil constitutionnel, surtout pour les droits-créances non économiques de nature culturelle ou sociale.

I. Ce sont des droits des pauvres quant à leur champ d'application, dans la mesure où ils cessent d'être universels au sens où chacun *doit* en bénéficier –

[84] CC 450 DC du 11.7.2001, *R.* 82, cs. 10 : « principe d'égalité qui, en l'espèce implique la libre concurrence » ; 451 DC du 27.11.2001 : « il appartiendra (...) aux autorités administratives et juridictionnelles compétentes de veiller au respect du principe d'égalité et de la libre concurrence » ; 556 DC du 16.8.2007, JO 2007. 13971, texte n° 6, cs. 23. Sur l'« autonomisation » du principe de libre concurrence dans la jurisprudence du Conseil, v. Boutin C., « La jurisprudence du Conseil constitutionnel », *in Interrogations sur l'évolution des droits fondamentaux de la personne humaine en 2001 et 2002*, L'Harmattan 2004, p. 28.

[85] CC 3 LP 1er.10, 2013, *JO* 2013.16505, texte n°84, cs. 14.

[86] Hubert P. et Castan A., « Droit constitutionnel et liberté de la concurrence », *Les nouveaux cahiers du CC* 2015-4/49. 314.

[87] Imbert P.-H., « Droits des pauvres, pauvre(s) droit(s) ? », *RDP* 1989. 739 s. Cf. Roman D. (dir.), *La justiciabilité des droits sociaux : vecteurs et résistances*, Pedone 2012.

notamment par le jeu de services publics ouverts à tous –, pour devenir universel au sens où chacun *peut* en bénéficier, s'il connaît un jour un revers de fortune[88]. Non seulement en effet le juge constitutionnel accepte que la loi puisse exclure les plus aisés du nombre des bénéficiaires de certaines prestations sociales pour des raisons d'économies, mais il admet dans le même temps qu'elle puisse attenter – de façon proportionnée – aux droits économiques fondamentaux pour venir en aide aux plus démunis. D'un côté, son refus de reconnaître rang de PFR à un principe d'« universalité » obligeant à faire bénéficier « toutes les familles » des allocations familiales de façon « absolu(e) »[89] l'a ainsi amené à valider un « plafonnement du quotient familial » fondé sur la « différence de (…) facultés contributives »[90] des contribuables ainsi qu'une mesure faisant varier le « bénéfice des allocations familiales (…) en fonction des ressources »[91] des individus. D'un autre côté, il a inversement validé – au nom de l'objectif de valeur constitutionnelle que constitue la possibilité pour toute personne de disposer d'un logement décent – les dispositions de l'article L. 115-3 du Code de l'action sociale et des familles interdisant aux distributeurs d'eau d'interrompre la fourniture du service aux familles en grande précarité[92] ainsi qu'une procédure d'autorisation administrative préalable de mise en location dans les zones sensibles[93].

II. Quant à leurs effets, ces droits-créances peuvent pour cette raison apparaître comme « de pauvres droits » dès lors qu'ils bénéficient d'une protection relative.

D'abord, il s'agit au pire de simples devoirs et au mieux d'objectifs de valeurs constitutionnels qui laissent au législateur un large pouvoir discrétionnaire dans la façon de les appliquer[94]. Il s'en acquitte en effet par la seule mise « en œuvre d'une politique de solidarité nationale »[95] qui fasse pour le « mieux »[96], compte tenu des contraintes budgétaires du moment. Ce qui revient à dire que ces dispositions ne mettent à sa charge qu'une simple obligation de moyen, et non de résultat.

---

[88] En ce sens, v. Truchet D., *Droit administratif*, PUF 2010, p. 330 ; « Renoncer à l'expression "service public" ? », *AJDA* 2008. 553.

[89] CC 393 DC du 18.12.1997, *R.* 320, cs. 28 et 29.

[90] Sur le fondement de l'alinéa 10 du Préambule de 1946 : CC 685 DC du 29.12.2013, *JO* 2013. 22188, texte n°3, cs. 5 et 6.

[91] CC 706 DC du 18.12.2014, *JO* 2014. 21789, texte n° 2, cs. 35 : al. 10 et 11 du Pr. de 1946.

[92] CC 470 QPC du 29.5.2015, *JO* 2015. 9051, texte n° 36, cs. 7 à 9.

[93] CC 691 DC du 20.3.2014, *JO* 2014. 5925, texte n° 2, cs. 72 : al. 10 et 11 du Pr. de 1946.

[94] CC 344 QPC du 27.9.2013, *JO* 2013. 6306, texte n°65, cs. 3 : al. 12 du Pr. de 1946 ; 364 QPC du 31.1.2014, *JO* 2014. 1991, texte n° 45, cs. 8 : al. 11 du Pr. de 1946.

[95] CC 706 DC du 18.12.2014, *JO* 2014. 21789, texte n° 2, cs. 33 : al. 11 du Pr. de 1946.

[96] Meunier J., « La jurisprudence du Conseil constitutionnel », *in L'évolution des droits fondamentaux de la personne humaine en 1997-1998*, *op. cit.*, p. 17 ; à propos de la mise en œuvre du « droit à l'emploi ».

Ensuite, cette obligation de moyen n'a pas à être mise en œuvre de façon « uniforme » au niveau national. Non seulement le Conseil admet que la loi traite de façon différente les individus se trouvant dans une situation différente pour tenir compte de cette différence de situation ou d'un motif d'intérêt général[97], mais la mise en œuvre d'une politique sociale peut être déléguée aux collectivités locales, afin qu'elles l'adaptent aux spécificités de leur territoire[98]. Si c'est ce que juge le Conseil depuis 1995 s'agissant de la « possibilité pour toute personne de disposer d'un logement décent »[99], il en a fait de même en 2013 et 2016 à propos de la signification de la protection à la santé (al. 11) [100] et du principe « d'égal accès à la formation professionnelle »[101] (al. 13). De sorte que le statut d'« objectif » reconnu à la solidarité met « le législateur (...) à l'abri des risques d'inconstitutionnalité (...) née d'un traitement inégal de situations semblables »[102], comme le relevait en 1997 le professeur Meunier : puisque la jurisprudence ne sanctionne que les « ruptures *caractérisées* d'égalité »[103]. C'est ce qui l'a conduit à invalider la disposition de la loi rectificative de la sécurité sociale pour 2014 dispensant de « cotisations salariales de sécurité sociale des salariés dont la rémunération "équivalent temps plein" est comprise entre 1 et 1,3 salaire minimum de croissance » : dès lors que la mesure revenait à exonérer « un tiers des personnes en bénéficiant » de leur financement[104].

Si l'ancien juge constitutionnel et premier président de la Cour de cassation, Guy Canivet, a alors pu reprocher au Conseil de faire « obstacle à une politique redistributive de relance de l'économie par l'amélioration du pouvoir d'achat des salariés les plus modestes », « en adoptant une conception nouvelle du principe d'égalité fondée sur une vision assurantielle des régimes de sécurité sociale »[105], une telle évolution est en réalité conforme aux préceptes du deuxième commandement qui caractérise désormais le droit constitutionnel économique français. Celui-ci se trouve complété par un troisième destiné à encadrer l'exercice des droits du citoyen.

---

[97] Solution classique depuis CC 107 DC du 12.71979, *R.* 31, cs. 4 et 441 DC du 28.12.2000, *R.* 231, cs. 25.

[98] Meunier J., *op. cit.*, p. 20.

[99] CC 359 DC du 19.1.1995, *R.* 176, cs. 6 et 7 ; 691 DC du 20.3.2014, *JO* 2014. 5925, texte n° 2, cs. 68 : al. 10 et 11 du Pr. de 1946.

[100] CC 290/291 QPC du 25.1.2013, *JO* 2013.1666, texte n° 83, cs. 16 : valide la disposition confiant aux conseils généraux des départements d'outre-mer le soin d'encadrer la détermination d'un minimum de prix de vente des produits du tabac dans leur circonscription sur le fondement de l'alinéa 11 du Préambule de 1946.

[101] CC 558/559 QPC du 29.7.2016, *JO* 2016-177, texte n° 35, cs. 7 : al. 13 du Pr. de 1946.

[102] Meunier J., *op. cit.*, p. 15.

[103] *Id.*, p. 20.

[104] CC 698 DC du 6.8.2014, *JO* 2014. 13358, texte n° 6, cs. 9 à 13.

[105] « Les limites de la mission du juge constitutionnel », *Cités* 2017-1/6. 41, n° 22.

C. « Les droits du citoyen d'eux-memes tu protegeras »

Le troisième et dernier commandement du droit constitutionnel économique français tend à mettre les droits du citoyen à l'abri du gouvernement des juges et de l'arbitraire pouvant résulter de l'élection d'autorités liberticides. Il vise ainsi tant à protéger la liberté politique qu'à la protéger d'elle-même, conformément à l'idée libérale selon laquelle il convient de veiller à ce que « toute loi [soit] la volonté du peuple » mais que « toute volonté du peuple [ne soit] pas loi »[106].

I. La première préoccupation explique l'autolimitation dont le Conseil constitutionnel fait preuve dans l'exercice de ses prérogatives pour éviter de tomber dans le piège du gouvernement des juges. Tout comme la Cour suprême américaine, il veille en effet à pratiquer une sorte de *self restraint*. Non seulement il réaffirme de façon constante son incompétence de principe pour apprécier, outre la constitutionnalité des lois de souveraineté[107], la conventionalité des lois ordinaires ou organiques[108], mais il rappelle tout aussi constamment qu'il ne jouit pas « d'un pouvoir général d'appréciation et de décision de même nature que celui du Parlement »[109]. Il s'efface ainsi devant la souveraineté « nationale qui », en vertu de l'article 3 C., « appartient au peuple », tout en affirmant son respect de principe de la compétence des juridictions ordinaires et du pouvoir législatif, respectivement pour contrôler la conventionalité des lois et les voter.

II. La seconde préoccupation le conduit toutefois dans le même temps à contrôler les choix politiques opérés par les représentants du peuple, dès lors que « la loi (...) n'exprime la volonté générale que dans le respect de la Constitution »[110]. Le Conseil est en effet un contre-pouvoir face à la tentation de la souveraineté parlementaire ou de l'absolutisme exécutif. Tout en ménageant le pouvoir d'appréciation des autorités, il veille ainsi à borner les deux extrêmes entre lesquels l'interventionnisme étatique peut osciller sans

---

[106] Burdeau G., *Le libéralisme*, éd. du Seuil 1979, p. 65.

[107] CC 20 DC du 6.11.1962, *R.* 27, cs. 5.

[108] Cf. CC 694 DC du 28.5.2014, *JO* 2014. 9208, texte n° 2, cs. 4 ; 726 DC du 29.12.2015, *JO* 2015. 24775, texte n° 7, cs. 5 et 54 DC 15.1.1975, IVG, *R.* 19, cs. 6.

[109] Cf. CC 682 DC du 19.12.2013, *JO* 2013. 21069, texte n°4, cs. 12 ; 691 DC du 20.3.2014, *JO* 2014. 5925, texte n° 2, cs. 23 ; 707 DC du 29.12.2014, *JO* 2014. 22947, texte n° 4, cs. 12 ; 453/454 QPC et 462 QPC du 18.3.2015, *JO* 2015. 5183, texte n° 98, cs. 35 ; 456 QPC du 6.3.2015, *JO* 2015. 4313, texte n° 22, cs. 8; 458 QPC du 20.3.2015, *JO* 2015. 5346, texte n° 47, cs. 10 ; 480 QPC du 17.9.2015, *JO* 2015. 16584, texte n° 54, cs. 6 ; 737 DC du 4.8.2016, *JO* 2016-184, texte n° 5, cs. 38; 571 QPC du 30.9.2016, *JO* 2016-230, texte n° 58, cs. 12.

[110] CC 197 DC du 23.8.1985, *JO* 1985. 9814, cs. 27.

remettre en cause les principes fondamentaux de l'économie de marché[111], grâce au jeu de deux techniques.

La première tient au contrôle symétriquement inverse exercé sur les droits économiques ou sociaux fondamentaux. Alors qu'il soumet les premiers à un contrôle de proportionnalité[112], il opère sur les seconds un simple contrôle de l'erreur manifeste d'appréciation. Tandis en effet que le Conseil sanctionne les atteintes au droit de propriété, à la liberté d'entreprendre ou à la liberté contractuelle *dès* qu'elles lui apparaissent manifestement disproportionnées à l'objectif poursuivi[113], il ne censure celles commises aux droits-créances de nature sociale, culturelle ou économique *que si* elles lui apparaissent manifestement disproportionnées avec le but recherché[114]. Si cela revient implicitement à dire au législateur qu'il peut plus facilement bafouer ces derniers que les premiers et ainsi à aiguillonner l'orientation prise par la politique économique étatique, la seconde technique produit le même résultat de façon plus explicite encore.

---

[111] Sur cette question, v. Beaud O., « Nationalisation et souveraineté de l'État », *Histoire politique* 2014-3/24. 194 ; Clamour G., « La "concurrence" dans la jurisprudence du Conseil constitutionnel », (disponible sur le site www.droitconstitutionnel.org).

[112] CC 691 DC du 20.3.2014, *JO* 2014. 5925, texte n° 2, cs. 47 : atteinte disproportionnée au droit de propriété par une mesure d'encadrement des loyers destinée à lutter contre la pénurie de logement ; 715 DC du 5.8.2015 *préc.*, cs. 22 : « il est loisible au législateur d'apporter à la liberté contractuelle, qui découle de l'article 4 de la Déclaration de 1789, des limitations liées à des exigences constitutionnelles ou justifiées par l'intérêt général, à la condition qu'il n'en résulte pas d'atteintes disproportionnées au regard de l'objectif poursuivi ; que le législateur ne saurait porter aux contrats légalement conclus une atteinte qui ne soit justifiée par un motif d'intérêt général suffisant sans méconnaître les exigences résultant de l'article 4 de la Déclaration de 1789 ».

[113] Considérants évoquant une atteinte « manifestement disproportionnée » au droit de propriété : 715 DC du 5.8.2015, *JO* 2015. 13616, texte n° 2, cs. 32 ; 718 DC du 13.8.2015, *JO* 2015. 14376, texte n° 4, cs. 36 ; 524 QPC du 2.3.2016, *JO* 2016-54, texte n° 121, cs. 20 ; 727 DC du 21.1.2016, *JO* 2016-22, texte n° 2, cs. 21 ; au droit de propriété et à la liberté d'entreprendre : 701 DC du 9.10.2014, *JO* 2014. 16656, texte n° 2, cs. 37 ; à la liberté d'entreprendre : 727 DC du 21.1.2016, *JO* 2016-22, texte n° 2, cs. 90. Considérants de principe validant ou sanctionnant une « atteinte proportionnée » ou « non disproportionnée » au droit de propriété : CC 337 QPC du 1er.8.2013, *JO* 2013. 13319, texte n°48, cs. 9 ; 691 DC du 20.3.2014, *JO* 2014. 5925, texte n° 2 cs. 7 ; 691 DC du 20.3.2014, *JO* 2014. 5925, texte n° 2, cs. 47 ; 369 QPC du 28.2.2014, *JO* 2014. 4119, texte n° 44, cs. 11 ; 370 QPC du 28.2.2014, *JO* 2014. 4120, texte n° 45, cs. 18 ; CC 691 DC du 20.3.2014, *JO* 2014. 5925, texte n° 2, cs. 41 ; 691 DC du 20.3.2014, *JO* 2014. 5925, texte n° 2, cs. 72 ; 394 QPC du 7.5.2014, *JO* 2014. 7873, texte n° 78, cs. 14 ; 406 QPC du 9.7.2014, *JO* 2014. 11613, texte n° 120, cs. 8 ; 411 QPC du 9.9.2014, *JO* 2014. 15020, texte n° 54, cs. 14 ; 479 QPC du 31.7.2015, *JO* 2015. 13259, texte n° 59, cs. 18 ; 486 QPC du 7.10.2015, *JO* 2015. 18829, texte n° 67, cs. 8 ; 518 QPC du 2.2.2016, *JO* 2016, texte n° 75, cs. 15 ; 563 QPC du 16.9.2016, *JO* 2016-218, texte n° 35, cs. 8 ; au droit de propriété et à la liberté contractuelle : 660 DC du 17.1.2013, *JO* 2013. 1327, texte n°2, cs. 5 ; 691 DC du 20.3.2014, *JO* 2014. 5925, texte n° 2, cs. 10 ; à la liberté d'entreprendre : 701 DC du 9.10.2014, *JO* 2014. 16656, texte n° 2, cs. 46 ; 736 DC du 4.8.2016, *JO* 2016-184, texte n° 8, cs. 37.

[114] CC 458 QPC du 20.3.2015, *JO* 2015. 5346, texte n° 47, cs. 10 : al. 11 Pr. de 1946 (droit à la protection de la santé).

Il s'agit de celle des « réserves d'interprétation »[115]. Comme l'expliquait Michel Ameller, lorsqu'il siégeait au Conseil en 1998, « le recours à une méthode d'interprétation n'est ni neutre, ni innocent »[116]. Sans doute, côté pile, le procédé permet-il au Conseil de « sauver » une disposition législative risquant autrement l'invalidation. Mais côté face, elle le conduit à orienter la signification des lois prises pour mettre en œuvre la politique économique gouvernementale. Le Conseil n'hésite en effet pas à formuler un certain nombre de réserves « directives », « neutralisantes » ou « constructives » à propos de textes portant sur le domaine économique. Alors que les premières le conduisent à dire aux autres autorités de l'État comment elles doivent mettre en œuvre la disposition votée (« il appartient à telle autorité de... »), les deuxièmes le conduisent à leur dire comment elle ne doit pas être interprétée (« la disposition ne saurait être comprise comme signifiant que... ») et les dernières à préciser le contenu même de la règle législative adoptée (« la disposition doit être comprise comme signifiant que... »). Entre 2013 et 2017, le Conseil a ainsi considéré, à propos de la loi n° 2012-1510 du 29 décembre 2012 de finances rectificatives de 2012, qu'« il appart[enait] (...) aux autorités administratives compétentes de veiller » à ce que la « majoration » d'impôts non acquittés ne devait pas conduire à un « cumul de sanctions » fiscales[117] (réserve directive)[118] ; à propos de la loi El Khomri n° 2016-1088 du 8 août 2016 de réforme du travail que ses dispositions « ne sauraient être comprises » comme accordant aux syndicats le bénéfice d'heures de délégation supplémentaires [119] (réserve neutralisante)[120] ; ou encore à propos de la loi n° 2011-1977 du 28 décembre 2011 instaurant une « contribution exceptionnelle sur les hauts revenus de l'année 2011 que devait être comprise « comme permettant d'inclure dans l'assiette de la » mesure « les revenus de capitaux mobiliers soumis aux

---

[115] Sur cette question, v. Samuel X., « Les réserves d'interprétation émises par le Conseil constitutionnel », *Disponible sur le site du Conseil constitutionnel.*

[116] « Principes d'interprétation constitutionnelle et autolimitation du juge constitutionnel. Exposé présenté à l'occasion d'une rencontre organisée à Istanbul en mai 1998 par l'OCDE » (disponible sur le site du Conseil constitutionnel).

[117] CC 371 QPC du 7.3.2014, *JO* 2014. 5035, texte n° 29, cs. 9.

[118] V. aussi CC 4 LP du 21.11.2014, *JO* 2014-271. 19674, texte n° 28 cs. 5 à 8 : « il appartient au législateur du pays de mettre en œuvre le principe de préférence locale pour l'accès à l'emploi (...) dans les mêmes conditions pour l'accès à l'emploi dans la fonction publique que pour l'emploi salarié » en vertu de l'accord de Nouméa.

[119] CC 736 DC du 4.8.2016, *JO* 2016-184, texte n° 8, cs. 35 : « les dispositions du cinquième alinéa de l'article 64 ne sauraient être interprétées comme autorisant le pouvoir réglementaire à prévoir, pour la participation à cette instance, des heures de délégation supplémentaires, s'ajoutant à celles déjà prévues pour les représentants des salariés par les dispositions législatives en vigueur ».

[120] Dans le même sens, le CC a jugé que le nouvel art. L. 141-1 du Code rural et de la pêche maritime n'a pas entendu modifier l'objet notamment économique des sociétés d'aménagement foncier et d'établissement rural (CC 701 DC du 9.10.2014, *JO* 2014-238. 16656, texte n° 2, cs. 21).

prélèvements libératoires de l'impôt sur le revenu prévus »[121] dans le Code général des impôts (art. 117 quater I. et 125 A I.) (réserve constructive).

* *
*

En conclusion, solidarisme et ordo-libéralisme ont pour point commun de chercher une troisième voie entre un socialisme intégral et un capitalisme sauvage, qui garantisse le bon fonctionnement du marché tout en assurant une certaine justice sociale. L'influence de l'école de Fribourg-en-Brisgau conduit ainsi la jurisprudence constitutionnelle à écrire de façon impressionniste, sinon une « constitution économique », du moins un droit constitutionnel économique, qui tente d'adapter l'héritage solidariste aux contraintes de la mondialisation pour mieux réguler le marché, avec l'accord tacite du pouvoir politique. Son écriture est toutefois loin d'être achevée, dès lors que trois évolutions au moins restent attendues.

La première consisterait à **autonomiser clairement la *liberté* de la concurrence par rapport au principe d'égalité et à reconnaître valeur constitutionnelle au *droit* de la concurrence sur le fondement de l'alinéa 9 du Préambule de 1946, en prenant soin de ne pas leur conférer de valeur absolue**. Dès lors que la stabilité des droits économiques fondamentaux (droit de propriété, liberté d'entreprendre, liberté contractuelle, liberté de la concurrence et droit de la concurrence) passe par le respect des droits politiques, culturels et sociaux [122], la protection constitutionnelle des premiers doit en effet avoir pour limite la prise en compte des seconds ou d'autres considérations d'intérêt général.

La deuxième évolution attendue consisterait à **affirmer, avec les mêmes limites, l'existence d'un principe constitutionnel de sécurité juridique**. Cette évolution apparaît en effet nécessaire tant pour renforcer l'efficacité des principes de clarté et de l'objectif d'accessibilité et d'intelligibilité de la règle de droit que pour assurer un plus grand respect de la confiance légitime que les individus peuvent avoir dans le maintien des situations légalement acquises. Un tel principe permettrait au conseil de lutter plus efficacement contre les lois trop bavardes ou inutilement dépourvues de portée normative, tout en renforçant la stabilité de la règle de droit nécessaire au bon déroulement des affaires.

Le dernier changement attendu consisterait à **rendre systématiquement public**, sur le site du Conseil, **la liste et le contenu des observations qui se sont engouffrées dans la « porte étroite » du contrôle *a priori* ou des**

---

[121] CC 435 QPC du 5.12.2014, *JO* 2014-283. 20465, texte n° 24, cs. 10.

[122] Dans un sens un peu différent, v. Manson S., « Le droit européen de la propriété à l'épreuve de la crise économique ou la timide esquisse d'une fonction redistributive », *in Les droits fondamentaux à l'épreuve de la crise économique*, L'Harmattan 2013, p. 146 s.

interventions volontaires formées à l'occasion du contrôle *a posteriori* pour chaque décision concernée. La mesure s'impose, à l'ère de la transparence, pour ne pas alimenter les soupçons de collusion qui pèsent parfois sur le juge constitutionnel et les opérateurs économiques.

Un tel reproche apparaît en tout cas aujourd'hui infondé. Une étude attentive des décisions rendues entre 2013 et 2017 témoigne en effet de la volonté du Conseil de trouver un équilibre satisfaisant entre les droits fondamentaux de nature économique (au sens large, *i. e.* incluant le droit de propriété, les droits civils et les droits-créances de nature économique), sociale (au sens strict, *i. e.* se limitant aux droits-créances de nature culturelle et sociale) et politique, quitte à aller à l'encontre des attentes des acteurs du marché. Ces mots d'Olivier d'Ormesson, le rapporteur du procès du surintendant Fouquet, raisonnent ainsi encore aujourd'hui dans l'aile Montpensier du Palais-Royal : le juge y rend la justice, « non des services ».

LA RÉFORME DU DROIT DES CONTRATS, UNE CONSÉCRATION DU SOLIDARISME CONTRACTUEL ?

Par
Amandine CAYOL
Maître de conférences en droit privé
À l'Université de Caen-Normandie

« Un courant néo-solidariste ne pourrait-il émerger en reconstruisant un nouveau droit des contrats, autour de la notion de contrat d'adhésion ? »
(G. Chantepie et N. Dissaux[1])

La solidarité peut être définie comme une « dépendance mutuelle entre les hommes, qui fait que les uns ne peuvent être heureux et se développer que si les autres le peuvent aussi »[2]. Sur le plan politique et social, la doctrine « solidariste » a essentiellement été développée par Léon Bourgeois, membre fondateur du Parti Radical sous la IIIe République. Dans son ouvrage Solidarités[3], il affirme que l'individu isolé n'existe pas. Proposant une troisième voie entre l'individualisme libéral et le socialisme autoritaire, il suggère de repenser l'organisation de la société afin de la rendre plus solidaire. L'idée est reprise par Célestin Bouglé dans un livre intitulé Le solidarisme[4], lequel évoque l'existence d'un « quasi-contrat » social pour expliquer que chacun naisse débiteur de tous.

La doctrine solidariste a inspiré l'œuvre de plusieurs juristes, notamment celle de Louis Josserand, selon lequel les droits que réglemente le législateur

---

[1] G. Chantepie et N. Dissaux, « Rapport introductif », in *Le nouveau discours contractuel*, Colloque, Lille 2, *RDC* 2016/3, p. 578.
[2] Larousse universel, 1949, V° solidarité.
[3] L. Bourgeois, *Solidarités*, Armand Colin, 1896.
[4] C. Bouglé, *Le solidarisme*, Paris, Giard, 1907.

« ne se réalisent pas abstraitement et dans le vide ; ils fonctionnent dans le milieu social et pour lui »[5]. Les prérogatives de l'individu ne sont pas sans limite et le titulaire d'un droit en abuse lorsqu'il l'exerce en contradiction avec la fonction qui lui a été reconnue par la société toute entière. La dimension sociale du droit a surtout été développée par Léon Duguit. Critiquant la conception individualiste issue du Code civil et de la Déclaration des droits de l'Homme et du citoyen de 1789, ce dernier conteste l'existence même des droits subjectifs qu'il requalifie de « fonctions sociales »[6].

La place à accorder à la solidarité dans notre société a de nouveau été au cœur des débats[7] ces dernières années en raison, notamment, de l'afflux croissant de migrants à laquelle doit faire face l'Union européenne depuis 2015[8] et de la mise en place de politiques d'austérité à la suite de la crise économique mondiale de 2008. La prise de conscience des conséquences potentiellement dévastatrices pour la nature de l'activité humaine incite même à envisager une solidarité des générations présentes envers les générations futures[9]. De nombreuses branches du droit sont directement touchées par ces questions : droit international, droit de l'Union européenne, droit du travail, droit fiscal, droit de l'environnement, droit des biens[10], droit de la responsabilité civile[11], etc. Matière *a priori* technique, le droit des contrats ne semble pas affecté. Pourtant, une conception libérale des rapports contractuels s'oppose en réalité à une analyse dite « solidariste ».

Le droit des contrats est traditionnellement analysé, depuis le XIXe siècle, sous le prisme de la théorie de l'autonomie de la volonté, laquelle découle de la philosophie individualiste des Lumières. Chaque homme étant libre, il ne

---

[5] L. Josserand, *De l'esprit des droits et de leur relativité. Théorie dite de l'abus des droits*, Dalloz 1927, p. 2.

[6] L. Duguit, *Les transformations générales du droit privé depuis le code Napoléon*, Alcan 2e édition 1920, La mémoire du droit Réimpression 1999.

[7] J. Chevallier, « La résurgence du thème de la solidarité », in *La solidarité, un sentiment républicain ?* , PUF-CURAPP, 1992, p. 115. J-P. Hounieu, *La solidarité en droit public*, Université Montesquieu Bordeaux IV, 2003.

[8] Le 22 décembre 2015, l'Organisation internationale pour les migrants (OIM) et le Haut-Commissariat de l'ONU pour les réfugiés (HCR) a fait état de 1 005 504 entrées de migrants en Europe, par voies maritime et terrestre. : « Le cap du million de migrants arrivés en Europe en 2015 a été franchi » lemonde.fr, 22 déc. 2015.

[9] E. Gaillard, *Générations futures et droit privé. Vers un droit des générations futures*, LGDJ, Paris, 2011.

[10] La « fonction sociale » du droit de propriété a ainsi été reconnue, conduisant à sa conciliation avec d'autres impératifs, tels le droit au logement : A. Cayol, « Droit au logement et crise économique », in V. Tchen (dir.), *Les droits fondamentaux à l'épreuve de la crise économique et financière*, L'Harmattan, 2013, pp. 79-93.

[11] Le préjudice écologique pur a ainsi été consacré dans le but de transmettre un environnement sain aux générations à venir : H. Jonas, *Le principe responsabilité. Une éthique pour la civilisation technologique*, Flammarion, 1998 ; O. Fuchs, « Le principe Responsabilité de Hans Jonas. Contribution à l'étude de la médiation juridique des rapports de l'homme à la nature », *RRJ*, n°2, avril 2006, p. 1027-1045.

peut être contraint sans l'avoir accepté. Chacun peut ainsi décider de contracter ou de ne pas le faire, de choisir son cocontractant et de déterminer le contenu du contrat. Chacun doit, surtout, respecter les obligations auxquelles il a librement consenti. Là serait le fondement tant de la force obligatoire du contrat que de son effet relatif. Une fois conclu, le contrat serait intangible et ne pourrait être modifié ni par une partie seule ni par le juge.

Cette conception libérale du contrat a peu à peu été remise en cause du fait de l'inégalité croissante des contractants et du développement des contrats d'adhésion, dont le contenu est élaboré par une seule partie. Face aux insuffisances du droit commun pour répondre à ces nouveaux enjeux, des règles spéciales ont été élaborées par le législateur. Un ordre public économique et social dit « de protection » s'est développé afin de protéger les plus faibles. Certaines clauses sont désormais interdites, notamment par le droit de la consommation[12]. D'autres sont au contraire obligatoires : plusieurs contrats font l'objet de règlementations impératives très précises, tels que le contrat de travail à durée déterminée[13].

Une refonte du droit commun lui-même a été proposée par un courant doctrinal « solidariste »[14] cherchant à promouvoir une certaine solidarité entre les contractants. Les parties ne devraient pas seulement rechercher la satisfaction de leur propre intérêt mais faire œuvre de coopération[15]: comme l'écrivait Demogue, le contrat serait « une petite société où chacun doit travailler dans un but commun »[16]. La jurisprudence n'est pas restée insensible à de tels arguments, quitte à tempérer la force obligatoire du contrat sur le fondement de l'obligation de bonne foi. La découverte d'un devoir de coopération a notamment conduit le juge à imposer aux parties de renégocier un contrat devenu déséquilibré dans l'arrêt « Huard » de 1992[17].

La recodification du droit commun des contrats par l'ordonnance du 10 février 2016[18] invite à s'interroger sur l'influence de la doctrine solidariste sur les règles nouvelles. Le rapport remis au président de la République, précise que l'objectif de la réforme est de « trouver un équilibre entre justice contractuelle et autonomie de la volonté ». Si les idées solidaristes y sont en

---

[12] C. conso., art. L.212-1 relatif aux clauses abusives.

[13] C. trav., art. L.1242-12.

[14] Ch. Jamin, « Plaidoyer pour le solidarisme contractuel », in *Le contrat au début du XXIe siècle. Etudes offertes à Jacques Ghestin*, LGDJ, 2001, p. 441. D. Mazeaud, « Loyauté, solidarité, fraternité : la nouvelle devise contractuelle ? » in *Mélanges en hommage à F. Terré*, PUF-Dalloz-Jurisclasseur, 1999, p. 603

[15] « Le contrat est par excellence, l'expression juridique de la coopération », Durkheim, *De la division du travail social*, 4e édition, PUF, 1893, p. 94.

[16] R. Demogue, *Traité des obligations en général*, T. VI, n°3.

[17] Com. 3 nov. 1992, n° 90-18.547, « BP c/ Huard ».

[18] O. n° 2016-131 du 10 févr. 2016). Le nouveau droit des contrats n'est applicable qu'aux contrats conclus après le 1er octobre 2016, exception faite des actions interrogatoires (C. civ., art. 1123 al. 3 et 4, art. 1158 et art. 1183).

effet en partie consacrées, elles sont conciliées avec les principes traditionnels de liberté contractuelle et de force obligatoire du contrat. Le développement du solidarisme contractuel (I) n'a donc pas lieu sans limite (II).

I. LE DÉVELOPPEMENT DU SOLIDARISME CONTRACTUEL

L'influence de la doctrine solidariste doit être vérifiée tant lors de la formation du contrat (A) que lors de son exécution (B).

A. AU STADE DE LA FORMATION DU CONTRAT

La formation du contrat n'est pas le lieu privilégié du solidarisme contractuel car les négociateurs ne sont pas encore unis par la poursuite d'un intérêt commun.

La doctrine solidariste pourrait pourtant sembler à l'origine de plusieurs règles posées par l'ordonnance concernant la négociation et la conclusion du contrat. Tel serait *a priori* le cas de l'extension expresse du devoir de bonne foi au stade de la formation du contrat[19], mais aussi de la consécration de la sanction de la rupture abusive des pourparlers[20] ou de la généralisation de l'obligation précontractuelle d'information[21]. La conception extensive de la réticence dolosive retenue par l'article 1137 du Code civil permettrait aussi d'accroitre la solidarité entre les négociateurs. Abandonnant la solution posée par l'arrêt « Baldus » en 2000[22], le rapport remis au président de la République précise en effet que le caractère dolosif du silence n'est plus subordonné à l'existence d'une obligation d'information. Le droit positif remet ainsi « *la sanction de la déloyauté, et donc l'intention de tromper, au premier plan* »[23]. De même, la consécration de la « violence économique » lorsqu'une partie abuse de l'état de dépendance dans lequel se trouve son cocontractant pour obtenir un avantage manifestement excessif [24] manifesterait une vision plus solidariste du contrat que celle retenue par le législateur de 1804.

Ces diverses dispositions visent sans conteste à éviter les comportements égoïstes. Pour autant, le fondement solidariste de ces règles peut être discuté. L'obligation générale d'information et la conception extensive de la

---

[19] C. civ., art. 1104. Déjà, Civ. 1ère, 10 mai 1989, *RTD civ.* 1989, p. 738, obs. J. Mestre.
[20] C. civ., art. 1112.
[21] C. civ., art. 1112-1.
[22] Civ. 1ère, 3 mai 2000, n° 98-11.381.
[23] N. Dissaux et Ch. Jamin, *Réforme du droit des contrats, du régime général et de la preuve des obligations. Commentaire des articles 1100 à 1386-1 du code civil*, Dalloz, 2016, p. 43.
[24] C. civ., art. 1143. Déjà, Civ. 1ère, 30 mai 2000, n° 98-15.242 ; Civ. 1ère, 3 avril 2002, n° 00-12.932.

réticence dolosive consacrées par l'ordonnance ont seulement pour but de s'assurer de la qualité du consentement de chaque contractant. En réalité, le renforcement de l'information avant la conclusion du contrat « *se rattache à la conception libérale du contrat* » : « *on tente de réintroduire les conditions d'un consentement libre et éclairé, afin que les postulats initiaux, de liberté et d'égalité des parties, trouvent à s'appliquer et justifient l'exécution du contrat tel qu'il a été prévu* »[25].

Le développement de la sanction des comportements abusifs lors de la négociation [26] ou de la conclusion du contrat [27] n'est pas non plus nécessairement une consécration du solidarisme contractuel. Il s'agit sans doute uniquement de rappeler que, comme tout droit, la liberté contractuelle est susceptible d'abus[28] : nul ne doit ignorer abusivement les intérêts de l'autre contractant. Il est donc possible d'y voir une simple manifestation d'un devoir de loyauté[29], lequel ne saurait être assimilé à la solidarité. Eric Savaux propose ainsi le concept de « *volontarisme social* » : « *Volontarisme parce que la volonté reste l'élément essentiel, caractéristique du contrat, qui correspond à la reconnaissance par la loi, d'un pouvoir fondamental d'organisation de leurs intérêts laissé aux sujets. Mais volontarisme social parce que l'exercice de ce pouvoir ne doit ignorer ni l'intérêt général, ni les intérêts légitimes des contractants qui limitent naturellement le jeu des volontés privées* »[30].

L'influence directe de la doctrine solidariste n'est donc pas certaine au stade de la formation du contrat : « *Qu'il existe un devoir d'honnêteté et de loyauté dans la formation du contrat, c'est indiscutable. Mais ceci ne représente pas vraiment une manifestation de solidarité* »[31]. Au contraire, plusieurs innovations de l'ordonnance de 2016 concernant l'exécution du contrat en sont clairement inspirées.

B. AU STADE DE L'EXECUTION DU CONTRAT

Une analyse libérale du contrat conduit à considérer qu'une convention librement consentie s'impose aux parties comme au juge, sous réserve de sa conformité à l'ordre public. Le contrat ne saurait être révisé par une autorité extérieure, même en cas de fort déséquilibre, que celui-ci existe dès sa

---

[25] J. Rochfeld, *Les grandes notions du droit privé,* 2e édition, PUF, 2013, pp. 433-434.
[26] Rupture abusive des pourparlers.
[27] Abus de l'état de dépendance de l'autre contractant.
[28] Ph. Stoffel-Muck, *L'abus dans le contrat. Essai d'une théorie*, LGDJ, 2000.
[29] Opposant loyauté et solidarité, v. Th. Revet, « L'éthique des contrats en droit interne », in *L'éthique des affaires : de l'éthique de l'entrepreneur au droit des affaires*, PUAM, 1997, p. 207.
[30 30] E. Savaux, « Solidarisme contractuel et formation du contrat », in *Le solidarisme contractuel, op. cit.*, pp. 52-53.
[31] L. Leveneur, « Le solidarisme contractuel : un mythe », in *Le solidarisme contractuel, op. cit,* p. 181.

formation ou qu'il résulte d'un changement des circonstances économiques. Envisagés de manière abstraite en position d'égalité, les contractants sont supposés être les mieux à même de défendre leurs intérêts lors de la conclusion du contrat, ce que le philosophe Alfred Fouillée résuma par la formule « *Qui dit contractuel dit juste* »[32].

L'ordonnance de 2016 confirme certes le principe de l'absence de prise en compte de la lésion, déséquilibre économique objectif entre les prestations des parties[33], dès lors que celui-ci ne résulte pas d'un vice du consentement.

Plusieurs textes du Code civil donnent cependant désormais au juge le pouvoir de modifier le contenu d'un contrat déséquilibré. Portant atteinte à la force obligatoire du contrat, une telle immixtion du juge dans le contrat révèle la prise en compte croissante de considérations solidaristes. L'apport fondamental du solidarisme est en effet, selon Christophe Jamin, de permettre un rééquilibrage du contrat afin de s'assurer que le contractant en position de force ne puisse pas priver l'autre de ses droits[34]. Il s'agit de « *limiter le pouvoir conféré à la volonté : celle-ci ne (peut) plus s'imposer dès l'instant qu'elle (est) supposée contribuer à la destruction du lien social, ce qui (est) le cas lorsqu'elle (aboutit) à un assujettissement de certains individus* »[35].

L'article 1171 du Code civil étend ainsi aux contrats d'adhésion l'interdiction des clauses abusives, déjà connue du droit de la consommation. Toute clause qui crée un déséquilibre significatif entre les droits et obligations des parties est réputée non écrite. Il est vrai que le texte définitif de l'ordonnance est moins ambitieux que le projet soumis à la consultation publique, lequel envisageait de généraliser la prohibition des clauses

---

[32] A. Fouillée, *L'idée moderne du droit en Allemagne, en Angleterre et en France*, Hachette, 1878.

[33] C. civ., art. 1168 ; déjà, ancien art. 1118. A titre exceptionnel, la lésion peut être invoquée par certaines personnes nécessitant une protection particulière. La rescision pour lésion du contrat ou son rééquilibrage (en réduisant la prestation à leur charge) peuvent être demandés par les personnes placées sous sauvegarde de justice (C. civ., art. 435, al. 2), de même que par celles sous curatelle ou tutelle concernant les actes réalisés seules lorsque leur assistance ou leur représentation n'était pas exigée (C. civ., art. 465 1°). Les actes courants accomplis par les mineurs peuvent également être annulés pour simple lésion (C. civ., art. 1149).
La lésion produit aussi des conséquences juridiques dans certains contrats, quels que soient les contractants. Depuis 1804, une action en complément est ouverte au copartageant qui établit avoir subi une lésion de plus du quart lors du partage (C. civ., art. 889) ; et le vendeur d'immeuble lésé de plus des sept douzième peut obtenir la rescision de la vente (C. civ., art. 1674), sauf si l'acheteur paie le complément du prix (C. civ., art. 1681). Ces exceptions ont été multipliées par des lois postérieures (par ex. Loi du 8 juillet 1907 pour l'achat d'engrais et loi du 7 juillet 1967 pour les conventions d'assistance maritime). En dehors de tout support textuel, la jurisprudence a en outre admis la réduction judiciaire des honoraires excessifs par le juge dans les contrats de mandat et d'entreprise.

[34] Ch. Jamin, « Le procès du solidarisme contractuel : brève réplique », in *Le solidarisme contractuel, op. cit.*, pp. 162-163.

[35] Ch. Jamin, *op. cit.*, p. 166.

abusives à tous les contrats de droit privé. Sa portée symbolique est néanmoins importante en ce qu'il intègre la lutte contre les clauses abusives dans le droit commun des contrats. Consacrant la jurisprudence « Chronopost » de 1996[36], l'article 1170 permet également au juge de réécrire le contrat en réputant non écrite toute clause qui prive de sa substance l'obligation essentielle du débiteur. Peu importe qu'elle ait été consentie et même négociée par les parties, le texte s'appliquant ici à tous les contrats, qu'ils soient d'adhésion ou de gré à gré.

Le solidarisme contractuel suppose également d'adapter le contrat en cas de bouleversement des circonstances économiques, contrairement à la conception libérale du contrat, inflexible sur l'intangibilité du contrat. Constamment réaffirmée depuis l'arrêt « Canal de Craponne » de 1876[37], cette dernière est désormais écartée par l'article 1195 du Code civil lorsqu'un « *changement de circonstances imprévisible lors de la conclusion du contrat rend l'exécution excessivement onéreuse pour une partie* ». La solidarité entre les contractants impose alors une renégociation du contrat et même, en cas d'échec, une intervention judiciaire à la demande d'un seul contractant.

Si elle est ainsi indéniable, l'influence du solidarisme contractuel sur la réforme du droit des contrats n'est toutefois pas sans limites.

II. LES LIMITES DU SOLIDARISME CONTRACTUEL

Les principes traditionnels de liberté contractuelle et de force obligatoire du contrat ne sont pas abandonnés par l'ordonnance de 2016, laquelle tente de concilier solidarité et liberté (A). Plus qu'à une consécration générale du solidarisme contractuel, c'est à l'émergence d'un régime propre aux contrats d'adhésion que conduit la réforme (B).

A. LA CONCILIATION DE LA SOLIDARITE ET DE LA LIBERTE

Affirmée avec force par la doctrine et la jurisprudence[38], la liberté contractuelle n'était pourtant pas expressément consacrée par le Code de 1804. Telle est désormais chose faite. Le nouvel article 1102 en décline les divers aspects : « *Chacun est libre de contracter ou de ne pas contracter, de choisir son contractant et de déterminer le contenu et la forme du contrat dans les limites fixées par la loi* ». Conformément à une vision libérale du

---

[36] Com. 22 oct. 1996, n° 93-18.632.
[37] Civ., 6 mars 1876, *D.* 1876, 1. 193.
[38] C. const., 13 juin 2013, n° 2013-672 DC. P.Y. Gahdoun, *La liberté contractuelle dans la jurisprudence du Conseil constitutionnel*, Dalloz, 2008

contrat, l'article 1172 précise quant à lui que les contrats sont en principe consensuels. Si la volonté est nécessaire pour obliger, elle est également suffisante : peu importe la façon dont elle est extériorisée dès lors qu'elle existe. L'article 1103 réaffirme, enfin, la force obligatoire du contrat[39].

Il serait dès lors excessif de considérer que l'ordonnance de 2016 révolutionne le droit des contrats, passant d'une conception individualiste libérale à une conception solidariste. Emblématique de l'influence solidariste, la consécration de la modification judiciaire du contrat en cas de bouleversement des circonstances économiques pourrait d'ailleurs n'être que théorique, du fait de la place laissée à la volonté des parties. En pratique, l'article 1195 subordonne en effet la révision pour imprévision au fait que le contractant n'ait pas accepté d'assumer un tel risque. On peut ainsi craindre (ou espérer, c'est selon !) que les clauses de style se multiplient afin d'écarter toute immixtion du juge dans le contrat.

La réforme de 2016 se contente en réalité d'introduire dans le Code civil un régime propre aux contrats d'adhésion, lesquels sont désormais expressément distingués de contrats de gré à gré.

B. L'EMERGENCE D'UN REGIME PROPRE AUX CONTRATS D'ADHESION

L'article 1110 du Code civil invite désormais à distinguer les contrats de gré à gré des contrats d'adhésion. L'intégration de ces derniers dans le droit commun des contrats confirme leur nature contractuelle, laquelle fut un temps discutée. Premier auteur à utiliser l'expression « contrat d'adhésion », Raymond Saleilles notait que « ces prétendus contrats (…) ne sont au fond que des manifestations unilatérales de volonté »[40]. Léon Duguit et Maurice Hauriou rejetèrent dès lors fermement toute assimilation à la figure contractuelle : « Les actes d'adhésion n'ont de contractuel que le nom ; ce sont des adhésions à des actes de nature réglementaire »[41]. Pourtant, si l'acceptant n'a nullement participé à l'élaboration du contenu de l'acte, il n'en demeure pas moins qu'il y a consenti, et n'y est assujetti que par sa

[39] Déjà, C. civ., art. 1134, al. 1er, ancien.

[40] R. Saleilles, *De la déclaration de volonté. Contribution à l'étude de l'acte juridique dans le Code civil allemand,* Pichon, 1901, n°91 p. 230.

[41] M. Hauriou, note sous CE, 23 mars 1906, *S.* 1908. 3. 17. De même, L. Duguit, *Les transformations générales du droit privé depuis le Code Napoléon*, Félix Alcan, 2e éd. 1920, rééd. La mémoire du droit, p. 122-123 : « Nous n'avons point ici deux volontés en présence l'une de l'autre, entrant en contact et s'accordant. (…) Nous avons une volonté qui, en effet, a établi un état de fait (…) d'ordre général et permanent, et une autre volonté qui veut profiter de cet état de fait. (…) D'accord de volontés je n'en vois point : je n'aperçois qu'une déclaration unilatérale de volonté ».

seule volonté. Il s'agit donc bien d'un contrat[42] : « Le contrat d'adhésion demeure un acte bilatéral nonobstant une élaboration unilatérale »[43].

Toutefois, les spécificités du contrat d'adhésion appellent un régime particulier et, dès lors, une adaptation du droit commun des contrats. L'absence de contrôle du juge sur l'équilibre des prestations résulte du postulat selon lequel le contrat a été librement négocié par les parties. La justification ne peut plus jouer face à un contrat d'adhésion, dont le contenu a été fixé à l'avance par un seul des contractants[44]. « Le terreau du solidarisme contractuel se trouve (...) dans les relations contractuelles de dépendance » : il permet « d'appréhender l'inégalité structurelle qui caractérise de tels contrats, en clair de canaliser le pouvoir unilatéral que détient le contractant dominant pour éviter qu'il dégénère en pouvoir arbitraire »[45].

Afin d'éviter une altération des règles applicables aux contrats de gré à gré, l'ordonnance de 2016 consacre une *summa divisio* des contrats entre contrats de gré à gré et contrats d'adhésion[46] et élabore un embryon de régime juridique de ces derniers, prenant en compte leurs spécificités. Ayant été soustrait à la négociation, son contenu est interprété in favorem[47] et modifié par le juge lorsqu'il est manifestement contraire à l'intérêt du contractant qui s'est contenté de l'accepter en bloc. Les clauses accessoires créant un déséquilibre significatif entre les droits et obligations des parties sont ainsi réputées non écrites[48]. On peut toutefois s'interroger sur l'utilité de consacrer la jurisprudence « Chronopost » à l'article 1170 de l'ordonnance[49], « les

---

[42] G. Berlioz, *Le contrat d'adhésion,* LGDJ 1973 ; V. Pichon, *Des contrats d'adhésion, leur interprétation et leur nature,* Thèse Lyon 1909, p. 196 ; G. Dereux, « La nature juridique des contrats d'adhésion », *RTD civ.* 1910, p. 526.

[43] Th. Revet, « La structure du contrat, entre unilatéralité et bilatéralité », *RDC* 2013/1, n°5 p. 330.

[44] Th. Revet, « Le projet de réforme et les contrats structurellement déséquilibrés », *D.* 2015, p. 1217 n°9 : « Quand le contenu d'un contrat n'est pas l'œuvre des contractants, il ne devrait constituer leur loi qu'autant qu'elle passe avec succès la vérification de sa conformité effective à l'intérêt des deux parties ».

[45] D. Mazeaud, « Solidarisme contractuel et réalisation du contrat », in *Le solidarisme contractuel, op. cit.,* p. 59 et p. 63.

[46] F. Zenati-Castaing et Th. Revet, *Cours de droit civil. Contrats. Théorie générale – Quasi-contrats,* PUF, 2014, p. 36-37. Th. Revet, « Une philosophie générale ? », *RDC* 2016, hors-série, p. 5.

[47] C. civ., art. 1190 : « Dans le doute, le contrat de gré à gré s'interprète contre le créancier et en faveur du débiteur, et le contrat d'adhésion contre celui qui l'a proposé ». La règle avait déjà été dégagée par la jurisprudence sur le fondement de l'ancien article 1162 du Code civil (Ch. Req. 16 déc. 1895, *S.* 1899. 1. 387 ; Civ. 1ère, 22 oct. 1974, n°73-13.482, *Bull. civ.* I n°271) et consacrée par le législateur concernant les contrats de consommation (C. conso., art. L. 211-1 ; déjà, ancien art. L. 133-2).

[48] O. n°2016-131 du 10 fév. 2016, art. 1171. Déjà, favorables à un contrôle par le juge des clauses accessoires, G. Dereux, *article précité,* p. 528 ; V. Pichon, *op. cit.* p. 123 ; G. Berlioz, *op. cit.* p. 111.

[49] F. Chénedé, « Le contrat d'adhésion dans le projet de réforme », *D.* 2015, p. 1226.

clauses ainsi stigmatisées ne constitu(ant) (...) qu'une forme particulière de clauses abusives »[50]. Redondante, cette règle aurait au moins due être elle aussi réservée aux contrats d'adhésion, seule catégorie pour laquelle un contrôle du juge sur le contenu du contrat soit justifié.

* *
*

En définitive, si la réforme du droit des contrats semble, *a priori*, fortement influencée par le solidarisme contractuel, elle ne bouleverse en réalité pas les règles traditionnelles. Tant décriée, la révision pour imprévision peut parfaitement être écartée par une clause du contrat, les parties étant libres de décider de rendre le contenu de leur accord intangible, même en cas de changement des circonstances économiques après sa conclusion. Liberté contractuelle et force obligatoire du contrat restent ainsi les principes fondateurs du droit des contrats. Le devoir de bonne foi, généralisé de la formation jusqu'à l'exécution du contrat, impose seulement aux parties de se conduire loyalement. Aucune obligation de coopération n'est expressément consacrée. L'innovation principale de l'ordonnance de 2016 est la création d'une *summa divisio* entre les contrats de gré à gré et d'adhésion. Dès lors qu'il n'est pas négocié, le contenu du contrat doit être contrôlé par le juge : « *La maxime du droit commun n'est plus "qui dit contractuel dit juste" mais, "qui dit négocié dit juste"* »[51].

[50] Th. Revet, « Le projet de réforme et les contrats structurellement déséquilibrés », *D.* 2015, p. 1217 n°13.
[51] M. Latina, « Apprécier la réforme », *RDC* 2016/3, p. 621.

LA LOI EL KHOMRI, UN ÉPISODE DE LA LUTTE ENTRE LA DÉMOCRATIE ET L'OLIGARCHIE AUTOUR DU DROIT DU TRAVAIL

Par
Jacques BOUVERESSE
Professeur Émérite en droit public
de l'Université de Rouen-Normandie

Un droit du travail détaillé et vraiment protecteur, est, dans le monde contemporain, l'illustration la plus indiscutable d'une démocratie vivante et d'un pacte social solide. A l'inverse, un droit du travail balbutiant, précaire et constamment remis en cause, traduit l'emprise sur la vie politique et sur le monde du travail d'une oligarchie de puissants et de riches bien décidés à domestiquer la société, à jeter les hommes dans l'insécurité pour mieux les dominer.

Or, la sécurité est le premier besoin de l'homme, et le premier droit de l'homme est le droit à la sécurité psychologie, culturelle et professionnelle. Dans les sociétés traditionnelles, fondées sur une vérité obligatoire pour tous et jamais remise en cause, cette sécurité va de soi dans un monde homogène et sans questions. Il n'en est point de même dans le monde occidental, appuyé depuis l'Antiquité sur la liberté : liberté philosophique et politique inventée par les Grecs, liberté économique qui s'affirme à partir du XVIIIe siècle. Dès lors, l'Occident s'est mis en mouvement et ce mouvement ne s'arrêtera plus. Mais ce monde a besoin de repères, de points d'appui solides, d'un principe fort de socialisation. La question qui pour nous se pose est donc la suivante : à quelles conditions une agrégation d'hommes se pense-t-elle comme une société, c'est-à-dire comme un ensemble stable, apte à durer, à traverser le temps ?

Contre l'oligarchie, voyante, souvent dominante, adossée à la liberté, le *demos* n'a jamais été et ne peut être évincé. La loi El Khomri, loin d'être une simple péripétie, s'inscrit par conséquent, sur le terrain du droit du travail, dans la perspective multiséculaire de l'affrontement entre les deux principes qui animent la vie politique occidentale depuis ses origines grecques : la loi du plus grand nombre, la démocratie, et la loi du petit nombre, le gouvernement d'une minorité, l'oligarchie. Le travail est ici un enjeu sur lequel l'histoire ouvre de singulières perspectives.

I. UNE LENTE ET INFLEXIBLE POUSSÉE DE L'EXIGENCE DÉMOCRATIQUE

La protection du travail sera, sinon totalement assurée, du moins recherchée, par des moyens différents mais convergents vers le même but, au cours des trois périodes qu'il convient de distinguer[1].

A. L'AVENEMENT DU TIERS ETAT : LE PACTE SOCIAL DU MOYEN-ÂGE ET DE L'ANCIEN REGIME

Depuis toujours, les Français s'assignent plus ou moins consciemment un objectif commun : faire vivre, au centre de la société, la règle d'égalité proclamée par le christianisme. Dès le XIIIe siècle, cette poussée égalitaire a obtenu des résultats. Plus tard, l'État offrira la protection de son droit et de son organisation aux propriétaires, aux épargnants, à l'ensemble de la classe moyenne en formation, en expansion autour de la bourgeoisie. Rien de tout cela n'aurait été possible sans le roi ; mais l'absolutisme royal est seulement l'instrument de la volonté du peuple. La société n'obéit au roi que parce qu'elle commande. Certes, chacun doit rester à la place que Dieu lui a donnée : le paysan sur sa tenure, le compagnon dans le cadre du métier. Mais la volonté patiente du tiers état est bien d'élargir le groupe central des Français ; la France profonde, dès le Moyen-Âge, s'est identifiée à ce grand projet de l'intégration sociale. Ce but de l'intégration, l'aiguille de la volonté générale l'indique infailliblement, à la manière d'une boussole : il n'est rien d'autre que le projet de constitution d'une immense classe moyenne, disposant des moyens concrets de l'indépendance personnelle. Et ces moyens, dans la société préindustrielle de l'avant-1789 consistent dans la détention effective des moyens de production.

B. LE PACTE REVOLUTIONNAIRE : UN MONDE DE PETITS PROPRIETAIRES

Pour les hommes de la Révolution, la sécurité est procurée par la détention de la propriété de l'outil de production. La propriété a été solennisée par la Déclaration de 1789, et confirmée dans son absolutisme par le célèbre article

---

[1] Voir mon ouvrage *Introduction historique au droit du travail* (en collaboration avec Gérard Aubin), PUF, coll. Droit fondamental, 1995.

544 du Code civil de 1804. Cependant, la Révolution n'a pas voulu réserver le bénéfice de la propriété au petit nombre, à la bourgeoisie : ce serait condamner le reste du tiers état à ne former qu'une classe immense d'exploités, voués au salariat, à la dépendance économique. La Révolution industrielle, plus tard, provoquera la séparation du capital et du travail ; tout au contraire, la révolution politique de 1789 favorise la dissémination de la propriété comme une condition concrète de la citoyenneté. Tous maîtres ! Tous propriétaires ! Voilà son mot d'ordre. Cet émiettement, cette dissémination constitueront un obstacle à la transformation capitaliste de la France.

Pour morceler la propriété, la Révolution utilisera trois grands moyens : la vente des biens nationaux, la proclamation de l'égalité successorale entre tous les enfants, enfin le partage des communaux. L'abolition des droits féodaux transforme les tenanciers d'un seigneur en véritables propriétaires. En ville, le décret d'Allarde des 2 et 17 mars 1791, en supprimant les corporations, permet aux compagnons de s'installer librement à leur compte.

Le « droit du travail » de la Révolution peut donc se résumer ainsi : dissémination de la propriété de l'outil de travail. Le travailleur devenu son propre patron, n'a plus en principe besoin d'être protégé par des statuts ou par des garanties législatives.

Le salariat, pour les hommes de 1789, ne doit être qu'une catégorie résiduelle. Le salariat résiduel, on y pense le moins possible, car le salarié qui a signé un contrat de travail est toujours, du fait même de ce contrat, le subordonné d'un patron, une figure de la dépendance. Or, la Révolution n'a voulu penser l'avenir que sous la forme de l'indépendance personnelle et économique, qui seule définit le citoyen dans son essence. Mais qu'on le veuille ou non, et même pensé comme catégorie résiduelle, le salariat existe en 1789. Et dès lors, une autre question se pose :

Comment aménager le salariat ? Si le salarié est par définition sous la dépendance professionnelle d'un patron, au moins convient-il de lui donner le plus de liberté, le plus d'autonomie juridique possible. Le salarié ne doit plus être enfermé, comme le compagnon d'Ancien Régime, dans un statut qu'il n'a pas négocié, ni être régi par des institutions exclusivement gouvernées par les maîtres. Toute la vie professionnelle doit être placée sous le régime du contrat, de la libre rencontre et du libre accord de deux volontés autonomes, d'où ne peut résulter qu'une convention juste. Ici, intervient l'optimisme révolutionnaire : lors de la signature du contrat de travail, le patron, certes, est en position de force. Il pourrait dicter sa volonté au candidat à l'emploi. Et sans doute il cherche son profit. Mais en bon citoyen, il n'abusera pas de sa situation, ne refusera pas au salarié la juste rémunération de son travail. D'ailleurs, le grand capitalisme en est à peine à ses débuts. Le « capitaliste » est un travailleur lui aussi, qui simplement possède son outil de travail, cet outil que le salarié aspire également à posséder un jour. Le salarié, dans ces petites unités de production, est proche du patron, travaille à ses côtés, aspire à devenir lui-même patron.

C. La societe industrielle et la protection du salariat

La généralisation du salariat est la principale conséquence sociale de la révolution industrielle ; elle entraîne la naissance du droit du travail proprement dit. A ses débuts, en effet, la grande mutation économique a des conséquences souvent dramatiques. Au cœur de la Monarchie de Juillet, l'année 1840 est restée comme une date à fortes connotations symboliques, un moment décisif de l'histoire sociale[2]. Cette année-là, paraît la grande enquête du docteur Louis de Villermé[3]. Les esprits entrent en effervescence ; ce qu'on ne voyait pas, ce que peut-être on ne voulait pas voir, maintenant on le regarde en face. La question sociale est posée dans toute son ampleur. C'est précisément sur le travail des enfants dans les manufactures que le débat va s'engager au parlement. La célèbre loi du 22 mars 1841 stipulera notamment que les enfants, pour être admis dans les manufactures, devront au moins avoir huit ans[4].

L'évolution va se poursuivre très lentement dans le cours du XIXe siècle, sous la IIe République, sous le Second Empire et sous la IIIe République. Cette dernière, proclamée en 1870, s'inscrit dans la dynamique démocratique de 1789, ce qui revient à poser la suprématie de la politique sur l'économie. Dire que l'économie est subordonnée à la politique peut s'entendre de deux façons. C'est affirmer d'abord que la vie politique ne peut être dirigée par les chefs d'entreprises, les banquiers, les financiers, les puissances économiques. L'idée émerge d'une civilisation politique légitimée par la volonté générale, par la seule onction du suffrage universel. Le véritable sens du monisme est là : il ne peut y avoir d'autres origines des pouvoirs constitués que la souveraineté du peuple. La République, c'est le refus d'accepter l'existence d'une autre source de pouvoir, la naissance, l'argent, la compétence, qui viendraient dans une configuration dualiste concurrencer la souveraineté populaire. C'est le refus des extériorités politiques, le rejet des droits divins : l'ancien droit divin des monarchistes comme le nouveau droit divin des oligarchies économiques.

---

[2] Pour de plus amples développements, voir J. Bouveresse, « Le choc de 1840 », *Mélanges en l'honneur du professeur Nicole Dockès*, Éditions La Mémoire du Droit, 2014, p. 83-108.

[3] *Tableau de l'état physique et moral des ouvriers employés dans les manufactures de coton, de laine et de soie,* Paris, J. Renouard, 1840, 2 vol.

[4] La bibliographie sur les débats qui entourent la loi du 1841 est considérable. Nous ne retiendrons parmi les travaux les plus récents que l'article de Philipe Sueur, « La loi du 22 mars 1841. Un débat parlementaire : l'enfance protégée ou la liberté offensée », *Mélanges Jean Imbert*, PUF, 1989.

Dire que l'économie est subordonnée à la politique, c'est aussi considérer que l'économie est de l'ordre des moyens, c'est la subordonner à l'ordre supérieur des fins, donc de la politique. Et parce que la politique est d'abord une manière de penser la liberté, la République se méfie d'instinct des idéologies de la massification et de la concentration économique. Toujours et partout, elle veut des citoyens dont l'autonomie professionnelle, la liberté contractuelle sont sauvegardées autant qu'il est possible. Au libéralisme, dont l'acteur unique est le marché, au socialisme qui ramène tout à l'État, la République préfère la combinaison circonstancielle des concepts et des instruments, le dosage empirique des recettes.

A l'extrême fin du XIXe siècle les républicains radicaux arrivent au pouvoir. Le parti radical, selon la formule du philosophe Alain, c'est « le parti des petits contre les gros ». Des petits propriétaires, des petits fonctionnaires, des petits employés des chemins de fer, des petits commerçants. La législation sociale s'étend. Une loi de 1900 réduit à 10 heures la durée de la journée de travail qui était normalement jusque-là de 12 heures. Le rôle des inspecteurs du travail, corps de fonctionnaires créé en 1874, est précisé et renforcé. Un code du travail est promulgué en 1910. Mais rien, au fond, n'a bougé depuis 1789. Le pacte social révolutionnaire reste en vigueur. Simplement, le salariat sera désormais pris en compte par le droit ; ouverture prudente à un rythme lent, fixé par le groupe central des Français.

L'État social s'édifie, marqué par les grandes réformes du Front populaire de 1936, du gouvernement provisoire du Général de Gaule de 1944-45. La Sécurité sociale se met en place par étapes. La loi de 1928 sur les assurances sociales et la loi de 1932 sur les allocations familiales annonçaient le grand texte de 1945-1946, reprenant le projet du Conseil National de la Résistance piloté par Pierre Laroque. Ce projet définissait la Sécurité sociale comme « la garantie donnée à chaque homme qu'en toutes circonstances il pourra assurer dans des conditions satisfaisantes sa subsistance et celle des personnes à sa charge ». Cela dépassait la conception traditionnelle des assurances sociales selon laquelle certains éléments de la population étaient garantis contre des risques bien déterminés. La Sécurité sociale sera ainsi l'expression d'une politique de plein emploi dans un pays à reconstruire. Toutes ces réformes seront approfondies dans les décennies suivantes et couronnées en 1981-1982, au début du premier septennat de François Mitterrand par un grand programme de nationalisations. Ainsi, au début des années 1980, la pression continuelle de la démocratie dans le cadre de l'État-nation a permis l'affirmation de l'État-providence. XIXe et première moitié du XXe siècle : on est à l'heure de l'épanouissement de l'État-nation. L'oligarchie, spontanément cosmopolite, se sent mal à l'aise à l'intérieur d'un espace fermé par des frontières politiques, par des préférences culturelles, par des obstacles économiques, par des barrières douanières. Elle détient cependant un gros avantage, grâce à l'influence que donne l'argent, la culture, les relations sociales. De ce fait, elle participe activement, de manière ouverte ou souterraine, aux luttes politiques et électorales en invoquant les tables de la loi du libéralisme politique.

D. Corsetee par l'État-nation, l'oligarchie s'appuie sur le liberalisme politique

On parle souvent de « démocratie libérale ». L'expression est trompeuse. Le libéralisme politique et la démocratie s'inspirent en effet de principes différents et qui risquent de s'opposer. La démocratie, c'est le pouvoir du démos, du peuple. La souveraineté lui appartient ; aucune force ne saurait s'établir au-dessus de lui. Le libéralisme politique obéit à d'autres préoccupations. Ce qu'il place au-dessus de tout, c'est la liberté, qu'il faut sauvegarder à tout prix comme le bien le plus précieux. Le conflit est presque inévitable avec cette démocratie qui, elle, ne prétend obéir qu'à la seule volonté du peuple, n'avoir pour seul souci que le respect de la volonté générale. Or le libéralisme se méfie du peuple, du suffrage universel, de la loi de la majorité. Un État légitimé par la volonté du peuple est un État fort qui peut se révéler liberticide, s'en prendre aux libertés. Il faut donc protéger les libertés contre le risque démocratique.

A cet égard, le libéralisme politique est d'abord favorable à la décentralisation : il s'agit de réduire le plus possible la puissance de l'État pour mieux protéger le citoyen, pour mieux garantir ses libertés personnelles dans le cadre des franchises locales. La démocratie, au contraire, considère les libertés locales, la décentralisation, comme autant de freins, d'obstacles à l'affirmation de l'État, garant de l'intérêt général, instrument de la détermination démocratique. On sait qu'en France, la démocratie et donc la centralisation sont à l'œuvre depuis longtemps.

Le libéralisme politique est aussi très favorable aux corps intermédiaires. La Révolution était hostile aux corps, aux communautés qui structuraient l'Ancien Régime. Pour une raison de principes : la Révolution a voulu proclamer les droits de l'individu, délivrés des appartenances et des contraintes collectives. Et aussi pour une raison politique. Les communautés organisées par l'Ancien Régime constituaient en effet un instrument, un relais indispensable du pouvoir royal. L'absolutisme s'appuya longtemps sur des corps intermédiaires. Cette hostilité aux corps intermédiaires est la manifestation la plus nette de l'esprit démocratique qui domine la Révolution. Pour les démocrates, nul corps, nulle communauté ne doit s'interposer entre la base, les citoyens, et l'État qui les représente, agit en leur nom, et qu'ils doivent pouvoir, à tout instant, contrôler, surveiller, sans écran, sans obstacle. Entre la base et le sommet, entre le sommet et la base, la volonté qui remonte se transforme en pouvoir et redescend ; cette incessante circulation, cet incessant mouvement de va-et-vient doit toujours être parfaitement fluide.

On voit bien, ici encore, tout ce qui oppose les démocrates aux libéraux : ceux-ci réclameront au XIXe siècle, avec Tocqueville, la reconstitution de communautés organisées, capables d'encadrer l'expression politique de la société, de canaliser les mouvements d'humeur de l'opinion et de faire obstacle à l'expansion d'un État tout-puissant légitimé par la volonté générale, et peut-être liberticide.

Le XXe siècle va offrir aux classes dirigeantes de nouvelles opportunités, la possibilité de se mesurer efficacement à la démocratie et de tenter dans une offensive générale, de la subjuguer définitivement.

II. L'OFFENSIVE CONTEMPORAINE DE L'OLIGARCHIE

A. LE NEO-LIBERALISME, IDEOLOGIE OFFICIELLE DE L'OLIGARCHIE

Néo-libéralisme : l'expression est née dans les années 1930, à l'époque de la Grande Dépression qui suivit le krach de 1929. Le socialisme, le dirigisme, le keynésianisme sont à l'offensive. Le libéralisme économique est fortement contesté. Ses tenants les plus déterminés entendent cependant le défendre en actualisant ses postulats. C'est ce que fait un influent journaliste américain, Walter Lippmann, dans un essai intitulé *La Cité libre*[5]. Ce livre va fournir au publiciste français Louis Rougier l'occasion d'organiser du 26 au 30 août 1938 un colloque connu précisément sous le nom de Colloque Walter Lippmann[6]. On y recommandait une forme de libéralisme modéré, assez proche des idées de Keynes, acceptant une part d'intervention de l'État, et dont on pouvait trouver un équivalent pratique dans les mesures prises aux États-Unis par les promoteurs du *New Deal*.

Tout change après 1945. Le néo-libéralisme prend une autre direction, et devient synonyme d'ultra ou même d'hyperlibéralisme. La charge contre l'intervention de l'État est d'abord menée par Friedrich Hayek. Il définit la société et le marché comme « ordres spontanés » nés de l'action humaine. Dans *La Route de la servitude*[7], il affirme que toute forme d'intervention de l'État dans l'économie, en particulier pour établir une inaccessible justice sociale, ne peut mener qu'à des résultats contraires à ceux espérés. De son côté, Milton Friedman est à l'origine de la création de la Société du Mont-Pèlerin, destinée à promouvoir les idées libérales. Friedman illustre son

---

[5] Paris, Éditions de Médicis, 1938.

[6] Les actes du Colloque Walter Lippmann ont été publiés. Voir CIRL, *Compte-rendu des séances du Colloque Walter Lippmann, 26-30 août 1938*, Éditions de Médicis, 1939 ; Gaëtan Pirou, *Néo-libéralisme, néo-corporatisme, néo-socialisme*, Gallimard, 1939. Gaëtan Pirou est le premier auteur à avoir analysé les débats du Colloque Walter Lippmann.

[7] Publiée en français aux Éditions de Médicis en 1946

propos dans un ouvrage, *Capitalisme et Liberté,* paru en 1962. Principal théoricien du monétarisme, il met au premier rang de ses préoccupations la lutte contre l'inflation plutôt que la lutte contre le chômage. Défenseur infatigable du marché et du laisser-faire dans tous les domaines de l'activité économique, Friedman oppose à l'interventionnisme keynésien le désengagement de l'État, la privatisation, la déréglementation, l'affaiblissement du pouvoir syndical et plus généralement des contraintes qui pèsent sur le marché du travail, telles que l'assurance-chômage et le salaire minimum. Cette doctrine inspirera, dans les années 1980, Margaret Thatcher au Royaume-Uni et Ronald Reagan aux États-Unis[8].

De l'entre-deux-guerres à nos jours, la définition et les propositions néolibérales ont donc beaucoup varié et pris une tournure polysémique. Le néo-libéralisme parait désormais désigner un ensemble d'analyses établies sur un socle d'idées communes :

- La dénonciation de l'extension excessive de l'État social dans les pays développés, et de l'accroissement des interventions publiques dans l'économie ; le secteur public doit progressivement disparaitre au profit du secteur privé ;
- La promotion de l'économie de marché au nom de la liberté de l'individu et de l'efficacité économique ; les marchés se réguleront eux-mêmes par le jeu de la concurrence ;
- Surtout, le point véritablement nouveau est l'affirmation de la soumission entière de la politique à l'économie. Là est le véritable apport du néo-libéralisme face au libéralisme classique : porté par les vents favorables de la mondialisation et de l'individualisme radical, le néo-libéralisme colonise les esprits, impose son modèle et ses certitudes ; dissimulée derrière les replis d'un discours à prétention scientifique, une oligarchie de riches et de puissants dresse partout, contre la loi du nombre, et la légitimité démocratique, une autre légitimé fondée sur la connaissance et le respect des lois économiques.

---

[8] L'histoire du néo-libéralisme est riche d'innombrables publications. Ne citons que quelques-unes d'entre elles en langue française : L. Rougier, *Les Mystiques économiques,* Paris, Éditions de Médicis, 1938 ; J.Cros, *Le Néo-libéralisme, étude positive et critique,* Librairie de Médicis, 1951 ; H. Lepage, *Demain le capitalisme,* Librairie générale française, 1978 ; T. Lecoq, « Louis Rougier et le néo-libéralisme de l'entre-deux-guerres », *Revue de Synthèse,* avril-juin 1989 ; R. Passet, *L'Illusion néo-libérale,* Flammarion, coll., Champs, 2001 ; F. Denord, « Aux origines du néo-libéralisme en France : Louis Rougier et le Colloque Walter Lippmann de 1938 », *Le Mouvement social,* n°195, 2001 ; C. Laval, *L'Homme économique, essai sur les racines du néo-libéralisme*, Gallimard, coll. NRF essais, 2007 ; F. Denord, *Néo-libéralisme, histoire d'une idéologie politique*, Demopolis, 2007 ; P. Dardot et C. Laval, *La Nouvelle Raison du monde, essai sur la société néo-libérale*, Éditions La Découverte, 2009 ; J. Magnan de Bornier, « Regards croisés sur l'histoire du néo-libéralisme », *La Vie des idées,* 19 juin 2013.

B. Les points d'appui d'un argumentaire des classes dirigeantes

Ces points d'appui sont autant d'affirmations érigées en dogmes par les élites gouvernantes, qui se déclarent volontiers capables et même seules capables d'activer le Progrès, auquel elles vouent un véritable culte.

1. La croyance dans le Progres

L'annonciation d'un monde globalement meilleur a des racines aussi anciennes que l'Histoire. L'idée d'un avenir radieux et d'une société resplendissante a triomphé avec le siècle des Lumières, quand Benjamin Franklin et Condorcet se firent les chantres du Progrès. A la fin du XIXe siècle et tout au long du XXe siècle, les progrès de la technique, les inventions de toutes sortes et l'amélioration du niveau de vie semblent leur donner raison. A travers une cascade de chiffres et de faits, une multitude d'auteurs s'applique à montrer que l'humanité n'a jamais été aussi riche, en bonne santé, libre, tolérante et éduquée. Tout cela, nous dit-on, n'a été possible qu'en fonction de notre ouverture sur le monde. Si nous construisons des murs, nous n'empêcherons pas le reste du monde d'innover et d'avoir de nouvelles idées. Les civilisations n'ont commencé à décliner que lorsqu'elles ont mis entre elles et les autres des barrières. Ainsi, les Arabes en fermant les portes de l'*ijtihad*, de la libre confrontation des idées, de la recherche désintéressée, ont amorcé le déclin de leur empire. De même pour la Chine, lorsque la dynastie Ming, qui prit le pouvoir au XIVe siècle, et se montra aussitôt hostile aux étrangers et à leur apport technique.

L'oligarchie se livre donc à un éloge inconditionnel du mouvement, qu'il s'agisse aujourd'hui de l'évolution des mœurs ou de la révolution numérique. Au risque de confondre l'idée qu'on n'arrête pas le progrès et l'idée qu'on n'arrête pas le capitalisme. Cette croyance quasi religieuse dans le progrès se heurte cependant à de nombreuses résistances. Elles tiennent d'abord à notre mémoire courte et à notre accoutumance rapide aux avantages de la société de consommation. Elles tiennent aussi au malentendu essentiel sur ce que le progrès veut dire. Les arts, la pensée, la littérature ne progressent pas ; l'homme n'est pas meilleur aujourd'hui qu'hier. Ne progresse par définition que ce qui est mesurable. Le progrès n'est qu'un outil dont il nous appartient de faire un bon ou un mauvais usage. On pouvait croire au Progrès au XIXe siècle, quand de grandes nouveautés scientifiques amélioraient la condition humaine ; mais l'histoire du XXe siècle risque de nous convaincre que le progrès sans retour est une chimère. Comme l'a écrit Soljenitsyne : « La ligne de partage entre le bien et le mal passe par le cœur de chaque homme ». La seule conduite possible pour vivre avec les autres commence donc par s'améliorer soi-même.

Et puis, l'optimisme invétéré des tenants du Progrès conduit à déclarer que l'homme deviendra un jour pleinement maître et possesseur de la nature. Viendra même le moment où les avancées continuelles de la science rendront possible le passage à une autre humanité encore presque inimaginable. On entrera donc dans le « meilleur des mondes » au sein duquel, l'idée même de limite aura perdu tout son sens.

Mais l'idée de progrès a rencontré d'autres obstacles dans le domaine économique. Depuis le début des années 1980, l'Europe occidentale subit une épidémie de restructurations, de concentrations, liée à l'apparition de nouvelles technologies, à la surproduction, au sacrifice d'un nombre infini d'entreprises grandes ou petites, qui ne sont plus capables de faire face à la concurrence internationale. Dans ce contexte, la cohésion de la société s'effrite et la lutte pour les places prend peu à peu la relève de la lutte des classes. Elle sécrète une angoisse, source de stress, une peur de la déchéance. La relégation n'est donc pas qu'un ressenti. Le creusement des inégalités entre le centre et la périphérie se vérifie partout. Le niveau de vie des employés ou des ouvriers en France tend à stagner ou à régresser. C'est une réalité statistiquement démontrée sur les trente dernières années. L'insécurité née de la mobilité sociale descendante aboutit à la substitution d'une société désarmée et fragile à la société hiérarchisée et compacte qui existait auparavant. En ce temps-là, il existait pour tous l'espoir d'une promotion sociale ou d'un mieux-vivre, et au moins la promesse d'une assurance de sécurité. Tel est le sens qu'on associait à l'idée de progrès. Cette évolution était jugée normale ; la relation au travail constituait l'axe principal du rapport des individus à l'ordre social ; mais désormais le grand projet d'État social se trouve contesté, il est radicalement remis en cause.

2. LES LOIS DU MARCHE PLUS FORTES QUE LA VOLONTE DEMOCRATIQUE

L'oligarchie s'abrite derrière de pseudo-lois scientifiques qui gouverneraient l'économie ; elle seule les connait, elle seule les respecte, elle seule est capable de les mettre en œuvre. Dans la débâcle générale des croyances et des idéologies, il est une discipline au moins qui résiste et dont la vitalité ne se dément pas : l'économie, dernière aventure spirituelle du monde développé. S'engouffrant dans le vide des valeurs, elle prospère sur la ruine de tout ce qui autrefois nous tenait ensemble.

C'est à partir des Lumières que la logique économique a conquis progressivement un droit de suzeraineté sur les autres activités. Dès la deuxième moitié du XVIIIe siècle, les auteurs libéraux, et d'abord Adam Smith, avaient posé l'existence de lois censées gouverner l'économie, donc l'existence d'une véritable science économique. Ils affirmaient que le comportement des hommes dans leurs activités économiques conduit, en tous lieux et à tout moment, à certaines conséquences dont il est impossible de modifier le cours. Le concept de « main invisible » d'Adam Smith fera de l'échange marchand le principe organisateur de la société, comme dans la Fable des abeilles de Mandeville (1714) où les vices individuels concourent au bien collectif et donnent une dimension altruiste à des actes seulement cupides.

Le marché est, dès la fin du XVIIIe siècle, installé en arbitre inflexible. Cependant, au moins jusqu'au milieu du XXe siècle, la politique, dans le cadre de l'État-nation, qui monte en puissance, conserve son autonomie et sa suprématie. Contre les forces qui veulent fonder la légitimité du pouvoir sur des principes extérieurs à la volonté sociale – le droit divin, la sagesse, l'argent, la science économique – la démocratie s'impose peu à peu comme source exclusive de légitimité des gouvernements. Avec une ardeur renouvelée, les néo-libéraux, empruntant la voie de leurs prédécesseurs, vont bientôt s'en prendre à l'illusion entretenue chez les citoyens par la démocratie, et plus largement par la politique, d'avoir à faire et d'avoir la possibilité de faire de véritables choix. C'est Hayek qui nous le dit : le marché n'est pas simplement la main invisible qui fait pour le mieux sans que personne ne l'ait voulu ; au fond, il n'y a pas de main ; il n'y a donc personne que les individus puissent rendre responsable de leur sort. Les acteurs de la vie économiques sont amenés à accepter ce qui leur arrive quoiqu'il arrive[9].

A la fin du XXe siècle, les pouvoirs publics prennent la forme d'un gouvernement économique situé au-dessus et en dehors de la politique ; et les lois économiques dont ce gouvernement prétend tenir le secret et qu'il entend mettre en œuvre à n'importe quel prix, conduisent à la formation d'un déterminisme sans faille, et à la soumission sans recours de la société à l'ordre inéluctable des choses. Ainsi le marché se réclame d'une nouvelle légitimité, d'un nouveau sens de l'histoire, d'une nécessité supérieure, d'un principe qui transcende les volontés particulières, inaccessible, comme le droit divin, à la prise des citoyens. Cette nouvelle légitimité évince donc la démocratie ; en s'appuyant sur la « science », elle conforte le pouvoir des oligarchies. Ici, l'irénisme est total : le capitalisme ne saurait avoir tort, les seuls obstacles ne peuvent venir que de l'extérieur, gouvernements incapables, intellectuels coupés de la réalité, petits chefs de la fonction publique, masses populaires inertes et bien décidées à ne pas bouger. On touche au messianisme de la religion économique. Comme la volonté générale chez Rousseau, le marché a toujours raison et nul n'a jamais raison

---

[9] Voir B. Manin, « F. A. Hayek et la question du Libéralisme », *Revue Française de Science Politique,* février 1983, p. 41-64 ; et « Le Libéralisme Radical de F.A.Hayek », *Commentaires,* 22, été 1983, p.328-336.

contre lui. Il est l'instance dont les sanctions, même lorsqu'elles nous semblent injustes ou cruelles sont infaillibles[10].

Les illusions du scientisme ont été dénoncées de longue date. On a fait valoir que la science économique néo-libérale, alimentée par un arsenal statistique qui, par définition, n'est valable qu'à un moment donné et utilise des techniques mathématiques de plus en plus complexes[11], cette science donc résonne dans un environnement de pur formalisme, quelque peu désincarné[12], qui exclut les dimensions sociales, culturelles, historiques de l'activité économique, donc l'irréductible liberté humaine par définition spontanée et imprévisible dans ses mouvements et dans sa direction. Comme le souligne très justement Edgar Morin : la réalité du monde, c'est la complexité. Et cette complexité ne saurait se réduire à quelques facteurs, à quelques observations tirés de la seule « science » économique.

Cette science a surtout prouvé qu'elle était avant tout un acte de foi dont les tenants, les soi-disants experts, sont aujourd'hui en plein désarroi ; dans un singulier mélange d'ignorance et de suffisance, ils vont chercher auprès de la philosophie, de la morale, de la politique, de beaux principes pour nous faire admettre la validité du chaos actuel. Bref, ils savent tout, ne prévoient rien, se trompent sans arrêt et ne paient jamais les conséquences de leurs erreurs.

Les dominants ne céderont pas d'eux-mêmes. Le néo-libéralisme consacre leur absolue suprématie en se présentant comme la description scientifique du réel. Mais surtout, contre la loi de la majorité qui prévaut en démocratie, il légitime le pouvoir politique d'une oligarchie, par le recours à des lois scientifiques intransgressibles, que seule une minorité gouvernée par la raison connaît. Le règne de la volonté générale est maintenant considéré comme une illusion. Nul ne saurait s'opposer aux diktats de la science économique.

---

[10] Pascal Bruckner, *Misère de la prospérité*, Grasset, 2002, p.141. Toujours en faveur de l'infaillibilité du marché, on citera l'ouvrage de P. Cahuc et A. Zylberberg, *Le négationnisme économique*, Flammarion, 2016. Les deux auteurs nous disent que l'économie est devenue une science expérimentale. Elle permet donc d'accéder à la vérité. Le temps est venu de se fier à cette science et de faire taire tous ceux qui énoncent des propos qu'elle ne fonde pas, en un mot, des contre-vérités. Ceux auxquels nos auteurs dénient toute dignité au point de les appeler des négationnistes se trouvent être nombreux parmi les juristes et les historiens du travail, parmi ceux qui proposent de concevoir autrement le gouvernement des entreprises. Ces juristes méconnaitraient les enseignements de la vraie science économique et mériteraient d'être marqués du sceau d'infamie.

[11] Par référence à A.Walras (1800-1866), économiste français, auteur de *De la nature de la richesse et de l'origine de la valeur*, 1848 ; il fut l'un des premiers à tenter d'appliquer les mathématiques à l'étude économique.

[12] Voir P.J. Lehmann, *Le capitalisme a-t-il encore un avenir ?*, Ellipses, 2012, p. 104.

3. L'EXACERBATION DE L'INDIVIDUALISME

L'oligarchie encourage aujourd'hui, par tous les moyens, la rébellion des individus contre toutes les disciplines et toutes les formes d'organisation sociale.

Dans les faits, deux conceptions inconciliables de l'individualisme s'opposent et cette opposition est souvent source de confusion. La première conception de l'individualisme remonte à la Révolution. Le sens politique de la Déclaration des droits de l'homme n'est pas douteux : elle assigne des limites au pouvoir de l'État, et se présente comme une défense de la liberté des individus. Mais il n'en est pas moins vrai que ces droits ne sont pas des privilèges dont chacun pourrait, à son gré, user et abuser. L'exacerbation de l'individualisme est une déviation, une corruption des droits de l'homme. Ceux-ci permettent de sortir de soi, de dépasser l'égoïsme pour envisager le Bien commun, d'examiner des fins qui ne sont pas uniquement celles de l'intérêt particulier. La Révolution se veut morale, elle est une morale en action.

Cet impératif de moralité réclame que les hommes vivant en société s'imposent des devoirs. La Déclaration, dans son préambule, se propose effectivement de rappeler sans cesse aux membres du corps social « leurs droits et leurs devoirs ». Intériorisés par la conscience collective, les devoirs n'ont pas besoin d'être détaillés. Les respecter, c'est illustrer cette vertu dont Montesquieu faisait le principe de la démocratie, dont Robespierre prétend inaugurer le règne, et qui résume tout l'idéal d'un peuple épris d'honnêteté et pétri de bonne volonté. Sans la vertu, la démocratie se liquéfie en démagogie, la citoyenneté se désagrège.

La Révolution veut donc subordonner les intérêts individuels à un intérêt général qui s'épanouit dans la vie publique, dans l'espace politique ou civique. Pour éviter la dilution, la désagrégation des droits de l'homme dans l'individualisme radical, dans l'égoïsme sans ouverture, il faut que dans l'État social, les droits de l'homme deviennent ceux du citoyen. Les droits de l'homme n'ont en effet de juridicité qu'en s'affirmant, par la médiation de la loi, comme droits du citoyen. En définitive, ils n'ont de sens et d'existence qu'au sein d'une association politique fondée sur la souveraineté de peuple ; car les hommes ne peuvent s'assujettir qu'à un pouvoir qui émane d'eux, qui n'est pas extérieur à eux.

L'individualisme révolutionnaire, à la mode de 1789, est donc bien différent de l'individualisme hédoniste, qui a embrasé les campus universitaires dans les années 1960[13]. Que s'est-il passé ? En un mot, la révolution industrielle. Les sociétés les plus avancées, pour la première fois dans l'histoire, s'arrachent lentement au monde de la rareté ; mais il faudra

[13] Et pour lequel J.F.Revel a manifesté une profonde sympathie dans son livre *Ni Marx ni Jésus,* paru en 1972.

attendre les fameuses « Trente Glorieuses », les années 1945-1975, pour que l'abondance relative se généralise au point de paraître irrésistible et irréversible. L'argent qui circule dissocie les solidarités. Jadis, la rareté imposait l'association, la communauté ; quand on ne possède rien, on partage tout. Maintenant qu'on a tout ou que, du moins, on peut espérer avoir davantage, on ne partage rien. C'est l'avènement de la société de consommation, au cours du XXe siècle occidental, qui a permis l'émergence de l'individu doté d'un pouvoir monétaire, et donc en situation de s'affranchir de son groupe d'appartenance. Cette société de consommation, elle obéit à une autre logique que la société de privations, de sacrifices, qui prévalait jusqu'alors. Désormais, il faut acheter. Une morale de la libération du désir accompagne et justifie la nouvelle logique économique. L'édifice civique se décompose, la morale devient personnelle et facultative, les repères ont disparu. Ce qui prime, c'est le bonheur, et non plus le devoir. Le rapport à soi remplace le rapport aux autres. A cet égard, l'année 1968 est la date-charnière : l'insurrection de Mai se propose en effet de libérer les individus des aliénations dont ils seraient victimes. Michel Foucault, auteur emblématique de l'époque, se veut le pourfendeur des appareils d'État, dont la seule vocation serait de « surveiller et punir ». Les intrusions de la puissance publique sont mal vécues. Appuyée sur cette nouvelle situation, une oligarchie à l'offensive a pu entreprendre la destruction méthodique des réalités collectives, la nation, l'État, la religion, la famille. L'affaire a été menée systématiquement ; Le démantèlement du patriarcat, du patriotisme, des frontières, a donné au marché une aire de domination sans limites. Tout, même le plus sacré, est devenu objet de dérision, de déconstruction et de destruction. Tout sera désormais désacralisé, tout sera transformé en objets de consommation.

Les partisans de cette évolution en viennent à faire l'éloge de l'égoïsme. Ils voient dans son contraire, l'altruisme, une morale de lâches, qui s'en remettent de leur responsabilité à la société. A leurs yeux, l'égoïste est celui qui, au contraire, a renoncé à se servir des autres, qui ne vit pas en fonction d'eux, qui ne puisse pas en eux la source de son énergie. Ces observations montrent que pour gouverner, les puissants jugent préférable de n'avoir affaire qu'à des individus isolés, enfermés dans leur égoïsme, plutôt qu'à des citoyens imbus de leurs droits, soutenus par des institutions transversales solides, la famille et la propriété. Ainsi, par tous les moyens, l'État va s'employer à rétablir les corps intermédiaires, jadis supprimés par la Révolution, qui captent la liberté et l'enferment dans une logique séparatiste que l'oligarchie dirigeante, désireuse d'écarter la volonté générale, peut aisément manipuler.

4. En finir avec l'État-nation

La question comporte ici deux versants. Un versant politique : on parlera alors de mondialisme ; et un versant économique : on évoquera plus précisément ce qu'il est convenu d'appeler la mondialisation.

La définition du mondialisme, proposée par le Comité permanent mondialiste constitué en octobre 1975 à Paris, peut servir de point de départ. « Le mondialisme est l'ensemble des idées et des actes exprimant la solidarité des populations du globe et tendant à établir des lois et des institutions qui leur soient communes. Le mondialisme s'efforce de proposer de nouvelles organisations politiques de l'humanité appliquant le transfert de certaines prérogatives de la souveraineté nationale à une autorité fédérale mondiale »[14].

Déjà, en 1842, Victor Hugo annonçait qu'un jour, le globe entier serait civilisé et qu'alors serait accompli le magnifique rêve de l'intelligence : avoir pour patrie le monde et pour nation l'humanité[15]. En 1945, Michel Debré écrivait : « la souveraineté des nations depuis cent-cinquante ans est un dogme. Depuis cinquante ans, c'est une erreur... L'idée d'une nation indépendante n'est plus concevable. Aujourd'hui, pour vivre, une nation doit être dépendante. Nos descendants associeront sans doute la notion de souveraineté à une phase encore à demi-sauvage de la vie des nations »[16]. En 1946, Denis de Rougemont avait défini le grand dessein de l'an 2000 : « Il n'y a de fédération européenne imaginable qu'en vue d'une fédération mondiale... Et le monde, pour ce faire a besoin de l'Europe, de son esprit critique autant que de son sens inventif[17] ». En ce sens, le traité de Rome et les prolongements ultérieurs de la construction européenne s'inscrivent dans le droit fil du mondialisme, qui s'appuie sur la mondialisation, sur cette « économie-monde » chère à Fernand Braudel. Mondialisation : Pierre de Coubertin, le régénérateur des jeux Olympiques, est le premier à avoir utilisé le mot[18] : « L'essentiel est que la propagande nationale se mette au diapason des conditions nouvelles instaurées, si l'on peut user d'un pareil langage, par la "mondialisation" de toutes choses ».

Tout se fabrique, se transforme, s'échange sur un marché mondial rétréci par la révolution des transports, du chemin de fer, du téléphone, du navire à

---

[14] Citation tirée du petit livre de L. Périllier et J.J. L. Tur, *Le Mondialisme*, PUF, Coll. Que sais-je ?, 1977. Sur le mondialisme, on peut renvoyer à quelques ouvrages dont certains sont déjà anciens : La *Somme mondialiste,* Paris, Club Humaniste, 1973, 1974, 1975, 3 vol. ; R.-P. Haegler, *Histoire et idéologie du mondialisme,* Zurich, Europa Verlag, 1972 (abondante bibliographie) ; F. Perroux, *L'Europe sans rivages,* Paris, 1954 ; B. Russell, *Les dernières chances de l'homme,* Paris, 1952 ; A. Toffler, *Le choc du futur,* Denoël, 1971.

[15] Cité par L. Perillier et J.J. L. Tur, op.cit., p.6

[16] Citation tirée de son livre *Demain la paix,* Plon, livre publié sous le pseudonyme de Jaquier.

[17] Cité par L. Perillier et J.J.L. Tur, op.cit., p.90.

[18] Dans une tribune publiée par le *Figaro* du 13 décembre 1904.

vapeur, du télégraphe, de la presse, enfin de l'automobile. Tout se rapproche. Un auteur comme Gustave Le Bon fait déjà, au début du XXe siècle, un constat qui pourrait être repris presque mot pour mot aujourd'hui : « Les peuples tendent de plus en plus à être régis par des nécessités générales et non par des volontés particulières. L'action des gouvernements tend donc à devenir de plus en plus faible et incertaine »[19]. Ainsi, en reprenant la définition de Braudel, on est passé d'un capitalisme-ville à un capitalisme-monde par l'intermédiaire d'un capitalisme-nation. Ce capitalisme-monde reçut du commerce sa première impulsion. A notre époque, le commerce mondial connaît un développement considérable. Mais désormais la mondialisation n'est plus seulement commerciale, elle est devenue générale. Les entreprises ont aujourd'hui des stratégies internationales globales, commerciales, industrielles, techniques, financières, organisationnelles, qui conduisent à la formation d'oligopoles mondiaux. De plus, tous les marchés financiers internationaux sont intégrés. On assiste également à l'ouverture à la concurrence de nouveaux marchés, comme la santé, l'éducation et les services sociaux. Tous ces secteurs étaient autrefois de la compétence des États. Les publicistes hostiles à cette extension du capitalisme utilisent volontiers l'expression négative de « marchandisation du monde ». Le marché bouscule les États, puisque seule compte à ses yeux la libre circulation des marchandises et de l'information. Jugés sous le seul angle de leur compétitivité, les États ne sont plus que des sociétés anonymes plus ou moins performantes ; on ne les appréhende plus qu'en termes d'attractivité fiscale, de main-d'œuvre à bon marché, de faible importance du syndicalisme et du droit du travail. A l'horizon se profile l'extinction, souhaitée par les classes dirigeantes, de la nation, seul cadre susceptible d'accueillir l'action et l'effort de la démocratie.

Depuis deux siècles, le droit du travail est le champ de bataille privilégié dans le gigantesque affrontement de la démocratie et de l'oligarchie. La loi El Khomri ne prend par conséquent toute sa signification qu'à la condition d'être replacée dans ce contexte politique général. Les classes dirigeantes ont pu croire que dans un rapport de forces qui leur paraissait très favorable, l'heure était arrivée de liquider le droit du travail. Elles sont bien revenues de cette espérance initiale, car le projet de loi travail a provoqué au cours de l'année 2016 d'importantes manifestations étudiantes et syndicales ; et cette résistance opiniâtre a fini par contraindre le gouvernement à recourir, pour l'adoption de la loi, à l'utilisation de l'article 49-3 de la Constitution. Certains commentateurs n'ont d'ailleurs pas manqué d'observer que cette loi, qui devait tout bouleverser, n'était plus, au terme d'un parcours parlementaire chaotique, qu'une réformette, tant le projet initial avait été amendé, trituré, et dévitalisé.

[19] Cité dans *Psychologie du Socialisme,* rééd. Les amis de Gustave Le Bon, 1977, p.234-235.

L'essentiel, cependant, n'est peut-être pas là. Car les puissants, qui ont mené l'offensive, ne renonceront pas à leur projet, qui est bel et bien d'en finir avec ce code du travail hérité de la société industrielle. La loi El Khomri n'est évidemment pas un aboutissement ; mais c'est un utile point de départ, le prélude à d'autres destructions. C'est bien ainsi que l'ont compris un certain nombre de travaillistes. Alain Supiot estime, par exemple, que la loi El Khomri attise la course au moins-disant social. Georges Borenfreund et Elsa Peskine considèrent que les auteurs de la loi, dans la tradition du « néo-libéralisme », appuient la nécessité d'un affaiblissement des collectifs de salariés comme force sociale de contestation[20]. Sans entrer dans le détail du texte de loi, il convient, à cet égard, de mettre en évidence certains éléments de l'article 2 qui donnent plus de force aux décisions d'entreprises par rapport aux décisions nationales ou de branches professionnelles. On espère ainsi faire échapper le droit du travail à l'emprise de l'État, l'émietter, le fragmenter. La philosophie de la loi est dont de mener les négociations au plus près des entreprises, et non plus au niveau de l'État ou des branches professionnelles. Inversion des normes : les règles ne seront plus négociées au plan national ou pour tout un secteur, mais entreprise par entreprise. Si ce changement de paradigme permet d'être plus souple et plus pragmatique, il risque d'être défavorable aux salariés puisque leurs représentants pèseront bien moins lors des négociations que les syndicats ne pouvaient le faire au niveau de l'État ou de la branche professionnelle.

Le choix d'un système de liberté totale de la négociation dans l'entreprise n'induit donc pas une garantie suffisamment efficace pour les salariés, notamment dans les petites entreprises qui représentent environ 90% des entreprises et 70% des emplois en France. Dans ces petites structures, les salariés ne sont pas, la plupart du temps, suffisamment armés pour faire face aux pressions patronales. De telles négociations devraient être bornées et encadrées par les dispositions issues de normes supérieures : la loi, complétée par les accords de branche. On sait que ce n'est pas le cas dans la loi travail.

Au total, le projet visait à rien moins qu'à mener un assaut général contre le code et le droit du travail. Les ambitions ultimes de la loi sont plus modestes ; mais les intentions d'origine demeurent. Il s'agit bel et bien de détricoter peu à peu l'ensemble des droits protecteurs que la société industrielle avait fini par reconnaître, non sans lenteurs ni obstructions, au bénéfice du salariat. On est donc en présence d'un épisode significatif de ce bras-de-fer que se livrent depuis des siècles le principe démocratique et le principe oligarchique. Aucun des deux ne peut l'emporter complétement ni définitivement. La lutte continue donc, et les incertitudes demeurent.

---

[20] Voir *Revue de droit du travail,* 2016, p. 743.

LA CRISE EUROPÉENNE DES MIGRANTS : LA FAILLITE DU SYSTÈME SCHENGEN

Par
Michel BRUNO
Doyen honoraire de la faculté des Affaires internationales
de l'Université Le Havre-Normandie

Pour Bertold Brecht : « Celui qui ne sait pas est un imbécile et celui qui sait et qui ne fait rien est un criminel ». L'Union européenne et ses Etats membres savaient et ils n'ont pas été à la hauteur de cet évènement tragique. Ils n'ont pas fait honneur aux valeurs juridiques et humaines qu'ils sont censés défendre. Car la crise européenne des migrants de l'année 2015 est avant tout, un drame humain avec des dizaines de milliers de personnes portées disparues en mer Méditerranée et des milliers d'autres dont les corps ont été retrouvés sur les rivages italiens, grecs et turcs surtout. Des familles entières ont été décimées. Ces nombreux migrants fuyaient la Syrie, l'Irak, l'Afghanistan ou encore l'Éthiopie, le Soudan, la Lybie ou la Tunisie. L'Union européenne, l'Eldorado pour beaucoup de personnes vivant dans la misère ou dans la guerre ou subissant les deux, est apparue comme étant la solution à leur désespoir et/ou à leur pauvreté. La crise européenne des migrants, c'est aussi la « jungle de Calais » ou encore celle de Grande Synthe qui duraient depuis une dizaine d'années. A ce sujet, le Conseil d'État a d'ailleurs donné raison dans ce cas aux associations humanitaires dans son arrêt du 31 juillet 2017 [1] en retenant le respect des droits fondamentaux des migrants invoqué par celles-ci. Cette crise migratoire en Europe a servi de révélateur comme souvent le font les crises. Elle a confirmé ce qu'avait déjà annoncé la crise économique et financière de 2007-2008. Face au flot migratoire, le principe de la solidarité européenne s'est effrité. Ce n'est pas un hasard si le « Brexit » est survenu en pleine

[1] Arrêt du Conseil d'Etat du 31 juillet 2017 dans lequel il confirme l'ordonnance du 17 septembre 2017 prise en référé par le juge de Lille à la demande d'associations humanitaires afin que les pouvoirs publics mettent à la disposition des migrants notamment des sanitaires et des douches.

crise migratoire. D'ailleurs peu de temps après le résultat du scrutin au Royaume-Uni certains citoyens anglais se sont livrés à des actes violents contre des migrants en particulier des polonais. Beaucoup de citoyens européens ont pris conscience de l'ampleur de cette crise migratoire avec la publication dans tous les médias européens de cette photo de ce petit garçon syrien de 3 ans Aylan Kurdi mort noyé dont le corps a été retrouvé sur une plage turque le 2 septembre 2015. Déjà, le 27 août, l'émoi était profond en Europe avec la découverte d'un camion sur le bord d'une autoroute autrichienne dans lequel se trouvaient 71 cadavres de migrants syriens. Quelques jours après, la chancelière allemande Angela Merkel annonçait le 31 août que l'Allemagne accueillerait tous les réfugiés syriens : « *Wir shaffen das* ». Elle décidait ainsi de ne plus appliquer le code « Schengen ». Elle a donc accepté tous les migrants syriens bloqués à la frontière hongroise en leur permettant de faire une demande d'asile en Allemagne sans passer par l'État membre de première entrée. L'Autriche a accepté que ces migrants transitent par son territoire pour rejoindre l'Allemagne et a décidé d'accepter de traiter les demandes de réfugiés en provenance de Hongrie qui le souhaitaient. L'Europe de Schengen a été remise en cause par cette crise (I). Cela a amené des changements contestables (II).

I. L'EUROPE DE SCHENGEN DÉPASSÉE: L'ATTEINTE AUX DROITS FONDAMENTAUX

A. DES DIFFICULTES INHERENTES AU SYSTEME SCHENGEN

Les difficultés du système proviennent du fait qu'il n'a pas été à la hauteur du « tsunami » migratoire qu'il a subi. La première faille du système Schengen est due à l'absence de procédures d'urgence pour aider la Grèce, l'Italie et la Hongrie, principaux Etats d'entrée. La deuxième faille est liée à la précédente, la Hongrie a bloqué ses frontières pour ne pas avoir à traiter les trop nombreuses demandes d'asile. Troisième faille les réactions et les décisions ont tardé et les droits des migrants ont été bafoués. La majorité des migrants voulait se rendre en Allemagne. Angela Merkel a été comparée à Mère Theresa dans l'hebdomadaire « *Der Spiegel* » du mois de septembre 2015 avec une photo montage en couverture, la représentant avec le voile blanc et bleu de la très célèbre albanaise sanctifiée par le Pape. Cette décision de l'Allemagne est à saluer car elle est avant tout humanitaire mais elle répondait aussi pour partie à des besoins de main d'œuvre. Selon l'agence Eurostat, la population allemande en âge de travailler aura diminué en 2060 de 22 millions de personnes par rapport à la situation démographique actuelle et il manquera 100 millions d'européens en 2080 pour travailler et financer les retraites. Aujourd'hui, la R.F.A. a accueilli un peu plus de 1,5 million de réfugiés et a rétabli les contrôles à ses frontières 15 jours après les avoir ouvertes ne pouvant plus faire face. Depuis, l'Allemagne a déchanté car peu de syriens ont été en mesure de répondre aux emplois offerts et de s'intégrer. Au bout de quelques temps, certains sont même repartis d'eux-mêmes. Les services d'immigration allemands ont aussi refoulés beaucoup de demandeurs d'asile. Selon l'organisation internationale pour les migrations pour la seule année 2016 plus de 5 000 personnes auraient perdu la vie en Méditerranée et pour le Haut-commissariat aux réfugiés des nations unies 1073 personnes identifiées seraient décédées au cours des quatre premiers mois de l'année 2017[2]. Enfin les O.N.G. évoquent des chiffres de l'ordre de plus de 30 000 personnes décédées ou portées disparues entre 2012 et 2017. L'Italie a annoncé avoir porté secours à 36 700 personnes en mer Méditerranée au cours du premier trimestre 2017 soit une hausse de 45% par rapport à 2016. Dans le cadre de l'ensemble des dispositifs mis en œuvre par les autorités nationales et par les O.N.G. plus de 400 000 personnes auraient été secourues en mer entre 2015 et 2016. Cependant, la mort a frappé aussi dans les centres d'accueil et d'orientation dits « hotspots» mis en place afin de recenser les demandes d'asile. Dans le centre de la Moria sur l'île grecque de Lesbos, le 30 janvier 2017, l'organisation « Médecins sans frontières » annonçait le décès de 3 jeunes réfugiés en raison des conditions de vie déplorables dans ce centre particulièrement insalubre. Ce n'était pas les premiers à mourir dans ce centre contenant plus de 2 500 personnes essayant de survivre[3]. Ainsi, les droits fondamentaux des migrants sont bafoués dans de nombreux camps et on ne peut que condamner ce manque de moyens déployés par l'Union européenne et ses Etats membres pour aider la Grèce prise dans un marasme économique qui a jeté à la rue beaucoup de ses citoyens et qui ne pouvait pas faire face financièrement à l'afflux de tous ces migrants. Il n'y a pas si longtemps les navires et embarcations de fortune qui approchaient des côtes européennes et qui étaient arraisonnées par les forces de l'ordre étaient souvent purement et simplement refoulés avec femmes et enfants à bord qui étaient ainsi voués à essayer d'entrer ailleurs illégalement sur le territoire Schengen. Seuls les naufragés étaient secourus car les moyens mis en œuvre pour le sauvetage des migrants en mer Méditerranée jusqu'en 2015 étaient faibles. La lutte contre les passeurs était également quasiment inexistante. Pourtant plusieurs Etats membres ont participé à la guerre en Syrie, en Irak et en Afghanistan, donc indirectement sont à l'origine de cette tragédie migratoire. La planète comptait 2,3% de migrants en 1960, maintenant il y

---

[2] 855 personnes pour la même période en 2016.

[3] Au début de l'année 2017, plus de 15 000 personnes étaient entassées dans différents centres en Grèce comme celui de la Moria dont certains étaient qualifiés par les O.N.G. de «pire que des prisons».

en a 3% sur les 7,3 milliards d'êtres humains ce qui est énorme. Ainsi, environ 230 millions de personnes sont actuellement des migrants principalement en raison de la pauvreté, de la faim et des conflits ou des luttes intestines qu'elles subissent. La pauvreté et l'extrême pauvreté gagne de plus en plus de terrain dans le monde et parallèlement les riches s'enrichissent de plus en plus.

Ainsi cette crise a révélé tous les défauts du système Schengen dont certains avaient déjà été relevés lors de la crise franco-italienne en 2011[4]. Cette dernière avait d'ailleurs amené la réforme appelée Dublin 3 qui permet à un État de bloquer ses frontières en cas d'afflux de migrants en provenance d'un autre État Membre. L'ensemble des textes concernant le régime dit de l'asile européen commun (R.A.E.C.) dont la dernière mouture date du 26 juin 2013 est à nouveau dans le collimateur. Ses plus gros défauts concernent le non-respect de la personne humaine et ils ne sont pas nouveaux. C'est finalement une profonde crise des droits fondamentaux de la personne humaine qui s'est ourdie au sein même de l'U.E. et dont la Cour européenne des droits de l'homme a sanctionné les mécanismes suivis par la Cour de Justice de l'Union européenne elle-même et par l'Organisation des Nations Unies.

B. Des atteintes aux droits fondamentaux au cœur meme du systeme Schengen

L'un des premiers coups portés contre le système Schengen le fut par la Cour européenne des droits de l'homme avec son arrêt M.S.S./Belgique et Grèce du 21 janvier 2011. En effet, elle a sanctionné la politique grecque de détention des demandeurs d'asile évoquant « les traitements inhumains et dégradants » subis par un demandeur d'asile afghan qui de plus a été laissé en situation de dénuement total pendant de nombreux mois. Dans cet arrêt, la Belgique a aussi été condamnée sur la base de la clause de souveraineté et de la violation de la CEDH par ricochet. De fait, la Belgique avait renvoyé ce demandeur d'asile vers le pays d'entrée dans l'espace Schengen comme l'y obligeait le règlement Dublin 2 à l'époque remplacé depuis par le règlement Dublin 3 sans s'assurer que ce demandeur ne risquait pas de voir ses droits fondamentaux menacés en Grèce alors que le demandeur avait sollicité l'asile en Belgique. Un autre coup fut porté par la Cour de Justice de l'Union européenne elle-même avec l'arrêt N.S./ Secretary of state for home département du 21 décembre 2011. Elle indique notamment dans cet arrêt : « La présomption selon laquelle le traitement réservé aux demandeurs d'asile dans chaque État membre est conforme à la charte des droits

---

[4] L'Italie débordée par l'arrivée massive de migrants en provenance surtout de Tunisie où se déroulait une partie de ce que l'on a appelé « le printemps arabe » leur avait accordé des visas temporaires à condition qu'ils rejoignent la France.

fondamentaux de l'Union européenne est réfragable lorsqu'il existe des risques réels pour les demandeurs d'asile d'être soumis à des traitements inhumains et dégradants ». Cette jurisprudence a été confirmée notamment par l'arrêt Shamso/Bundesasylant du 10 décembre 2013 dans lequel la C.J.U.E. précise : « L'Union européenne n'est pas un espace de protection offrant des garanties équivalentes aux citoyens des Etats tiers sur l'ensemble de son territoire ». Le territoire Schengen n'est donc qu'une fiction juridique qui a besoin d'une sérieuse harmonisation pour offrir des garanties équivalentes dans tous les Etats membres aux demandeurs d'asile d'autant plus que certains Etats membres de l'espace Schengen ont refusé de donner une valeur juridique contraignante à la charte des droits fondamentaux de l'Union européenne. Il s'agit de la Pologne et de la Tchéquie[5]. Ensuite la Cour européenne des droits de l'homme a enfoncé le clou avec l'arrêt du 4 novembre 2014 Tarrakel/Suisse en expliquant que les demandeurs d'asile en famille avec des enfants en bas-âge ne devaient pas être refoulés vers le pays d'entrée dans l'espace Schengen dont la Suisse fait partie depuis 2008. La clause de souveraineté doit s'appliquer obligatoirement dans ce cas précise la Cour. La Suisse selon la CEDH devait donc traiter la demande d'asile de l'ensemble de la famille et ne pas la refouler aux lisières de l'Europe-Schengen. Le règlement de Dublin 3 et le code des frontières montrent ainsi leurs limites et leurs faiblesses face aux besoins d'humanité et au respect des droits fondamentaux de la personne humaine. Le texte de Dublin a aussi montré son défaut de solidarité car beaucoup d'Etats membres de l'espace Schengen ont fermé les yeux et se sont reposés entièrement sur les pays situés aux frontières extérieures de l'espace Schengen. Ces derniers se sont retrouvés ainsi avec toutes les demandes d'asile à traiter ou presque. Déjà en temps normal la gestion de toutes ces demandes n'était pas facile et ils avaient du mal à les traiter. Avec l'arrivée massive de migrants, la situation de ces pays est devenue intenable et cette gestion a été catastrophique en particulier en Grèce mais aussi en Italie et en Hongrie qui décidait de fermer ses frontières. François Crépeau, le rapporteur pour les nations unies sur les droits de l'homme des migrants a déclaré dans son rapport du 8 mai 2015[6] : « Il est impossible de rendre les frontières de l'Europe étanches. Les risques que les migrants sont disposés à prendre pour atteindre des terres plus sûres montrent bien que les mesures de police des frontières ne sauraient constituer un facteur de dissuasion efficace face au désespoir de personnes qui fuient des situations de guerre, d'insécurité, de violence et d'extrême

---

[5] Ces deux Etats comme le Royaume-Uni mais qui lui ne figure pas dans l'espace Schengen ont décidé que la charte ne s'appliquerait dans leur pays que s'il n'y avait pas de dispositions nationales contraires. Voir à ce sujet les réserves de ces Etats annexées au traité de Lisbonne et relatives à la charte des droits fondamentaux.

[6] Professeur de droit international public, directeur du centre de recherches pour les droits de la personne et le pluralisme juridique de la faculté de droit de l'Université Mc Gill de Montréal.

pauvreté ». Il poursuit : « La réponse collective de l'Union européenne à la crise syrienne exprime un refus particulièrement intransigeant d'offrir aux syriens la moindre possibilité réelle de migration. La plupart des Etats membres de l'U.E. ont préféré faire la sourde oreille et il n'y a rien d'étonnant à ce que les migrants se tournent vers les trafiquants »[7]. Ce rapport est cinglant et a mis sur la sellette à la fois les institutions européennes et les Etats membres.

II. LES RÉPONSES DE L'UNION EUROPÉENNE ET DES ETATS MEMBRES FACE A LA CRISE MIGRATOIRE : LA NÉCESSAIRE REFONTE TOTALE DU SYSTÈME SCHENGEN

A. DES ALTERNATIVES AU REGLEMENT DE DUBLIN INSUFFISANTES

La migration en masse des syriens exposés à la guerre et aux privations était largement prévisible. La Commission européenne n'a présenté un plan de mesures en dix points pour faire face à cette crise des migrants en Mer Méditerranée que le 20 avril 2015. Ce n'est que le 23 avril 2015, que le Conseil européen sachant que le rapport de l'O.N.U. allait prochainement être publié, a pris des décisions s'accordant sur le plus petit dénominateur commun. Une aide d'urgence a été décidée ainsi que le principe d'une répartition des demandes d'asile entre tous les Etats membres et la Commission européenne était mandatée pour faire des propositions. Le cadre financier pluriannuel prévoit pour la période 2014/2020 une enveloppe de 7 milliards d'euros en faveur de l'aide aux migrants que l'on aurait pu utiliser plus tôt. Le 28 avril, le Parlement européen votait une résolution en se fondant sur « le principe de solidarité et de partage équitable des responsabilités ». Ainsi il réaffirmait « la nécessité pour l'U.E. de répondre à ces tragédies en accueillant le plus grand nombre de réfugiés et de demandeurs de protection internationale ». La Commission européenne lançait le 13 mai 2015 « l'agenda européen en matière de migration » prévoyant des alternatives au règlement de Dublin. Deux mécanismes étaient prévus dans ce document : La réinstallation de migrants à partir de pays tiers vers des Etats membres et la relocalisation de migrants déjà présents dans l'U.E. en Grèce, en Italie et en Hongrie vers d'autres Etats membres. De son côté, le Conseil européen décidait le 18 mai de mettre enfin en œuvre une opération militaire navale pour lutter contre les passeurs et pour secourir les

---

[7] Le rapport précise que 9 réfugiés sur dix ont eu recours à des passeurs pour essayer de parvenir dans l'Eldorado européen qui leur ont extorqué beaucoup d'argent.

migrants[8]. Le Conseil de l'U.E. formalisait le 20 juillet 2015 un premier plan de réinstallation sur deux ans de quelques milliers de migrants à partir de pays tiers, 22 504 très exactement et en priorité des familles avec des enfants en bas-âge. A son tour, le programme de relocalisation de migrants déjà présents sur le sol européen vers d'autres Etats membres était finalement arrêté par le Conseil de l'U.E. le 3 septembre pour 40 000 places. Le 9 septembre, la Commission proposait un règlement du P.E. et du Conseil établissant un mécanisme de relocalisation en cas de crise migratoire modifiant le règlement du 26 juin 2013 dit Dublin 3 n° 604/2013[9]. Le 14 septembre, un deuxième plan de relocalisation sur deux ans a été proposé par la Commission européenne au Conseil de l'U.E. portant sur 120 000 personnes en plus du premier plan soit 160 000 au total[10]. Il concernait les syriens, les irakiens et les Erythréens en besoin manifeste de protection en raison de guerre. Une répartition entre Etats membres a aussi été proposée. A la suite de cette réunion, le Conseil, à la majorité qualifiée, a validé le 22 septembre le plan de relocalisation et la modification du règlement de Dublin 3 permettant de le mettre en œuvre. La Slovaquie, la Roumanie, la Tchéquie et la Hongrie qui pour cette dernière devait pourtant bénéficier du plan de relocalisation ont rejeté le programme, la Hongrie demandant même à être exclue du programme, la Finlande s'est abstenue. La Hongrie et les autres Etats opposés au programme de relocalisation se sont fondés sur la décision initiale du Conseil européen de ne permettre qu'aux Etats volontaires de participer à ce programme. On peut toutefois, faire remarquer que la Hongrie ne voulait même pas appliquer le règlement de Dublin car elle avait totalement fermé ses frontières aux migrants. La Slovaquie et la Hongrie, soutenues par le gouvernement polonais, ont engagé deux recours en annulation les 2 et 3 décembre 2015 de la décision du Conseil de l'Union européenne du 22 septembre 2015, instituant des mesures provisoires en matière de protection internationale au profit de l'Italie et de la Grèce. La Cour de Justice de l'Union européenne a donné raison au Conseil de l'U.E. en rejetant les demandes des deux pays[11].

B. Une necessaire refonte globale du systeme Schengen.

Le 29 septembre 2015, le Parlement européen a voté une résolution demandant une réforme urgente du règlement de Dublin. Le même jour, l'assemblée parlementaire du Conseil de l'Europe adoptait également une résolution intitulée : « Après Dublin, le besoin urgent d'un véritable système

[8] L'opération EUNAVFOR MED/Frontex.
[9] Com 2015/450 du 9 septembre 2015.
[10] Décision UE du 14 septembre 2015 n°1523, JO 2015 L239 p 146.
[11] Arrêt du 6 septembre 2017 C-643/15 et C-647/15

européen d'asile ». La chancelière Angela Merkel déclarait le 7 octobre devant le Parlement européen : « Le système européen de demande d'asile est obsolète ».Elle donnait ainsi le signal pour la nouvelle réforme du « système de Dublin » projetée par la Commission. Une nouvelle entorse au règlement de Dublin pouvait ainsi être portée avec la signature le 18 mars 2016 d'un accord entre l'Union européenne et la Turquie sur la rétention des migrants en Turquie afin de les empêcher de se rendre en UE[12]. Cet accord négocié depuis plusieurs mois a engagé la Turquie à retenir sur son territoire contre leur gré pour la grande majorité les presque 3 millions de réfugiés principalement syriens et irakiens s'y trouvant en transit pour l'Europe. Ensuite, ayant le feu vert des grands Etats, la Commission a donc publié une communication sur la réforme du droit d'asile le 6 avril 2016[13]. Puis elle a édicté un premier paquet de propositions le 4 mai 2016. Enfin, elle a annoncé le 13 juillet un second paquet de projets de réforme.

Qu'ils s'agissent du plan de relocalisation et de l'accord avec la Turquie, ces textes sont contraires aux droits fondamentaux de la personne humaine (droits subjectifs) et plus généralement aux droits de l'homme (droits objectifs). Les migrants ont été soit « parqués » contre leur gré en Turquie soit dans des « *hotspots* » en attendant qu'on leur propose des destinations dont ils ne veulent pas la plupart du temps dans le plan de relocalisation. Compte-tenu de l'échec de ce dernier, il a finalement été réduit par le Conseil de l'Union européenne le 29 septembre 2016[14]. Il ne portait plus que sur 98 255 migrants à relocaliser à partir de la Grèce et de l'Italie au lieu des 160 000 places. Cinq centres d'accueil et d'orientation ont été créés en Grèce et six en Italie pour effectuer les relocalisations : les hotspots. Il a été aussi décidé de relocaliser 54 000 demandes d'asile à partir de la Turquie. La Norvège et la Suisse, étant membres de la « Communauté Schengen », sans être membres de l'UE ont accepté de figurer dans ce programme. La France s'était engagée à accueillir 19 714 personnes. Concernant le plan de réinstallation portant sur 22 504 personnes, la France s'était engagée à recevoir 2 375 personnes. Le directeur général de l'office français de protection des réfugiés et des apatrides déclarait le 7 mars 2016 : « La majorité des migrants ont encore pour objectif de rejoindre l'Allemagne. La relocalisation n'est pas intéressante pour eux. S'ajoute à cela le repli sur soi nationaliste de certains Etats, la mauvaise volonté d'autres Etats membres et la difficulté de mettre en place et de faire fonctionner correctement les hotspots ». Le 12 avril 2017, le 11e rapport de la Commission européenne sur « l'avancement des programmes de l'U.E. en matière de relocalisation et de

---

12 La Turquie aurait perçu près de 9 milliards d'euros pour l'aider à maintenir ces migrants sur son territoire et aurait reçu la promesse de la relance des négociations d'adhésion à l'U.E. ainsi que l'octroi plus facile de visas pour ses ressortissants voulant se rendre en UE.

13 COM(2016) 197 final, 6 avril.

14 JO 2016 L 268 p 82.

réinstallation d'urgence » a été publié et il indique : 16 340 relocalisations seulement sur 98 255 et 15 492 réinstallations sur 22 504. En matière de relocalisation seuls Malte, la Finlande, la Norvège et la Suisse étaient en mesure de respecter leurs engagements. La France était très loin du compte avec 3 157 relocalisations sur 19 714 soit 16% seulement mais avec 1 425 réinstallations sur 2 375 prévues soir 55%. Le 28 septembre 2017, la Commission européenne sonnait le glas du programme de relocalisation devant l'ampleur de l'échec seuls quatre Etats ayant respecté leurs engagements dont deux non membres de l'Union européenne. Mais, elle décidait de proposer la poursuite du plan de réinstallation sur la base du volontariat. La France s'engageait sur la relocalisation de 10 000 personnes dont 3 000 à partir du Mali et du Niger.

Par ailleurs, le 12 septembre 2016, une nouvelle agence européenne des gardes-côtes et des gardes-frontières a été créée dotée de 1000 agents à l'horizon 2019 puis portée à 2500 agents suite à l'échec de l'agence Frontex dépassée aussi par les évènements. Cette solution avait été proposée en décembre 2015. De plus, le contrôle obligatoire des citoyens européens à l'entrée dans l'espace Schengen a été mis en œuvre avec le règlement du 9 novembre 2016 modifiant le code Schengen alors qu'avant, il n'était pas systématique[15]. Le 23 juin 2017 le Conseil européen a rappelé la nécessité de réformer le régime d'asile commun. Le 19 juillet 2017, le Comité des représentants permanents a adopté au nom du Conseil de l'U.E. un mandat de négociation sur un règlement relatif aux conditions que doivent remplir les demandeurs d'asile, mais aussi à un statut uniforme pour les réfugiés ou les personnes pouvant bénéficier de la protection subsidiaire et au contenu de cette protection. Il est précisé que les Etats restent maitres de leurs prestations sociales en faveur des migrants. Ce projet de règlement propose que tous les Etats appliquent des critères communs pour l'identification des personnes qui ont besoin d'une protection internationale. Il préconise que des droits communs à tous les Etats soient garantis aux demandeurs d'asile. Finalement, il s'agit d'appliquer un des grands principes communautaires : le principe d'égalité de traitement ou de non-discrimination pour les demandeurs d'asile quel que soit le pays d'accueil. Ce projet a le mérite de s'attaquer au principal problème rencontré lors de la crise migratoire c'est-à-dire le choix d'un État en fonction des droits accordés aux migrants et de réduire les mouvements dit secondaires. Le 27 septembre 2017, une modification du code Schengen souhaitée notamment par la France a été acceptée par la Commission européenne. Lorsqu'elle sera adoptée par le Conseil de l'Union, elle permettra de porter à 3 ans la période totale de maintien des contrôles aux frontières. Le 12 octobre, les gouvernements

---

[15] Certains terroristes ayant frappé à Paris le 15 novembre 2015 seraient arrivés directement de Syrie avec leurs armes en voiture en franchissant la frontière hongroise sans avoir été fouillés car citoyens européens.

allemand, danois et français ont décidé conjointement de maintenir les contrôles aux frontières. Pour la France, la fin de la clause de sauvegarde prévue par le code Schengen allait se terminer le 31 octobre et elle est donc prorogée jusqu'au 30 avril 2018[16]. Elle a invoqué les risques terroristes pour ce nouveau report. Alors que les autres Etats ont avancé la crise migratoire. Trois autres « Etats Schengen », l'Autriche, la Suède et la Norvège ont décidé de maintenir les contrôles à leurs frontières pour des raisons liées aussi aux flux migratoires. La réforme du règlement de Dublin 3 a tout de même été adoptée par le Parlement européen le 16 novembre 2017 en s'appuyant sur trois priorités. Les Etats membres doivent tout d'abord se répartir équitablement les demandes d'asile en se fondant sur la proposition de la Commission qui souhaite la prise en considération de la richesse de chaque État membre et de la taille de sa population pour établir cette répartition. Les Etats d'entrée doivent continuer néanmoins à enregistrer les arrivées des migrants et que les personnes qui répondent aux critères de la protection internationale soient accueillis et les autres soient renvoyés dans la dignité. Le Parlement européen avait précédemment imaginé un nouveau système européen totalement centralisé des demandes d'asile avec des quotas nationaux. Parallèlement, la Commission européenne a proposé la modification d'Eurodac avec des données supplémentaires relatives aux personnes pouvant permettre de distinguer un migrant en situation irrégulière d'un demandeur d'asile. Le 22 novembre 2017, a été présenté au Parlement européen, le rapport du bureau européen d'appui en matière d'asile pour 2016. Un peu moins de 1,3 million de personnes ont fait une demande d'asile en 2016, et 504 000 franchissements illégaux ont été recensés. En 2015, il y avait eu 1,4 million environ de demandes d'asile et 1,83 million franchissements illégaux recensés. Certains Etats membres du Groupe Schengen ne sont pas disposés à être solidaires ni entre eux ni vis-à-vis des migrants. D'ailleurs, un nouveau coup a été porté au système Schengen par le Conseil d'État avec un arrêt du 28 décembre 2017[17] qui a refusé le renvoi d'une question préjudicielle devant la C.J.U.E. relative au maintien des contrôles aux frontières jusqu'au 30 avril 2018. Il a interprété à sa manière le code Schengen, sachant par avance que la France serait sans doute sanctionnée par la C.J.U.E. s'il y avait eu question préjudicielle. Le Conseil d'État a ainsi évité une possible condamnation de la France et il a même anticipé la décision de porter à 3 ans le maintien des contrôles aux frontières que le Conseil de l'U.E. n'avait pas encore adoptée. Du coup il a débouté les associations qui contestaient la décision du gouvernement français de prolonger le maintien du contrôle aux frontières en se fondant sur des

---

[16] La France, depuis les attentats de novembre 2015, a renouvelé 9 fois la clause de sauvegarde pour des périodes variables.

[17] Arrêt du 28/12/2017 Association nationale d'assistance aux frontières pour les étrangers et autres.

questions de sécurité alors que le mobile comme pour les autres pays qui maintiennent ces contrôles est relatif au flux migratoire. Mais que fait le pays des droits de l'homme ? Serions-nous désunis dans l'adversité ?

Finalement, le code Schengen déjà mis en cause en période normale a été complètement déstabilisé avec la crise migratoire de 2015. De plus, les inégalités augmentent partout dans le monde et la misère aussi. Les migrations vont donc augmenter de plus en plus sauf à réduire les inégalités et à revenir à une politique fiscale de redistribution des richesses. Enfin, le dérèglement climatique s'ajoutant aux dérèglementations libérales va contraindre des millions de personnes à migrer. Il faut donc anticiper car « gouverner c'est prévoir ». Jean-Claude Mas dans le rapport 2017 de la CIMADE [18] dont il est le secrétaire général appelle à une refonte en profondeur des politiques publiques en matière d'immigration en France et en Europe. De plus précise Gilles Pison chercheur à l'institut national des études démographiques : « La population européenne ne pourra se maintenir à son niveau que grâce à une immigration importante ». Il est donc utile de tout remettre à plat, voir même de redessiner les frontières de l'espace Schengen si nécessaire. Comme l'a dit fort justement Jean-Claude Juncker « La solidarité est un acte volontaire. Elle doit venir du cœur »[19] mais c'est aussi un acte de raison en matière de politique migratoire. Et si « l'enfer c'est les autres » selon l'un des personnages imaginés par Jean-Paul Sartre, il faut ajouter que sans les autres nous ne sommes rien.

[18] Le Comité Inter-Mouvements Auprès des Evacués a été créé en 1939 pour aider les « évacués » d'Alsace et de Lorraine environ 200 000 personnes puis dans les camps de réfugiés, il entre dans la résistance en novembre 1942. Ensuite, après la guerre il se consacre à défendre les droits des immigrés.

[19] Discours sur l'état de l'U.E. le 14/09/2016.

LA SOLIDARITÉ : RETOUR AUX SOURCES ANTIQUES ET JURIDIQUES

Par
Élise FRELON
Maître de conférences en Histoire du droit
à l'Université de Poitiers

« Le citoyen n'est pas un consommateur.
C'est un producteur d'idées, de convictions,
d'engagement, de solidarité »
(François Bayrou)

Le citoyen « produirait » de la solidarité. Si la référence à la production semble hasardeuse, elle ne doit pas pour autant occulter le lien fondamental qui existe entre cité et solidarité, *a fortiori* dans une perspective de tradition civiliste (ou « romaniste »).

Une première question historique qui se pose quant à la solidarité, est celle de son origine. De quand date-t-elle ? Dès lors, une étude étymologique du terme permet de dater celui-ci et de le « classer » dans l'une des quatre périodes conventionnelles (antiquité, moyen âge, temps modernes, époque contemporaine).

En langue française, l'adjectif « solidaire » (avéré en 1462) précède – de près de deux siècles – le nom de « solidarité ». En l'espèce, le terme n'est pas absolument inédit puisqu'il est formé sur un précédent latin : le *solidum*. Ainsi, solidaire (ou solidairement) ne sont que la traduction de l'expression *in solido*, de *in*, « vers, pour » et *solidum* « le solide », substantivation du neutre de *solidus*, solide. Ce qui est solide est entier, total, ferme, résistant. L'antonyme de solide est fluide, liquide. Qui plus est, cette étymologie explique pourquoi le nom de « solidarité » a d'abord été en concurrence avec celui de « solidité » (1693).

À s'en tenir au mot, la modernité de « solidaire » en français renvoie à l'ancienneté de *in solido* en latin. À cela rien de surprenant pour une langue qui est romane. Ceci étant, si l'on précise le mot (dans son sens commun) au profit du terme (dans son sens technique), sans ambiguïté possible, la solidarité appartient au latin juridique (ou droit romain).

À ce terme antique, correspond ainsi une théorie et une pratique juridiques classiques. Qu'est-ce que la solidarité en droit romain ? Pour mieux la comprendre, une qualification préalable de cette catégorie dogmatique semble opportune. À l'instar des sciences naturelles, la science juridique romaine — forte d'une abondante terminologie — multiplie les classifications de genres déclinées en espèces, comme en arborescences [méthode aristotélicienne – qui heurte quelque peu notre logique cartésienne – dont je vous confie une mise en tableau synoptique].

C'est un terme de droit civil
C'est un terme de droit privé
C'est un terme de droit des obligations
C'est un terme de droit des contrats (verbaux)

À s'en tenir aux *Institutes* (que complètent le *Digeste* mais dans des détails trop techniques pour les aborder ce jour), la solidarité est évoquée livre 3, Titre 17, en 3 paragraphes : Justinien, Institutes, 3, 17, *De duobus reis stipulandi et promittendi* [que je vous confie également]. C'est là une source antique et juridique fondamentale qu'il nous faut étudier (I), pour mieux comprendre son évolution politique contemporaine (II).

I. DROIT ROMAIN : LA SOURCE JURIDIQUE

La solidarité classique est un rapport particulier à l'unité et à la pluralité. L'enjeu de l'unité est dans l'obligation, dette ou créance. L'unité réelle désigne une solidarité d'objet (A). Quant à l'enjeu de la pluralité, il est sur les obligés, créanciers ou débiteurs. La pluralité personnelle désigne, d'avantage qu'une solidarité de liens, ce que les jurisconsultes nomment une « corréalité » de liens (B).

A. UNITE REELLE (SOLIDARITE D'OBJET)

Aux termes de Justinien, *Institutes*, 3, 17, le *solidum* est le propre de l'objet du contrat verbal, stipulation ou promesse. En quelque nombre que soient les stipulants ou les promettants (pluralité que nous aborderons ensuite) il n'y a qu'un seul contrat, qu'un contrat solide. Quels sont les avantages (1) et quelles sont les conséquences (2) de cette unité d'objet ?

1. LES AVANTAGES DE L'UNITE D'OBJET

1°) Jamais on ne pourra se demander si la créance ou la dette se divise entre les stipulants ou les promettants car chacun s'est obligé pour le tout. Le doute est impossible en présence de l'acte lui-même qui requiert un échange de paroles solennelles, pour engager la volonté des parties.

2°) Jamais non plus on ne sera tenté de prétendre que l'un des obligés a stipulé ou promis à titre accessoire. Car tous ont contracté au même titre — de principal obligé — et sur un pied de parfaite égalité. Une égalité des créanciers (stipulation) ou des débiteurs (promesse) est la condition de la solidité : un et chacun engagés pour le tout.

3°) Enfin, comme ils ont manifesté leur volonté d'être tous ensemble ou créanciers ou débiteurs, il ne sera pas non plus possible de soutenir que l'une de ces obligations ait été novée par l'autre.

2. LES CONSEQUENCES DE L'UNITE D'OBJET

Elles se divisent en deux séries. Les unes montrent que l'obligation est éteinte par le fait d'un seul des obligés. Les autres, en sens inverse, montrent que l'obligation se perpétue à l'égard de tous par le fait d'un seul. En d'autres termes, le fait d'un seul suffit pour éteindre l'obligation ; et le fait d'un seul suffit pour perpétuer l'obligation.

B. PLURALITE PERSONNELLE (CORREALITE DE LIENS)

En droit romain, la solidarité pose la question d'une pluralité de créanciers ou de débiteurs. S'ils sont séparés, indépendants les uns des autres, la situation n'appelle guère de commentaire. Il en va différemment si un lien subsiste entre eux du fait d'une unique obligation : s'ils se trouvent alors tous sur le même plan, à égalité, telle est la solidarité d'obligés que le droit romain nomme des correi, cette solidarité désignant plus exactement une corréalité. Cette pluralité d'obligés, à égalité, peut être celle des créanciers par la stipulation (les *correi stipulandi*) aujourd'hui nommée solidarité active (1) ou celle des débiteurs par la promesse (les *correi promettendi*), aujourd'hui nommée solidarité passive (2).

1. PLURALITE DE CREANCIERS PRINCIPAUX. CORREALITE DE STIPULANTS. SOLIDARITE ACTIVE.

Le droit commun, au cas de plusieurs créanciers, consiste en des obligations conjointes mais séparées. Cela se produit quand l'obligation, primitivement unique, se fractionne entre plusieurs créanciers. Cette pluralité n'entraîne aucune conséquence particulière, chaque créance suit son propre sort : chaque créancier se fera payer sans que les autres n'aient rien à y prétendre.

Il en va autrement dans le cas des stipulations solidaires : le promettant doit répondre une seule fois, après toutes les stipulations des créanciers, afin d'éviter le cumul des obligations. Cette solidarité se définit par son effet, qui est de permettre à chaque créancier de demander le paiement de la totalité (*solidum*) de la créance. Sa principale utilité a été d'éviter au représentant en justice d'avoir à fournir caution. Elle a peut-être aussi servi à assurer la transmission de créances normalement intransmissibles. Son emploi est resté assez limité. Comme chaque fois que coexistent plusieurs personnes intéressées à une même obligation, il faut distinguer deux questions : celle des rapports entre les créanciers et le débiteur et celle des créanciers entre eux ».

Rapports des créanciers avec le débiteur

Chaque créancier peut agir en paiement contre le débiteur pour la totalité de la dette. Son action interrompt la prescription au profit de tous les créanciers. L'extinction de la dette résulte de son paiement intégral, quel que soit le créancier qui le reçoit.

Rapports des créanciers entre eux

La solidarité ne concerne que les rapports avec le débiteur. Chaque créancier ne doit pas avoir, finalement, plus que sa part dans une créance commune. Un desdits créanciers n'a pas le droit de conserver le tout, au nom de la solidarité, mais seulement sa part de la créance. Si celle-ci a été payée, les créanciers doivent s'en partager le profit en raison de leur participation respective.

2. Pluralite de debiteurs principaux. Correalite de promettants. Solidarite passive.

Un intérêt plus grand s'attache à cette question. Le droit commun d'une pluralité de débiteurs consiste dans des obligations indépendantes les unes des autres. Chaque débiteur, en cas de partage, ne devant payer que sa part.

Les promesses solidaires échappent à cette règle. Cette solidarité peut avoir plusieurs fonctions.

La plus fréquente est de servir de sûreté, ou de renforcer une sûreté, car si l'on a plusieurs débiteurs, et tous à égalité, les chances sont plus nombreuses d'en trouver au moins un qui soit solvable. Le but de cette solidarité est que chaque débiteur doive la totalité de la dette, et que le créancier la touche, mais ne la touche qu'une seule fois. Il faut aussi ici distinguer deux questions de liens personnels : rapport des débiteurs avec le créancier et rapport des débiteurs solidaires entre eux.

Rapports des débiteurs avec le créancier

Chaque débiteur doit la totalité (*solidum*) de la dette. Le créancier peut choisir qui il veut et lui demander de la payer.

Rapports des débiteurs entre eux

La solidarité ne concerne que les rapports avec le créancier. Chaque débiteur ne doit pas avoir, finalement, plus que sa part dans une dette commune. Une fois celle-ci payée, celui qui a désintéressé le créancier peut demander aux autres d'y participer. Le cas échéant il peut fonder son recours sur différentes actions, principalement celle de société, et, à défaut, de mandat, d'indivision, ou de cession d'action (subrogation).

A priori, en droit privé des obligations, la solidarité du droit civil français actuel est demeurée fidèle à cette tradition civiliste romaine. Du moins l'était-elle dans la version originale du Code civil, de 1804. Je laisse à Madame Cayol le soin de me conforter — ou non — dans cet a priori avec son intervention sur la consécration du solidarisme contractuel dans la réforme du droit des obligations.

Grâce à la tradition civiliste, la solidarité est sauve, conforme à sa source juridique (en droit civil, privé, des obligations contractuelles). Juridiquement donc, en termes d'évolution, force est de constater une très grande continuité. C'est politiquement — et cette fois dans un contexte de révolutions contemporaines (politiques mais aussi économiques) — qu'une discontinuité est à envisager.

II. DROIT CONTEMPORAIN : L'ALTÉRATION POLITIQUE

Une rupture peut être datée : au XIXe siècle, quand des non juristes s'emparent du terme pour le transférer en d'autres domaines que celui du droit civil, privé, des obligations contractuelles ; et ce, sans toujours en maîtriser toutes les conséquences. Le premier — il se présente comme tel — à « avoir emprunté aux légistes [tels sont les spécialistes des lois romaines] le terme de solidarité pour l'introduire dans la philosophie » est Pierre Leroux, qui publie en 1840 un ouvrage intitulé *De l'humanité*.

L'auteur est un imprimeur saint-simonien, républicain opposé à la monarchie parlementaire. Renouvier, Fouillée, Durkheïm entre autres suivront.

Progressivement une solidarité moderne se substitue à la solidarité ancienne, altérant celle-ci (littéralement rendant autre son sens en dépit d'un même terme). Cette altération – qui tente de se justifier politiquement – consiste notamment en un changement de cadre juridique. La solidarité en effet, si elle est demeurée dans le flux du droit, a débordé de son lit du droit civil privé d'une part (A), de son lit du droit des obligations contractuelles d'autre part (B).

A. Une solidarite au-dela du droit civil, prive

La solidarité n'est plus exclusivement un terme de droit civil (1) ni de droit privé (2).

1. La solidarite n'est plus exclusivement un terme de droit civil

La proclamation — révolutionnaire — de 1789 renoue avec la liberté et l'égalité des Anciens, politique des grecs ou civiques des Romains. Toutefois, elle s'en distingue par son humanisme : pour les Modernes liberté et égalité ne sont plus des enjeux de droit civil (avec la discrimination inhérente au statut de citoyen) mais de droits de l'homme. La nuance est cruciale en termes de solidarité : une chose est d'être solidaire d'un concitoyen ; autre chose est d'être solidaire d'un être humain.

2. La solidarite n'est plus exclusivement un terme de droit prive

À s'en tenir au droit civil, quel qu'il soit, en quelque espace et quelque temps que ce puisse être, pour mémoire, il peut avoir deux objets : privé ou public, selon que les citoyens (et non les êtres humains) sont envisagés individuellement ou collectivement. À chaque citoyen au singulier les droits et devoirs du droit civil privé, à chaque citoyen au pluriel, en structure de peuple (car le peuple est techniquement l'universalité des citoyens) les droits et devoirs du droit civil public.

En droit privé, si la solidarité est un mécanisme de pluralité de débiteurs ou de créanciers, cette pluralité reste *intuitu personae*. La responsabilité des obligés solidaires est non seulement personnelle mais nominative. Le formalisme de la stipulation et de la promesse en témoigne.

La solidarité est-elle concevable en droit public ? Sur le principe d'une pluralité de créanciers ou de débiteurs, il suffirait d'élargir l'obligation solidaire à l'universalité des citoyens. Tous les citoyens — structurés davantage qu'en peuple en corps social — seraient de la sorte garants des créances comme des dettes publiques (ou sociales). C'est bien le postulat de Léon Bourgeois, auteur en 1896 de Solidarité :

« qu'il le veuille ou non, l'homme doit entrer dans une société préexistante dont il doit accepter les charges comme il profite de ses avantages. Il est débiteur ou créancier de naissance ».

L'auteur — qui est avocat de profession et fut un temps premier ministre radical — confond en réalité deux catégories juridiques distinctes : la société et la solidarité, au motif d'une pluralité d'obligés.

Avec la société (contrat consensuel de droit privé), les associés se partagent pertes et profits, et la quotité de chacun est un enjeu du contrat. Dans le contrat social, pertes et profits sont autant de devoirs (dettes) et de droits (créances) pour tous, mais en proportion pour chacun. Tandis qu'avec la solidité (contrat verbal du droit privé), un seul suffit pour recouvrer la créance ou s'acquitter de la dette. La société fonctionne sur l'équité (à chacun le sien, à chacun sa perte et son profit en fonction de sa participation sociale) tandis que la solidité fonctionne sur l'égalité.

Appliquée aux finances publiques (aux dépenses et aux recettes « sociales »), la nuance prend aussitôt tout son sens idéologique. Considérons les dépenses publiques comme toutes les sommes dépensées pour le peuple. À l'inverse considérons les recettes publiques comme toutes les sommes prélevées sur le peuple.

Dans une logique de société, chaque associé aura sa part de dépenses publiques (à son actif) et de contributions publiques (à son passif). En équité ou en quotité. Mais dans une logique de solidarité, il suffit d'un seul obligé pour recouvrer la créance publique ou éteindre la dette publique. Si tous et chacun sont également appelés aux droits et devoirs, et si un seul suffit (« un pour tous »), pourquoi ne pas faire rétribuer le plus pauvre et contribuer le plus riche ? Car l'égalité juridique a un coût, économique, et l'argent, inévitablement, rentre dans le rapport de forces politique.

A ce stade là, il nous faut introduire un autre acteur « public », totalement inédit en droit romain : l'État. Si le peuple est une somme de personnes réelles, l'État est – depuis sa genèse monarchique aux Temps Modernes – une personne fictive et représentée. Pour Léon Bourgeois, la république (la troisième en l'espèce) : « c'est un État social fondé sur la liberté de chacun et la solidarité de tous ». En fondant un nouveau type de droit, le « droit social », le solidarisme bouscule la division traditionnelle entre le privé et le public (travaux en ce sens Léon Duguit par exemple).

L'État ainsi confondu avec le peuple (il en a les attributs, à commencer par la force, la puissance) a désormais pour fonction – par l'intermédiaire de ses représentants – de déterminer les droits et devoirs de chacun. Aussi la solidarité, devient-elle un nouvel enjeu dans un État de droit, dont les représentants définissent l'ordre moral et l'ordre légal. Si l'État (personne morale incarnée en la personne de son ou de ses représentants) peut ainsi obliger les citoyens à la solidarité, cela interroge sur leur liberté et leur volonté.

B. Une solidarite au-dela du droit des obligations contractuelles, verbales

La solidarité n'est plus exclusivement une obligation contractuelle (1), ni un contrat verbal (2).

1. A solidarite n'est plus exclusivement une obligation contractuelle

Il est une altération si discrète qu'elle passerait inaperçue : le *solidum*, le solide, plus ou moins heureusement traduit par solidité ou solidarité est dans la terminologie des Anciens l'attribut de l'obligation. C'est la créance ou la dette qui est, qui sont solides. Une stipulation ou une promesse solides sont fermes, sûres. Preuve s'il en est de cette sûreté, l'obligation *in solidum* est fréquemment comparée à la caution en droit des sûretés.

Dans le vocabulaire des Modernes, ce n'est plus l'obligation qui est solide, mais les obligés, formant corps en quelque sorte. C'est là une conséquence de l'influence, au XIXe siècle, des sciences de la nature et de la physiologie sociale. Dès 1802, Saint-Simon diffuse dans les milieux progressistes d'assimiler la société à un organisme vivant et de l'étudier comme un corps organisé, dont aucun des organes ne peut vivre indépendamment des autres. Dans cette conception, puisque la solidarité est vitale, il devrait être possible d'appliquer à la société les lois de l'organisme conçues comme des lois d'interdépendance. Une interdépendance confondue quant à elle avec la notion – de droit civil – d'association ou de société.

Il faut impérativement dissocier, distinguer une société corps naturel (le corps social), d'une société contrat artificiel (le contrat social). Cette dernière seule est un enjeu d'obligation contractuelle.

En droit privé, un citoyen s'oblige lui-même, en liberté et en volonté. Il n'est de contrat entre citoyens individuellement que librement et volontairement consenti, quelles que soient les modalités contractuelles.

En droit public, l'ensemble des citoyens s'oblige de même, en liberté et en volonté. Dans un ordre juridique civil une obligation publiquement consentie peut être tacite (ordre civil moral) ou explicite (ordre civil légal).

Reprenons la citation de Léon Bourgeois : « qu'il le veuille ou non, l'homme doit entrer dans une société préexistante ». « Qu'il le veuille ou non » ne laisse de la sorte aucune place à la volonté contractuelle, le déterminisme l'emporte sur le volontarisme. Dès lors, la solidarité est subie et non plus choisie. Or, en vertu de la tradition civiliste, il ne saurait y avoir d'obligation solidaire qui ne soit expressément, consentie, stipulée ou promise.

2. La solidarite n'est plus exclusivement un contrat verbal (stipulation ou promesse)

Le cadre civil de l'obligation est celui de la stipulation ou de la promesse. L'un et l'autre sont des contrats verbaux, qui lient juridiquement les créanciers et débiteurs par leurs paroles. Leur responsabilité, littéralement, n'est que la réponse à cet engagement oral. La société contemporaine — en corps — est-elle verbalement obligée ? Ses membres — les citoyens associés, assemblés — stipulent-ils ou promettent-ils ? Non.

Du moins pas personnellement : en leur absence, leurs représentants (ceux dont la fonction est de les rendre présents) stipulent ou promettent pour tous, et à égalité pour chacun. C'est là une autre faiblesse juridique d'une telle solidarité, non verbalement consentie *intuitu personae*. Faiblesse à laquelle tente de remédier les « publicistes » en empruntant aux civilistes (privatistes) d'autres catégories telles que le mandat ou le quasi-contrat.

La solidarité illustre toute l'ambiguïté contemporaine d'un droit civil qui est demeuré droit pour tous les citoyens mais qui n'est plus élaboré par tous les citoyens, au nom de la représentation. À s'en tenir à l'ordre civil simple, ordre moral et ordre légal, les deux échappent depuis 1789 aux citoyens dans leur totalité et sont pour ainsi dire confisqués par leurs représentants. Des représentants qui, depuis 1789, se sont attachés à établir la solidarité dans la morale (par l'éducation nationale) et dans la loi (fiscale pour l'essentiel).

Car, précisément, et j'en terminerai par-là, il est un autre aspect des doctrines de la solidarité contemporaine que l'on ne doit pas occulter : en pratique, elles tentent de justifier depuis le XIXe siècle – tant bien que mal – une politique fiscale. L'argent privé peut ainsi, en toute « légitimité », devenir argent public. Et permettre de financer comme tel des services publics (dont l'éducation gratuite, laïque, obligatoire qui doit inculquer dans l'esprit des futurs citoyens le devoir de solidarité). Publication des Biens Anciens et Nationalisation des Biens Modernes se rejoignent, qui sont l'un comme l'autre des expropriations justifiées par la morale et par la loi républicaines. Le dernier impôt en date ainsi nommé sur la solidarité en atteste. N'y a-t-il pas dette plus solide qui pèse sur les citoyens que celle qui pèse sur les contribuables ?

Dans son statut de contribuable, mieux vaut en effet – pour les banquiers qui nous gouvernent – que les citoyens ne soient pas des consommateurs, mais « des producteurs d'idées, de convictions, d'engagement, de solidarité ».

II.

LE RENOUVEAU DES SOLIDARITÉS ?

LA LOI HAMON DU 31 JUILLET 2014 : LA RECONNAISSANCE LÉGISLATIVE DE L'ÉCONOMIE SOCIALE ET SOLIDAIRE (ESS)

Par
Jocelyn CLERCKX
Maître de conférences HDR en droit public
à l'Université Le Havre-Normandie
Membre du LexFEIM

La loi n° 2014-856 du 31 juillet 2014 « *relative à l'économie sociale et solidaire* »[1] fut accueillie comme la reconnaissance législative, tant attendue, de l'ESS par la plupart des acteurs de ce secteur de l'économie qui, il faut bien le reconnaitre, est plutôt méconnu du grand public.

Selon le rapporteur de la loi pour la commission des affaires sociales de l'Assemblée Nationale, l'ESS serait pourtant « *aux côtés de l'économie capitaliste "classique", une alternative qui place l'humain, et non le profit, au centre de ses préoccupations, qui joue un rôle majeur en termes d'économie, certes, mais plus largement de citoyenneté, de démocratie, de cohésion sociale et de développement local et solidaire* »[2].

Cette économie est dite « sociale », l'expression « *économie sociale* » renvoyant aux acteurs historiques de ce secteur qui en relèvent en vertu de leurs statuts non-lucratifs ou à lucrativité limitée : associations, coopératives, mutuelles, fondations… Mais l'adjectif « solidaire » est également adjoint pour signifier que le secteur englobe aussi des acteurs qui, indépendamment de leurs statuts, s'assignent des objectifs touchant à la non-lucrativité, à la gouvernance démocratique et à l'engagement citoyen (entreprises d'insertion

[1] *JO* 1er août 2014, p. 12666.
[2] F. Carrey-Conte, « *Economie sociale et solidaire : quatre questions à... Fanélie Carrey-Conte* », AJ Collectivités Territoriales, 2015, p.255.

etc.).[3] Ce secteur de l'économie, qui existe depuis le XIXe siècle sous des formes variées[4], est donc passablement hétéroclite.

Reste qu'il est économiquement significatif, puisqu'il représente 10 % du PIB et près de 13,9 % des emplois privés en France avec 221 000 entreprises et structures ainsi que 2,37 millions de salariés[5]. Les effectifs les plus importants interviennent dans les domaines de l'action sociale, des activités financières et d'assurance, de l'enseignement et de la santé[6].

Ce poids économique justifiait à lui seul l'adoption d'une loi structurante.

Tout a commencé par un signal fort lorsqu'en mai 2012 le gouvernement de Jean-Marc Ayrault a nommé un ministre délégué auprès du ministre de l'Économie et des Finances, chargé de l'Économie sociale et solidaire, M. Benoît Hamon[7]. Ce ministre volontariste a rapidement mis en chantier l'élaboration d'une loi cadre de l'ESS en s'appuyant sur la consultation de ses acteurs représentatifs. Un an après sa présentation en conseil des ministres, le 24 juillet 2013, la loi relative à l'ESS a été définitivement adoptée par l'Assemblée Nationale, le 21 juillet 2014, avant d'être promulguée le 31 juillet 2014.

Comportant une centaine d'articles sur environ quatre-vingt-dix pages, cette loi frappe avant tout par la profusion de ses dispositions qui touchent à tous les domaines de l'ESS.

En définitive, il ne s'agit pas d'une loi cadre, mais bien plutôt d'une loi « fourre-tout » où les grands principes de l'ESS sont « noyés » dans un ensemble de dispositions techniques disparates (renforcement du financement des structures et entreprises de l'ESS, schéma de promotion des achats publics socialement responsables, modification du régime des sociétés coopératives, des associations et des fonds de dotation, définition du

---

[3] P. Frémeaux, « L'économie sociale et solidaire, virage ou mirage ? », Le journal de l'école de Paris du management, 2012 n°94, p.21.

[4] Ibid., pp. 21-22 : « *Deux traditions, fondamentalement différentes, s'y superposent. L'une, très ancienne, est celle de personnes qui s'allient pour rendre un service à des tiers : c'est la tradition charitable, celle du bénévolat, que l'on retrouve à l'origine de nombreuses associations du secteur de l'action sociale. (...).L'autre tradition, très ancienne elle aussi, bien qu'elle se soit surtout affirmée au XIXème siècle, est celle de l'auto-organisation que l'on retrouve dans les milieux mutualistes ou coopératifs, selon laquelle des gens s'assemblent pour résoudre un problème qui leur est commun. C'est le cas des fruitières paysannes, dans le Jura du Moyen-âge, de la première Caisse de Crédit Agricole, en 1884 à Poligny, ou, dans les années 1930, de la MAIF, créée par des instituteurs soucieux d'assurer leur automobile aux meilleures conditions* » ; voir aussi J.-F. Draperi, « La loi ESS : historique », Revue internationale de l'économie sociale, 2014 n°334, p. 29.

[5] Données en ligne de juin 2018 provenant du ministère de l'Economie et des Finances, www.economie.gouv.fr/ess-economie-sociale-solidaire, ainsi que du ministère de la Transition écologique et solidaire, http://www.esspace.fr/presentation-de-l-ess.html.

[6] O. de M., « La loi relative à l'économie sociale et solidaire est entrée en vigueur », Cahiers de droit de l'entreprise, 2014 n° 5, act. 16.

[7] Le dernier secrétariat d'Etat dédié à « l'économie solidaire » remontait alors au gouvernement Jospin (2000).

commerce équitable, des subventions publiques, transparence sur les conditions sociales de fabrication d'un produit, émission de titres de monnaies locales complémentaires par des entreprises de l'ESS etc.).

L'objet n'est pas ici de procéder une analyse exhaustive de cette kyrielle de dispositions, mais de retenir celles qui ont une portée structurante et qui fixent dorénavant le cadre juridique et institutionnel de l'ESS.

A cet égard, il n'y a nulle « révolution » en vue. En effet, si les acteurs de l'ESS ont pu un temps se penser en rupture radicale avec l'économie concurrentielle (et l'économie administrée), ils composent aujourd'hui avec elle[8], et se comportent de plus en plus comme des entreprises classiques, au risque d'ailleurs d'une certaine « banalisation » de ce secteur de l'économie qui revendique pourtant sa spécificité[9]. L'objectif du législateur n'est visiblement pas de remettre en cause cet état de fait.

C'est ainsi que l'article 1er de la loi du 31 juillet 2014 présente l'ESS comme « *un mode d'entreprendre et de développement économique* », sans plus. Il ne s'agit donc pas d'une « autre » économie, mais simplement d'une manière particulière d'entreprendre...[10].

La promotion de cette « autre » manière d'entreprendre dans une économie néo-libérale dont on ne cherche plus à changer ou même modifier les règles du jeu s'accorde parfaitement avec l'état d'esprit « hollandiste » régnant à l'époque de l'adoption de la loi. Il s'agit d'un socialisme vidé d'une bonne partie de sa substance qui se caractérise par « *l'abandon de toute idée de transformation du monde* », à laquelle a succédé une volonté d'« *adaptation au «monde tel qu'il est»* », ce qui aboutit dans les faits et au-delà des discours à un ralliement au néolibéralisme ambiant dont on cherche seulement à proposer une forme moins douloureuse...[11].

La loi sur l'ESS s'inscrit dans cette trajectoire. L'ESS y est appréhendée comme une simple déclinaison « humaniste » de l'économie néo-libérale et

[8] E. Tovar, « L'économie sociale et solidaire : le renouveau d'un idéal ? », Regards croisés sur l'économie, 2016/2 n° 19, p.163.

[9] P. Frémeaux, « L'économie sociale et solidaire, virage ou mirage ? », op. cit., p. 25 et s. L'auteur souligne notamment que « *Les deux banques françaises les plus impliquées dans la crise des subprimes ont été Natixis et Casa, toutes deux filiales cotées de deux grands groupes coopératifs* ».

[10] En ce sens voir H. Defalvard, « La loi ESS en discussion », site de la chaire d'économie sociale et solidaire de l'Université Paris Est-Marne-la-Vallée, http://www.u-pem.fr/chaire-economie-sociale-solidaire/publications/points-de-vue/la-loi-ess-en-discussion, 9 novembre 2013 : « *Pour définir l'ESS, la loi a davantage écouté les chefs d'entreprise et la pensée des écoles de commerce que les économistes. Il en résulte un réductionnisme qui fait de l'ESS un autre mode d'entreprendre et non une autre économie* ».

[11] B. Poulet, « De quoi le socialisme est-il (encore) le nom ? », Le Débat, 2017/2 n° 194, p. 50.

non comme un modèle économique concurrent ou alternatif[12], quoi qu'on en dise.

Néanmoins, cette loi a le mérite d'exister car elle donne au secteur de l'ESS un ancrage juridique fort en lui conférant un statut à part entière.

La définition législative des entreprises de l'ESS (I), la réorganisation des instances représentatives du secteur (II) ainsi que le renforcement de sa dimension régionale (III) en constituent les points saillants.

I. UNE DÉFINITION LÉGISLATIVE DES ENTREPRISES DE L'ESS

La détermination du périmètre de l'ESS constitue certainement l'apport majeur de la loi du 31 juillet 2014, le législateur ayant ainsi réglé une question lancinante depuis de nombreuses années, celle des critères.

L'ESS, on l'a dit, est traversée par deux logiques différentes dont témoigne l'emploi des adjectifs « social » et solidaire ». Ces deux approches induisent deux types de définition possibles : une définition « statutaire », qui met l'accent sur les statuts des acteurs, ou une définition « finaliste » qui, elle, fait prévaloir la nature de l'activité et des objectifs poursuivis.

La première avait la préférence du Conseil économique, social et environnemental qui dans un avis de janvier 2013 sur l'ESS indiquait que « *le CESE estime que l'approche par le statut conserve toute sa pertinence et préconise que cette dernière soit retenue pour définir le périmètre de l'ESS* »[13], mais le second permettait de rendre compte de l'émergence de l'économie « solidaire » dont la réalité ne pouvait être niée.

En définitive donc, le législateur a procédé à un panachage donnant naissance à une définition complexe qui se veut inclusive, comme le souhaitait Benoît Hamon, alors secrétaire d'État en charge de l'ESS[14].

C'est ainsi, tout d'abord, que l'ESS, définie à l'article 1er de la loi du 31 juillet 2014 comme « *un mode d'entreprendre et de développement économique adapté à tous les domaines de l'activité humaine* », ne concerne

---

[12] Voir M. Hély, « De l'économie sociale « historique » à « l'économie sociale et solidaire » : une nouvelle configuration des relations entre monde associatif et collectivités publiques », Revue française d'administration publique, 2017/3 n°163, p. 547 : L'auteur évoque une gauche moderne pour qui les entreprises de l'économie sociale sont inscrites dans le cadre de l'économie de marché et ont seulement pour objet d' « *être la cheville ouvrière d'un nouveau compromis entre la démocratie et le capitalisme* ».

[13] P. Lenancker et J.-M. Roirant, rapporteurs, « Entreprendre autrement : l'économie sociale et solidaire », Avis CESE, janvier 2013, p. 15 : l'avis précise également que « *Pour les entreprises commerciales revendiquant leur appartenance à l'ESS, notre assemblée recommande que le projet de loi sur l'ESS indique précisément que ces entreprises doivent intégrer dans leurs propres statuts les valeurs et caractéristiques de l'ESS précisées ci-dessous* ».

[14] E. Verny, « L'inclusivité à la française est plus large que celle de l'Union européenne », Juris associations, 2014 n° 506, p. 37 et s.

que les personnes morales de droit privé. Sont donc exclues de ce périmètre les entreprises publiques et les particuliers employeurs[15].

De plus, toujours selon l'article 1er de la loi, ces personnes privées doivent remplir trois critères cumulatifs pour faire partie de l'ESS : avoir un but autre que le seul partage des bénéfices, avoir une gouvernance démocratique prévue par leurs statuts fondée sur d'autres éléments que le seul apport en capital et incluant une participation des salariés et des « *parties prenantes aux réalisations de l'entreprise* » et, enfin, mettre en œuvre une gestion en vertu de laquelle la majeure partie des bénéfices est consacrée au maintien ou au développement de l'activité avec un principe de non-redistribution des réserves obligatoires impartageables.

En application de ces critères, la loi accorde une sorte de « présomption »[16] d'appartenance à l'ESS, eu égard à leurs statuts, aux coopératives, mutuelles, fondations ou associations qui constituent les acteurs « historiques » du secteur (économie «sociale »)[17].

Mais, celle-ci va plus loin et reconnaît aussi la possibilité aux sociétés commerciales d'intégrer le périmètre de l'ESS (ouverture à l'économie « solidaire »), si, aux termes de leurs statuts, ces dernières remplissent les trois critères cumulatifs susmentionnés ainsi que les conditions supplémentaires suivantes : l'affectation d'au moins 20 % des bénéfices à la constitution d'un fonds de développement obligatoire et d'au moins 50 % au report bénéficiaire et aux réserves obligatoires ; l'interdiction, sauf exception, de l'amortissement ou de la réduction du capital non motivé par des pertes ; et surtout la recherche d'une utilité sociale[18].

Ce dernier critère de l'utilité sociale fait, quant à lui, l'objet de l'article 2 de la loi qui en propose une définition à vocation fonctionnelle destinée uniquement à permettre la mise en œuvre des autres dispositions du texte[19]. L'utilité sociale recouvre ainsi le soutien à des personnes en situation de fragilité en raison de leur situation économique, sociale ou personnelle, la lutte contre les exclusions et les inégalités, l'éducation à la citoyenneté, le développement du lien social, le maintien et le renforcement de la cohésion territoriale. Les activités liées à l'un de ces objectifs qui contribuent au développement durable, à la transition énergétique ou à la solidarité internationale présentent également une utilité sociale, au sens de la loi.

On ajoutera que les sociétés commerciales ne peuvent faire publiquement état de leur appartenance à l'ESS que si elles ont déposé des statuts

---

[15] *Ibid.*

[16] En ce sens voir M.-P. Blin-Franchomme, « La reconnaissance légale de l'entreprise sociale et solidaire », Revue Internationale de la Compliance et de l'Éthique des Affaires, 2016 n°3, p. 94 et s.

[17] Loi n° 2014-856 du 31 juillet 2014, art. 1. II.

[18] *Ibid.*

[19] En ce sens voir B. Clavagnier, «Les avantages conférés aux entreprises de l'ESS », Juris associations, 2014 n°506, p.26 et s.

conformes aux conditions évoquées et aux exigences rédactionnelles fixées par le décret d'application n°2015-858 du 13 juillet 2015[20] et qu'elles sont immatriculées au registre du commerce et des sociétés (RCS) avec la mention de la qualité d'entreprise de l'ESS[21].

Ce n'est pas tout…

L'introduction de cette définition technique des acteurs de l'ESS va de pair avec la création d'un nouvel agrément « *entreprise solidaire d'utilité sociale* » (ESUS) qui vient remplacer l'agrément « *entreprise solidaire* » à l'article L. 3332-17-1 du code du travail[22]. Or, cet agrément ESUS, qui doit permettre aux acteurs de l'ESS d'acquérir une meilleure visibilité auprès des investisseurs, d'obtenir des réductions fiscales et de bénéficier de financements spécifiques (BpiFrance[23], Caisse des Dépôts et Consignations, fonds d'investissement solidaires de l'ESS tels que France Active, IDES ou Initiative France …) en ayant notamment accès à l'épargne salariale solidaire[24], répond à des modalités d'octroi distinctes…

Certains acteurs de l'ESS bénéficient de plein droit de cet agrément, tels notamment les organismes d'insertion par l'économique ou relevant du code de l'action sociale et des familles, les régies de quartier ou encore les associations et fondations reconnues d'utilité publique[25]. Les autres doivent poursuivre un objectif d'utilité sociale (au sens de l'article 2 de la loi) qui altère leur rentabilité financière, plafonner les hauts salaires et s'engager à ne pas être cotés sur les marchés financiers[26].

Ainsi, l'appartenance à l'ESS ne suffit pas pour accéder aux financements propres à ce secteur. Il faut encore obtenir un agrément supplémentaire.

Certes, il est vrai que pour l'heure cet agrément, qui est délivré par le préfet de département pour une durée en principe de cinq ans selon des modalités fixées par un décret 2015-719 du 23 juin 2015[27], ne connait qu'un succès

---

[20] Décret relatif aux statuts des sociétés commerciales ayant la qualité d'entreprises de l'économie sociale et solidaire.

[21] Loi n° 2014-856 du 31 juillet 2014, art. 1. III. Pour une analyse plus détaillée des adaptations requises de la part des sociétés commerciales souhaitant intégrer l'ESS voir notamment M.-H. Monsèrié-Bon, «L'entrée des sociétés commerciales dans le secteur de l'économie sociale et solidaire », Actes Pratiques et Ingénierie Sociétaire, 2015 n° 139, p. 1 et s.

[22] Loi n° 2014-856 du 31 juillet 2014, art. 11.

[23] Bpifrance est une banque publique d'investissement chargée de soutenir plus particulièrement les petites et moyennes entreprises, les entreprises de taille intermédiaire et les entreprises innovantes.

[24] Selon les données en ligne de juin 2018 provenant du ministère de la Transition écologique et solidaire, http://www.esspace.fr/entreprise-solidaire-d-utilite-sociale.html, les encours collectés par l'épargne salariale solidaire étaient de 4 milliards d'euros en 2014.

[25] C. travail, art. L 3332-17-1 II.

[26] C. travail, art. L 3332-17-1 I.

[27] Décret relatif à l'agrément « entreprise solidaire d'utilité sociale ».

mitigé, puisque selon les derniers pointages seuls 975 agréments ont été délivrés, ce qui ne représente environ que 0,5% des acteurs de l'ESS…[28].

Cependant, ce manque d'engouement, qui s'explique sans doute par le caractère limité des financements pouvant être obtenus actuellement grâce à l'agrément ESUS, ne doit pas occulter le fait que ce dernier est devenu une sorte de « point de passage obligé », voire un « label de légitimation », pour les sociétés commerciales intégrant l'ESS, dès lors que 80% d'entre elles l'ont sollicité et obtenu[29].

Ainsi, la définition législative des acteurs de l'ESS et son corollaire, l'agrément ESUS, consacrent-ils une nouvelle donne, à savoir l'implantation progressive des sociétés commerciales dans le périmètre de l'ESS.

Celle-ci a été perçue par certains comme une véritable « intrusion » risquant de transformer l'ESS en « *usine à gaz* » ou en « *auberge espagnole* »[30]. D'autres n'ont pas manqué d'y voir l'illustration du processus de « *normalisation marchande* » de ce secteur de l'économie qui conduit à ce que les acteurs historiques de l'ESS soient de plus en plus « *en concurrence avec les entreprises concurrentielles qui investissent ce nouveau marché du "social" business* »[31].

Toutefois, ces critiques sont à relativiser dès lors que les conditions d'accès à l'ESS imposées aux sociétés commerciales sont très lourdes et même plus sévères que certains statuts « traditionnels » de ce secteur…[32].

Cela ne signifie pas pour autant que le risque de dilution de l'ESS dans l'économie marchande classique est écarté.

Celui-ci existe plus que jamais mais il se situe sur un autre plan et tient au fait que le législateur a raisonné à l'échelle de l'entreprise et non à celle du groupe auquel cette dernière peut appartenir ou dont elle peut être l'entreprise mère….

Ce phénomène des filiales a été largement négligé par la loi alors qu'il est sans doute un des principaux facteurs de dénaturation de l'ESS.

De nombreuses coopératives, notamment dans les secteurs financier et agricole, n'hésitent pas à étendre leurs actions en dehors de l'ESS grâce à des rachats ou à la création de filiales relevant de l'économie classique, sans que la gouvernance de la coopérative ne garantisse le maintien dans ses

---

[28] Données de juin 2018 provenant du site internet du ministère de la Transition écologique et solidaire, http://www.esspace.fr.

[29] En ce sens voir M. Abhervé, « Pratiquement seules les entreprises commerciales de l'ESS ont sollicité l'agrément ESUS », Site internet de la revue Alternatives économiques, 1er janvier 2018, https://blogs.alternatives-economiques.fr/abherve.

[30] Communiqué de presse de la CGT-FO du 27 septembre 2013, « Projet de Loi sur l'Economie Sociale et Solidaire (PLESS) : FO veut plus de social », disponible sur internet : https://fr.calameo.com/read/0001425978b5c9aa7d35b.

[31] E. Tovar, « L'économie sociale et solidaire : le renouveau d'un idéal ? », op. cit., p. 160 (résumé) et p. 167.

[32] D. Hiez, « La loi sur l'économie sociale et solidaire : un regard juridique bienveillant », Revue internationale de l'économie sociale, 2014 n°334, p. 47.

filiales d'une gestion ou d'une culture d'entreprise de type « social » ou « solidaire »[33]. Or, si la loi sur l'ESS autorise dorénavant la création de groupements coopératifs permettant à une coopérative d'avoir comme filiale une autre coopérative (relevant de l'ESS...)[34], elle ne pose, en revanche, aucune règle de nature à enrayer ou encadrer réellement cette pratique des filiales « hors-les-murs » de l'ESS.

La dynamique inverse est tout aussi inquiétante. L'ouverture de l'ESS aux sociétés commerciales facilite les démarches opportunistes de grands groupes financiers ou de *starts up* totalement étrangers à cette forme d'économie. Dans la perspective du *social business*, théorie venue d'outre-Atlantique selon laquelle l'action sociale est un nouveau marché à investir au vu des quatre milliards de pauvres dans le monde n'accédant pas aux produits de consommation, créer une filiale « labélisée » ESS permet de pénétrer et d'assurer son développement et/ou sa notoriété dans certains secteurs de l'économie solidaire[35].

Plus prosaïquement, la création d'une filiale dans le périmètre de l'ESS sert parfois à proposer des possibilités de défiscalisation à certains financeurs de groupes d'investissement...[36].

Dans tous ces cas de figure, il s'agit incontestablement, là encore, d'une dénaturation de l'ESS, car la gouvernance actionnariale recherche bien *in fine* le plus grand profit au niveau du groupe, ce qui est évidemment contraire à l'objectif de non-lucrativité ou de lucrativité limitée propre à l'ESS...

Or, la loi ne prévoit rien qui puisse sérieusement empêcher le développement, voire la généralisation, de ce genre de pratique. Sur ce point, dès lors, le dispositif mis en place par le législateur est certainement perfectible.

---

[33] En ce sens voir E. Tovar, « L'économie sociale et solidaire : le renouveau d'un idéal ? », op. cit., p. 168.

[34] Loi n° 2014-856 du 31 juillet 2014, art. 29.

[35] S. Cottin-Marx, M. Hély, « Le projet de l'économie sociale et solidaire : fonder une économie acapitaliste. Entretien avec Jean-François Draperi », Mouvements, 2015/1 n° 81, p. 41 et p. 48. Jean-François Draperi, rédacteur en chef de la Revue internationale d'économie sociale (Recma) et directeur du Centre d'économie sociale travail et société au Cnam, rappelle qu'avant même l'ouverture de l'ESS aux sociétés commerciales, les multinationales investissaient déjà ce secteur de l'économie par le truchement de leurs fondations et par le financement d'associations.

[36] Voir Y. Vilagines, « L'agrément Esus, une reconnaissance pour les entreprises d'intérêt général », Les Echos, 22 décembre 2016 : L'article indique que le groupe Horizon Asset Management a obtenu l'agrément ESUS (pour une durée de deux ans) pour sa filiale développement Pierre Club Deal, spécialisée dans le financement de l'immobilier « *axé sur la mixité sociale et le réaménagement urbain* » et dont l'objectif est « *plutôt de faire bénéficier ses financeurs des avantages fiscaux prévus par les lois Tepa (ISF) et Dutreil* »... Voir aussi M. Abhervé, « Est-il conforme à la loi d'attribuer l'agrément ESUS à une filiale d'une entreprise hors ESS ? », Site internet de la revue Alternatives économique, 15 janvier 2017, https://blogs.alternatives-economiques.fr/abherve.

II. LA RÉORGANISATION DES INSTANCES REPRÉSENTATIVES DE L'ESS

La loi du 31 juillet 2014 modifie notablement le paysage institutionnel de l'ESS, même si, à bien des égards, le réaménagement opéré apparaît inachevé.

C'est en premier lieu la reconnaissance législative du Conseil supérieur de l'ESS qui retient l'attention. Ce conseil, qui est placé auprès du Premier ministre et présidé par le ministre chargé de l'économie sociale et solidaire[37], succède au Conseil supérieur de l'économie sociale.

Composé de manière à respecter la parité hommes-femmes, il comprend 72 membres dont des élus nationaux et locaux, des représentants des acteurs de l'ESS, de réseaux d'acteurs locaux, du Conseil national des chambres régionales de l'ESS –on y reviendra-, de syndicats et de services de l'État, ainsi que des « *personnalités qualifiées* »[38].

Le Conseil supérieur de l'ESS est chargé d'assurer le dialogue entre les acteurs de l'ESS et les pouvoirs publics nationaux et européens[39]. Il est consulté pour l'élaboration des textes réglementaires et législatifs touchant à l'ESS et contribue à la définition, tous les trois ans, d'une stratégie nationale de développement de l'ESS[40]. La promotion de l'ESS auprès des jeunes ainsi que la rédaction d'un rapport triennal sur la parité hommes-femmes au sein de l'ESS relèvent également de sa compétence[41]. Par ailleurs, le Conseil supérieur définit les orientations permettant d'identifier les projets ou activités susceptibles de bénéficier des financements publics au titre de l' « *innovation sociale* »[42]. Enfin, plus généralement, cette instance peut s'autosaisir de toute question relative à l'ESS[43].

Tout cela peut paraitre très impressionnant sur le papier.

Cependant, en dehors de la rédaction de rapports et d'avis, le seul « fait d'armes » notable de ce conseil a été l'adoption en juin 2016 du guide des « *bonnes pratiques* » des entreprises de l'ESS prévu à l'article 3 de la loi du 31 juillet 2014…

---

[37] Loi n°2014-856 du 31 juillet 2014, art. 4 I.

[38] Loi n°2014-856 du 31 juillet 2014, art. 4 VI. Voir aussi le décret d'application n° 2015-732 du 24 juin 2015 relatif au Conseil supérieur de l'économie sociale et solidaire, art. 1 et s. Les membres sont nommés pour une durée de 3 ans.

[39] Loi n°2014-856 du 31 juillet 2014, art. 4 I.

[40] Loi n°2014-856 du 31 juillet 2014, art. 4 II et III.

[41] Loi n°2014-856 du 31 juillet 2014, art. 4 IV et V.

[42] Loi n°2014-856 du 31 juillet 2014, art. 15 III. Relèvent de l'innovation sociale, les activités ou projets qui répondent à des besoins sociaux non ou mal satisfaits ou ceux qui répondent à des besoins sociaux par une forme innovante d'entreprise, par un processus innovant de production de biens ou de services ou encore par un mode innovant d'organisation du travail.

[43] Loi n°2014-856 du 31 juillet 2014, art. 4 I.

Encore convient-il de bien préciser que ce guide qui, selon les termes de la loi, traite, tout à la fois, de la gouvernance démocratique, de la territorialisation de l'économie, de la politique salariale, de l'exemplarité sociale, de la qualité de l'emploi, du lien avec les usagers et de la diversité, n'est pas formellement contraignant.

Il s'agit en effet d'un exemple archétypal de cette forme de « droit souple » qui a la faveur du Conseil d'État[44]. La loi évoque ainsi un guide « *définissant les conditions d'amélioration continue des bonnes pratiques* »[45], et ce dernier se définit lui-même comme un « *guide de questionnement* [qui] *doit aider à inscrire dans la durée réflexions et actions* »[46]. Dans ces conditions, il est difficile de reconnaitre à ce guide un caractère impératif, d'autant plus qu'aucune sanction (retrait d'agrément et/ ou retrait de la qualification d'entreprise de l'ESS) n'est prévue dans le cas où une entreprise choisirait de l'ignorer…

La seule « contrainte » consiste en l'obligation pour les entreprises de l'ESS de présenter lors de leurs assemblées générales annuelles des « *informations* » sur la mise en œuvre des bonnes pratiques définies par ce guide, laquelle présentation peut « *le cas échéant* » s'accompagner d'un « *débat sur les réalisations et les objectifs de progrès* »[47]. Autant dire qu'aucune mesure de coercition réelle n'existe[48].

Dépourvu de tout pouvoir de décision ou de sanction, le Conseil supérieur de l'ESS doit donc être appréhendé comme un simple organe consultatif. Il ne relève pas de la catégorie des autorités administratives indépendantes[49] et coexiste avec d'autres instances représentatives.

---

[44] Conseil d'Etat, Etude annuelle 2013. Le droit souple, La Documentation française, mai 2013, 297 p.

[45] Loi n°2014-856 du 31 juillet 2014, art. 3 I.

[46] Conseil supérieur de l'Economie sociale et solidaire, Guide définissant les conditions d'amélioration continue des bonnes pratiques des entreprises de l'économie sociale et solidaire, livret I, p.1. Ce guide est disponible sur le site internet du ministère de la Transition écologique et solidaire, http://www.esspace.fr.

[47] Loi n°2014-856 du 31 juillet 2014, art. 3 II.

[48] Voir D. Hiez et R. Laurent, Le droit à la sauce piquante, La Lettre d'Information juridique de l'ESS, 2016 n°7. Les auteurs soulignent notamment que le législateur n'a pas suffisamment tenu compte de la forme juridique des entreprises de l'ESS : « *Il suffit de songer à l'assemblée générale devant laquelle la démarche initiée par le guide doit être débattue : il est flagrant que les fondations n'étaient pas en ligne de mire, celles-ci n'ont pas d'assemblée* ». Ils notent également que « *La solution* [du guide des bonnes pratiques] *tranche avec le mécanisme de la révision coopérative* [contrôle propre aux coopératives réalisé par un « réviseur coopératif » agréé et prévu à l'article 25-1 de la loi n°2014-856 du 31 juillet 2014], *puisque celle-ci peut aboutir au retrait de l'agrément pour les coopératives soumises à agrément, ou à la disqualification de la qualité de coopérative* ».

[49] Le Conseil supérieur de l'ESS -qui est présidé par un ministre- n'est pas répertorié comme une autorité administrative indépendante dans l'annexe de la loi n° 2017-55 du 20 janvier 2017 portant statut général des autorités administratives indépendantes et des autorités publiques indépendantes. Voir aussi D. Hiez, « La loi sur l'économie sociale et solidaire : un regard juridique bienveillant », op. cit., p. 48.

La loi du 31 juillet 2014 a ainsi créé en parallèle une Chambre française de l'ESS (connue sous le nom d' « *ESS France* »), constituée en association d'utilité publique, qui est chargée d'assurer au niveau national la représentation et la promotion de l'ESS[50]. La chambre, qui succède au Conseil des entreprises et groupements de l'ESS, est composée des organisations nationales représentant les différentes formes statutaires de l'ESS, y compris les sociétés commerciales, ainsi que de représentants du Conseil national des chambres régionales de l'ESS[51].

Ce Conseil national, qui existe depuis juin 2004, regroupe, quant à lui, les chambres régionales de l'ESS qui sont constituées des entreprises et organisations professionnelles de l'ESS relevant de leurs ressorts territoriaux[52].

Le réseau des chambres régionales, que le Conseil national « *soutient, anime et coordonne* », est un réseau d'associations d'utilité publique liées à l'État et aux différentes régions par des conventions d'agrément[53].

Ces chambres régionales, qui ont dû s'adapter à la fusion des régions, exercent au niveau local les mêmes fonctions de représentation et de promotion de l'ESS que la Chambre française. Elles sont, de plus, dotées de compétences spécifiques, puisqu'elles tiennent à jour et assurent la publication de la liste des entreprises relevant de l'ESS et se voient expressément reconnaitre la qualité pour ester en justice afin de faire respecter par les sociétés commerciales de l'ESS les conditions d'appartenance à ce secteur fixées par l'article 1er de la loi du 31 juillet 2014 (cf. I.)[54].

Concernant cette dernière compétence, cependant, le rôle des chambres régionales se borne, en pratique, à solliciter du juge la suppression de la mention ESS du RCS pour les sociétés contrevenantes[55].

La réorganisation des instances représentatives de l'ESS voulue par le législateur n'éclipse pas les instances représentatives plus sectorielles (coopératives, associations, mutuelles…) qui préexistaient.

C'est ainsi que la loi du 31 juillet 2014 fait coexister avec les instances de l'ESS, le Conseil supérieur de la mutualité[56], le Conseil supérieur de la coopération, auquel elle accorde un statut législatif[57], ainsi que le Haut

---

[50] Loi n°2014-856 du 31 juillet 2014, art. 5.
[51] Ibid.
[52] Loi n°2014-856 du 31 juillet 2014, art. 6.
[53] Ibid.
[54] Ibid.
[55] D. Hiez, « La loi sur l'économie sociale et solidaire : un regard juridique bienveillant », op. cit., p. 48.
[56] C. mutualité, art. L. 411-1 et s.
[57] Loi n°2014-856 du 31 juillet 2014, art.24. Auparavant, ce conseil était régi par le décret n°76-356 du 20 avril 1976 relatif au Conseil supérieur de la coopération.

Conseil à la vie associative qui voit, lui aussi, son statut consolidé par la loi[58].

Cette multiplication des institutions représentatives au sein de l'ESS s'avère problématique.

C'est tout d'abord l'articulation entre les structures qui mériterait d'être rationalisée.

On voit en effet difficilement l'intérêt de maintenir le Conseil national des chambres régionales de l'ESS alors qu'il a été créé une « chambre » française de l'ESS qui avait logiquement, en raison de son appellation, vocation à « chapeauter » les « chambres » régionales en lieu et place du Conseil national…[59].

L'argument qui a pu être avancé selon lequel le Conseil national des chambres régionales de l'ESS aurait un rôle plus technique (notamment la consolidation au niveau national des données économiques recueillies par les chambres régionales)[60] alors que la Chambre française de l'ESS aurait une mission politique[61], n'est pas de nature à lever l'objection. Pourquoi en effet ne pas avoir confié l'ensemble de ces missions à la seule Chambre française (ou au seul Conseil national) plutôt que de maintenir inutilement deux institutions ? Par ailleurs, peut-on réellement affirmer que ces structures ne doublonnent aucunement alors que la Chambre française est chargée de la représentation et de la promotion de l'ESS au niveau national et que le Conseil national est chargé de représenter des chambres régionales exerçant à leur niveau la même fonction représentative que la Chambre française ? Il est permis d'en douter[62].

L'empilement des institutions représentatives affaiblit aussi, paradoxalement, la visibilité de l'ESS dans le paysage politique et

---

[58] Loi n°2014-856 du 31 juillet 2014, art. 63. Auparavant cette instance existait sur une base réglementaire à savoir le décret n° 2011-773 du 28 juin 2011 relatif au Haut Conseil à la vie associative.

[59] L'inspection générale des finances, qui reconnait l'incohérence de la répartition des compétences entre la Chambre française et le Conseil national des chambres régionales, semble toutefois en faveur d'un renforcement du rôle du Conseil national… Voir B. Brassens et E Razafindralambo, « Les chambres régionales (CRESS) et le Conseil national (CNCRESS) de l'économie sociale et solidaire (ESS) : état des lieux et perspectives d'action au service de l'ESS », Inspection générale des finances, décembre 2016, p.31 : « *Cette non reconnaissance du CNCRESS comme instance à même de porter au plan national la voix de l'ESS ne permet pas de relayer et de valoriser de manière optimale la démarche demandée aux CRESS* ».

[60] Loi n°2014-856 du 31 juillet 2014, art. 6.

[61] D. Hiez, « La loi sur l'économie sociale et solidaire : un regard juridique bienveillant », op. cit., p. 48.

[62] En ce sens, voir notamment D. Hiez, « La loi sur l'économie sociale et solidaire : un regard juridique bienveillant », op. cit., p. 48 ; M. Abhervé, « Vie associative. Une parole à 4 voix ? », Site internet de la revue Associations mode d'emploi, 15 mars 2018, www.associationmodeemploi.fr.

économique[63]. La segmentation de la représentation en autant d'institutions entraine en effet une déperdition certaine qui résulte de l'incapacité pour les acteurs de l'ESS de parler d'une seule voix.

D'autres facteurs expliquent également ce rayonnement limité des instances représentatives de l'ESS.

Le Conseil supérieur de l'ESS, qui est placé auprès du Premier ministre et présidé par le ministre chargé de l'économie sociale et solidaire, s'avère dépendant à l'égard du pouvoir politique qui évite de le saisir de questions trop délicates[64]. Il est également sensible, du fait de cette dépendance, aux changements de majorité ou aux remaniements ministériels…[65].

Quant à la Chambre française de l'ESS, elle semble « engluée » dans la recherche de positions équilibrées à même de satisfaire l'ensemble de ses composantes (associations, fondations, mutuelles, coopératives, sociétés commerciales), ce qui réduit d'autant sa réactivité dans le débat public[66].

Enfin, on aurait pu imaginer que le législateur mette en place une réelle autorité de régulation pour le secteur de l'ESS qui aurait été à la fois indépendante des pouvoirs publics et des acteurs économiques et en capacité de prendre des mesures de police administrative, voire des sanctions, y compris pécuniaires, afin de faire respecter les règles fixées par la loi.

Or, il n'en a rien été.

Certes, certaines autorités de régulation sectorielles interviennent dans le champ de l'ESS, comme l'Autorité de contrôle prudentiel et de régulation qui est chargée du contrôle des banques et des assurances en vue de veiller à la préservation de la stabilité du système financier et qui, de ce fait, est amenée à exercer également son contrôle sur les mutuelles et coopératives du secteur.

En revanche, il n'y pas d'autorité de régulation pour le périmètre de l'ESS dans son ensemble et les structures mises en place par la loi du 31 juillet 2014 n'y pallient pas, puisque, comme on l'a vu, les chambres régionales, chargées de tenir à jour la liste des entreprises de l'ESS, peuvent seulement saisir le juge d'une demande tendant au retrait de la mention ESS du RCS dans le cas où une société commerciale contreviendrait aux règles de l'article 1er de la loi qui s'imposent à elle…

---

63 J. Couard, « Économie sociale et solidaire - Loi-cadre : deux ans et un bilan », Juris associations, 2016 n°543, p.37.

64 M. Abhervé, « Vie associative. Une parole à 4 voix ? », op. cit. L'auteur dénonce l'absence de consultation du Conseil supérieur de l'ESS sur le dispositif des contrats à impact social mis en place en 2016 et destiné à mener des programmes innovants et de prévention sociale afin de lutter contre l'exclusion, les addictions ou la dépendance. Grâce à ce mécanisme, un acteur social peut faire financer un programme de prévention par un investisseur privé, qui sera lui-même remboursé par la puissance publique en cas de succès.

65 Ibid.

66 Ibid.

En somme, il existe certainement des pistes d'amélioration dans la perspective du développement et de la rationalisation de l'architecture institutionnelle de l'ESS.

III. LE RENFORCEMENT DE LA DIMENSION RÉGIONALE DE L'ESS

Dans le cadre d'une section 4 consacrée aux « *politiques territoriales de l'économie sociale et solidaire* », la loi du 31 juillet 2014 fait de la région la collectivité territoriale « chef de file » de l'ESS.

C'est en effet la région qui est chargée d'élaborer en concertation avec la chambre régionale de l'ESS et les autres acteurs de cette économie, une stratégie régionale de l'ESS, celle-ci pouvant « *contractualiser* » cette stratégie avec les départements, les communes et les établissements publics de coopération intercommunale (EPCI) à fiscalité propre[67].

De même, le Président du Conseil régional se doit de co-organiser avec le préfet de Région, au moins tous les deux ans, une conférence régionale de l'ESS réunissant les acteurs de l'ESS, les représentants des collectivités territoriales infrarégionales et les partenaires sociaux[68].Ces conférences doivent permettre de formuler de propositions pour le développement des politiques publiques territoriales de l'ESS, lesquelles peuvent s'inscrire dans « *des démarches de coconstruction avec l'ensemble des acteurs concernés* »[69].

On ajoutera que la loi NOTRE du 7 aout 2015[70] est venue compléter la loi du 31 juillet 2014 en renforçant encore le rôle de la région dans le domaine de l'ESS.

En effet, la région, qui est dorénavant « *responsable, sur son territoire, de la définition des orientations en matière de développement économique* »[71], s'est vue confier l'élaboration du schéma régional de développement économique, d'innovation et d'internationalisation (SRDEII), lequel, notamment, « *définit les orientations en matière de développement de l'économie sociale et solidaire* » en s'appuyant sur les propositions formulées lors des conférences régionales biennales[72].

---

[67] Loi n°2014-856, 31 juillet 2014, art. 7.
[68] Loi n°2014-856, 31 juillet 2014, art. 8.
[69] Ibid.
[70] Loi n° 2015-991 du 7 août 2015 portant nouvelle organisation territoriale de la République, JO 8 août 2015, p. 13705.
[71] C. géné. collectivités territoriales, art. L. 4251-12 issu de l'art. 2 de la loi n°2015-991 du 7 aout 2015.
[72] C. géné. collectivités territoriales, art. L. 4251-13 issu de l'art. 2 de la loi n°2015-991 du 7 aout 2015.

Or, de tels schémas, à l'élaboration desquels sont également associées les chambres régionales de l'ESS[73], s'imposent dans le cadre d'un rapport de compatibilité aux actes des collectivités territoriales infrarégionales et de leurs groupements en matière d'aide aux entreprises[74].

Cette régionalisation de l'ESS n'est pas anodine.

Il est tout d'abord frappant que la loi du 31 juillet 2014 se soit focalisée sur la dimension régionale des politiques publiques dans le domaine de l'ESS en délaissant l'échelon national. Certains y ont vu le signe d'une incapacité de l'État à s'impliquer réellement en faveur de l'ESS[75].

Cette critique n'est pas dénuée de fondement.

Certes, l'attention accordée à l'échelon régional peut s'expliquer par la volonté du législateur de mieux organiser les politiques locales de l'ESS, sans que cela préjuge nécessairement de l'implication future de l'État au niveau national. Mais, il est non moins vrai que le « *panorama des politiques publiques impactant l'Économie sociale et solidaire* », figurant sur le site internet du ministère de la Transition écologique et solidaire dédié à l'ESS, ne répertorie, pour l'instant, aucune politique nationale d'envergure, ce qui vient conforter l'analyse selon laquelle la régionalisation de l'ESS pourrait cacher un désinvestissement discret de l'État…[76].

En effet, parmi les politiques relevant du domaine de l'ESS répertoriées à l'échelon national, on ne trouve que des dispositifs très ciblés qui ne concernent que certains acteurs de l'ESS (la politique d'insertion par l'activité économique[77], les appels à projets des pôles territoriaux de coopération économique[78]) ou dont le champ d'action est circonscrit (le

---

[73] C. géné. collectivités territoriales, art. L. 4251-14 issu de l'art. 2 de la loi n°2015-991 du 7 aout 2015. La chambre régionale de l'ESS participe à la « *conférence territoriale de l'action publique* » à l'occasion de laquelle le projet de SRDEII fait l'objet d'une présentation et d'une discussion.

[74] C. géné. collectivités territoriales, art. L. 4251-17 et s. issus de l'art. 2 de la loi n°2015-991 du 7 aout 2015. On notera que le SRDEII doit, au préalable, être approuvé par arrêté du représentant de l'Etat dans la région (cf. art. L. 4251-16 issu de l'art. 2 de la loi n°2015-991 du 7 aout 2015).

[75] Voir D. Hiez, « La loi sur l'économie sociale et solidaire : un regard juridique bienveillant », op. cit., p. 48.

[76] http://www.esspace.fr. /politiques_ess.html. Le site a été consulté en juin 2018.

[77] Inscrite dans le Code du travail depuis l'entrée en vigueur de la loi n° 98-657 du 29 juillet 1998 d'orientation relative à la lutte contre les exclusions, l'insertion par l'activité économique regroupe plusieurs types de structures de l'ESS impliquées dans l'insertion professionnelle des personnes éloignées de l'emploi, telles que les associations intermédiaires, les ateliers et chantiers d'insertion, les entreprises d'insertion et les entreprises de travail temporaire d'insertion.

[78] Les appels à projets des Pôles territoriaux de coopération économique ont pour objectif d'encourager le développement de ces pôles qui sont des regroupements d'entreprises de l'ESS, d'acteurs publics et d'organismes de formation, d'enseignement ou de recherche, destinés à la mise en place de stratégies communes de coopération au service de projets économiques innovants pour le développement local (cf. loi n°2014-856, 31 juillet 2014, art. 9).

dispositif local d'accompagnement[79], le contrat à impact social[80], « *Scale me up* »[81], le label « *La France s'engage* »[82]). Pour le reste, il ne s'agit que de politiques « impactant » l'ESS mais qui ne lui sont pas spécifiquement dédiées puisque relevant de la politique de la ville.

Naturellement, ces différentes politiques s'additionnent les unes aux autres, de sorte que le bilan au niveau national n'est pas nul, mais, elles ne sauraient remédier à l'absence d'une politique étatique d'ampleur et volontariste consacrée à l'ESS.

C'est donc bien l'échelon régional qui est en « première ligne »[83].

A cet égard, cependant, on notera qu'une « départementalisation » des politiques de l'ESS eut été concevable, compte tenu de la dominante sociale du département qui, comme le précise dorénavant le Code général des collectivités territoriales tel que modifié par la loi NOTRE, est compétent « *pour mettre en œuvre toute aide ou action relative* (…) *au développement social* » et « *pour promouvoir les solidarités* » territoriales [84]. Cette compétence affirmée du département en matière d'insertion sociale et de solidarité territoriale en avait fait un acteur majeur de l'ESS, la plupart des emplois de ce secteur de l'économie relevant de son périmètre d'intervention[85].

Deux raisons semblent toutefois avoir pesé dans le choix de la région au détriment du département.

La première est d'ordre institutionnel et tient au fait qu'avant même l'entrée en vigueur de la loi du 31 juillet 2014, la région constituait déjà l'échelon de regroupement des acteurs de l'ESS grâce aux chambres régionales de l'ESS qui étaient les interlocuteurs principaux des pouvoirs

---

[79] Créé en 2002 par l'Etat et la Caisse des Dépôts et modifié par la loi n°2014-856 du 31 juillet 2014, le dispositif local d'accompagnement, qui est financé en partie par l'Etat, permet d'accompagner les structures de l'ESS employeuses dans leur développement, en vue de créer ou de développer des emplois. Il s'agit d'un accompagnement, individuel ou collectif, de 2 à 5 jours, qui est assuré par un organisme à but non lucratif faisant l'objet d'un conventionnement avec l'Etat ou tout autre organisme public ou collectivité territoriale intéressé.

[80] Voir note 64.

[81] Lancée en juin 2016, dans le prolongement d'une dynamique européenne, cette politique a pour objectif l'accompagnement des entreprises de l'ESS dans leur changement d'échelle en favorisant les projets de coopération, partenariat, ou d'essaimage, comprenant a minima une entreprise de l'ESS en Europe et un autre partenaire dans un second pays de l'Union européenne.

[82] Initié par le Président de la République en 2014, ce label récompense les projets les plus innovants (quelques dizaines de lauréats par an) pour l'ESS.

[83] D. Hiez, « La loi sur l'économie sociale et solidaire : un regard juridique bienveillant », op. cit., p. 48.

[84] C. gén. collectivités territoriales, art. L. 3211-1 modifié par l'art. 94 de la loi n°2015-991 du 7 aout 2015.

[85] S. Dubiton, « Les politiques publiques en faveur de l'économie sociale et solidaire : quel rôle pour les collectivités dans le cadre de la réforme territoriale ? », AJ Collectivités Territoriales, 2015, p. 239 et s.

publics, notamment du conseil régional et des services déconcentrés de l'État[86].

La deuxième raison est de nature plus stratégique et correspond manifestement à une volonté de rattacher l'ESS à la sphère économique (région) plutôt qu'à la sphère sociale (département). Il est vrai que ce choix semble correspondre aux attentes des acteurs de l'ESS, lesquels craignent, comme le notaient déjà l'inspection générale des finances et l'inspection générale des affaires sociales dans un rapport conjoint de janvier 2014, que le rattachement à la « *sphère sociale* » fasse peser sur l'ESS « *le primat d'une vision d'économie « réparatrice » à laquelle ils* [ses acteurs] *refusent d'être réduits* »[87].

Il en résulte donc une certaine rétrogradation du département qui, depuis l'entrée en vigueur de la loi NOTRE, n'est plus compétent en matière d'interventions économiques de droit commun et ne peut donc favoriser le développement de l'ESS, rattachée à la sphère économique, que de façon indirecte en sollicitant de façon « constructive » ses compétences en matière sociale et de solidarité territoriale et ce dans le respect des prérogatives régionales...[88].

Ce rattachement de l'ESS à la sphère économique relevant de la région est d'autant plus significatif qu'il s'accompagne d'un insidieux processus de « banalisation » de cette forme d'économie, déjà évoqué plus haut[89].

En effet, si l'ESS est maintenant intégrée, au niveau régional, aux SRDEII créés par la loi NOTRE, elle ne l'est que comme un instrument de « développement économique » parmi d'autres (soutien à l'internationalisation, aides à l'investissement immobilier, aides à l'innovation des entreprises etc.)...[90].

« Noyée » dans ces schémas traitant du développement économique régional « tous azimuts », elle n'est nullement identifiée comme une économie « autre » dotée de valeurs propres, mais apparaît comme une simple déclinaison (particulière) de l'économie libérale qu'on entend mettre au service de la « croissance » et de la « compétitivité » au niveau régional[91].

---

[86] F. Carrey-Conte, «Economie sociale et solidaire : quatre questions à... Fanélie Carrey-Conte », op. cit., p.255.

[87] J. Bonamy, M.L. Balmes, J.-F. Bevenise, « Evaluation du pilotage de la politique publique d'économie sociale et solidaire », Inspection générale des finances/ Inspection générale des affaires sociales, janvier 2014, p. 4.

[88] Voir Conseil national des chambres régionales de l'ESS, « ESS & départements », Note politiques publiques, décembre 2016, 20p.

[89] Cf. introduction de la présente étude.

[90] C. gén. collectivités territoriales, art. L. 4251-13 issu de l'art. 2 de la loi n°2015-991 du 7 aout 2015. Sur ce point voir aussi S. Dubiton, « Les politiques publiques en faveur de l'économie sociale et solidaire : quel rôle pour les collectivités dans le cadre de la réforme territoriale ? », op. cit., p. 239 et s.

[91] Voir S. Dubiton, « Les politiques publiques en faveur de l'économie sociale et solidaire : quel rôle pour les collectivités dans le cadre de la réforme territoriale ? », op. cit., p. 239 et s.

On en revient donc à cette limitation qui semble consubstantielle à l'ESS : celle-ci n'est pas une économie distincte ou concurrente du néo-libéralisme. Au-delà des affichages, elle n'en est en réalité qu'une composante. Une composante certainement utile, ce qui fait que la loi Hamon du 31 juillet 2014 constitue un indéniable progrès, même si le dispositif législatif mis en place est perfectible. Mais une simple composante tout de même qui ne fait que de confirmer, en réalité, le règne sans partage d'un néo-libéralisme qui présente la faculté de savoir retourner à son avantage tout ce qui pourrait le remettre en cause…

Le 30 juin 2018.

Voir aussi Etude d'impact sur le projet de loi portant nouvelle organisation de la république, NOR : RDFX1412429L/Bleue-1, 17 juin 2014, p.6 : L'étude évoque les nouvelles « *capacités d'action* » de la région « *dans les domaines qui sont déterminants pour la croissance économique, pour le rétablissement de la compétitivité et donc pour l'emploi* ».

L'ÉCONOMIE SOCIALE ET SOLIDAIRE : UNE REVUE DE LA LITTÉRATURE EN SCIENCES DE GESTION

Par
Marina FERREIRA DA SILVA
Maître de Conférences en Sciences de Gestion
Université Le Havre Normandie – Laboratoire NIMEC
marina.ferreira-da-silva@univ-lehavre.fr

Concurrence mondiale, désindustrialisation, crises financières successives, accroissement du chômage, catastrophes écologiques… sont vécues par les individus comme les symptômes d'un grand dérèglement (Pfimlin, 2012).

Face à ces crises successives, de nombreuses initiatives d'économie sociale et solidaire ont vu le jour au travers le monde (Laville, 2012) : « Grameen Bank » au Bangladesh, qui propose un système de microcrédit aux familles les plus démunies souhaitant démarrer une micro entreprise, cuisines collectives latino-américaines, tontines africaines, coopérative sociale italienne « La Bula », visant à construire des logements permettant d'accueillir des personnes en situation de handicap, Régies de quartier en France, agences de développement communautaire américaines…

En France, l'économie sociale et solidaire (ESS) a pris un essor significatif depuis les années 1980 (Lazuech, 2013). Cette dernière regroupe des entreprises organisées sous forme de fondations, coopératives, mutuelles, ou associations, souhaitant concilier trois piliers : solidarité, performances économiques, et utilité sociale. Adoptant un mode de gestion démocratique et participatif, les organisations de l'ESS réinvestissent systématiquement les profits réalisés[1]. D'après le rapport CNCRES (2012), ces organisations économiques représentent un acteur majeur de notre économie : 10,3% de l'emploi total, 13,9% de l'emploi privé, 2,34 millions de salariés, et près de 56,4 milliards d'euros de rémunérations brutes versées.

---

[1] https://www.economie.gouv.fr/cedef/economie-sociale-et-solidaire.

Extrêmement hétérogènes, elles combinent l'activité et l'engagement de bénévoles et le travail de salariés, l'hybridation des ressources, des modalités d'associations de diverses parties prenantes. Leur finalité est de développer des modes de production, de répartition, d'échange et de consommation plus démocratiques et solidaires (Demoustier, 2001).

Par leur histoire, leur nature et leur volonté, les organisations de l'ESS recherchent une éthique du compromis (Pfimlin, 2012) : entre les droits de l'être humain et les obligations des employés, entre les intérêts de l'entreprise et ceux des consommateurs, entre les bénéfices et la sauvegarde de l'environnement, entre la rentabilité et la justice sociale, entre le court et le long termes.

Dotées d'une organisation généralement peu centralisée, les organisations de l'ESS bénéficient d'une grande autonomie, et donc d'une grande responsabilité placée sous le contrôle des sociétaires et de l'institution ou encore de managers et d'élus, qui veillent au respect du projet social. Des règles et des procédures doivent en effet être suivies, des résultats commerciaux sont attendus, un service de qualité doit être rendu aux membres ou aux bénéficiaires, tout en garantissant un respect des valeurs mutualistes (honnêteté, confiance, disponibilité…).

Dans ce contexte, les orientations de gestion représentent un enjeu majeur pour les entreprises sociales et solidaires. Soumises à de fortes pressions concurrentielles, elles finissent parfois par se banaliser en adoptant des pratiques de gestion dites classiques, dans un phénomène d'isomorphisme institutionnel (Di Maggio et Powell, 1983) d'autant plus important qu'elles opèrent dans le même espace marchand que des entreprises privées. Ainsi, les entreprises de l'ESS adoptent de plus en plus les techniques de gestion dominantes, telles quelles ou en les adaptant à leurs spécificités (Pfimlin, 2012). Autrement dit, on assiste de plus en plus à une professionnalisation de ces entreprises, à l'adoption de modèles managériaux issus des autres secteurs de l'économie, et parfois même à la concurrence de leurs activités avec celles du reste de l'économie marchande (Lazuech, 2013).

Pourtant, la littérature consacrée à l'économie sociale et solidaire fait état d'une sous-représentation relative des chercheurs en gestion (Martinet, 2012). Or, confrontée à la montée du management, il apparaît nécessaire d'approfondir l'étude des dispositifs, instruments, et outils de gestion, car ces derniers façonnent les schémas mentaux, les représentations, les structures, mais aussi les comportements des acteurs (Martinet, 2012).

Aussi, cette communication tentera d'apporter des éléments de réponse à la problématique suivante : quelles sont les spécificités des outils et principes de gestion des organisations issues de l'économie sociale et solidaire ?

Une première partie sera consacrée à la clarification du concept d'économie sociale et solidaire, une distinction sera proposée entre économie sociale d'une part, et économie solidaire d'autre part. Une seconde partie s'intéressera à la place des sciences de gestion dans le secteur de l'ESS (I). Un focus sera proposé sur l'applicabilité du marketing dans le champ associatif (II).

I. ÉCONOMIE SOCIALE ET ÉCONOMIE SOLIDAIRE : VERS UNE CLARIFICATION DES CONCEPTS

A. Des principes communs

Le concept d'économie sociale et solidaire a émergé en France dans les années 2000 de la rencontre entre d'une part l'économie sociale, et d'autre part la gestion d'entreprises à finalité sociale (Laville et Glémain, 2009). L'économie sociale et solidaire peut être définie par les acteurs qui en sont le support (entrepreneurs, salariés...), par les formes organisationnelles qu'elle adopte (société anonyme, association, fondation, entreprise mutualiste...), ou encore par ses activités (commerce équitable, aide aux personnes âgées, manifestations culturelles ou sportives...), manifestant ainsi des formes diverses et variées (Allemand et Boutillier, 2010).

Conçue pour répondre aux attentes de la demande de solidarité émanant du corps social et aux besoins de la société non satisfaits par les deux grands secteurs (publique et privé), elle devrait prendre de l'ampleur du fait notamment de l'émergence de nouveaux besoins liés à la précarité générée par les dysfonctionnements de l'économie de marché, par la nécessité de co-construire l'offre-demande des services à la personne, et par l'arrivée de nouveaux domaines d'activité à explorer sollicitant créativité, solidarité, et bénévolat (Guesnier, 2010).

S'il apparaît important de distinguer les organisations relevant de l'économie sociale de celles relevant de l'économie solidaire, il convient de souligner leurs grands principes communs (Richez-Battesti, 2010).

Les organisations de l'ESS adoptent en effet un modèle d'organisation original. D'abord, elles sont caractérisées par un modèle d'organisation collectif associant des individus, qui combine liberté d'entreprendre, responsabilité collective et projet d'émancipation. Par ailleurs, elles reposent sur un modèle de démocratie économique basé sur le principe « une personne, une voix ». Ensuite, la détention du capital est fondée sur la propriété collective : la lucrativité est donc limitée, et il n'y a pas d'appropriation individuelle des profits. Enfin, elles œuvrent selon un principe de double qualité : travailler et gérer, utiliser ou consommer et gérer, militer et gérer.

Aussi, dans les organisations de l'ESS, la fonction de production combine ressources marchandes, non marchandes et non monétaires, la production de biens et de services est adaptée aux besoins et aux individus (l'usager étant associé, il est co-producteur), les consommateurs/clients/usagers ne sont en aucun cas segmentés selon leur capacité à payer. Les excédents sont répartis de manière spécifique : mise en réserve pour de l'investissement, éventuellement rémunération maîtrisée du capital, amélioration du produit, baisse de son prix, amélioration de la relation salariale. Les principes de gouvernance associent les parties prenantes (principe de citoyenneté économique et sociale).

Après avoir identifié les principes communs, il convient de s'intéresser aux différences entre les organisations issues de l'économie sociale et celles issues de l'économie solidaire.

B. ÉCONOMIE SOCIALE *VERSUS* ECONOMIE SOLIDAIRE

André (2015) définit l'entreprise sociale comme une organisation ayant pour spécificité de poursuivre en priorité une finalité sociale, tout en s'appuyant sur un modèle économique caractérisé par une activité continue de vente de biens ou de services. De ce fait, les entreprises sociales se distinguent à la fois des entreprises à but lucratif par leur mission sociale, et des ONG et associations par leur activité commerciale (André, 2015). Elles appliquent cependant des principes démocratiques au sein de leur structure de gouvernance (Lallemand-Stempack, 2015). Leur caractère « hybride », qui les amène à combiner deux logiques institutionnelles (sociale par leur finalité, commerciale par leur modèle économique) peut dès lors amener ces organisations à devoir répondre à des demandes parfois conflictuelles ou contradictoires (Pache et Santos, 2010). Ces tensions liées à leur hybridité peuvent être toutefois considérées comme un problème à résoudre et comme un élément clé de leur identité à entretenir, il s'agit dès lors d'éviter qu'une logique l'emporte sur l'autre (Lallemand-Stempack, 2015).

Les entreprises sociales mobilisent de plus en plus les chiffres à des fins de pilotage, d'évaluation ou encore de rationalisation de leur action, mettant en œuvre des méthodologies de mesure de leur impact social et mobilisant stratégiquement les chiffres produits dans leurs relations avec les financeurs (Eynaud et Mourey, 2015).

Le concept d'économie solidaire est quant à lui lié au mouvement altermondialiste, et se focalise sur l'idée d'une « autre économie », parfois pensée à l'intérieur du marché, parfois comme économie parallèle (Lasida, 2008). Il s'agit ainsi d'une autre économie au service de l'intérêt collectif et de l'utilité sociale, considérée dans des objectifs de solidarités multiples plus larges que ceux visés par l'économie sociale (solidarité envers les futures générations, solidarité entre personnes, entre territoires…). Toutes ces solidarités vont se manifester dans des domaines variés (production, consommation, finance, services à la personne, secteur culturel…). Elles ont cependant pour point commun la recherche de rapports sociaux de solidarité et la création d'un lien social non marchand, ainsi qu'une volonté d'agir démocratiquement et de créer des espaces de débat public (Lasida, 2008).

L'activité économique est considérée comme un moyen permettant de réaliser un projet politique, et non comme une fin en soi aboutissant à une accumulation de richesses (Ndiaye, 2010). La recherche d'un profit monétaire apparaît dès lors comme secondaire par rapport à la recherche d'une articulation du social et du politique dans l'activité économique ; le vivre ensemble et le projet de société sont considérés comme des objectifs économiques au même titre que la création de richesse matérielle (Lasida, 2008). L'allocation de ressources a pour but de créer des relations sociales, et n'est donc pas une fin en soi (Lasida, 2008).

Face à l'économie dite « classique », l'économie solidaire propose trois mouvances d'alternatives, que l'on peut classer selon le type de changement voulu, et la capacité de l'économie solidaire à le concrétiser (Lasida, 2008). La mouvance « palliative » consiste à pallier les défaillances du secteur public et du marché, et vise à combler un vide en termes de satisfaction des besoins de certaines populations. La mouvance « réformatrice » introduit l'économie solidaire dans l'économie classique en tentant d'articuler la logique pure du marché avec d'autres critères (sociaux et politiques). Enfin, la mouvance « radicale » considère l'économie solidaire comme le paradigme d'un système économique alternatif à celui de l'économie de marché. Les activités d'économie solidaire ont une utilité sociale, du fait de leur visée de transformation collective. Elles donnent la parole à des individus qui n'auraient pas, autrement, de place dans l'espace public pour s'exprimer : en ce sens, elles ont une fonction politique (Boncler et Hlady Rispal, 2004). Leur but est avant tout de répondre à des attentes locales, qu'elles soient rurales ou urbaines, nouvelles ou renouvelées, qui correspondent à des micro-besoins (Boncler et Hlady Rispal, 2004).

Après avoir défini l'économie sociale et solidaire, il convient d'évoquer les dispositifs de gestion mis en œuvre au sein de ces organisations.

II. LE RÔLE DE LA GESTION DANS LES ORGANISATIONS DE L'ESS

« Pour certains, même, s'attarder aux péripéties de la boîte noire organisationnelle, pouvait être perçu comme l'abandon du projet et des valeurs du militantisme ; comme un glissement progressif vers le marais des activités gestionnaires, où toute la dynamique associative risquait fort de perdre son âme » (Hearinger, Laville et Sainsaulieu, 1997, p. 16.)

A. DES VISIONS ANTAGONISTES DES OUTILS DE GESTION

Si l'économie sociale et solidaire a fait l'objet de nombreux travaux en économie et en sociologie depuis la fin des années 1990, peu de recherches en sciences de gestion se sont intéressées au phénomène (Boncler et Hlady Rispal, 2004).

Pourtant, face au caractère «hybride» des entreprises de l'ESS, la question du rôle de la gestion peut se poser: représente-t-elle un moyen de se professionnaliser? Implique-t-elle au contraire une appropriation d'outils de gestion de l'entreprise privée pouvant les amener à s'aligner sur des objectifs d'optimisation des ressources et sur leurs pratiques, engendrant dès lors un isomorphisme managérial?

Bidet (2003) et Laville et Glémain (2009) évoquent deux tendances majeures des entreprises de l'ESS par rapport aux outils de gestion.

D'un côté, certaines d'entre elles militent en faveur d'un affranchissement total quant aux outils de gestion, quitte à s'éloigner de leur objectif de professionnalisation. Ces derniers sont perçus comme contraires aux valeurs prônées par l'ESS. Par exemple, dans le secteur associatif, l'emprunt de méthodes importées des entreprises est généralement perçu comme une pratique orthogonale par rapport aux valeurs défendues (Lefevre et Ollitrault, 2007).

De l'autre, certaines organisations de l'ESS adoptent les modèles de gestion plébiscités par les entreprises privées. En effet, même si leurs cadres d'exercice permettent des productions sociales telles que les liens sociaux, les échanges mutuels, ou encore les solidarités ; la nature des activités économiques produites dans un contexte de compétitivité ne permet pas, d'après cette vision, de s'affranchir avec les conceptions de performances héritées de l'économie capitaliste (Capron, 2012). Dès lors, ces entreprises de l'ESS utilisent les mêmes instruments d'évaluation que les firmes privées (comptabilité financière, reporting, contrôle budgétaire...). Elles prennent cependant le risque de tomber dans la banalisation à l'extrême de leur propre modèle (Bécheur et Toulouse, 2008) et d'être en quête de sens (Capron, 2012).

Une tension entre ces deux groupes se fait alors sentir : le premier manifeste un certain scepticisme vis-à-vis du management et refuse toute intrusion managériale qui pourrait détourner l'organisation de son projet, le second, porté notamment par une nouvelle génération de dirigeants, souhaite faire sortir l'entité de son amateurisme et l'amener à une professionnalisation grâce aux outils de gestion (Laville, 2012).

Depuis peu, une troisième tendance, plus hybride, semble émerger: il s'agit d'entreprises qui adoptent une vision de «professionnalisation autolimitée» (Codello-Guijarro, 2012). Elles se placent dans une logique à la fois de résistance aux outils de gestion et de banalisation par ces mêmes outils, par des pratiques de gestion combinant souci de professionnalisation et pilotage respectueux des objectifs de performance globale (utilité sociale, efficacité économique, respect de l'environnement...). Demoustier et Malo (2012) évoquent ainsi une nécessaire « adoption-adaptation» des modèles de gestion aux entreprises de l'ESS, afin d'éviter une banalisation destructrice de leur identité. Les entreprises de l'ESS, comme toutes les entreprises, ont des orientations stratégiques déclinables en quatre volets indépendants: la mission, la stratégie directrice, la stratégie d'affaires et les objectifs de performance; cependant, elles reconnaissent en plus une dimension sociale à leur mission (Demoustier et Malo, 2012). Elles doivent ainsi adopter à bon escient, mais aussi avec précaution les outils de gestion, en inventer de spécifiques, se donner des points de repère pour des stratégies hybrides, en ne perdant de vue leur âme (Martinet, 2012). Dans le secteur associatif, Laville (2012) propose plusieurs pistes pour prendre en compte la pluralité des pratiques et ne pas se contenter de se conformer à des modèles préétablis : se réapproprier l'histoire de l'association en s'interrogeant sur les logiques mobilisées et les agencements trouvés pour leur coexistence, veiller à ce que chaque partie prenante s'exprime en mettant en place des espaces de participation et d'élaboration collective pour des enjeux quotidiens, examiner la composition des instances de gouvernance et de dirigeance afin de veiller à les rendre plus accessibles aux parties prenantes. Par ailleurs, il s'agit de structurer des réseaux interassociatifs sectoriels et territoriaux pour opposer une coopération volontaire à des injonctions, au regroupement émanant des pouvoirs externes, et constituer des forums ou arènes qui puissent valoriser le rôle des associations dans l'économie et la vie des territoires. Enfin, l'auteur préconise d'engager des démarches de coconstruction des politiques publiques, prenant en compte une réflexion sur l'évaluation à la fois multicritère et multifacteurs, contre le réductionnisme des procédures importées des firmes privées, avec une mise en lumière de la connaissance de proximité des demandes sociales acquises par le secteur associatif, une formulation des régulations s'appuyant sur des conventions d'objectifs en contraste avec les régulations tutélaires ou concurrentielles.

B. Les specificites du management au sein des organisations de l'ESS : le cas du marketing associatif

Parler de marketing est-il légitime dans le champ de l'ESS ?

Dans ce secteur, les associations sont celles qui ont le plus focalisé le débat sur l'applicabilité de la discipline (Mayaux, 2012). De nombreuses critiques ont été formulées à l'égard de la discipline, dès lors qu'elle propose de s'immiscer dans le champ de l'ESS : le marketing serait budgétivore, manipulateur, contraire à l'éthique, il bouleverserait les valeurs associatives, et serait inapplicable pour les associations de petite taille qui n'auraient pas les moyens de les mobiliser (Gallopel-Morvan et al., 2008). Pourtant, la concurrence de plus en plus importante entre les associations a amené à une prise de conscience de l'intérêt des techniques proposées par le marketing, du fait d'un choix plus large tant pour les bénévoles que pour les donateurs potentiels, les subventionneurs, les mécènes… Le rapprochement entreprise-association s'illustre par exemple par l'existence d'un marketing de la générosité, dans lequel on mobilise les techniques marketing classiques (Haddad, 2000).

Aussi, si certains ont refusé catégoriquement le marketing, d'autres ont tenté de le transposer maladroitement, adoptant sans adaptation les techniques marketing employées par les grands groupes privés, alors que les problématiques et le contexte s'avèrent très différents (Mayaux, 2012). Une troisième voie a dès lors émergé : elle consiste à modifier le concept même du marketing, afin que la discipline puisse s'adapter aussi bien aux entreprises qu'aux organisations de l'ESS (Mayaux, 2012). Mayaux (2012) propose ainsi une définition plus large du marketing : « permettre à une organisation de mieux piloter les échanges avec ses différentes parties prenantes dans une situation de concurrence », et propose plusieurs voies pour prendre en compte les spécificités des organisations de l'ESS, dont la mission première est sociale.

D'abord, le marketing doit se mettre au service de la mission de l'organisation, de son projet, de ses objectifs généraux, formulés par les membres et les dirigeants. Il doit amener des éléments d'appréciation du projet par les différentes parties prenantes, et améliorer sa compréhension en clarifiant sa formulation et sa communication.

Ensuite, il doit prendre en compte l'existence de deux marchés : les bénéficiaires (« clients » que l'association cherche à servir), et les financeurs (« donateurs » desquels elle tire ses ressources), le marketing devant à la fois piloter les échanges avec les premiers, et œuvrer à la recherche et à la fidélisation des seconds. Il s'agit ainsi de mettre en place des opérations de fund raising (Bennett et Sargeant, 2005) en s'intéressant notamment aux motivations des donateurs (encadré 1), à leur profil, aux techniques de sollicitation possibles et à l'éthique de la démarche mobilisée : par exemple, les messages d'appel aux dons doivent s'adapter aux attentes des donateurs et non faire appel à des registres contestables (culpabilisation, voyeurisme…), ils doivent être fidèles à la réalité du travail de l'association sur le terrain, et le budget qui y est consacré doit être raisonnable.

Par ailleurs, au-delà des bénéficiaires et des donateurs, la complexité du secteur de l'ESS amène le marketing à s'intéresser et gérer le réseau relationnel de l'organisation, c'est-à-dire les organismes ou individus qui jouent un rôle dans le développement et l'accomplissement de sa mission (Mayaux, 2012).

Enfin, les organisations de l'ESS peuvent s'inspirer des techniques marketing mises en place dans les entreprises de services, en mettant en place un marketing interne envers tous les acteurs qui les représentent auprès des différentes parties prenantes (Mayaux, 2012). Un des enjeux majeurs du marketing consistera à recruter, mobiliser, et fidéliser les bénévoles au sein d'un marché associatif de plus en plus concurrentiel. De même, il s'agira de travailler sur l'engagement réel des adhérents, en incitant par exemple à la participation aux assemblées générales, à la candidature aux fonctions électives…

Encadré 1. Profil et motivations des bénévoles
Face à une volatilité de plus en plus importante des bénévoles, Cousineau (2017) met en lumière l'intérêt de la théorie du don contre/don pour éclairer la relation entre les bénévoles et leur association. Elle identifie trois profils de bénévoles, aux motivations différentes. Le « combattant » a à cœur de mener à bien le projet associatif. Pour ce faire, il met à disposition de la structure l'ensemble de son savoir et savoir-faire. En contrepartie, son bénévolat lui offre l'opportunité d'acquérir de nouvelles connaissances. Il s'agit d'un profil très engagé et impliqué dans la structure, sa conviction et son action s'inscrit dans le long terme. Sa fidélité au projet associatif est à la fois intrinsèque (ligne de conduite en accord avec ses convictions…) et *in situ* (présence physique et temporelle, présence en action, présence d'esprit). Le « régulier » propose son savoir-être (dynamisme, écoute, disponibilité, bonne humeur…) et attend de son engagement associatif soit un apprentissage sur lui-même, soit l'acquisition d'une nouvelle expérience enrichissante. Il privilégie son développement personnel, il se rend régulièrement dans l'association mais ne s'investit pas pour autant dans la défense de ses valeurs. Enfin, le « consultant » propose son expertise pour résoudre des problèmes précis, plus ponctuels, faisant ainsi bénéficier l'association de ses compétences intellectuelles et opérationnelles. En contrepartie, il attend un sentiment de bien-être de son bénévolat. Ce profil, en plein essor, correspond à un bénévolat de mission, dont la fidélité *in situ* n'est pas garantie : les responsables associatifs ne peuvent pas compter sur la régularité de leur présence. Au regard de ces différents profils, Cousineau (2017) suggère de mettre en œuvre un management associatif tenant compte des raisons de l'engagement et des attentes des bénévoles afin d'encourager leur fidélité.

**
*

Les entreprises sociales et solidaires suscitent un intérêt grandissant du fait de leurs performances économiques et sociales, tant au niveau international que national : en France, l'INSEE mène en effet des études systématiques sur le secteur, révélant son dynamisme du point de vue notamment de la création d'emplois. Dans ce contexte, les orientations de gestion représentent un enjeu majeur pour ces organisations qui sont soumises à des pressions concurrentielles de plus en plus importantes.

Trois tendances majeures ont été identifiées quant au rôle de la gestion au sein de ces organisations. La première consiste à rejeter les outils de gestion, considérés comme contraires aux principes et aux valeurs de l'ESS et réservés à l'entreprise capitaliste, mais conduit les organisations à s'éloigner de l'objectif de professionnalisation. La seconde consiste à appliquer tels quels les outils issus de la firme privée afin de rendre la gestion de l'organisation plus efficiente, au risque d'une banalisation de leur modèle. Enfin, une alternative « adoption-adaptation » semble émerger, prenant en compte les spécificités de ces entreprises sociales et solidaires. L'ESS doit en effet composer avec le management avec une grande sécurité intellectuelle et éthique (Martinet, 2012). Une illustration de cette dernière tendance a été proposée sous l'angle du marketing, qui illustre bien le rapprochement complexe entre l'économie marchande et l'économie sociale et solidaire : si les outils marketing peuvent être d'une grande utilité aux dirigeants de l'ESS, ils doivent cependant évoluer et s'adapter aux spécificités de ces organisations, à leurs finalités et leurs originalités. Il ne s'agit donc pas de proposer des modèles de gestion uniques et normatifs, mais d'adopter une démarche contingente et non normative (Mayaux, 2012).

Bibliographie

Allemand S. et Boutillier S. (2010), L'économie sociale et solidaire, une définition pluridimensionnelle pour une innovation sociale, *Marché et organisations,* 2010/1, n°11, p.9-14

André K. (2015), Une évaluation hybride des entreprises sociales. Le cas du social business Grameen Veolia Water, *Revue Française de Gestion*, 247, 2, p.71-83

Bécheur A. et Toulouse N. (2008), *Le commerce équitable, entre utopie et marché*, Paris, Vuibert

Bennett R. et Sargeant A. (2005), The nonprofit marketing landscape : guest editors'introduction to a special section, *Journal of Business Research,* 58, p.797-805

Bidet E. (2003), L'insoutenable grand écart de l'économie sociale : isomorphisme institutionnel et économie solidaire, *Revue du MAUSS*, n°21, p.162-178

Boncler J. et Hlady Rispal M. (2004), L'entrepreneuriat en milieu solidaire : un phénomène singulier ?, *Revue de l'entrepreneuriat*, vol 3, p.21-32

Capron M. (2012), Finalité(s) et performance(s) des entreprises de l'ESS, in Bayle E. et al, Management des entreprises de l'économie sociale et solidaire, De Boeck supérieur *« Méthodes et Recherches »*, p.209-214

Codello-Guijarro P. (2012), *Professionnalisation dans le monde associatif, comment donner une place à toutes les parties prenantes de l'association ?*, Éditions Universitaires Européennes

Cousineau M. (2017), Les systèmes d'échanges du bénévole : une clé pour le management, *@GRH* 2017/1 (n° 22), p. 11-30.

Demoustier D. (2001), *L'économie sociale et solidaire : s'associer pour entreprendre autrement*, Paris, Syros, coll « Alternatives Economiques »

Demoustier D. et Malo M. (2012), L'économie sociale et solidaire, une économie relationnelle ? Questions d'identité et de stratégie !, *Management des entreprises de l'économie sociale et solidaire : identités plurielles et spécificités*, De Boeck supérieur, p.15-37

Di Maggio P.J. et Powell W.W. (1983), The iron cage revisited : institutional isomorphism and collective rationality in organizational fields, *American Sociological Review*, vol 48, n°2, p.147-160

Eynaud P. et Mourey D. (2015), Apports et limites de la production du chiffre dans l'entreprise sociale. Une étude de cas autour de la mesure de l'impact social, *Revue Française de gestion*, 247, 2, p.85-100

Gallopel-Morvan K, Birambeau P., Larceneaux F., et Rieunier S. (2008), *Marketing et communication des associations*, Paris, Dunod

Guesnier B. (2010), Poids et place de l'économie sociale et solidaire dans les activités économiques, entre les autres acteurs, selon les échelles territoriales, *Marché et Organisations*, n°11, p.15-30

Haddad L. (2000), Du marketing guerrier au marketing social : un retour aux sources pour les associations de solidarité, *Décisions Marketing*, n°20

Haeringer J., Laville J-L, et Sainsaulieu R. (1997), Penser l'association, du projet au fonctionnement, in Laville J-L et Sainsaulieu R. (éd), *Sociologie de l'association,* Paris, Desclée de Brouwer

Lallemand-Stempak N. (2015), Rôle de la planification stratégique dans l'évolution des entreprises sociales : le cas d'une mutuelle d'assurance, *Revue Française de Gestion*, 247, 2, p.101-117

Lasida E. (2008), *L'économie solidaire : une nouvelle manière de penser l'économie, l'Encyclopédie du Développement Durable*, éditions des Récollets

Laville J-L et Glémain P. (2009), *L'économie sociale et solidaire aux prises avec la gestion*, Paris, Desclée de Brouwer

Laville J. (2012), La gestion dans l'économie sociale et solidaire : propositions théoriques et méthodologiques, *Management des entreprises de l'économie sociale et solidaire : identités plurielles et spécificités*, De Boeck Supérieur, p.3-13

Lazuech G. (2013), *Les cadres de l'économie sociale et solidaire : un nouvel entreprenariat ?,* p.59-71

Lefevre S. et Ollitrault S. (2007), Les militants face aux contraintes managériales : le cas des groupes locaux de Handicap International, Sociologies pratiques, vol 15, p.97-110

Martinet A-C. (2012), Perspectives. La recherche en management stratégique et l'ESS : renouveler les objets et les projets de connaissance, in Bayle E. et al., *Management des entreprises de l'économie sociale et solidaire : identités plurielles et spécificités*, De Boeck Supérieur, p.313-323

Mayaux F. (2012), Le marketing au service des organisations de l'économie sociale et solidaire, in Bayle E. et al, *Management des entreprises de l'économie sociale et solidaire : identités plurielles et spécificités,* De Boeck supérieur, p.157-179

Ndiaye A. (2010), Économie solidaire et démocratie participative locale, *Marché et organisations,* n°11, p.73-92

Pache A.C et Santos F. (2010), When worlds collide : the internal dynamics of organizational responses to conflicting institutional demands, *Academy of Management Review,* vol 35, n°3, p.455-476

Pflimlin E. (2012), Préface, *Management des entreprises de l'économie sociale et solidaire : identités plurielles et spécificités,* De Boeck supérieur, p.5-6

Richez-Battesti N. (2010), L'économie sociale et solidaire face à la crise économique : entre reconnaissance d'un modèle d'organisation et risque de récupération, *Revue Française du Marketing*, mars 2010, n°226, 1/5.

DÉLIT DE SOLIDARITÉ, DÉNI D'HUMANITÉ : L'INCRIMINATION DE L'AIDE AUX MIGRANTS IRRÉGULIERS, PLUS QUE JAMAIS D'ACTUALITÉ[1]

Par
Christelle PALLUEL
Docteure en droit public
ATER Université Lumière Lyon 2
Equipe Droits, Contrats et Territoires (EA 4573)

A l'heure de la « crise » des réfugiés, le discours politique aux quatre coins de l'Europe est marqué par le repli identitaire. Toutefois, des initiatives individuelles vont à l'encontre de ce discours. Ainsi, de simples citoyens viennent-ils en aide aux migrants au nom de la solidarité et de la fraternité. Visant à pallier les défaillances des États en termes d'accueil des réfugiés, des individus fournissent une aide logistique, très ponctuelle ou, parfois, sur du plus long terme. Il va s'agir pour certains d'offrir de la nourriture, pour d'autres de fournir un toit, quand d'aucuns véhiculent des migrants ou leur apportent des conseils. Dans certains cas, il en va de la survie même de ces personnes, dans tous les cas, il est question de dignité humaine et de la protection des droits fondamentaux. Or, si les États européens ne semblent pas en mesure de fournir toute l'aide nécessaire pour répondre à l'arrivée des migrants, ils se refusent à laisser s'exprimer cette solidarité entre individus[2]

[1] Rédigée avant que le Conseil constitutionnel n'invalide le délit de solidarité (CC 717-718 QPC du 6.7.2018, *JO* 2018-155, texte n° 107, cs. 7), cette communication met en lumière l'état des débats au moment où il s'est prononcé. C'est pourquoi elle conserve tout son intérêt (NDLR).

[2] Voir R. LIBCHABER, « La tentation du délit de solidarité », *D.* 2016, 2161 : « *Tout se passe comme si la seule solidarité admise devait passer par une redistribution étatique. En proscrivant les initiatives individuelles, on désarme les solidarités anciennes, familiales ou amicales. La technique maintes fois sollicitée consiste à les assujettir à la règle de droit - et notamment fiscale -, alors même qu'elles y répugnent parce qu'elles relèvent du non-droit* ».

et des lois, visant à réprimer les personnes venant en aide aux migrants, ont vu le jour partout en Europe[3].

La France est l'un des premiers pays à avoir introduit une disposition pénalisant l'aide à l'entrée, à la circulation et au séjour irrégulier. En effet, depuis le décret-loi « Daladier » du 2 mai 1938 (dans son article 4) sur la police des étrangers[4], la législation française prévoit que : « *Tout individu qui, par aide directe ou indirecte, aura facilité ou tenté de faciliter l'entrée, la circulation ou le séjour irréguliers d'un étranger en France sera puni* ».

Reprise à la Libération à l'article 21 de l'ordonnance du 2 novembre 1945, cette disposition, codifiée aujourd'hui à l'article L.622-1 du Code de l'Entrée et du Séjour des Etrangers et du Droit d'Asile (CESEDA) punit ce comportement de cinq ans d'emprisonnement et 30 000 € d'amende. Les peines prévues peuvent être supérieures, en cas de circonstances aggravantes, notamment lorsque l'infraction est commise en bande organisée[5]. Or, s'il apparaît légitime de lutter contre les réseaux qui profitent de la détresse des migrants, pénaliser sans distinction passeurs[6] et citoyens solidaires amène à s'interroger. En 1996, Jacques Derrida restait ainsi « *comme le souffle coupé, un haut le cœur en vérité* » d'avoir « *entendu pour la première fois, la comprenant à peine, l'expression "délit d'hospitalité"* »[7]. Le philosophe se demandait qui avait pu « *oser associer ces mots* » mais, force est de constater que les oxymores imaginés pour décrire cette réalité, « délit d'humanité »[8], « délit de solidarité »[9] ont, depuis, connu de beaux jours. La polémique qui émerge à l'encontre de ce délit au milieu des années quatre-vingt-dix ne va en effet cesser de revenir régulièrement à la une de l'actualité, au gré des mobilisations associatives, des poursuites contre des « aidants » et des modifications législatives. Pourtant, de nombreuses instances s'accordent pour dénoncer ce délit. Ainsi, dès 1996, la Commission nationale consultative des droits de l'homme (CNCDH) « *attir[ait-elle] l'attention sur le danger de voir être exposé à des sanctions*

---

[3] Agence des droits fondamentaux de l'Union européenne (FRA), *Criminalisation of Migrants in an Irregular Situation and of persons engaging with them*, FRA, Vienna, 2014 et le site du *Gisti*, « les délits de la solidarité hors de France », https://www.gisti.org/spip.php?rubrique425.

[4] C. SAAS, « Les avatars de la pénalisation du droit des étrangers », *AJ pénal* 2011. 492.

[5] CESEDA, art. L. 622-5.

[6] Sur la complexité de ce sujet, voir *Plein droit* n° 84, mars 2010, « Passeurs d'étrangers ».

[7] J. DERRIDA, « Quand j'ai entendu l'expression "délit d'hospitalité"... », *Plein droit* n° 34, avril 1997.

[8] B. MERCUZOT, « Délit d'humanité », *Plein droit* n° 27, juin 1995.

[9] L'expression imaginée par le *Gisti* en 1995 a depuis fait florès et a été reprise tant par les médias que par la doctrine. Voir S. SLAMA, « Délit d'aide à l'entrée, à la circulation et au séjour irréguliers : controverses sur la légitimité d'un "délit d'humanité" », *AJ Pénal* 2011, 496.

pénales le simple fait d'accueillir un étranger chez soi »[10]. Elle alertait, à nouveau, en 2009, sur le fait que la législation française était en contradiction, tant avec les textes internationaux qu'européen, et « *avec les principes constitutionnels de liberté, d'égalité et de fraternité, ce dernier faisant écho aux notions de solidarité et d'humanité, (...) de dignité humaine* »[11]. Le constat reste le même aujourd'hui, la CNCDH venant d'émettre, le 18 mai 2017, un énième avis sur cette question, avis dans lequel elle s'inquiète de la recrudescence actuelle des poursuites visant à empêcher l'expression de la solidarité envers les personnes migrantes[12].

Preuve du malaise suscité par cette incrimination, les dispositions y afférentes ont été maintes fois réécrites pour ajouter des immunités au fil des lois. La dernière modification date de la loi du 31 décembre 2012 relative à la retenue pour vérification du droit au séjour et modifiant le délit d'aide au séjour irrégulier pour en exclure les actions humanitaires et désintéressées[13]. Or, avant même d'être adoptée, cette loi pouvait déjà apparaître comme dépassée, car elle ne prend pas acte des conséquences possibles de plusieurs arrêts de la Cour de justice de l'Union européenne. Suite à cette loi, la fin du « délit de solidarité » a néanmoins été annoncée[14]. L'actualité récente tend à prouver qu'il n'en est rien, et que les poursuites à l'encontre des « aidants » sont plus que jamais dans l'air du temps, comme en témoignent les cas très médiatisés de Cédric Herrou, agriculteur vivant à la frontière franco-italienne, poursuivi pour avoir aidé et hébergé deux cents migrants, ou encore le cas de Pierre-Alain Mannoni, professeur au CNRS, inquiété pour avoir véhiculé trois Erythréennes, de la vallée de la Roya à la gare de Nice, afin qu'elles se fassent soigner à Marseille.

La nouvelle rédaction de l'article L.622-4 du CESEDA n'a fait qu'étendre un peu plus le champ des immunités, mais sans apporter les éclaircissements

---

[10] CNCDH, Avis sur le projet de loi portant diverses dispositions sur l'immigration, 14 novembre 1996.

[11] CNCDH, Avis sur l'aide à l'entrée, à la circulation et au séjour irréguliers, 19 novembre 2009.

[12] CNCDH, Avis « Mettre fin au délit de solidarité », 18 mai 2017.

[13] Loi n° 2012-1560 du 31 décembre 2012 relative à la retenue pour vérification du droit au séjour et modifiant le délit d'aide au séjour irrégulier pour en exclure les actions humanitaires et désintéressées, NOR: INTX1230293L. K. PARROT, *RCDIP* 2013, p. 278 ; K. PARROT, « Chronique de droit des étrangers et de la nationalité », *D.* 2013, p. 324 ; R. PARIZOT, « Loi relative à la retenue pour vérification du droit des étrangers et de la nationalité versus avis de la CNCDH : quel bilan ? », *AJP* 2013, p. 8 ; J. BUISSON, *Procédures* 2013, comm. 52 ; V. TCHEN, « Des limites de l'action pénale en droit des étrangers : retour sur la réforme du 31 décembre 2012 », *Dr. adm.* 2013, comm. 23 ; N. CATELAN, *Rev. sc. crim.* 2013, p. 421.

[14] « Sans-papiers : la solidarité n'est plus un délit », *Le Nouvel Obs*, 2 janvier 2013 ; « Sans-papiers : le délit de solidarité supprimé », *RFI*, 3 janvier 2013 ; « Sans-papiers : La fin du délit de solidarité », *20 Minutes*, 29 janvier 2014 ; « Droit en France : suppression du "délit de solidarité"», *Wikinews*.

nécessaires pour prémunir les citoyens solidaires de toutes poursuites. En effet, désireux de se ménager une large possibilité d'action dans ce domaine, les gouvernements successifs ont fait le choix de maintenir ce délit, pourtant en contradiction avec le droit européen (II). De plus, la rédaction de la disposition incriminant ce controversé « délit de solidarité » est, pour l'heure, trop complexe entraînant des divergences d'interprétation de la part des juridictions (I).

I. LE « DÉLIT DE SOLIDARITÉ », UNE INCRIMINATION CONTESTÉE ET MALLÉABLE

La contestation de la légitimité de cette incrimination émerge dans les années quatre-vingt-dix alors que les politiques migratoires connaissent un durcissement (A). Malgré les polémiques suscitées par ce délit, le législateur n'a jamais procédé à une modification substantielle du texte permettant d'offrir une véritable protection aux aidants, si bien qu'à ce jour, la rédaction de l'article L.622-4 n'est pas suffisamment précise et donne lieu à des interprétations divergentes qui portent atteinte à la sécurité juridique (B).

A. UN DELIT CONTESTE, UNE REPONSE LEGISLATIVE LIMITEE

Au milieu des années quatre-vingt, avec l'adoption des premières modifications de l'ordonnance de 1945 [15], les premières condamnations connues[16] sur le fondement de ce motif sont prononcées. Quelques années plus tard, dans un contexte de durcissement des politiques d'immigration[17],

[15] Loi n°80-9 du 10 janvier 1980 dite « Bonnet » relative à la prévention de l'immigration clandestine et portant modification de l'ordonnance 452658 du 2 novembre 1945 relative aux conditions d'entrée et de séjour en France des étrangers et portant création de l'Office national de l'immigration ; Loi n°86-1025 du 9 septembre 1986 dite « Pasqua » relative aux conditions d'entrée et de séjour des étrangers en France.

[16] CA Nancy, 12 novembre 1986, Juris-Data 1986-048165 : condamnation pour aide à la circulation ; CA Aix-en-Provence, 17 mars 1988 : condamnation à quatre mois de prison ferme pour aide à l'entrée de ses frères. Voir S. SLAMA, « Délit d'aide à l'entrée, à la circulation et au séjour irréguliers : controverses sur la légitimité d'un "délit d'humanité" », *AJ Pénal* 2011, 496 : « *On ignore l'usage qui a été fait de cette incrimination pendant quarante années. Le seul cas connu de répression est l'expulsion d'un pasteur suisse, membre de la Cimade, pour trouble à l'ordre public en raison de son soutien actif à des irréguliers (CE, Ass., 13 mai 1977, Perregaux, Lebon 216; RDP 1978. 253, note J. Robert ; JCP 1979. II. 19215, note A. Legrand)* ».

[17] Loi n° 93-1027 du 24 août 1993 dite « Pasqua » relative à la maîtrise de l'immigration et aux conditions d'entrée, d'accueil et de séjour des étrangers en France, NOR: INTX9300081L ; Loi n° 97-396 du 24 avril 1997 dite « Debré » portant diverses dispositions relatives à l'immigration, NOR: INTX9600124L.

la contestation de la légitimité de cette incrimination se fait jour. En 1995, une association, *le GISTI*, lance un « *Manifeste des délinquants de la solidarité* ». Puis, en 1997, un cas particulier cristallise la contestation, celui de Jacqueline Deltombe, une enseignante condamnée pour avoir hébergé une personne en séjour irrégulier qui comptait épouser l'une de ses proches[18]. Suite à cette condamnation, le « *Manifeste des 66 cinéastes* »[19] est publié. Ils demandent à être mis en examen et jugés eux aussi pour avoir hébergé des étrangers en situation illégale et appellent « *à désobéir et à ne pas se soumettre à des lois inhumaines* ». Cet appel sera suivi par un nouveau « *Manifeste des délinquants de la solidarité* » en 2003. Puis, au début de l'année 2009, de nouvelles affaires relancent la mobilisation associative. Suite au placement en garde à vue d'une bénévole, qui organise des dons de nourriture et de vêtements pour les migrants et recharge leurs portables à Calais, ainsi qu'à une perquisition dans une communauté Emmaüs hébergeant des sans-papiers, les associations lancent un appel : « *Si la solidarité devient un délit, je demande à être poursuivi pour ce délit* ». Enfin, la recrudescence actuelle des poursuites à l'encontre des aidants a conduit à une nouvelle mobilisation autour du Manifeste « *La solidarité, plus que jamais un délit ?* ».

Ces initiatives et les textes européens, principalement la directive n°2002/90/CE du 28 novembre 2002, dite « facilitation »[20], conduisent le législateur à adopter un certain nombre d'immunités familiales ou humanitaires, aujourd'hui inscrites à l'article L.622-4 du CESEDA. Ainsi, lors du débat préalable à la loi n° 96-647 du 22 juillet 1996 tendant à renforcer la répression du terrorisme et des atteintes aux personnes dépositaires de l'autorité publique ou chargées d'une mission de service public, et comportant des dispositions relatives à la police judiciaire, une immunité familiale est-elle instaurée au profit des ascendants, descendants et conjoints non séparés. Puis, la loi n° 98-349 du 11 mai 1998 relative à l'entrée et au séjour des étrangers en France et au droit d'asile élargit l'immunité familiale pour l'aide au séjour irrégulier d'un étranger en France, tout en instaurant une circonstance aggravante lorsque l'infraction a été commise en bande organisée. La loi n° 2003-1119 du 26 novembre 2003 transpose en droit interne la directive « facilitation » et la décision-cadre complémentaire à la directive[21], ainsi que le protocole contre le trafic illicite

---

[18] CA Douai, 17 décembre 1997, n° 97-02175.

[19] http://www.bok.net/pajol/manifeste66.html#web

[20] Directive 2002/90/CE du Conseil du 28 novembre 2002 définissant l'aide à l'entrée, au transit et au séjour irrégulier. Entrée en vigueur le 5 décembre 2002, les États membres avaient jusqu'au 5 décembre 2004 pour s'y conformer.

[21] La décision-cadre 2002/946/JAI a pour objet de renforcer le cadre pénal pour la répression de cette infraction. La France qui, comme nous l'avons dit, a introduit la pénalisation de l'aide à l'entrée et au séjour irréguliers dès 1938, est à l'origine de ces deux initiatives communautaires.

de migrants, par terre, mer et air, additionnel à la Convention des Nations Unies du 12 décembre 2000 contre la criminalité transnationale organisée. Cette transposition entraîne une extension du délit hors du territoire français et un renforcement des sanctions encourues.

Enfin, dernier changement en date, la loi du 31 décembre 2012, dite loi « Valls », concernant la retenue pour vérification du droit au séjour, modifie l'article L.622-4. Ce dernier prévoit dorénavant que, sans préjudice des articles L.621-2 et L.623-1 à L.623-3, l'aide au séjour irrégulier d'un étranger ne peut donner lieu à des poursuites pénales sur le fondement de l'article L.622-1 lorsqu'elle est le fait des ascendants ou descendants de l'étranger, de leur conjoint, des frères et sœurs de l'étranger ou de leur conjoint[22], ainsi que du conjoint de l'étranger, ou de la personne qui vit notoirement en situation maritale avec lui, ou des ascendants, descendants, frères et sœurs du conjoint de l'étranger[23]. La protection de l'article L.622-4 ne vise cependant que l'aide au séjour irrégulier. Par conséquent, toutes ces personnes ne sont nullement protégées contre des poursuites pour complicité d'entrée irrégulière ou d'aide à la circulation sur le territoire.

La loi du 31 décembre 2012 réécrit également le 3° de l'article L.622-4, si bien que l'immunité trouve désormais à s'appliquer à « *toute personne physique ou morale, lorsque l'acte reproché n'a donné lieu à aucune contrepartie directe ou indirecte et consistait à fournir des conseils juridiques ou des prestations de restauration, d'hébergement ou de soins médicaux destinées à assurer des conditions de vie dignes et décentes à l'étranger, ou bien toute autre aide visant à préserver la dignité ou l'intégrité physique de celui-ci* ». Cette nouvelle rédaction abandonne la notion de « *danger actuel ou imminent* » qui prévalait jusqu'alors. L'objectif affiché est de garantir les personnes manifestant de façon désintéressée leur solidarité à l'égard d'un étranger en situation irrégulière de tout risque de poursuites. Dès lors, selon la circulaire du 18 janvier 2013, « *l'immunité*

---

[22] La modification relative à la belle-famille fait suite à l'arrêt de la Cour européenne des Droits de l'Homme, *Mallah* (Cour EDH, *Mallah c/France*, 10 novembre 2011, n°28681/08), qui concernait une personne poursuivie pour avoir hébergé son gendre en situation irrégulière. La Cour EDH conclut à la non violation de l'article 8 de la Convention, la condamnation de l'intéressé ayant été assortie d'une dispense de peine. On ne peut que regretter, avec Nicolas Hervieu, que la Cour EDH n'ait pas saisi cette occasion pour se prononcer de manière plus générale sur la conventionalité du dispositif incriminant l'aide aux migrants irréguliers. Voir N. HERVIEU, « Délit de solidarité : entre occasion et acte manqués, une décision européenne à la cohérence douteuse (CEDH, 5e Sect. 10 novembre 2011, Mallah c. France) », *Lettres ADL*, 11 novembre 2011.

[23] Toutefois, on notera que depuis la loi du 24 juillet 2006, les membres de la famille visés ci-dessus ne disposent plus de l'immunité lorsque l'étranger bénéficiaire de l'aide au séjour irrégulier vit en état de polygamie ou lorsque cet étranger est le conjoint d'une personne polygame résidant en France avec le premier conjoint.

humanitaire ne se réduit plus aux actions destinées à répondre à des situations d'urgence »[24].

Toutefois, parler d'immunité, c'est reconnaître « a contrario *que ceux qui apportent une aide désintéressée, sans figurer sur cette liste, peuvent être poursuivis et punis* »[25]. Ainsi, le développement de ces immunités s'avère-t-il insuffisant et, si le gouvernement a communiqué sur la fin du « délit de solidarité », on constate pour l'heure qu'il n'était question que d'un effet d'annonce, un « *même tour de passe-passe* »[26] que lorsqu'il s'est agi de « supprimer » la double peine. En effet, l'article L.622-4 demeure trop imprécis, si bien qu'on assiste à une recrudescence des poursuites à l'encontre des aidants quand bien même ces personnes agissent de manière désintéressée, au nom de la solidarité.

B. UN TEXTE IMPRECIS, DES AIDANTS TOUJOURS POURSUIVIS

La rédaction de l'article L. 622-4 est pour l'heure trop complexe. En effet, pour échapper à toute poursuite, il faut remplir trois conditions cumulatives. Premièrement, il faut que l'aidant n'ait reçu aucune contrepartie « *directe ou indirecte* ». Une première difficulté survient dans la mesure où le texte ne précise pas quelle peut être la nature de ces contreparties.

La Cour de cassation[27] a fourni de premiers éclaircissements sur cette question des contreparties, exigeant que celles-ci soient expressément constatées pour qu'une condamnation puisse intervenir. Dans l'affaire en cause, il était reproché à un étranger d'avoir hébergé des compatriotes en situation irrégulière et d'avoir fourni des attestations de domicile à d'autres. Une somme de 6 000 euros en espèces avait été retrouvée sur son associé qui soutenait que l'argent lui avait été « *prêté par des amis* ». Estimant qu'il ne pouvait bénéficier de l'immunité pénale prévue au 3° de l'article L. 622-4 du CESEDA, la cour d'appel de Reims a condamné le prévenu à quatre mois d'emprisonnement avec sursis pour aide au séjour irrégulier commise en bande organisée. La Cour de cassation casse la décision considérant qu'elle n'est pas justifiée. Elle rappelle que « *tout jugement ou arrêt doit comporter les motifs propres à justifier la décision* » et que « *l'insuffisance ou la contradiction des motifs équivaut à leur absence* ». Or, pour retenir la culpabilité du prévenu et écarter l'application des immunités, la cour d'appel

---

[24] Circulaire du 18 janvier 2013, NOR : INTK1300159C.

[25] D. LOCHAK, « La solidarité, un délit ? », *Après-demain*, vol. n ° 27-28, nf, no 3, 2013, pp. 7-9.

[26] Voir S. MAUGENDRE, « Cachez cet étranger (et les violences qui lui sont faites) que je ne saurais voir », *Chimères* 2015/1 (n°85), pp. 53-60.

[27] Cass. Crim., 4 mars 2015, n°13-87.185. C. SAAS, « Aide au séjour irrégulier : que peut le juge pour redresser les malfaçons législatives ? », *D.* 2015. 1025 ; J.-H. ROBERT, « Le pardon donné au bon samaritain », Droit pénal n° 5, mai 2015, comm. 66.

avait seulement estimé être, « *au vu de ses observations* », convaincue qu'il avait commis les faits reprochés et qu'il ne pouvait pas bénéficier de l'immunité pénale, celle-ci ne pouvant « *être invoquée que lorsque l'acte reproché n'[a] donné lieu à aucune contrepartie directe ou indirecte* ». Pour la Cour de cassation, « *en se déterminant ainsi, sans s'expliquer davantage sur les circonstances dans lesquelles [le demandeur au pourvoi] a hébergé des compatriotes en situation irrégulière et leur a fourni des attestations de domicile, notamment sur l'existence d'une contrepartie directe ou indirecte, la cour d'appel n'a pas justifié sa décision* ».

Il appartient donc au juge de caractériser expressément la contrepartie directe ou indirecte. Néanmoins, cet arrêt de la Cour de cassation est loin d'épuiser le sujet de la nature des contreparties. Ainsi une personne a-t-elle été poursuivie, devant le tribunal correctionnel de Perpignan, en juillet 2015, pour avoir hébergé, pendant deux ans, une famille qui participait aux tâches ménagères[28].

Deuxièmement, l'aide doit consister à fournir des conseils juridiques, des prestations de restauration, d'hébergement ou des soins médicaux ou bien tout autre aide. Sachant que, troisième condition, l'objectif de l'assistance doit être « *d'assurer des conditions de vie dignes et décentes à l'étranger* » ou de « *préserver la dignité ou l'intégrité physique de celui-ci* ». Là encore, l'imprécision règne, la notion de dignité apparaissant comme une notion « *complexe, pluraliste et à certains égards insaisissable* »[29]. Ainsi, dans son arrêt du 4 mars 2015, la Cour de cassation semble admettre que la fourniture d'attestations de domicile à des personnes en situation de séjour irrégulier peut être couverte par l'immunité, alors même qu'il apparaît difficile de soutenir que cette aide soit destinée à « *préserver la dignité ou l'intégrité physique* » des intéressés. L'imprécision de la disposition entraîne donc des interprétations divergentes de la part des juridictions et ce, d'autant plus que la notion de dignité, omniprésente dans le discours relatif aux droits fondamentaux, est utilisée tantôt pour étendre, tantôt pour restreindre les droits et libertés garantis. Ainsi, la disposition a-t-elle pu être détournée, permettant aux autorités de lancer des poursuites contre des aidants au motif que l'hébergement fourni à des migrants portait atteinte à leur dignité. A Mayotte, suite aux opérations de « décasage »[30], des centaines de ressortissants étrangers, principalement Comoriens, se sont retrouvés à la rue. Un citoyen, monsieur A.S., a alors fourni un logement à certaines de ces personnes, et s'est vu poursuivi pour « *par aide directe ou indirecte, avoir*

---

[28] TGI Perpignan, 15 juillet 2015. Voir http://www.humanite.fr/denis-lambert-un-juste-solidaire-des-sans-papiers-579512

[29] N. HENNEBEL et H. TIGROUDJA, *Traité de droit international des droits de l'homme*, Pédone, Paris, 2016, 1706 p., p.68.

[30] Voir S. SLAMA, « Chasse aux migrants à Mayotte : le symptôme d'un archipel colonial en voie de désintégration », *La Revue des droits de l'homme* [En ligne], 10 | 2016.

facilité ou tenté de faciliter l'entrée, la circulation ou le séjour irrégulier en France de Mme H, Mme A, Mme HZ, Mme A, Mme M, en l'espèce les avoir logées, ayant pour effet de les soumettre à des conditions incompatibles avec la dignité humaine»[31], ou comment une disposition prévoyant un cas d'immunité se retourne contre un aidant. Ce dernier, comme la plupart des citoyens qui viennent en aide à un étranger en situation irrégulière, n'a fait pourtant que pallier les défaillances de l'État. En effet, le droit à l'hébergement d'urgence, consacré par la loi à l'article L.345-2-2 du code de l'action sociale et des familles, revêt un caractère inconditionnel. Or, les autorités sont loin, à l'heure actuelle, de répondre à cette obligation. Cela devrait les amener à adopter une autre attitude à l'égard des aidants qui se substituent, par leurs initiatives, aux missions de l'État, comme le font parfois remarquer, à juste titre, les juridictions[32].

Pourtant, il n'en est rien, et de nombreuses poursuites sont engagées à l'encontre de citoyens solidaires. Le contexte sécuritaire actuel apparaît très propice à la multiplication de ces actions à l'encontre des aidants, comme en attestent plusieurs affaires récentes, aussi bien dans le Calaisis qu'à la frontière franco-italienne. Il en va ainsi du cas très médiatisé de Cédric Herrou. Cet agriculteur de la vallée de la Roya a été condamné en première instance par le TGI de Nice au paiement d'une amende de 3 000 euros pour avoir pris en charge des migrants qui se trouvaient à Vintimille, sur le territoire italien, sans apporter la preuve que cette aide constituait une « *action de sauvegarde individualisée pour chaque migrant dont il a facilité l'entrée sur le territoire national* » couverte par l'article 122-7 du Code pénal. Le tribunal l'a, par contre, relaxé du chef des autres faits d'aide au séjour et à la circulation, au vu de « *la situation globale d'indignité et de détresse dans laquelle se trouve nécessairement les migrants, isolés sur le sol français qu'ils ont rejoint par leurs propres moyens, démunis de*

---

[31] TGI Mamoudzou, 31 mai 2017. Monsieur A.S. est finalement relaxé, le tribunal estimant qu'il a agi de manière altruiste pour assurer des conditions de vie digne et décente à ces personnes dans un contexte d'urgence.

[32] Voir par exp. TGI Saint-Etienne, 10 septembre 2014 : « *Attendu que la mise en œuvre de ce droit à l'hébergement d'urgence incombe aux autorités de l'Etat et le Conseil d'Etat, le 10/02/2012, a érigé ce droit au rang d'une liberté fondamentale ; Attendu, donc, que, s'agissant d'une liberté fondamentale, l'Etat, s'il n'a pas les moyens de satisfaire la demande d'hébergement d'une personne sans-abri, doit déléguer ce devoir d'hébergement d'urgence à toute autre personne morale ou physique en capacité d'accueillir des sans-abri ; Qu'il ne peut se retrancher derrière le fait que les locaux susceptibles d'assurer cet accueil ne seraient pas aux normes de sécurité réglementaires dans la mesure où la directive 2003/9 du Conseil de l'Union Européenne du 27/01/2003 lui permet de déroger aux conditions matérielles minimales d'accueil pendant une période raisonnable lorsque les capacités de logement sont temporairement épuisées ; Attendu qu'il est donc paradoxal que l'Etat poursuive aujourd'hui le père R. pour avoir fait ce qu'il aurait dû faire lui-même ; Qu'en d'autres termes, l'Etat n'est pas recevable à faire condamner quelqu'un qui a mis en œuvre une liberté fondamentale dont il était lui-même débiteur.»* (Nous soulignons).

l'essentiel, sans perspective d'avenir, aux prises avec un passé marqué par l'errance. Il ne saurait dès lors être reproché à quiconque de les avoir recueillis, logés, nourris, écoutés et entourés, afin de les restaurer dans leur dignité et de leur donner des conditions provisoires de vie décentes auxquelles chacun doit pouvoir prétendre »[33].

Un mois plus tôt, le même tribunal avait relaxé Pierre-Alain Mannoni, poursuivi pour aide au séjour et à la circulation sur le territoire estimant que « *(...) pour apporter l'aide qu'il recherchait, consistant à proposer un hébergement pour une nuit dans un appartement doté du confort moderne à trois jeunes femmes épuisées par des conditions de vie difficiles, P. A. Mannoni était contraint de les véhiculer, pour les transporter de la commune de Saint-Dalmas-de-Tende jusqu'à Nice (...). Dès lors force est de constater que la circulation des trois migrantes mise en œuvre par le prévenu n'était que le préalable indispensable à l'aide à leur séjour, couvert par l'immunité prévue à l'article L 622-4 pour les raisons précitées* »[34].

Toutefois, quand bien même les poursuites aboutiraient, pour une part d'entre elles, à des non-lieux, des relaxes ou des condamnations avec dispense de peine, il n'en demeure pas moins que ces poursuites créent un trouble conséquent pour les personnes qui en sont l'objet et que l'existence même de telles dispositions peut avoir un effet dissuasif significatif[35].

Inaptes à protéger de toute poursuite les aidants désintéressés, les dispositions visant l'aide à l'entrée, à la circulation et au séjour apparaissent, de plus, en contradiction avec le droit européen.

II. LE « DÉLIT DE SOLIDARITÉ », UNE INCRIMINATION EN CONTRADICTION AVEC LE DROIT EUROPÉEN

Pénaliser l'aide apportée aux migrants dans un but non lucratif apparaît contraire au droit européen à deux niveaux. D'une part, les dispositions internes visant ce délit résultent d'une transposition inadéquate des textes européens (I). D'autre part, ces dispositions peuvent aujourd'hui apparaître

---

[33] TGI Nice, 10 février 2017, n° 16298000008. Le parquet a fait appel, l'audience est fixée au 19 juin 2017 devant la Cour d'appel d'Aix-en-Provence.

[34] TGI Nice, 6 janvier 2017, n° 16293000004. Le parquet a également fait appel, l'audience est fixée au 26 juin 2017 devant la Cour d'appel d'Aix-en-Provence.

[35] Sur l'effet dissuasif (« chilling effect ») de l'existence de sanctions, la jurisprudence de la Cour européenne des droits de l'homme, dans le domaine de la liberté d'expression (voir par exp. Cour EDH, *Eon c/France*, 14 mars 2013, n°26118/10, §§ 60-61 ; CourEDH [GC], *Morice c/France*, 23 avril 2015, n° 29369/10, §176), apparaît transposable à la question du délit de solidarité. Toutefois, la Cour n'a pas opéré ce rapprochement dans l'affaire *Mallah*. Voir N. HERVIEU, « Délit de solidarité : entre occasion et acte manqués, une décision européenne à la cohérence douteuse (CEDH, 5e Sect. 10 novembre 2011, Mallah c. France) », *Lettres ADL*, 11 novembre 2011.

en contradiction avec la jurisprudence de la Cour de Justice de l'Union européenne (II).

A. UNE TRANSPOSITION INAPPROPRIEE, DES TEXTES EUROPEENS DEVOYES

La loi du 27 décembre 1994[36] avait pour objet de mettre le droit français en conformité avec la convention de Schengen du 19 juin 1990 qui prévoit en son article 27 que les États membres doivent « instaurer des sanctions appropriées à l'encontre de quiconque aide ou tente d'aider, à des fins lucratives, un étranger à pénétrer ou à séjourner sur le territoire d'une Partie Contractante ». Cependant, alors que l'infraction prévue par le texte européen vise explicitement et exclusivement l'assistance fournie à « des fins lucratives », le gouvernement français refuse d'introduire cette précision dans le droit interne[37].

L'occasion est à nouveau manquée, quelques années plus tard, lorsqu'il s'est agi de transposer la directive « facilitation ». Ce texte fixe comme objectif « de s'attaquer à l'aide apportée à l'immigration clandestine, non seulement lorsqu'elle concerne le franchissement irrégulier de la frontière à proprement parler, mais aussi lorsqu'elle a pour but d'alimenter des réseaux d'exploitation des êtres humains ». Ce sont donc clairement les réseaux de passeurs qui sont visés.

La directive prévoit, premièrement, que « chaque État membre adopte des sanctions appropriées à l'encontre de quiconque aide sciemment une personne non ressortissante d'un État membre à pénétrer sur le territoire d'un État membre ou à transiter par le territoire d'un tel État, en violation de la législation de cet État »[38]. L'État membre est libre de ne pas imposer de sanctions à l'égard des individus dont le but est « d'apporter une aide humanitaire à la personne concernée »[39]. Deuxièmement, la directive établit que les États membres doivent sanctionner « quiconque aide sciemment, dans un but lucratif, une personne non ressortissante d'un État membre à séjourner sur le territoire d'un État membre »[40]. Dans tous les cas, les sanctions doivent être « effectives, proportionnées et dissuasives »[41]. Le principal écueil réside dans l'imprécision de la directive, imprécision qui

---

[36] Loi n° 94-1136 du 27 décembre 1994 portant modification de l'ordonnance n° 45-2658 du 2 novembre 1945 relative aux conditions d'entrée et de séjour des étrangers en France, NOR: INTX9400117L.

[37] Voir D. LOCHAK, « La solidarité, un délit ? », *Après-demain*, vol. n ° 27-28, nf, no 3, 2013, pp. 7-9.

[38] Art. 1er - 1- a.

[39] Art. 1er- 2.

[40] Art. 1er- 1- b.

[41] Art. 3.

offre aux États une grande latitude[42] : En quoi consiste « une aide humanitaire » ? Comment définit-on un « but lucratif » ?

En droit européen, sont donc visées les personnes qui aident « sciemment » un étranger en situation irrégulière à entrer ou à transiter sur le territoire d'un État membre. Se pose donc la question de savoir si l'aidant était au courant de la situation de séjour irrégulier de la personne à laquelle il apporte son assistance. On retrouve cet élément en droit interne, avec toutes les difficultés que cela peut entraîner[43]. En ce qui concerne le séjour irrégulier, la notion de « but lucratif » du droit européen n'a pas été reprise dans la législation interne, si bien que toute aide, dans un but lucratif ou non, peut être poursuivie et sanctionnée. La circulaire du 23 novembre 2009 énonce ainsi que « le seul but lucratif ou intéressé peut être un critère de poursuites mais son absence ne saurait, en principe, exclure des poursuites, le législateur ayant clairement fait le choix de ne pas faire figurer ce critère dans la loi »[44]. Saisi de la légalité de cette circulaire, le Conseil d'État a jugé que la directive « facilitation » n'interdisait pas « aux États membres de sanctionner aussi l'aide au séjour irrégulier à des fins non lucratives »[45].

La dernière loi portant modification de l'incrimination d'aide aux migrants n'a pas dérogé à la règle. Se gardant d'introduire la notion de « but lucratif », le législateur n'a fait qu'ajouter de nouvelles immunités. Or, de nouveaux développements au niveau de la jurisprudence européenne auraient dû l'amener à un changement plus radical du texte.

B. Une loi a minima, une incrimination anachronique

Les dispositions visant le « délit de solidarité » peuvent aujourd'hui apparaître en contradiction avec la jurisprudence européenne. En effet, le délit d'aide à l'entrée, à la circulation et au séjour irréguliers a été instauré parce que les délits d'entrée, de circulation et de séjour irréguliers existaient en tant que tels. La logique du « délit de solidarité » reposait donc sur l'idée

---

[42] Voir *Fit for purpose? The Facilitation Directive and the criminalization of humanitarian assistance to irregular migrants*, Parlement européen, 2016.

[43] Dans ce sens, Cass. Crim., 26 février 1997, n°96-82.158. Le prévenu avait été condamné par la Cour d'appel de Metz pour avoir véhiculé une personne en situation irrégulière du centre-ville à un supermarché. L'arrêt est infirmé par la Cour de cassation : « *Attendu qu'en statuant ainsi, sans constater que le prévenu, qui soutenait le contraire, avait eu connaissance de l'irrégularité de la situation de la personne transportée, la cour d'appel n'a pas donné de base légale à sa décision* ».

[44] Circulaire du 23 novembre 2009, NOR JUS D 927949 C, point 2- A.

[45] CE, réf., 15 janvier 2010, *Gisti et a.*, n° 334879, *AJDA* 2010. 68; CE, 19 juillet 2010, *Gisti et a.*, n° 334878, au Lebon; *AJDA* 2010. 1457, obs. M.-C. de Montecler.

de complicité avec l'auteur d'une infraction. Or, le délit de séjour irrégulier[46] a dû être abrogé, par l'article 8 de la loi du 31 décembre 2012, pour mettre le droit français en conformité avec des décisions de la Cour de Justice de l'Union européenne d'avril[47] et décembre[48] 2011 et des arrêts de la Cour de cassation[49] de juillet 2012. Toutefois, le législateur s'est contenté d'une modification *a minima* en ne dépénalisant, que partiellement[50], le délit de séjour irrégulier, mais pas celui d'entrée irrégulière, alors même que les deux infractions sont étroitement liées[51].

Depuis, de nouveaux développements jurisprudentiels sont intervenus concernant la pénalisation de l'entrée irrégulière. Dans son arrêt *Affum*[52], de

[46] L'article L. 621-1 du CESEDA punissait d'un an d'emprisonnement et de 3 750 euros d'amende, le fait pour un étranger de pénétrer ou de séjourner irrégulièrement sur le territoire français.

[47] CJUE, 28 avril 2011, aff. C-61/11, *El Dridi*, *D.* 2011. 1880, note G. POISSONNIER, 1400, entretien S. SLAMA, et 2012. 390, obs. K. PARROT ; *AJDA* 2011. 878, et 1614, chron. M. AUBERT, E. BROUSSY et F. DONNAT ; *AJ pénal* 2011. 362, note S. SLAMA et M.-L. BASILIEN-GAINCHE ; *RFDA* 2011. 1225, et 2012. 377, chron. L. CLEMENT-WILZ, F. MARTUCCI et C. MAYEUR-CARPENTIER ; *Rev. crit. DIP* 2011. 834, note K. PARROT ; *Dict. perm. dr. étrangers*, Bull. n° 201, 2011, obs. V. BAUDET-CAILLE ; *Europe* 2011. Étude 7, obs. F. KAUFF-GAZIN ; M.-L. BASILIEN-GAINCHE, « Droits des étrangers (Directive retour) : la pénalisation du séjour irrégulier est contraire aux objectifs du droit de l'Union européenne », *ADL* 29 avril 2011 ; *Dr. adm.* 2011. Comm. 62, obs. V. TCHEN ; L. MASERA, « Les ressorts de l'affaire *El Dridi* », *in* Immigration, un régime pénal d'exception, *Gisti*, juin 2012, p. 128.

[48] CJUE [GC], 6 décembre 2011, aff. C-329/11, *Achughbabian*, *D.* 2011. 2999, 2012. 333, note G. POISSONNIER, 390 et 2013. 324, obs. K. PARROT ; *AJDA* 2011. 2384, et 2012. 306, chron. M. AUBERT, E. BROUSSY et F. DONNAT ; *RFDA* 2012. 377, chron. L. CLEMENT-WILZ, F. MARTUCCI et C. MAYEUR-CARPENTIER ; *Constitutions* 2012. 63, obs. A. LEVADE ; *Rev. crit. DIP* 2013. 117, note K. PARROT ; *JCP* 2012. 226, note A. LEVADE ; *Dr. adm.* 2012. Comm. 17, et 2012, p. 46, obs. V. TCHEN ; *Gaz. Pal.* févr. 2012, comm. P. HENRIOT ; S. SLAMA, « Pénalisation du séjour irrégulier et procédure de retour », *ADL* 7 déc. 2011 ; S. SLAMA, « La directive « retour » et le juge communautaire, *in* Immigration, un régime pénal d'exception, *op. cit.*, p. 140.

[49] 1ère Civ., 5 juillet 2012, pourvoi n° 11-30.371, *Bull.* 2012, I, n° 158 ; 1ère Civ., 5 juillet 2012, pourvoi n ° 11-19.250, *Bull.* 2012, I, n° 158 ; 1ère Civ., 5 juillet 2012, pourvoi n° 11-30.530, *Bull.* 2012, I, n° 158 (rejet) ; V. TCHEN, « L'exécution des mesures d'éloignement des étrangers en situation irrégulière. », *Droit Administratif* n°8, août 2012, comm. 74. ; D. SIMON, « "Directive retour", séjour irrégulier et garde à vue : la Cour de cassation tire les leçons de la jurisprudence de la Cour de justice », *Europe* n° 8, août 2012, repère 8. ; A. LEVADE, «L'impossibilité de la garde à vue des étrangers en situation irrégulière : une polémique juridique peut en cacher une autre ! », *JCP G* n° 35, 27 août 2012, 895.

[50] Si le séjour irrégulier n'est plus pénalement répréhensible, le maintien sur le territoire, après la mise en œuvre des différentes mesures prévues par la directive « retour » (assignation à résidence, rétention administrative), est passible d'un an de prison et de 3750 euros d'amende, ainsi que d'une interdiction du territoire (art. L.624-1 et L624-2 du CESEDA).

[51] Voir *AJ pénal* 2016. 387, obs. C. SAAS.

[52] CJUE [GC], 7 juin 2016, aff. C-47/15, *Sélina Affum c/ Préfet du Pas-de-Calais et Procureur général de la cour d'appel de Douai*, *AJDA* 2016. 1151 ; *ibid.* 1681, chron. E. BROUSSY, H. CASSAGNABERE et C. GÄNSER ; *D.* 2016. 1255, et les obs. ; *AJ pénal* 2016. 387, obs. C. SAAS ; F. GAZIN, *Europe* 2016. 271.

juin 2016, la CJUE juge que « *[l]a directive 2008/115 doit être interprétée en ce sens qu'elle s'oppose à une réglementation d'un État membre permettant du seul fait de l'entrée irrégulière par une frontière intérieure, conduisant au séjour irrégulier, l'emprisonnement d'un ressortissant d'un pays tiers, pour lequel la procédure de retour établie par cette directive n'a pas encore été menée à son terme* ». Cette conclusion remet donc en cause l'article L. 621-2 2° du CESEDA, qui sanctionne l'entrée irrégulière d'un ressortissant de pays tiers par une peine d'emprisonnement, quand bien même aucune procédure d'éloignement conforme à la directive « retour » n'a été mise en œuvre. Dès lors, « *alors que la loi du 7 mars 2016 est à peine adoptée, la prochaine modification semble déjà annoncée (...) le droit français prévo[yant] une peine d'un an d'emprisonnement pour de tels faits, de telle sorte qu'une nouvelle réforme paraît devoir être appelée* »[53].

Se pose toutefois la question des conséquences de ces dépénalisations partielles et potentielles sur l'incrimination d'aide à l'entrée, à la circulation et au séjour. Si l'aide apportée est regardée comme de la complicité, il faut alors nécessairement un fait principal punissable, car « *[e]n stricte application des conditions de l'article 121-7 du code pénal, il est impossible de se rendre complice d'un fait désormais pénalement neutre* »[54]. Mais, si l'assistance aux migrants irréguliers est considérée comme une infraction autonome, elle peut alors perdurer, quand bien même les délits d'entrée, de circulation et de séjour, eux, n'existent plus en tant que tels. Il suffit que la personne aidée soit en situation irrégulière, même si elle ne peut plus être poursuivie pénalement, pour que la personne aidante soit, elle, punissable pénalement. Cependant, on ne peut que s'interroger « *même s'il s'agit d'une infraction autonome qui peut continuer à exister de manière indépendante, quel sens y a-t-il à maintenir dans notre droit positif un délit d'aide à l'entrée et au séjour irréguliers alors que le sans-papier ne peut plus, tant qu'il n'a pas fait l'objet des mesures prévues par la Directive "retour", faire l'objet d'une répression pénale en raison d'un séjour ou d'une entrée irrégulier ?* »[55].

Un doute persiste néanmoins. Supprimer ou réécrire les dispositions du CESEDA pénalisant l'aide aux migrants irréguliers permettrait-il effectivement de mettre fin aux intimidations et poursuites à l'encontre de simples citoyens solidaires ? En effet, force est de constater qu'au-delà des poursuites au titre de ces articles du CESEDA, des personnes se voient inquiétées sous divers motifs, comme le souligne le Défenseur des Droits

---

[53] J.-B. PERRIER, *RSC* 2016. 389.

[54] C. SAAS, « Aide au séjour irrégulier : que peut le juge pour redresser les malfaçons législatives ? », *D.* 2015. 1025.

[55] S. SLAMA, « Délit de solidarité : actualité d'un délit d'une autre époque », *Lexbase*, 20 avril 2017.

dans un communiqué de janvier 2016[56] : « *Le délit de solidarité peut prendre des formes multiples. Il est principalement constitué de l'aide à l'entrée, à la circulation et au séjour irréguliers. Mais plusieurs autres outils juridiques sont régulièrement utilisés pour dissuader les citoyens de venir en aide aux étrangers sans papiers* ». Ainsi, c'est pour fait d'outrage[57], injure[58], diffamation[59], violence contre des représentants des forces de l'ordre[60], non-respect d'un arrêté municipal prononçant la fermeture d'un local au public[61], ou encore entrave à la circulation d'un aéronef[62], que des aidants deviennent aujourd'hui des « délinquants solidaires ». Et, quand ce ne sont pas des citoyens qui sont poursuivis, ce sont les associations qui se voient empêchées de mener à bien leurs actions, notamment dans le Calaisis. Il est pourtant question d'assurer le respect des droits fondamentaux des migrants, accès à un hébergement d'urgence, à l'eau, à des soins, droits fondamentaux dont l'État est le seul débiteur. Il ne s'agirait donc pas seulement pour les autorités de modifier des dispositions législatives, mais surtout de faire évoluer le regard porté sur les personnes qui manifestent leur solidarité à l'égard des personnes étrangères et, de manière plus générale, le regard porté

---

[56] Défenseur des droits, « Tribunal de Boulogne-sur-Mer : un citoyen britannique jugé pour avoir eu un acte de solidarité envers une petite fille afghane », communiqué de presse du 14 janvier 2016. Le Défenseur y mentionne comme exemples l'« *infraction au code de l'urbanisme pour avoir aidé à bâtir un abri de fortune, poursuite pour dépôt d'immondices sur la voie publique pour avoir réalisé le nettoyage d'un campement « rom », plaintes en dénonciations calomnieuses pour avoir saisi des autorités de contrôle* ».

[57] Les affaires mentionnées dans les notes 56 à 61 ne le sont qu'à titre illustratif, n'étant que des exemples parmi de nombreux autres développés sur le site du *Gisti* : http://www.gisti.org/spip.php?rubrique419

CA Paris, 22 octobre 2008. Un militant RESF est poursuivi et condamné pour outrage à l'autorité publique suite à l'envoi d'un courriel à Nicolas Sarkozy alors ministre de l'intérieur se terminant par : « *Voilà donc Vichy qui revient : Pétain avait donc oublié ses chiens !* ».

[58] TGI Rennes, 12 janvier 2009, n°09/118. Des membres du Colletif des sans-papiers de Rennes poursuivis pour outrage à la police aux frontières sont relaxés, le tribunal estimant que « *La condamnation de tels propos serait disproportionnée au sens de l'article 10 précité s'agissant d'un débat public portant sur la politique d'immigration adoptée en France et intéressant tous les rouages de l'Etat et en particulier la mise en œuvre des interpellations et reconduites à la frontière des étrangers en situation irrégulière par la Paf* ».

[59] CA Orléans, 10 avril 2012, n°2012/278. Quatre militants associatifs publient un communiqué intitulé « Les baleiniers » dans lequel ils comparent les pratiques de fichage des enfants avec les méthodes utilisées par l'administration pendant l'Occupation. Le ministre Brice Hortefeux porte plainte contre eux pour diffamation contre une administration publique.

[60] TGI de Meaux, 12 juin 2015. Deux membres du collectif *Romeurope* du Val-Maubuée ont mis à à l'abri des familles dans la mairie annexe de Noisiel. Ils ont été poursuivis et condamnés pour violences contre des agents de police.

[61] TGI Saint-Etienne, 10 septembre 2014. Le père Ruffin est poursuivi pour avoir enfreint un arrêté municipal de février 2013 ordonnant l'arrêt de l'hébergement dans un bâtiment. Il est finalement relaxé.

[62] CA Paris, 3 décembre 2010. André Barthélémy et plusieurs autres passagers sont poursuivis et condamnés pour incitation à la rébellion et entrave à la circulation d'un aéronef pour s'être opposés aux conditions d'expulsion de deux ressortissants congolais.

sur les migrants, pour que nous ne restions plus « *comme le souffle coupé, un haut-le-cœur en vérité* » face à ces dénis d'humanité.

L'UNION EUROPÉENNE : FACTEUR D'AGGRAVATION OU DE RÉSORPTION DE LA CRISE DES SOLIDARITÉS ?

Par
Sébastien ADALID
Professeur de droit public
À l'Université Le Havre-Normandie
Co-directeur de l'école doctorale droit-Normandie
Membre du LexFEIM (EA 1013)

La solidarité est l'expression ultime d'une collectivité consciente d'elle-même. Elle ne saurait se décréter, ni être imposée, sous peine d'un rejet. Elle doit être acceptée comme la déclinaison d'un lien social sous-jacent. La solidarité n'est pas un devoir. La solidarité est un acquis, le prolongement naturel du lien entre les individus d'une communauté politique.

La solidarité n'existe pas dans l'Union européenne, car l'Union européenne n'est pas une communauté politique d'individus conscients de leur destin commun. La solidarité est aussi en voie de disparition dans les Etats qui la composent, dans lesquels la communauté nationale se réduit au nationalisme, et la solidarité à l'intolérance. Ces deux mouvements sont complémentaires. Ils traduisent la disparition progressive du consensus social sur lequel reposait la solidarité au sein de l'État-providence, mais aussi l'impossible transition vers une nouvelle forme de solidarité, dépassant l'État et traduisant l'existence d'une communauté internationale.

Comprendre la crise des solidarités, c'est comprendre le rôle joué par l'Union européenne dans la déconstruction de l'État-providence. C'est accepter que nous traversions une période de transition. C'est se livrer à un examen critique du processus d'intégration européenne.

La méthode à suivre a déjà été suggérée par Georges Burdeau en 1956, qui décrivait ainsi les périodes de transition : « Ce sont des périodes d'une durée relativement limitée durant lesquelles une collectivité passe d'un mode de vie à un autre sans s'organiser selon des cadres originaux et où se rencontrent les habitudes d'un passé proche suivies à titre de rites et les croyances novatrices qui serviront d'assise à l'ordre ultérieur. Alors la société fait son ménage, ce grand rangement périodique qui ne va pas sans un considérable désordre préalable. Les idées et les institutions sont tirées de leur place accoutumée, séparées des habitudes qu'elles avaient engendrées. On repense leur raison d'être, on les redécouvre d'un regard neuf, et un tri sévère accompagne l'examen. On songe aussi aux nouveautés désirables et à la collectivité toute entière, comme une ménagère aguichée consulte les catalogues et écoute, séduite, les revendeurs qui font du porte-à-porte. Finalement, certes, bien des choses resteront en place ; on se bornera à supprimer quelques fioritures démodées. Mais, du moins, tout aura été remis en lumière, éprouvé, jugé »[1].

En 1956, la phase de transition s'achève. L'auteur n'en est certainement pas conscient, mais un nouveau modèle émerge et s'impose : celui de l'État-providence. Or, ce modèle a depuis connu une double crise. Depuis la fin des années soixante-dix, il se désagrège au profit de l'État néolibéral. Depuis 2008, les fondements de l'État néolibéral sont remis en cause par les crises financières, économiques et aujourd'hui identitaire. En guise d'introduction, il faut rapidement revenir sur ces deux crises et leur impact sur la solidarité.

En premier lieu, l'État-providence s'est construit en rupture avec l'État libéral issu de la Révolution. L'État libéral fondait le social sur les principes, individualistes, « de la responsabilité individuelle et du contrat »[2]. Face à la Révolution industrielle, l'État-providence s'est construit sur une approche en termes de « risque »[3], avec comme principe fondamental l'assurance. Ainsi, selon Pierre Rosanvallon : « L'assurance sociale n'est pas comme l'assistance un secours consenti, elle représente l'exécution d'un contrat dans lequel l'État et les citoyens sont également impliqués »[4]. L'assurance devient alors un paradigme inclusif, une redéfinition des liens entre les citoyens, mais aussi avec l'État. À la fois, chaque individu cotise au système, mais il est couvert de manière plus large par l'ensemble des cotisations réciproques de l'ensemble des membres de la communauté et in fine par l'État. Il est profondément empreint de solidarité car il traduit l'appartenance de chacun à une communauté qui accepte de couvrir certains risques. L'État-providence est alors, profondément, politique et démocratique. Fondé sur une citoyenneté sociale, il ne peut être sous-tendu que par un processus démocratique de légitimation.

En second lieu, l'État néolibéral a, de manière insidieuse, lentement remplacé l'État-providence depuis la fin des années 70. Il n'y a pas eu de phase de transition vers l'État néolibéral, il n'y a pas eu d'aggiornamento de

---

[1] G. Burdeau, *Traité de Science Politique, Volume VI : La démocratie gouvernante son assise sociale et sa philosophie politique*, LGDJ, Paris, 1956, p. 9.

[2] P. Rosanvallon, *La nouvelle question sociale. Repenser l'Etat-providence*, Editions du Seuil, Paris, 1995, p. 21.

[3] *Id.*, p. 22.

[4] *Ibid.*, p. 24.

l'État-providence, l'exercice auquel nous invite George Burdeau a été escamoté par, à la fois, le « désencastrement de l'économie », le procès fait à l'État et la redéfinition du rôle social du citoyen.

Tout d'abord, le désencastrement de l'économie désigne le processus par lequel la sphère économique devient autonome. Diagnostiqué par Polanyi dès 1944, il ne devient effectif qu'au tournant des années 80, sous la pression du néolibéralisme. Il se traduit par « la division institutionnelle de la sphère politique et de la sphère économique »[5]. Il opère alors inévitablement une remise en cause de l'État-providence et de ses mécanismes de solidarité. Ceux-ci sont exclus de la sphère économique et transférés à la sphère politique, comme le passage de financement de la Sécurité sociale des cotisations à l'impôt le démontre très bien[6].

Ensuite, le procès fait à l'État. La pensée néolibérale opère une remise en cause du rôle social de l'État. À la fois sa portée, mais aussi son fonctionnement, son redéfinis pour devenir compatibles avec les exigences de la sphère économique. Il y a alors une soumission de la sphère politique, et donc étatique, à la sphère économique et à ses impératifs. C'est donc, *in fine*, l'intérêt général subvertit sous le marché.

Enfin, le néolibéralisme redéfinit le citoyen et la communauté. Le citoyen est réduit à son intérêt individuel et la communauté au marché. Toute confiance est donnée à la spontanéité du marché, n'exigeant alors de l'individu que de suivre ses intérêts égoïstes, le marché s'assurant spontanément de leur convergence. *De facto*, la communauté nationale disparaît au profit du marché.

Cette triple transformation obère toute chance d'une solidarité réelle. Au mieux, celle-ci est transférée à la sphère politique, au pire elle est amenée à disparaître. La crise financière de 2007 est l'illustration patente de l'échec de la pensée néolibérale et de l'imperfection du marché. Depuis lors, s'est ouverte une phase paradoxale de transition. Paradoxale, car le paradigme néolibéral semble survivre à son propre échec[7]. Il a transféré sa maladie à l'Europe, à l'État et au politique. La phase de transition est aujourd'hui dans une impasse, faute de pouvoir interroger à nouveau le paradigme fondateur de l'État néolibéral. Celui-ci s'est avéré résiliant, voire indifférent, aux faits mais aussi aux critiques. Il est pourtant indispensable de l'interroger pour saisir en quoi la solidarité est inconciliable avec les institutions, nationales et européennes, issues du néolibéralisme. Au surplus, il faut insister sur le rôle joué par l'Union européenne dans l'avènement d'une ère dans laquelle la solidarité nationale devient impossible, tout en empêchant la construction

---

[5] K. Polanyi, *La grande transformation*, Tel Gallimard, Paris, 1983, p. 121

[6] Sur ce passage, voy. P. Rosanvallon, *La nouvelle question sociale. Repenser l'Etat providence*, *op. cit.*

[7] Voir Ph. Mirowski, *Never let a serious crisis go to waste – How neoliberalism survived the financial meltdown*, Verso, London, 2013.

d'une véritable solidarité continentale. En effet : l'Union européenne s'institue comme un double vecteur de réduction de l'espace des solidarités. En participant de la transformation, de la réduction, du citoyen à l'individu, elle oblige à une augmentation de l'espace du politique et du social[8]. Mais, par son fonctionnement juridique et institutionnel, elle agit comme un facteur de limitation de cet espace politique et social.

Ces problèmes relèvent, en réalité, de deux ordres différents, mais en permanente interaction. L'Union européenne contribue à l'avènement d'une conception de l'individu, réduite à sa subjectivité juridique, empêchant alors toute projection dans les institutions classiques de la solidarité (I). En parallèle, l'Union véhicule une conception minimaliste, voire parfois antinomique, du rôle du politique, prévenant ainsi celui-ci se jouer son rôle de vecteur de solidarité (II).

I. L'INDIVIDU EUROPÉEN : UN CITOYEN A-SOCIAL

Toute solidarité repose naturellement sur l'inclusion de l'individu dans une collectivité. Or, l'appartenance à l'Union européenne remet en cause cette insertion sociale de l'individu. Au niveau national, l'Union est un facteur de déconstruction des liens naturels de rattachement entre l'individu et la collectivité (A). Au niveau européen, l'Union s'avère incapable de permettre la reconstruction d'une identité collective (B).

A. LA DECONSTRUCTION DU CITOYEN NATIONAL

L'intégration européenne accentue le phénomène d'individualisme propre à l'État néolibéral, dont le droit est l'une des expressions topiques. Or, le droit de UE pousse à son paroxysme l'individualisme juridique (1). Parallèlement, il participe d'un phénomène de déconstruction des liens de rattachement à la communauté nationale (2).

1. L'INDIVIDUALISME JURIDIQUE POUSSE A SON PAROXYSME

Le droit, dans la conception dominante selon laquelle il est abordé, est un facteur central de déstabilisation de l'État-providence dans son incapacité actuelle à projeter l'individu au-delà de lui-même. Or, l'Union européenne agit comme un catalyseur d'une telle mutation.

Le positivisme juridique s'apparente à un réductionnisme social. En cela, il conforte les évolutions néolibérales faisant de l'individualisme la valeur clé.

[8] Sur ce point voy. P. Rosanvallon, *La nouvelle question sociale. Repenser l'Etat providence*, *op. cit.*, p. 62-64.

Pour le comprendre, il faut rappeler l'opposition entre *homo juridicus* et *homo economicus*, théorisée par Foucault.

Selon ce dernier, l'*homo juridicus* « est par définition un sujet qui accepte la négativité, qui accepte la renonciation à soi-même, qui accepte, en quelque sorte, de se scinder et d'être, à un certain niveau, détenteur d'un certain nombre de droit naturels et immédiats et, à un certain autre niveau, qui accepte d'y renoncer »[9]. C'est l'homme inscrit dans son milieu, membre d'une communauté qui lui reconnaît des droits et auquel il reconnaît un rôle. C'est alors l'homme inclus et donc capable d'une solidarité.

Inversement, l'*Homo oeconomicus*, « c'est celui qui obéit à son intérêt, c'est celui dont l'intérêt est tel que, spontanément, il va converger avec l'intérêt des autres. L'*homo oeconomicus*, c'est du point de vue d'une théorie du gouvernement, celui auquel il ne faut pas toucher. L'*homo oeconomicus*, on le laisse faire »[10]. À l'origine d'une « mécanique sans transcendance , il est incapable d'accepter la solidarité.

Or, le désencastrement de l'économie et le triomphe du néolibéralisme conduisent à la disparition des spécificités de l'*homo juridicus*, réduit aujourd'hui à un double juridique de l'*homo oeconomicus*. Cette disparition rompt alors l'équilibre créé par État-providence vu comme moyen de « *gérer les tensions, inscrites dans la définition de la nation, entre les citoyens abstraits et les acteurs de la vie économique et sociale* »[11].

Or, l'Union a joué un rôle déterminant dans cette mutation. Son droit est porteur d'une conception limitée du sujet de droit devenu agent économique. L'individu se construit dorénavant contre la communauté et l'État et non plus en symbiose avec eux.

En droit de UE, l'individu est conçu comme un agent de la construction du marché intérieur, au travers de la conjonction des principes de l'effet direct du droit de UE, et des règles du marché intérieur. À travers sa jurisprudence, la Cour de justice offre aux individus la possibilité de s'opposer à règlementation nationale. Or, sa seule motivation à le faire est économique, son argument étant alors que ladite règlementation s'oppose à la construction du marché intérieur. L'intérêt égoïste des individus prime donc celui de l'État.

En termes symboliques, on assiste à la construction de l'individu contre l'État et ses règles. Celui-ci est extrait du droit national et donc de la collectivité nationale au profit du marché intérieur. Ceci se fonde sur une lecture parfaitement biaisée du concept même de règlementation nationale,

---

[9] M. Foucault, *Naissance de la biopolitique (Cours au collège de France 1978-1979)*, Gallimard-Seuil, Paris, 2004, p. 278

[10] *Id.*, p. 274.

[11] D. Schnapper, *La communauté des citoyens. Sur l'idée moderne de nation*, Gallimard, Paris, 1994, p. 155.

qui est parfois l'expression d'une tradition, d'un intérêt général jugé supérieur par le pouvoir politique.

Le citoyen européen est avant tout le citoyen du marché, acteur de sa construction, confortant ainsi le triomphe de l'individualisme juridique. Or, cet individualisme juridique empêche de penser la collectivité et donc la solidarité. Il y a là le prolongement de la modernité juridique, fondée sur le postulat selon lequel : « *les comportement (...) peuvent toujours être ramenés à des comportements individuels* »[12]. Ainsi, le seul facteur de rattachement de l' individu à l'État est symbolique. Or, sous effet de l'intégration européenne, ce symbole disparaît.

2. LA DISPARITION DES SYMBOLES DE RATTACHEMENT A LA COMMUNAUTE NATIONALE

Il ne s'agit évidemment pas de critiquer les réalisations de l'Union européenne depuis 1957. Cependant, leur construction s'est opérée sans réflexion préalable sur leur effet sur le lien unissant le citoyen à la collectivité nationale dont il est issu. Un certain nombre de symboles pourraient ici être cités, deux seront ici évoqués, dans la droite ligne de la problématique de la solidarité : le rapport à l'impôt et le rôle des organismes d'assurance sociale.

Dans les Etats-nations, on assiste à une transformation « de la population en producteur-consommateur, en prestataire-bénéficiaire de services sociaux, plutôt qu'en citoyens »[13]. Ce mouvement est accéléré par l'UE qui soumet progressivement certains services sociaux aux règles du marché. En effet, la Cour de justice a donné une définition spécifique de la notion d'assurance sociale, conduisant à une soumission partielle aux règles du marché. Elle s'accompagne d'une définition spécifique et réductrice de la notion même de « solidarité » dans la jurisprudence de la Cour de justice.

Pour rappel, cette dernière a adopté une conception large de la notion d'activité économique, brouillant la frontière entre le social et l'économique. Elle diminue alors la possibilité pour l'État de définir lui-même ce qu'il considère comme une activité sociale. Ainsi, dans son arrêt Höfner de 1991, elle estime que l'activité de placement des cadres ne doit pas être qualifiée en fonction du domaine mais de la manière dont l'activité est organisée, et si elle peut l'être selon les règles du marché[14].

De même, la jurisprudence Poucet et Pistre de 1993 défini de manière restrictive les activités sociales comme celles qui sont organisées sur le fondement de la solidarité. Cependant, cette dernière est aussi entendue de

---

[12] B. Karsenti & C. Lemieux, *Socialisme et sociologie*, Editions EHESS, Paris, 2017, p. 63.

[13] D. Schnapper, *La communauté des citoyens. Sur l'idée moderne de nation*, Gallimard, Paris, 1994, p. 15.

[14] CJCE 23.4.1991, Höfner, Aff. C-41/90.

manière limitée, à savoir lorsque « les prestations versées sont des prestations légales et indépendantes du montant des cotisations »[15]. Pour tous les autres modes organisation, la Cour rejette la qualification de sociale. Ils entrent alors dans la catégorie d'« activité économique » et doivent être ouverts à la concurrence.

Ce faisant, la Cour réduit la possibilité pour l'État de définir lui-même le périmètre des activités dites sociales et impose un mode d'organisation unique de la « solidarité ».

Concernant le rapport à impôt, il est fondamental à double titre. C'est la base de la construction de la démocratie par le biais du principe de consentement à l'impôt. Au surplus, il est aux fondements de l'idée de communauté, par la participation de chacun aux charges qu'elle engendre, y compris aujourd'hui aux charges de solidarité. Ce rôle est doublement remis en cause au niveau de l'Union.

L'encadrement par l'Union des procédures budgétaires impose aujourd'hui validation *ex ante* des choix budgétaires au niveau européen[16]. Il y a là une diminution drastique du rôle des parlements nationaux dans la procédure budgétaire.

L'impôt a aussi une utilité sociale. Or, l'obsession européenne pour la réduction de déficits publics, qui conduit souvent à l'augmentation des impôts, induit l'idée que ceux-ci ne sont plus récoltés au service de la communauté, mais seulement dans le but de réduire les déficits. L'impôt perd alors sa valeur symbolique.

Cette remise en cause du rapport entre l'individu, l'État et la collectivité n'est pas compensée par l'émergence d'un statut européenne, reconstruisant des nouveaux liens, et une nouvelle collectivité.

B. L'IMPOSSIBLE CONSTRUCTION DU CITOYEN EUROPEEN

Depuis le traité de Maastricht, il existe une citoyenneté européenne. Celle-ci confère majoritairement des droits économiques, et notamment la liberté de circulation, et des droits politiques, droit de vote et éligibilité au Parlement européen et aux élections municipales. Il est ici inutile de revenir sur la signification négative des droits économiques que je viens de détailler. La question de la portée limitée des droits politiques sera abordée en II. Le véritable problème, en réalité, de la citoyenneté européenne est de n'avoir aucun contenu social, au sens large, permettant alors insertion et l'intégration du citoyen. Ainsi, le seul droit proprement social reconnu par la citoyenneté est la non-discrimination, qui ne serait être un statut positif (1).

---

[15] CJCE 17.2.1993, Poucet et Pistre, § 18.

[16] Sur ce thème, voy. nos développements : S. Adalid, « Le statut d'Etat membre de l'UEM », L. Potvin-Sollis (dir.), *Le Statut d'Etat membre de l'Union européenne,* Bruylant, Bruxelles, 2018.

Au surplus, la Cour de justice conditionne la citoyenneté à l'intégration, et non l'inverse (2).

1. LA NON-DISCRIMINATION : UNE CITOYENNETE NEGATIVE

Le droit le plus social reconnu dans l'Union européenne est la non-discrimination, entendue d'ailleurs dans un sens très large. Cependant, la non-discrimination est une idéologie négative qui ne permet en rien le développement d'un sentiment d'appartenance sur lequel la solidarité pourrait émerger.

L'importance de la non-discrimination dans l'UE n'est plus à démontrer. Elle s'est diffusée dans l'ensemble de son ordre juridique.

Dans le cadre du droit primaire, la citoyenneté européenne est détaillée dans le second titre du TFUE intitulé : « *Non-discrimination et citoyenneté de l'Union* ». Les deux notions sont liées par le droit primaire. Au surplus, concernant le contenu de ce titre, il commence (art. 17) par l'interdiction toute discrimination fondée sur la nationalité, puis se poursuit avec les articles consacrés à la citoyenneté.

La non-discrimination a été élargie avec deux directives de 2000 : la directive n° 2000/43, limitée aux problématiques de discrimination en matière de race ou d'ethnie[17] suivie de la directive n° 2000/78 portant création d'un cadre général en faveur de l'égalité de traitement en matière d'emploi et de travail[18]. Or, la spécificité de ces deux textes, pour des raisons logiques de compétence, est de se limiter aux problématiques de l'accès à l'emploi et du déroulement de la carrière. Ceci limite, *ex ante*, ce droit en faveur uniquement d'une catégorie spécifique : le travailleur.

Cette limitation des questions sociale au seul problème de la non-discrimination pose deux problèmes.

En premier lieu, la non-discrimination n'est pas un véritable droit social, dans la mesure où « *les droits sociaux définissent les formes d'une dette de la société envers les individus* »[19]. Or, avec la non-discrimination, il ne se constitue aucun rapport positif ou actif avec l'État et la communauté. Il s'agit seulement d'une règle de comportement entre les individus, elle ne fait alors qu'accentuer le désengagement de l'État de la sphère sociale.

---

[17] Directive 2000/43/CE du Conseil du 29 juin 2000, relative à la mise en œuvre du principe de l'égalité de traitement entre les personnes sans distinction de race ou d'origine ethnique, *JOUE* L 180 du 19.7.2000, p. 22–26.

[18] Directive 2000/78/CE du Conseil du 27 novembre 2000 portant création d'un cadre général en faveur de l'égalité de traitement en matière d'emploi et de travail, *JOUE* L 303 du 2.12.2000, p. 16–22

[19] P. Rosanvallon, *La nouvelle question sociale. Repenser l'Etat providence*, *op. cit.*, p. 145.

En second lieu, ce principe ne saurait fonder une théorie de la justice sur des critères quasiment uniquement procéduraux et individualistes[20]. Elle ne fait que renforcer « *l'entrée dans un nouvel âge du social, où l'impératif individualiste d'égalité devant le droit tend à prendre le pas sur la notion de défense des intérêts collectifs. Cela donne une importance nouvelle à la délibération sociale et politique* »[21]. Or, au sein de l'UE, il n'y a aucune délibération sociale et politique.

En réalité, la principale aporie de la non-discrimination est de n'être qu'un principe individualiste de coexistence et non un principe d'insertion sociale. Il ne constitue pas un outil de dialogue entre les communautés religieuse, ethnique, nationale. Il permet seulement leur neutralisation mutuelle et leur cantonnement dans leur sphère spécifique. Il ne s'agit alors pas d'outil de renouvellement ou d'approfondissement du lien social.

2. UNE CITOYENNETE AMPUTEE

La nation est le « *fruit d'un processus d'intégration, au sens actif du terme* »[22]. Or, la citoyenneté européenne postule l'existence d'un lien afin de l'engendrer. Elle s'appuie sur le caractère performatif du droit. C'est évidemment l'idée de construction par le droit d'une démocratie et donc incidemment d'une nation ou d'un peuple. Mais, à inverse, le droit primaire, le droit dérivé et la jurisprudence de la Cour de justice sont concentrés sur la catégorie de travailleur. Or, pour les autres individus, l'Union impose un minimum d'intégration pour bénéficier de certains droits reconnus pas la citoyenneté européenne. Il y a là une contradiction dans le processus, qui naît justement la citoyenneté européenne touche aux mécanismes de solidarité.

La réduction par l'Union du citoyen au travailleur ne fait, là encore, qu'accentuer une évolution récente au sein de État-providence, posée initialement par la question du chômage. Ce dernier crée deux classes distinctes entre le travailleur et le chômeur[23]. Or, l'UE n'a de préoccupation sociale que pour le travailleur.

Dans le droit primaire, il n'y a, *a priori,* aucune différence. En effet, l'article 20 §2 a) du TFUE reconnaît à l'ensemble des citoyens le droit de « circuler et de séjourner librement sur le territoire des États membres ». En réalité, le traité reconnaît des droits spécifiques aux citoyens économiquement actifs, avec la possibilité d'invoquer le droit à libre circulation des travailleurs ainsi que la libre prestation de services.

---

[20] *Id.*, p. 57-61.
[21] *Ibid.*, p. 61.
[22] D. Schnapper, *op. cit.*, p. 38.
[23] P. Rosanvallon, *La nouvelle question sociale. Repenser l'Etat providence*, *op. cit.*, p. 117.

Cette spécificité est confirmée par le droit dérivé. La directive n° 2004/38 limite le droit séjour limité à 3 mois[24]. Au-delà, seul le travailleur n'a aucune condition à remplir pour rester sur le territoire d'un autre État membres et pour avoir un accès privilégié aux systèmes de solidarité sociale. Pour les autres, cet accès est limité, notamment par la Cour.

Celle-ci est ambiguë. Au début des années 2000, elle souligne l'importance conceptuelle donnée à la citoyenneté européenne, qui a « *vocation à être le statut fondamental des ressortissants des Etats membres* »[25]. Cependant, tous les citoyens ne peuvent pas jouir droits attachés à la citoyenneté.

La Cour a rapidement posé une « condition insertion ». Son arrêt Bidar, de 2005, exige des étudiants, pour pouvoir bénéficier d'un prêt étudiant, de démontrer : « *un lien réel avec la société de cet État* »[26]. Cela démontre le paradoxe d'une citoyenneté construite pour favoriser l'intégration des citoyens et le sentiment appartenance à une communauté plus large mais dans laquelle le bénéfice de ses droits est conditionné par la démonstration de l'appartenance à la communauté de l'État accueil.

Au surplus, la Cour a posé l'interdiction pour les intéressés de devenir « *une charge "déraisonnable" pour les finances* » de l'État d'accueil[27]. La Cour est allée plus loin. Dans son arrêt Dano de 2014, elle estime possible pour les Etats de refuser des prestations sociales non-contributives à des citoyens de UE non-actifs[28], marquant alors là encore la frontière entre travailleurs et non-travailleurs.

Il n'y a pas de citoyenneté européenne ouverte en accord avec le projet politique d'ouverture, porté théoriquement par l'Union. Il existe, en réalité, une citoyenneté sans citoyen. Ainsi, l'enjeu pour l'Union est alors de porter, créer, édifier un véritable projet politique derrière les oripeaux symboliques de la citoyenneté. Car, comme le dit D. Schnapper : « *le politique institue le social* »[29]. Or, l'intégration européenne rejette, par essence, le politique.

II. LES INSTITUTIONS EUROPÉENNES : UNE POLITIQUE A-SOCIALE

La question qui se pose est celle de la capacité de l'Union européenne à édifier une véritable communauté sociale, au-delà des Etats nations. Or, l'Union est fondée sur une contradiction. Elle cherche à recréer un lien citoyen et politique supranational, post-national, et une identité nouvelle et

---

[24] Directive 2004/38/CE du Parlement européen et du Conseil du 29 avril 2004 relative au droit des citoyens de l'Union et des membres de leurs familles de circuler et de séjourner librement sur le territoire des États membres, *JOUE* L 158 du 30.4.2004, p. 77–123.

[25] CJ, 20 septembre 2001, Grzelczyk, Aff. C-184/99.

[26] CJ, 15 mars 2005, Bidar, Aff. C-209/03, § 63.

[27] CJ, Baumbast, 17 septembre 2002, Aff. C-413/99, § 90.

[28] CJ ,11 novembre 2014 *Dano*, Aff. C-313/13.

[29] D. Schnapper, *op. cit.*, p. 14.

européenne. Mais la nation et la citoyenneté ne peuvent être portées que par un projet politique fort. Ce que ne peut faire l'Union, puisqu'elle réduit le politique au juridique, rendant alors impossible émergence d'un projet politique d'intégration sociale (A). Au surplus, l'action concrète de l'Union européenne démontre son incapacité à prendre en compte des questions sociales (B).

A. UN REDUCTIONNISME POLITIQUE

La fondation d'une véritable solidarité au niveau de l'Union européenne passe par l'édification d'une conscience collective d'un destin partagé, creuset d'une future nation européenne, ou d'un peuple européen. Or, depuis 1992 notamment, l'Union essaie de fonder une telle collectivité sur la base de symboles et de procédures, ce qui est illusoire (1). Il faut alors accompagner le mouvement d'un projet politique d'ampleur, ce dont l'Union s'avère incapable. Pire, elle en prive ses Etats membres (2).

1. UN REDUCTIONNISME JURIDIQUE

Depuis 1992 émerge un débat autour du *démos* européen. Il faut revenir sur quelques rappels rapides sur cette notion, avant d'insister sur les apories d'un tel raisonnement.

La thèse du *demos* a été érigée en réaction à la Cour constitutionnelle allemande. Dans son arrêt sur le traité de Maastricht, elle refuse de reconnaître l'existence d'un *demos* européen. Elle estime seulement possible de construire la légitimité de l'Union à partir des *demos* nationaux[30]. En réaction, la doctrine a estimé possible de construire un tel *demos*, notamment par les outils symboliques du droit et de la démocratie. Cette thèse a notamment été défendue par J. Habermas[31] et J. Weiler[32]. Selon eux, la pratique de la citoyenneté et des droits politiques au niveau de UE rendra possible l'émergence d'un sentiment d'appartenance.

Or, si la construction de la nation impose de « *transcender par la citoyenneté des appartenances particulières* »[33], la citoyenneté européenne repose sur la citoyenneté nationale et donc sur une appartenance particulière. Il faudrait alors les transcender par une action concrète. En effet, la souveraineté et la citoyenneté sont des fictions. Il est alors nécessaire de les

[30] BVerfGE 89, 155 – Maastricht.
[31] J. Habermas, *La constitution de l'Europe*, Paris, Gallimard, 2012, 224p.
[32] J.H.H Weiler, U. Haltern & F. MAYER, « European Democracy and its Critique Five Uneasy Pieces », *EUI Working Papers*, 1995, RSC n° 95/11 ; J.H.H Weiler, « To be a european citizen : Eros and civilization », J.H.H Weiler, *The Constitution of Europe*, Cambridge, Cambridge University Press, 1999, pp. 324-357.
[33] D. Schnapper, *La communauté des citoyens. Sur l'idée moderne de nation*, Gallimard, Paris, 1994, p. 49

justifier par « *un certain nombre de réalités concrètes, valeurs et intérêts* » : car « *on ne peut intégrer que par l'action continue des institutions communes* »[34].

S'il faut alors juger l'Union à l'aune de son action, le constat s'impose : en son sein, il n'y a pas réellement de projet politique ; seulement des institutions. Alors qu'il faudrait que ces dernières soient le prolongement d'un projet politique et son actualisation[35], l'Union s'est construite sur le raisonnement inverse : un projet économique, avec des institutions pour le mettre en œuvre, pensés comme le préalable à une demande d'adhésion des citoyens.

Il est alors indispensable d'édifier un véritable projet politique à l'échelle de l'Union.

2. Un reductionnisme institutionnel

La crise actuelle de l'État-providence est la conséquence de l'incapacité des État à formuler une politique sociale ambitieuse, en partie du fait de leur adhésion à l'Union. En effet, le processus d'intégration européenne est à somme négative : la compétence perdue par les Etats membres n'est pas intégralement reprise par les institutions de l'Union.

Le droit de l'Union européenne a un effet réducteur sur les politiques nationales. Il s'est construit sur le fondement d'une limitation de leurs marges de manœuvre. Ce mécanisme s'étend aujourd'hui au cœur des prérogatives nationales et de l'État-providence.

Politiquement, la logique de l'Union européenne est négative. Avec le droit du marché intérieur apparaît la notion d'« intégration négative », à savoir la censure, par la Cour de justice, des mesures étatiques contraires au marché intérieur. Ce faisant, la capacité d'action politique des Etats se trouve limitée par les engagements pris dans les traités fondateurs. Au surplus, ceux-ci sont soumis à une obligation de justification, l'obligation de justifier leurs mesures sur le fondement des dérogations prévues dans les traités et la jurisprudence. On assiste alors à une inversion de la logique de la souveraineté : la liberté des Etats disparaît au profit d'une obligation de conformité au droit de l'Union. Une fois de plus, cet effet de l'appartenance à l'Union s'inscrit dans un phénomène plus large d'épuisement du projet politique national, sous l'effet de limitation de la souveraineté[36].

Au sein de la zone euro, ce phénomène s'accentue avec la « nouvelle gouvernance économique »[37] et l'idée d'un gouvernement par les

---

[34] *Id.*, p. 50.

[35] *Ibid.*, p. 115 et s.

[36] *Id.*, p. 185.

[37] Sur ce phénomène, voy. nos développements : « La nouvelle gouvernance économique de l'UE : Mesurer et rapprocher les politiques nationales », *Droit et Marché*, Dormont S. et Perroud T., LGDJ, Paris, 2015, pp. 145-177.

règles. Il s'agit en réalité de l'encadrement des choix de politiques budgétaires nationales par les critères du pacte de stabilité. Au surplus, depuis la crise, la tutelle de l'Union s'est renforcée. Elle n'est plus seulement statistique mais aussi matérielle : la Commission et le Conseil déclinent des dogmes statistiques en mesures concrètes, les fameuses « réformes structurelles »[38]. Elles représentent, en réalité, un choix politique par défaut effectué par les institutions européennes aux dépens des Etats membres au nom du respect du Pacte de stabilité. Ainsi se concrétise l'obligation pour les Etats d'inscrire leurs choix politiques dans les dogmes européennes.

Cette dernière question met en lumière le besoin impérieux d'une vision politique de l'intégration européenne, celui de formuler un véritable projet politique. Mais, celui-ci se heurte à un double obstacle : le caractère interétatique de l'Union et la nature de ses institutions.

Il ne faut jamais oublier les origines de l'Union, à savoir un rassemblement d'Etats. Les enjeux ont alors toujours été formulés en termes de négociation interétatiques. Cette matrice originelle rend très difficile la transformation de l'intégration négative en intégration positive. En effet, l'intégration négative est très efficace : il suffit à la Cour de reconnaître l'incompatibilité d'une mesure nationale avec le droit de l'Union. Les obstacles sont beaucoup plus nombreux lorsqu'il s'agit de formuler une politique positive. La nature interétatique de l'Union ressurgit et un long et fastidieux exercice de négociation s'enclenche, débouchant souvent sur le plus petit dénominateur commun[39].

Ceci est particulièrement visible en matière solidarité. Au niveau national, la solidarité est formulée en termes individuels, alors qu'au niveau de l'Union elle l'est en termes étatiques. Ainsi, récemment, les problèmes grecs ont été formulés comme une opposition entre la position de l'État allemand et celle de l'État grec, et non comme une réflexion sur les préférences du peuple allemand et du peuple grec[40]. Ce type de formulation restrictive rend impossible l'émergence d'une conscience populaire transnationales ou d'une vision globale de la solidarité dans l'Union européenne.

Au-delà, la structure institutionnelle de l'UE reste profondément technocratique. L'Union s'est construite à partir de l'évitement des conflits politiques entre les Etats, grâce à une processus d'intégration par le droit à travers lequel les conflits politiques sont traduits en termes techniques ; dans un premier temps en termes juridiques, mais aujourd'hui en termes statistiques et économiques. Il est alors impossible, pour le Parlement européen, de devenir le creuset d'un véritable intérêt supérieur européen. Le

[38] Sur ce point, voy. nos développements : « T-Dem Versus Economic Meta-policy: The Means and the Ends », *European Papers*, Vol. 3, 2018, No 1, pp. 19-31.

[39] D. Grimm (traduction de F. JOLY), « L'Europe par le droit : jusqu'où », *Le Débat*, 2015/5 n° 187, pp. 99 et s.

[40] Voy. M. Dawson et F. de Witte, « From Balance to Conflict: a New Constitution for th EU », *European Law Journal*, Vol. 22 n° 2, 2016, pp. 202-224.

renforcement de ses pouvoirs, dans l'objectif de combler le déficit démocratique, n'a fait que révéler le vrai problème : le déficit politique. Il faut entendre par là l'incapacité de l'Union européenne de formuler une véritable politique propre, dépassant les intérêts des Etats.

Ce double problème de disparition progressive des politiques nationales ambitieuses, gardiennes de la reformulation constante du projet politique indispensable à la survie de la nation, et de l'incapacité de l'Union à formuler son propre projet politique, alors même que celui-ci est nécessaire, conduit ainsi à une forme de réductionnisme social.

B. UN REDUCTIONNISME SOCIAL

L'Union européenne s'avère incapable de formuler autre chose qu'une simple rhétorique de la solidarité. Celle-ci, à côté notamment des droits de l'homme et de l'État de droit, fait partie des totems conceptuels sur lesquels l'Union entend se fonder. Cependant, au-delà des discours et des symboles, l'Union n'est pas en capacité de formuler une conception positive de la solidarité (1). Ce qui traduit en réalité son impossibilité à formuler un projet social d'ampleur (2).

1. LA PLACE AMBIGÜE DE LA SOLIDARITE

Le thème de la solidarité démontre que l'Union européenne est aujourd'hui prise dans un engrenage morbide. La dichotomie entre son discours et ses actes devient trop grande pour permettre au projet européen de continuer. Ainsi, alors qu'elle semble au cœur du projet, la solidarité se réduit à une dépendance matérielle mutuelle, gérée aux dépens des peuples.

Il faut se rappeler le texte même de la déclaration Schumann : « *L'Europe ne se fera pas d'un coup, ni dans une construction d'ensemble : elle se fera par des réalisations concrètes créant d'abord une solidarité de fait* ». L'objectif de sa logique néofonctionnaliste était bien de créer une solidarité de fait, engendrant la dépendance mutuelle des Etats pour les forcer à poursuivre le processus d'intégration européenne.

En apparence, ce projet a abouti. L'expansion du champ de compétence de l'Union européenne semble démontrer un approfondissement du projet. De même l'article 2 du TFUE précise bien les valeurs sur lesquelles l'Union est fondée : « *respect de la dignité humaine, de liberté, de démocratie, d'égalité, de l'État de droit, ainsi que de respect des droits de l'homme, y compris des droits des personnes appartenant à des minorités. Ces valeurs sont communes aux États membres dans une société caractérisée par le pluralisme, la non-discrimination, la tolérance, la justice, la solidarité et l'égalité entre les femmes et les hommes* ». La solidarité est donc placée au cœur des valeurs de l'Union, mais aussi de son action, comme le rappelle par exemple l'article 67 § 2 du TFUE : « *une politique commune en matière d'asile, d'immigration et de contrôle des frontières extérieures qui est fondée sur la solidarité entre États membres* ».

En réalité, l'Union ne parvient pas à passer au-delà du premier stade. Elle ne crée que des solidarités de fait, mais jamais de mécanisme de gestion politique de ces solidarités de fait, comme les crises qu'elle traverse le démontre.

Par exemple, la crise des dettes souveraines a parfaitement illustré en quoi l'Euro a conduit à une dépendance matérielle mutuelle entre les Etats de la zone, de leurs économies mais aussi de leurs budgets. Mais, au fondement de la crise, se trouve le rejet *a priori* de toute forme de solidarité, traduite par l'article 125 TFUE et la classe de *no-bailout*. Face aux besoins de la Grèce, l'Union et les Etats ont réagi en deux temps. Dans un premier temps, des prêts bilatéraux à des taux punitifs ont été accordés à la Grèce. Dans un deuxième temps, la solidarité financière a été institutionnalisée, mais conditionnée aux respect critères définis par les créanciers. Or, parmi les mesures exigées il y avait la destruction partielle des politiques sociales et de solidarité grecque.

Aujourd'hui, la majeure partie de la dette grecque est détenue par les Etats de la zone euro. Mais, il n'y a toujours aucune véritable solidarité car ceux-ci refusent de subir les pertes financières d'une éventuelle restructuration de la dette de la zone euro.

La crise de l'Union démontre alors l'éloignement entre valeurs proclamées et l'action concrète de UE. Ce qui conduit à un épuisement conceptuel de la rhétorique d'intégration.

2. L'EPUISEMENT CONCEPTUEL DE L'UNION EUROPEENNE

Taux d'abstention record, scores élevés des partis nationalistes aux élections européennes, Brexit... : ce sont autant de symptômes d'une crise existentielle de l'Union européenne[41]. Mais c'est aussi le reflet d'une crise rampante qui touche les Etats membres, celle d'une réduction du social à l'économique et de l'incapacité des partis politiques, des Etats et de l'Union à reformuler un discours rassembleur autour d'un projet de « nation », qu'elle soit nationale ou européenne.

Le projet européen ne réussit pas à se transcender en un projet positif de construction sociale. En réalité, l'intégration européenne est fondée sur une aporie, celle d'un processus continu dont la fin n'est jamais définie. L'exemple topique en est le marché intérieur. Depuis le milieu des années quatre-vingt, il est question de l'achever, mais sans jamais y arriver. De même, le préambule de tous les traités depuis 1957 promet une « *union sans*

---

[41] Formule empruntée à A.J. Menéndez, « The Existential Crisis of the European Union », *German L.J.*, 2013, vol. 14, p. 453 et s.

cesse plus étroite entre les peuples européens ». C'est cependant une formule vide de sens, qui n'a ni contenu positif, ni objectif concret.

Depuis le début du siècle, il y a la volonté de repositionner la question en multipliant les symboles et les valeurs de l'Union européenne. Le Traité établissant une constitution pour l'Europe ambitionnait de fonder une sorte de patriotisme juridique, en créant une constitution pour créer une communauté nationale. Son échec conduit au remplacement par la logique des droits de l'homme, notamment au travers de la Charte des droits fondamentaux, censée donner une âme à l'Union. Mais : « *L'adhésion intellectuelle à des principes abstraits – droits de l'homme, respect de l'État de droit – ne saurait remplacer, au moins dans un avenir prévisible, la mobilisation politique affective que suscite l'intériorisation de la tradition nationale* »[42].

* *
*

Nous voilà à la fin – provisoire évidemment – du grand ménage auquel nous invitait Georges Burdeau. Un double constat nous frappe : celui de l'épuisement de la capacité nationale et de l'incapacité corrélative de l'UE à formuler un discours favorable à l'émergence d'un véritable esprit communautaire, permettant à son tour de construire une nouvelle solidarité jugée comme légitime par la collectivité à laquelle elle s'applique. Or, comme le disait Georges Burdeau : « *politiquement, les sociétés ne sont ce qu'elles sont qu'à raison de ce que les hommes veulent qu'elles deviennent. Leur dessin présent est fonction d'un avenir qu'on leur imagine* ». Il faut alors imaginer un nouvel avenir pour l'Union européenne, pour redessiner son présent.

[42] D. Schnapper, *op. cit.*, p. 108.

L'EUROPE SOCIALE : DISCOURS OFFICIEL ET RÉALITÉ

Par
Gilles LEBRETON
Professeur de droit public
à l'Université Le Havre-Normandie
Doyen honoraire, eurodéputé

Bonjour à tous.

Tout d'abord, j'aimerais dire à quel point je suis heureux d'être là. Puisque Fabien Bottini le rappelait à l'instant, il s'agit de la continuation d'un cycle de colloques que j'ai fondé il y a tout juste 20 ans, donc c'est un anniversaire. Je suis très heureux de voir que quelqu'un a repris le flambeau, d'autant plus heureux que ce quelqu'un c'est Fabien Bottini qui a été mon doctorant. Donc vraiment, le plaisir est double. Je suis aussi heureux de revoir tout un tas de monde que je connais :

D'abord Madame Heers, qui a été présidente du Tribunal administratif de Rouen. C'est toujours un plaisir de la revoir.

Tous les collègues, bien sûr, membres du laboratoire, et puis également Jacques Bouveresse, mon vieux complice qui a participé il y a 20 ans avec moi à la création de ce cycle de colloques. C'est toujours un plaisir de te revoir, Jacques.

Et puis mon ami le Doyen Guy Quintane qui nous fait l'honneur de venir ici faire le rapport de synthèse. Je dois lui adresser mes excuses car j'aurais dû comme tout le monde lui communiquer à l'avance la substance de ce que je vais dire pour l'aider à rédiger son rapport de synthèse. Sauf que je n'ai pas pu le faire pour deux raisons : d'abord parce que je suis un peu occupé, et puis ensuite parce que la substance de ce que je vais vous dire est constituée par des textes qui ont été publiés avant-hier. L'UE a en effet dévoilé son projet d'Europe sociale dans des documents publiés le 26 avril, avant-hier. Donc j'en ai été réduit à rédiger ma communication dans ma chambre d'hôtel il y a deux jours et je l'ai terminée, je vous l'avoue, hier dans le train qui me ramenait de Bruxelles. Donc ça a été un petit peu compliqué. Mais au moins, vous aurez véritablement des informations sur l'actualité la plus brûlante.

Au départ, il y a bien sûr le traité de Rome de 1957 qui fonde la communauté économique européenne, laquelle est en quelque sorte l'ancêtre de l'UE. Et rien que l'intitulé de ce projet d'organisation européenne montre bien que ce n'est pas le social qui était la priorité. Puisque dans communauté économique européenne, il y a le mot « économique » qui montre que c'était une Europe principalement économique. Et ça correspondait bien au projet de Jean Monnet qui entendait constituer un marché commun et qui pensait, peut-être avec une certaine naïveté, que le reste suivrait. En réalité, il est discutable que le reste puisse suivre puisque lorsqu'on forge un grand marché qui a vocation à s'ouvrir sur le monde, il est problématique ensuite de venir y greffer des droits sociaux. Car dès lors qu'on accepte une concurrence internationale très librement ouverte, les droits sociaux deviennent un handicap dans cette concurrence internationale. Les droits sociaux, en effet, ce n'est pas seulement des droits, c'est aussi des charges pour les États qui les organisent.

Malgré tout, devant le mécontentement des peuples qui ont rapidement vu que le projet de l'UE ne correspondait pas exactement à leur rêve européen, il a fallu s'adapter tant bien que mal et le traité de Lisbonne de 2007 répond à cette exigence d'adaptation. On y trouve notamment l'expression très abondamment utilisée « d'économie sociale de marché ». Et on voit bien que là, le « social » est accolé à l' « économie ». C'est une réponse bien sûr au mécontentement manifesté par certains peuples. Le « non » l'a en effet emporté aux Pays-Bas et en France en 2005 sur le projet de constitution européenne dont le traité de Lisbonne est l'héritier. Or ces référendums ont été négatifs parce qu'il y avait notamment une inquiétude sur la souveraineté bien sûr, mais également une inquiétude sur l'absence de dimension sociale du projet européen.

Que trouve-t-on maintenant dans le traité de Lisbonne, qui est susceptible de rassurer un peu ? Il y a d'abord la Charte des droits fondamentaux de l'UE. C'est un texte qui date de l'an 2000 mais qui n'a reçu valeur conventionnelle que par son insertion dans le traité de Lisbonne, puisque c'est le traité de Lisbonne qui donne expressément valeur juridique à ce texte. Or, la Charte des droits fondamentaux, c'est un peu un cheval de Troie des droits sociaux puisqu'on y trouve à l'intérieur un chapitre qui s'intitule « solidarité ». On peut donc tout à fait s'appuyer sur cette Charte pour considérer que les droits sociaux ont davantage droit de cité qu'auparavant.

Il y a également, dans les traités issus du traité de Lisbonne, l'article 153 du traité sur le fonctionnement de l'UE, qui assigne très clairement des objectifs sociaux à l'UE. Bien sûr, la politique sociale reste une compétence nationale, mais tout de même d'après cet article 153 l'UE peut, je cite « soutenir et compléter l'action des États membres ». Cela donne donc une petite marge de manœuvre à l'UE et là encore c'est de nature à rassurer.

Et puis, bien sûr, parallèlement au traité de Lisbonne, il y a plusieurs fonds qui ont été mis en place et qui ont un objet social très marqué. Il y a d'abord le fonds social européen, qui est bien connu. Comme son nom l'indique, il est destiné à aider les territoires en grandes difficultés sociales. Il y a un autre fonds que je connais, moi, davantage puisque je m'en occupe particulièrement au Parlement européen, c'est le fonds européen d'ajustement à la mondialisation. C'est un fonds qui donne des subventions aux Etats afin qu'ils puissent aider à la reconversion des travailleurs privés d'emploi. À chaque fois qu'il y a un drame social dû à la concurrence internationale et qui débouche sur des licenciements économiques, les États sollicitent ce fonds. L'argent n'est bien sûr pas donné directement aux chômeurs, vous l'aurez compris. Il est donné aux États, à charge pour eux de l'utiliser pour aider à la réinsertion des travailleurs privés d'emploi. Il y a également le fonds européen d'aide aux plus démunis qui, comme son nom l'indique, a vocation à essayer d'atténuer les conséquences de la casse sociale provoquée par les politiques de l'UE.

Tout ça, c'est un peu disparate, comme vous le voyez : il y a une Charte, un article, et des fonds. Il était donc nécessaire, si l'UE voulait être crédible sur sa politique sociale, qu'elle présente des documents mieux structurés. Et c'est ce qu'elle a fait puisqu'il y a depuis deux jours maintenant des documents qui présentent – je cite l'appellation officielle – « le socle européen des droits sociaux ». Un petit historique dans cette courte introduction pour vous montrer que c'est assez récent cette idée, puisque son origine la plus directe est à tirer d'un discours du président Juncker, le président de la Commission. C'était dans le premier discours sur l'état de l'Union qu'il faisait, le 9 septembre 2015. Au passage, vous remarquerez qu'on a copié la terminologie américaine puisque « discours sur l'état de l'Union », c'est américain. C'est assez drôle, comme si l'Union se présentait comme un État fédéral, ce qu'elle n'est pourtant pas. Donc, le 9 septembre 2015, ce que dit très clairement M. Juncker, c'est qu'il faut forger ce socle. Pourquoi ? Pour permettre la convergence dans la zone euro. C'est ça, la priorité. Vous voyez donc que ce n'est pas du tout un objectif humaniste qui est à la base de ce projet, l'objectif est économique et monétaire et consiste à sauver la zone euro. Ce que l'on pensait quand on a créé la zone euro, c'est que mécaniquement, par une espèce d'effet magique, le fait qu'il y ait la même monnaie unique dans plusieurs États favoriserait la convergence, c'est-à-dire le rapprochement des situations économique et sociale des États de la zone. Or, ce n'est pas du tout ce qui s'est passé. Cet échec a été dénoncé par le prix Nobel d'économie, Joseph Stiglitz, qui a montré qu'il n'y a pas de convergence. Junker en a donc déduit que si on veut sauver la zone euro, il faut assurer la convergence, et comment ? Par ce socle européen des droits sociaux. Vous voyez, c'est intéressant parce que rien que dans cette motivation, on voit bien qu'il y a toujours, dans l'esprit de l'Union, une subordination du social à l'économique et non pas l'inverse.

À la suite de ce discours, il y a eu un certain nombre de débats organisés, notamment avec ce que l'Union appelle la « société civile », c'est-à-dire des groupes de pression en fait. Ensuite, il y a eu, le 8 mars 2016, une ébauche de ce socle qui a été émise par la Commission, mais ça n'était clairement qu'une ébauche à ce stade. Puis il y a eu une consultation publique en ligne afin que les citoyens intéressés puissent donner leur impression. Puis il y a eu une « conférence de haut niveau » en janvier 2017, pour reprendre la terminologie officielle de l'UE (on n'est jamais mieux servi que par soi-même). Et puis au bout du compte, il y a la déclaration de Rome du 25 mars 2017, des 27 membres de l'Union qui mettent l'accent sur la nécessité d'une Europe sociale forte. Ce sont leurs propres mots, « nécessité d'une Europe sociale forte ». Pourquoi ? Pour favoriser, c'est toujours le même objectif, la convergence au sein de la zone euro, et de façon plus large la cohésion au sein de l'Union. Et en définitive, après cette déclaration très politique du 25 mars, nous arrivons à la publication de la proposition de la Commission, le 26 avril 2017. Donc je vais beaucoup vous parler de cette proposition qui est constituée d'un ensemble de textes. C'est assez long, comme toujours dans le cadre de l'Union européenne. Je compléterai par l'analyse d'une interview de Madame Thyssen qui est, là encore ça ne s'invente pas, « commissaire à l'emploi, aux affaires sociales, aux compétences et à la mobilité des travailleurs ». Ce qui est intéressant dans cette dénomination, c'est qu'on ne se contente pas de dire que c'est la commissaire aux affaires sociales. Ce qui vient en premier c'est l'emploi, on constate donc toujours la même subordination du social à l'économique, et en plus on finit par la mobilité des travailleurs dont on peut se demander si c'est vraiment un droit ou plutôt une contrainte. Pour la petite histoire, Madame Thyssen – je vous donne son pedigree, je ne résiste pas – a 79 ans et, avant d'être commissaire, a été pendant 23 ans eurodéputée : ce qui me fait un peu sourire, c'est que ce n'est peut-être pas la personne la plus qualifiée pour parler de mobilité des travailleurs... Cela méritait d'être dit !

Le plan que je vais suivre sera classiquement un plan en deux parties. Dans une première partie, nous verrons le discours officiel, c'est-à-dire la volonté de forger une Europe sociale (I). Et puis, dans une deuxième partie qui sera plus brève, je vous exposerai mon point de vue, la réalité, la négation de l'Europe sociale par une Union européenne ultra-libérale (II).

I. LE DISCOURS OFFICIEL : LA VOLONTÉ DE FORGER UNE EUROPE SOCIALE

Commençons par ma première partie, donc, le discours officiel, la volonté de forger une Europe sociale.

Il faut remettre ce projet d'Europe sociale dans le contexte plus général du *Livre blanc sur l'avenir de l'Europe* qui a été publié le 1er mars 2017. Vous savez que l'Union est très inquiète sur son avenir, et donc la Commission dans ce livre blanc envisage cinq scénarii possibles pour le devenir de l'Union. Je vous fais grâce de la description des cinq. Mais dans l'un d'eux, il y a l'hypothèse de la continuation de l'existence de l'UE, on continue sur notre lancée actuelle avec une espèce d'intégration qui grignote peu à peu la souveraineté des États. Un autre scénario prévoit carrément le passage à une Europe ouvertement fédérale. Et puis vous avez aussi un scénario qui répond aux inquiétudes de certaines nations, c'est le n° 2, qui semble compatible avec la victoire de certains candidats nationalistes dans certains grands États de l'Union. Notamment, dans ce scénario n° 2, vous voyez qu'on se prépare à toutes les hypothèses, il y a l'abandon assez clairement annoncé de Schengen si vous lisez attentivement. Je clos la parenthèse. Donc, il faut bien remettre cette réflexion sur l'Europe sociale dans ce contexte de réflexion plus générale sur le devenir de l'Union. Et ça donne quoi ? Les documents le disent, ça donne ceci : c'est que pour l'Europe sociale, il y a trois options possibles.

Première option : c'est la plus prudente. Elle consiste à cantonner la dimension sociale à la libre circulation. En gros, qu'est-ce que ça veut dire ? Que dans ce schéma très prudent, on se préoccupera de droits sociaux uniquement pour réfléchir sur les travailleurs transfrontaliers. Le reste, on l'abandonne aux États. C'est clairement une perspective qui répondrait à la victoire de nationalistes dans certains États.

Deuxième hypothèse : c'est l'hypothèse moyenne. Elle consiste à permettre aux Etats qui le veulent de faire plus dans le domaine social. Il y aurait donc là clairement une Europe sociale à deux vitesses. Une Europe sociale assez avancée pour les Etats qui seraient d'accord pour mettre ces compétences là en commun. Et puis, au contraire, d'autres États qui resteraient au bord de la route. Bien sûr, Juncker ne s'en cache pas, on pense plus particulièrement à la zone euro dans ce schéma n°2, c'est la zone euro qui se transformerait en Europe sociale pour les raisons de convergence que je vous ai décrites tout à l'heure.

Et puis enfin, la troisième option qui est la plus ambitieuse. Elle consiste à approfondir à 27 la dimension sociale de l'Europe. Là, on irait vers une harmonisation de la protection sociale au niveau de l'ensemble de l'Union européenne. Assez curieusement, les textes expliquent qu'il ne serait pas forcément nécessaire, pour y arriver, de réviser les traités. Personnellement j'en doute, mais voilà ce qu'on nous dit aussi peut-être pour rassurer.

Je vais donc analyser plus particulièrement les deux textes principaux qui constituent ce socle européen des droits sociaux. Il y a d'une part un document assez volumineux qui s'intitule « Document de réflexion sur la dimension sociale de l'Europe » et un document, plus bref, qui est aussi plus concret peut-être, qui s'intitule les « 20 principes clés du socle européen des droits sociaux ».

A. Le « document de reflexion sur la dimension sociale de l'Europe »

Commençons par le document volumineux, le fameux document de réflexion sur la dimension sociale de l'Europe. Tout ça date du 26 avril, ça date de deux jours, c'est tout frais. Il y a cinq analyses qui me semblent intéressantes dans ce document.

Première analyse, c'est un aveu, le document reconnaît qu'il y a une crise de confiance envers l'UE, et donc très clairement ce que dit le document, c'est qu'inventer une Europe sociale, c'est un moyen justement de répondre à cette crise et de regagner le soutien des populations au projet européen. Je vous cite un petit extrait page 3 par exemple : « Notre inspiration sociale commune est un moyen de regagner le soutien des populations ». Donc vous voyez, d'une certaine façon si on essaye d'approfondir l'Europe sociale, c'est parce que les peuples l'exigent, en tout cas s'inquiètent.

Deuxième analyse, le document reconnaît que pour certains, les termes « Europe sociale » sont des mots creux. Là encore je vous cite un petit passage page 6. Certains citoyens, je cite, « voient en l'UE le catalyseur des forces du marché mondial, le vecteur des intérêts commerciaux et le porteur d'une menace de *dumping* social découlant d'un marché unique affranchi de limites et de cadre ». Ce n'est pas mal résumé, et c'est intéressant que l'Union soit capable d'aussi bien résumer les critiques qu'on lui adresse. On sent que l'heure est grave quand on lit ça.

Troisième analyse, c'est une fois de plus – on reprend l'idée de Jean-Claude Juncker – qu'on reconnaît l'échec de la convergence dans l'UE et particulièrement dans la zone euro et là, il y a des chiffres officiels que je vous donne, qui sont terribles. Prenons par exemple les chiffres du chômage, 5 % de chômeurs en Allemagne, 18 % en Espagne, 23% en Grèce. Et encore, en Grèce, je vous donne le chiffre global parce que s'agissant du chômage des jeunes, on est à 40%. Donc de toute évidence, on voit bien que la convergence est un échec.

Quatrième analyse, c'est le rappel du vieillissement et de la crise démographique de l'UE. On ne s'en rend pas trop compte en France parce qu'on est l'un des rares pays de l'Union à ne pas être trop touché par cette crise démographique mais ça prend des proportions alarmantes dans d'autres pays, comme en Allemagne. Je pense que beaucoup de gens le savent, mais le pays qui est le pire dans ce domaine et qui est cité par le document, c'est la Lituanie, un tout petit pays balte. La Lituanie perdra un tiers de sa population d'ici à 2080 compte tenu de son taux de natalité, c'est effrayant. Vous pouvez le vérifier page 15 du document. Donc ça met en cause la pérennité des régimes de retraites, il n'y aura plus assez d'actifs pour payer les retraites des vieux. Et puis ça met également en cause la pérennité des systèmes de santé, évidemment, parce que ce vieillissement de la population génère un besoin accru de soins et qu'il va donc y avoir des problèmes de surcoût auxquels on ne pourra pas faire face. Vous voyez que ce que je vous brosse là, ce n'est pas très gai.

Et puis enfin, cinquième analyse. C'est l'idée que l'on va vers un nouveau monde du travail et là, le document change brusquement de ton. Jusqu'à présent on était un peu dans le ton de la gravité, tout ce que je viens de vous dire n'était pas très gai. Mais là on sent quand même une espèce d'enthousiasme, d'un seul coup. Moi personnellement, je ne suis pas enthousiasmé quand je lis ça mais voilà quand on est ultra-libéral, il faut croire que ce que je vais vous lire, c'est plutôt bien. « Une carrière, explique le document, pourra compter jusqu'à dix activités professionnelles ». Alors, évidemment, on peut se dire, est-ce que c'est vraiment bien d'être obligé de changer tout le temps comme ça ? C'est difficile de construire sa vie quand on change sans arrêt d'activité. Donc il y aura, je cite, « une flexibilité accrue ». Est-ce que c'est une condamnation ? Non parce qu'on vous explique page 17 que « les travailleurs auront davantage de possibilités de travailler comme free-lance et de combiner plusieurs emplois en même temps ». Quelle chance ! Voilà, c'est présenté comme une formidable opportunité à saisir. Il me semble que si les citoyens lisent ça, ils risquent d'être plutôt affolés. Que préconise le document pour faire face à cette perspective ? Eh bien, rien, puisque c'est bien, il faut l'encourager. Et page 22, on trouve cette préconisation : il faut faciliter les transitions tout au long de la carrière, donc il faut accompagner le mouvement, il ne faut pas essayer d'y résister.

Comme vous le voyez, tout ça est un peu effrayant et il est évident qu'avec un tel panorama, les Etats se méfient beaucoup de ce projet d'Europe sociale. Madame Thyssen, dans l'interview dont je vous ai parlé qui a été accordée à la Libre Belgique dès le 26 avril, a un petit peu dévoilé par avance le contenu des documents, c'est de bonne guerre. On est en Belgique, donc la presse belge est avantagée. Eh bien, Madame Thyssen explique que malheureusement les États résistent, ils se méfient de l'Europe sociale et elle cite deux échecs. Le premier échec, c'est le projet d'harmonisation du congé de maternité. Elle voulait faire passer le congé de maternité à 18 semaines dans l'ensemble des pays membres de l'Union. Les États ont vu le danger, évidemment, d'une immixtion de l'UE dans le domaine social qui relève normalement de leur compétence. Donc ce projet qui remontait à 2008 a été officiellement abandonné en 2015, c'est un échec. Et puis, le deuxième échec qui est en cours, c'est évidemment l'idée d'un salaire minimum européen, qui est un peu le serpent de mer dont les États ne veulent pas. Et là encore, l'échec s'explique par les mêmes raisons : les États ne veulent pas voir l'Union commencer à s'immiscer comme ça dans le domaine de la politique sociale. Voilà pour ce document. Vous voyez que le bilan est assez effrayant.

B. Les « 20 principes cles du socle europeen des droits sociaux »

C'est confirmé par le deuxième document qui est beaucoup plus précis et qui s'intitule « Les 20 principes clés du socle européen des droits sociaux ». Ce qui me frappe, c'est qu'il confirme, quand on en fait l'analyse, la présentation de Fabien Bottini tout à l'heure. Fabien énumérait trois grands principes. Ce sont les deux premiers qui m'intéressent. Le premier grand principe développait l'idée que les droits économiques sont affirmés parce qu'ils sont subordonnés au marché. Et la deuxième idée, c'était que les droits sociaux sont réservés aux pauvres. Ce qui est frappant, c'est que l'Union présente ses 20 principes en les regroupant en trois catégories et nous allons voir, ça sera mon fil conducteur, que les deux premières catégories consistent à énumérer des droits qui sont destinés en fait à faciliter le libre jeu du marché, et que la troisième catégorie donne des droits sociaux aux abandonnés du système, ce que Fabien appelle, et le professeur Imbert avant lui, « les pauvres ».

Donc première catégorie, c'est ce que le document appelle « l'égalité des chances » et « l'accès au marché du travail ». Vous voyez, déjà on raisonne en termes de « travail ». On trouve là quatre principes.

Le premier principe, c'est le droit à la formation tout au long de sa vie. Il s'agit en fait de s'adapter au marché. C'est bien un droit social si on veut mais il est quand même subordonné au marché. Il y a également l'égalité homme-femme avec le principe de rémunération égale à travail égal. Il y a en troisième lieu le principe d'égalité des chances. Qu'est-ce que l'égalité des chances dans l'esprit de l'Union ? Je vous donne un petit extrait qui va vous éclairer, ça concerne, je cite, « l'égalité des chances des groupes sous-représentés » qui, continue le document, « doit être encouragée » : autrement dit, c'est en réalité une prise en compte du communautarisme. Vous savez qu'en France on n'aime pas beaucoup parler de « droits de groupe » ; il y a même des décisions du Conseil constitutionnel qui recommandent de ne pas accepter de donner des droits à des groupes, notamment une décision de 2004 sur le projet de Constitution européenne. Mais on n'a pas cette réserve là dans les textes européens. Et pour que les choses soient claires, on précise même de quelles communautés il s'agit, puisque le texte fait référence aux origines ethniques ou religieuses. Vous voyez donc que « l'égalité des chances », c'est une égalité des groupes sociaux. C'est la porte ouverte, à mon sens, au communautarisme. Il ne s'agit plus de droits individuels mais de droits donnés à des groupes.

Enfin, le quatrième principe, c'est ce que le document appelle « le soutien actif à l'emploi ». C'est l'aide à la recherche d'un emploi pour les chômeurs et aussi le droit, je cite, « à un bilan individuel approfondi » pour les chômeurs de longue durée. Ce qui est drôle, c'est que l'idée a été reprise par le candidat Macron hier : il a dû déjà lire le document. En tout cas, il y a une identité d'esprit frappante. On voit bien que tout ça, c'est des droits sociaux si on veut, mais tellement subordonnés au marché que ce n'est pas cela qu'attendent les peuples et en tout cas, je pense, pas le peuple français qui a une autre conception de ce qu'on appelle les « droits sociaux ».

La deuxième catégorie est regroupée sous l'appellation « conditions de travail équitables », et on trouve là-dedans six principes. Il s'agit d'abord du droit à un emploi sûr et adaptable. Là on parle de flexibilité, la mobilité professionnelle est facilitée et on présente ça, c'est curieux, comme un droit social. Moi, il me semble de mon point de vue que c'est exactement l'inverse des droits sociaux. Il faut bien sûr une mobilité professionnelle pour ceux qui le souhaitent, mais ici on tresse les louanges de la mobilité professionnelle en tant que telle, on en fait une sorte de droit universel. Or, il ne faut pas se faire d'illusion, la plupart des gens ne veulent pas bouger une fois qu'ils ont construit leur vie quelque part et qu'ils aiment leur travail. Donc vous voyez, il y a là un retournement, une sorte de cynisme qui est un peu gênant.

Il y a aussi, c'est plus réjouissant, le « droit à un salaire juste », permettant un niveau de vie décent. C'est un peu flou, ça ouvre la voie à toutes les interprétations. Comme le texte s'en aperçoit, il prévoit une espèce de garde-fou en affirmant, je cite, qu'« il convient d'éviter le phénomène des travailleurs pauvres ». Mais vous voyez que ce n'est pas une condamnation ferme, c'est une simple recommandation, c'est du droit mou, du droit souple, c'est à la mode.

Troisième principe, il faut des informations sur les « conditions d'emploi » et également une protection en cas de licenciement. C'est mieux que rien mais enfin, le droit à avoir des informations, ce n'est quand même pas un droit social fondamental, vous en conviendrez. Quelque chose de mieux, c'est le quatrième principe, le droit au dialogue social, mais enfin on n'a pas attendu l'Union européenne pour que le dialogue social existe.

Cinquième principe, c'est l'équilibre entre la vie professionnelle et la vie privée. C'est là-dessus que surfe beaucoup l'Union à l'heure actuelle. C'est notamment au titre de cette rubrique qu'est actuellement discuté un projet de congé de paternité de 10 jours. Et puis enfin, dernier principe, le droit à un environnement de travail sain. Ce qui là encore est la moindre des choses.

Voilà, vous voyez que pour l'instant, nous sommes toujours face à des droits qui sont étroitement subordonnés aux besoins du marché. Mais nous arrivons à la troisième catégorie, et là on va se retrouver face à des droits sociaux un peu plus purs mais qui sont presque tous réservés aux pauvres. Vous avez d'abord l'affirmation d'un droit à la protection sociale qui reste assez flou. Vous avez ensuite le droit à des prestations de chômage, et ça c'est bien destiné aux pauvres, à ceux qui ont perdu leur emploi. Il faut aussi que le chômage soit d'une durée raisonnable mais surtout, on pense toujours au marché, qu'il n'y ait pas, je cite, « d'effets dissuasifs sur un retour rapide à l'emploi ». Cela me fait penser au projet en vertu duquel on aurait le droit de refuser deux fois seulement un travail, c'est la même philosophie. Vous avez également le droit à un revenu minimum, l'équivalent du RSA en France, pour vivre dans la dignité lorsque l'on a tout perdu et qu'on n'a même plus droit aux indemnités chômage : il faut quand même ce minimum pour ne pas se retrouver à la rue ; là encore, ça concerne les pauvres. Même analyse pour l'inclusion des personnes handicapées, qui sont effectivement souvent laissées en marge du chemin ; pour le droit aux soins de longue durée, destinés aux personnes particulièrement exposées en raison de la maladie ; pour le logement et l'aide aux sans-abris ; et également pour l'accès aux services essentiels. Là, c'est une allusion au service universel, et il y a six domaines qui sont énumérés : l'eau, l'assainissement, l'énergie, les transports, les services financiers et la communication numérique.

Comme vous le voyez, tous les droits que je viens de citer sont des droits qui s'adressent essentiellement aux pauvres. Donc on a deux types de droits : d'un côté des droits sociaux subordonnés au marché, pour tous, et puis d'un autre côté des droits sociaux mieux avérés mais qui sont réservés aux pauvres. Quelques droits échappent toutefois à cette analyse : c'est le cas du droit à des services de garde d'enfant, qui concerne tout le monde ; c'est également le cas du droit à avoir des pensions de vieillesse et du droit à bénéficier d'un système de santé. Voilà au moins trois droits qui sont d'authentiques droits sociaux, ouverts à tous. Mais ils sont un peu noyés dans la masse, ils ne sont pas isolés dans une catégorie à part, ils sont immergés dans cette catégorie des droits ouverts aux pauvres. Alors, si j'étais méchant, je dirais que c'est peut-être pour laisser la voie ouverte à la privatisation des systèmes de santé. Parce que si on en faisait une catégorie à part, ça serait plus difficile.

Quel est l'objectif de l'Union ? Le mieux est de vous citer le journal *Le Monde*, qui en a fait une analyse dans son édition du 27 avril. Rien que l'intitulé déjà est assez bien vu : « Quand la Commission européenne se découvre une fibre sociale ». Et voilà ce que dit *Le Monde* : « le moment choisi n'a rien d'innocent, Bruxelles entend prouver que l'Europe se préoccupe des oubliés de la mondialisation » puisque ces textes ont été publiés entre les deux tours de la présidentielle française, ce n'est évidemment pas le fruit du hasard. Il s'agit de voler au secours de certains candidats et d'en discréditer d'autres en suggérant que la vision pessimiste de l'Europe qu'ils peuvent développer est erronée. Cela me fait penser au livre de Christophe Guilluy, « La France périphérique », qui tend à montrer qu'en France, il y a une césure entre les grandes métropoles, qui sont les bénéficiaires de la mondialisation, et la France rurale ; ce qu'il appelle la France périphérique, qui est l'oubliée, la grande perdante de la mondialisation. Je crois que l'Union européenne a pris conscience que cette analyse pouvait être exacte et qu'elle essaye justement d'allumer un contre-feu par ces documents.

II. LA RÉALITÉ : LA NÉGATION DE L'EUROPE SOCIALE PAR UNE UE ULTRA-LIBÉRALE

Abordons la deuxième partie qui s'intitule « la réalité : la négation de l'Europe sociale par une Union européenne ultra-libérale ». J'ai choisi d'illustrer mon propos par deux exemples concrets : les travailleurs détachés (A) et l'ubérisation de la société (B).

A. LES TRAVAILLEURS DETACHES

Commençons par mon premier exemple : les travailleurs détachés. Vous savez que c'est une forme d'emploi qui a été créée par une directive du 16 décembre 1996 et qui a trois caractéristiques.

Première caractéristique, un salaire minimum pour ces travailleurs détachés. Un salaire minimum, s'il en existe un dans le pays d'accueil, car s'il n'en existe pas évidemment ça tombe à l'eau. Il y a là une dérogation au principe « à travail égal, salaire égal », cela rend ce type d'employés particulièrement attractifs.

Deuxième caractéristique, les charges sociales sont payées dans le pays d'origine et non dans le pays d'accueil. Comme elles sont généralement moins élevées dans le pays d'origine, cela rend ces travailleurs encore plus attractifs.

Et puis troisième caractéristique, le travail détaché a un caractère temporaire, dit la directive. Mais le problème, c'est qu'aucune limite temporelle n'est fixée par elle. On a pris conscience du coup qu'il y avait beaucoup de problèmes, beaucoup de travailleurs détachés qui sont employés dans des conditions qui manifestement ne respectent pas tout à fait les termes de la directive. On a donc procédé à une modification de cette directive de 1996 par une seconde directive du 15 mai 2014, que j'appelle la « directive antifraudes », puisqu'en effet, il s'agit principalement de lutter contre la fraude en matière de travailleurs détachés. Je vous indique juste l'aspect central de cette directive : il consiste à lutter contre les sociétés « boîtes à lettres », c'est-à-dire des sociétés qui sont créées dans le pays d'origine uniquement pour envoyer des travailleurs détachés dans le pays d'accueil. Or ce n'est pas ce qui était prévu au départ. On pensait que de vraies sociétés qui avaient une vraie activité pourraient envoyer des travailleurs dans d'autres pays. Or, en réalité, on a détourné le système, on a créé des sociétés « boîtes à lettres », des fausses sociétés uniquement pour pouvoir ensuite envoyer des travailleurs détachés. La directive de 2014 cherche principalement à lutter contre ce phénomène, particulièrement fréquent dans le domaine de la construction et des BTP.

Enfin, un troisième texte est en préparation. C'est une nouvelle modification de la directive de 1996 qui est en préparation dans ma commission, la commission des affaires juridiques. Ce texte en projet a trois caractéristiques. La première, c'est qu'on cherche à résoudre le premier grief qui était adressé à la directive de 1996, c'est-à-dire qu'on va revenir au fameux principe « à travail égal, salaire égal » : on va remplacer le salaire minimum des travailleurs détachés par l'affirmation d'un droit à une rémunération égale à celle des travailleurs nationaux, rémunération incluant tant le salaire que les primes éventuelles. Ce sera très difficile à vérifier, mais enfin, au moins, c'est une amélioration. La deuxième caractéristique, concernant le paiement des charges sociales dans le pays d'origine, est en revanche conservée. C'est le cœur du processus donc rien ici n'est changé. Et sur le troisième problème que j'avais soulevé, le caractère temporaire mais sans limitation de durée, le rapporteur du texte qui est monsieur Jean-Marie Cavada, un centriste et ancien journaliste bien connu, propose une limite de deux ans. Mais la Commission de Bruxelles est contre. La dernière réunion qui s'est tenue au mois d'avril, et à laquelle j'ai assisté, a donné lieu à une passe d'armes assez violente entre M. Cavada qui veut absolument cette limite de deux ans, et la Commission qui n'en veut pas du tout[1].

B. L'UBERISATION DE LA SOCIETE

Deuxième exemple, l'ubérisation de la société. C'est l'idée qu'on va remplacer les salariés par des travailleurs réputés indépendants, alors qu'en réalité ils sont soumis à un lien de subordination. Là, c'est encore mieux pour l'employeur puisqu'il n'y a plus de charges sociales du tout, ça simplifie le problème. Ce qui est intéressant, c'est que Madame Thyssen, dans son interview, reconnaît que c'est soutenu par l'Union européenne. Elle cite deux directives qui ont laissé la porte ouverte à ce phénomène. La première directive est une directive du 14 octobre 1991 sur l'obligation de l'employeur d'informer le travailleur sur les conditions applicables à la relation de travail. Dedans, on trouve un principe et une exception. Le principe, c'est qu'il y a une catégorie d'employés qui ont le droit à cette obligation d'information sur les conditions de la relation de travail, il s'agit

---

[1] NDLR : finalement, la directive (UE) 2018/957 du Parlement européen et du Conseil du 28 juin 2018, modifiant la directive 96/71/CE concernant le détachement de travailleurs effectué dans le cadre d'une prestation de services lutte contre le *dumping* social en consacrant le principe « à travail égal, salaire égal » – les cotisations sociales demeurant toutefois celles du pays d'origine – et en limitant la durée du détachement à 1 an renouvelable une fois pour 6 mois. La réforme ne s'applique toutefois pas au transport routier, qui doit faire l'objet d'un examen spécifique, encore en cours au Parlement européen en janvier 2019, et son avenir est incertain : plusieurs pays ont en effet contesté la validité de la directive devant la CJUE, motif pris de ce qu'elle viole le principe de subsidiarité en empiétant sur la compétence sociale des États membres.

des salariés ; eux, ils sont protégés. L'exception concerne ceux qui échappent à cette obligation d'information sur leurs conditions de travail : il s'agit, je cite, de « certains cas limités de relations de travail », c'est-à-dire des travailleurs qui ne sont pas des salariés puisqu'ils émargent à un autre endroit de la directive, et Mada me Thyssen explique que c'est en se fondant sur ce passage qu'on a pu développer les ubérisés. Le texte justifiait cela par, je cite, « l'opportunité de maintenir une certaine flexibilité dans les relations de travail ». Comme vous le voyez, ce n'est pas très social.

Le deuxième texte est la directive du 4 novembre 2003, sur certains aspects de l'aménagement du temps de travail. Là encore, il y a des principes et des exceptions. Les principes sont très bons, je vous en donne deux exemples : le droit à un temps de pause pour un travail journalier supérieur à six heures, et le droit à une durée maximale hebdomadaire de travail de 48h. Mais il y a aussi les exceptions, que le texte appelle pudiquement « dérogations ». Il y a une dérogation que l'on comprend, qui concerne les cadres dirigeants. C'est l'usage dans la plupart des pays européens, dans lesquels les cadres dirigeants travaillent au-delà de cette limite. Mais il y en a une autre qui a laissé la porte ouverte aux ubérisés. Elle concerne, je cite, « d'autres personnes ayant un pouvoir de décision autonome », cela concerne bel et bien les ubérisés qui sont supposés être indépendants. Il y a une prise de conscience de ce problème qui fait que l'Union européenne est en péril[2]. C'est pourquoi on annonce une modification de ces deux directives pour faire face à la situation.

**
*

En conclusion, je crois qu'il n'y a pas de volonté réelle de l'UE de modifier ni l'ubérisation, ni le statut des travailleurs détachés. Pas de volonté de lutter contre l'ubérisation, j'en vois la preuve dans le document de réflexion que j'ai analysé tout à l'heure et qui, page 17, fait l'apologie du travail en *free-lance*. Et puis, concernant les travailleurs détachés, un coup d'arrêt très brutal vient d'être apporté hier aux espoirs de réforme par un arrêt de la Cour de justice de l'Union européenne. Cet arrêt interdit en effet aux autorités françaises de suspendre les certificats de détachement en cas de constatation de fraude, puisque, selon lui, c'est au pays d'origine de réagir et non au pays d'accueil. Donc ça veut dire que la France ne peut rien faire lorsqu'elle constate une fraude. C'est extrêmement choquant et ça prouve

---

[2] NDLR : depuis que cette communication a été faite, certaines juridictions du fond ont requalifié en « contrat de travail » le lien unissant les chauffeurs VTC à la société Uber, après y avoir vu « un lien de subordination » (CA Paris 10.1.2019, M. X. c/ Uber cité *in Le Monde* 20.1.2019). La Cour de cassation en avait fait de même peu de temps auparavant à propos du lien unissant des livreurs à la plateforme « Take it easy » (Cass. soc. 28.11.2018, *Recueil Dalloz* 2018. 2312).

bien, à mes yeux en tout cas, l'exactitude de mon analyse, c'est qu'on a affaire à une Europe qui est ultra-libérale et qui donc, quoi qu'elle puisse dire, n'arrivera jamais à protéger véritablement les droits sociaux, en tout cas tels que nous les concevons en France. Je vous remercie de votre attention.

RÉFORME TERRITORIALE ET REFONTE DES SOLIDARITÉS

Par
Antoine SIFFERT
Docteur en droit public
de l'université Le Havre-Normandie

Bonjour à tou(te)s,

Merci, Madame Heers, de me donner la parole et à Monsieur Bottini de m'avoir convié à ce colloque. Je profite de l'occasion qui m'est donné de prendre la parole pour également remercier l'ensemble des membres de l'Université pour leur accueil pendant toutes ces années : mes directeurs de thèse, le corps enseignant, le personnel administratif, mes collègues doctorant(e)s et bien sûr les étudiant(e)s sans qui nous ne serions pas là.

J'ai au cours des 8 années passé ici pu apprécier la liberté de pensée au sein de cette institution qui permet de croiser les regards. Cette particularité s'explique peut-être – du moins c'est ainsi que Montesquieu présenterait les choses – par son contexte géographique, par les spécificités du territoire havrais. Ce qui m'amène à mon sujet : réforme territoriale et refonte des solidarités.

Le territoire existe-t-il encore dans un monde qui circule ? La réponse est selon moi positive dans la mesure justement où il n'est pas possible de circuler dans un espace sans passer d'un territoire à un autre. Plus le monde se globalise et plus la circulation au sein de l'espace est fluide et plus l'importance des territoires est singulière. C'est le message me semble-t-il au cœur de ma communication.

S'intéresser à l'organisation des solidarités à travers le prisme de la réforme territoriale, c'est d'abord revenir sur les grandes évolutions de cette réforme territoriale et se demander ce qu'elle a pu changer sur l'organisation des solidarités.

La réforme territoriale, c'est la décentralisation qui commence au début des années 1980 et qui s'accentue en 2010-2015 avec la fusion des régions et la création des métropoles organisées par les lois RCT, MAPTAM et NOTRe (v. *infra*). Mais c'est aussi la déconcentration qui, avec le décret n° 2015-510 du 7 mai 2015, a pris un nouvel élan du fait notamment de l'affirmation d'un principe de modularité de l'administration de l'État.

On peut imaginer que l'organisation des solidarités a nécessairement évolué au gré de la réforme territoriale. Les compétences de solidarités sont des compétences de politique publique exécutées par les administrations différemment selon la façon dont elles sont organisées. Ce serait un peu laborieux d'en décliner les modalités techniques à travers le temps sur le territoire. Mais à travers leurs évolutions, la réforme territoriale ne modifie-t-elle pas en profondeur la façon dont la solidarité est pensée, le sens de ce mot et même ses fonctions ?

C'est à cette question que je voudrais réfléchir avec vous. D'abord en montrant que la réforme territoriale modifie l'assise de la solidarité (I). Ensuite, en dressant le constat d'une certaine différenciation des politiques de solidarité en fonction des territoires, c'est-à-dire d'une certaine territorialisation de la solidarité (II).

I. LA TRANSFORMATION DE L'ASSISE DE LA SOLIDARITÉ

L'assise de la solidarité renvoie à l'idée que la solidarité découle historiquement de l'unité de l'État français. Elle s'est avec le temps ordonnée autour d'un territoire particulier : le département qui est devenu, avec la décentralisation, un « département providence » (R. Lafore) en charge de l'organisation des solidarités.

Or, ce territoire vole en éclat. L'assise de la solidarité est bouleversée tant parce que d'autres administrations locales sont chargées de répondre aux besoins de la population (A) que parce que la population est, elle aussi, appelée à répondre aux besoins des collectivités (B).

A. LA CONCURRENCE DES AUTRES ADMINISTRATIONS LOCALES

Cette concurrence se vérifie tant au niveau de la conception que de la déclinaison des politiques de solidarités.

Leur conception ne revient plus seulement à l'État mais aussi à la région. Cette dernière gagne en importance, notamment au travers du nouveau schéma régional élaboré par le président du Conseil régional en vertu de l'article L. 4251-1 du CGCT : le Schéma régional d'aménagement, de développement durable et d'égalité des territoires (SRADDET). Le niveau départemental est ainsi concurrencé par un nouvel acteur : la solidarité n'est plus pensée dans un territoire circonscrit, mais à partir d'un échelon plus large.

Dans le même temps, la déclinaison des politiques de solidarité est confiée à de nouvelles institutions prenant de l'importance : les EPCI à fiscalité propre : puisque, par exemple, la répartition des logements sociaux prévus par le SRADDET doit désormais s'apprécier au niveau des intercommunalités.

L'échelon départemental n'est donc plus la principale assise territoriale de la solidarité. On peut certes voir dans cet enchevêtrement de compétences une source de complication. Mais celle-ci n'est peut être que provisoire. Car la prochaine étape est peut être celle de la disparition du département. La loi n° 2010-1563 du 16 décembre 2010, de réforme des collectivités territoriales, qui fait des métropoles des EPCI à fiscalité propre, en fait dans le même temps un espace destiné à absorber la compétence des communes, de la région et… du département sur son territoire. La loi n° 2014-58 du 27 janvier 2014, de modernisation de l'action publique territoriale et d'affirmation des métropoles (MAPTAM) accentue d'ailleurs le transfert des compétences sociales du département vers ce nouveau type de groupement de communes. La métropole de Lyon, qui a pour originalité d'être une collectivité à statut particulier et non un EPCI, a pour sa part carrément absorbé les compétences du département du Rhône. Or, la question se pose de savoir si elle n'a pas vocation à servir d'exemple pour les autres métropoles à l'heure où 22 nouvelles devraient être créées d'ici 2021. Peut-être qu'à terme l'organisation des compétences de solidarité se fera ainsi au niveau des métropoles, le département ne conservant ses compétences sociales que pour les zones rurales. La loi n° 2015-991 du 7 août 2015, portant nouvelle organisation territoriale de la République (NOTRe), comporte d'ailleurs un Titre III dédié aux solidarités et à l'égalité des territoires dans lequel il nous est dit qu'il peut toujours, intervenir en milieu rural, pour des raisons de solidarité territoriale, quand l'initiative privée est défaillante. Ce même le département peut financer les organisations de producteurs. Il est de même compétent pour mettre en œuvre toute action relative à la prévention des fragilités mais aussi en matière de développement social.

Or, ce dernier inclut énormément de choses, y compris des initiatives venant des populations elles-mêmes.

B. La concurrence des populations

En recoupant les réformes en cours, on comprend que le bénéficiaire des solidarités ce n'est pas seulement les populations. Il s'agit également des autres collectivités territoriales : parce que les populations aident autant les collectivités que ces dernières les aident.

C'est par exemple ce qui ressort de la création de la réserve civique territoriale par la loi n° 2017-86 du 27 janvier 2017, relative à l'égalité et à la citoyenneté. Cette réserve civique peut être proposée par les acteurs locaux, de façon à permettre à toute personne volontaire de participer à une activité d'intérêt général par le biais du bénévolat. À travers elle, ce sont donc bien les populations qui sont appelées à aider les administrations en fonction des besoins locaux et non l'inverse.

Ce constat montre qu'à l'assise bouleversée de la solidarité s'ajoute une certaine territorialisation des politiques menées en la matière.

II. LA TERRITORIALISATION DES POLITIQUES DE SOLIDARITÉ

La territorialisation des politiques de solidarité ne se déduit pas seulement du fait que leur mise en œuvre est destinée à être différenciée en fonction des spécificités propres à chaque territoire (A) ; elle découlement également du fait qu'elles deviennent un atout de leur compétitivité (B).

A. La differenciation des politiques de solidarites

L'organisation de la solidarité devient différenciée selon les territoires.

Au niveau décentralisé, cette différenciation passe par le mécanisme de la contractualisation. Nombre de compétences de solidarités peuvent faire l'objet de convention entre les territoires. Par exemple, la réserve civique territoriale est organisée selon les besoins des acteurs locaux. La solidarité n'est plus nationale ; elle devient locale. Ce que confirme la loi NOTRe.

Au niveau déconcentré, la nouvelle charte de la déconcentration aboutit au même résultat : les autorités de l'État peuvent moduler l'organisation des services publics en fonction des territoires relevant de leur circonscription.

L'organisation de la solidarité change donc en fonction du contexte local. Par exemple, le taux de logements sociaux pourra varier selon la loi égalité et citoyenneté en fonction de l'importance de la demande de logements sociaux appréciée d'après des critères territoriaux. Les bailleurs sociaux pourront même faire varier le prix des loyers au sein d'un même immeuble en fonction du revenu des individus qui occupent ces logements. Il y a une modulation en fonction de critère démographiques, géographiques de la solidarité.

Ce qui s'explique dès lors qu'elle devient un atout de la compétitivité des territoires.

B. La valorisation des politiques de solidarite

L'organisation de la solidarité devient un élément de définition et de valorisation des territoires. Le rapport *Laisser respirer les territoires* de mars 2017 (*Doc. S.* 2017-485) nous explique que la solidarité doit servir à la redynamisation des territoires pour servir à leur mise en valeur dans le contexte de la concurrence mondialisée.

L'organisation des solidarités devient un des éléments parmi d'autres de l'attractivité des territoires. On en a une illustration avec les dispositions relatives à la Métropole : celle-ci se définit comme un « espace de solidarité pour élaborer et conduire ensemble un projet d'aménagement et de développement économique, écologique, éducatif, culturel et social de leur territoire afin d'en améliorer la cohésion et la compétitivité et de concourir à un développement durable et solidaire du territoire régional » (art. L5217 du CGCT).

* *
*

On peut conclure là-dessus : la solidarité est devenue un des éléments de mise en concurrence des territoires. Une grande figure de la IIIe République, Édouard Herriot, disait : « la solidarité est un système qui permet à l'intérêt particulier de manœuvrer en se servant de l'intérêt général ». Cela fait écho aux transformations du monde auxquelles on assiste aujourd'hui. Mais on peut inverser la phrase : la solidarité c'est aussi un système qui permet à l'intérêt général de manœuvrer en se servant de l'intérêt particulier. Comme les territoires ont aussi leurs intérêts, la solidarité devient également un enjeu territorial.

SOLIDARITÉ ET COMMUNAUTARISME : LE RELIGIEUX FACE À LA LAÏCITÉ

Par
Philippe GAST
Maître de conférences
à l'Université Le Havre-Normandie

La laïcité, mot qui dérive du latin *laicus* – celui qui n'est pas religieux –, désigne intrinsèquement la séparation de ce qui est religieux et de l'État. Cette séparation est à double sens : l'État ne se mêle pas de religion, laquelle est renvoyée au monde privé, tant à la vie privée des personnes, quant à leur pratique religieuse, que collective, à travers les activités religieuses – caritatives etc. – ou cultuelles. Réciproquement, la religion n'interfère pas dans les activités étatiques, en particulier normatives.

Ainsi comprise, la laïcité démocratique est une garantie de liberté et d'égalité entre les religions, les cultes et les croyants. Laïcité et démocratie ne vont pourtant pas automatiquement de pair : il a pu exister des laïcités non démocratiques, comme dans les pays communistes, où les religions étaient interdites, et leurs adeptes persécutés. À l'inverse, il y a des États où, bien que la liberté religieuse soit formellement garantie, l'existence d'une religion officielle crée un favoritisme source d'inégalité[1].

La France, elle, a fait le choix de la laïcité démocratique dès la Révolution. Les germes en ont été posés dans la Déclaration des droits de l'homme de 1789 (qui proclame la « liberté d'opinion, même religieuse » dans son article 10) et la Constitution monarchique de 1790. Ces textes ont en effet fondé la souveraineté, non plus sur une loi « divine » – comme cela avait été le cas depuis Clovis[2] –, mais sur la Nation et le peuple. Toutefois, c'est la loi du 9 décembre 1905 qui, dans son article 2, a donné une définition positive de

[1] Ainsi au Danemark ou en Grande-Bretagne, pays démocratiques où la liberté religieuse est garantie, il existe une religion d'État : celle-ci, mieux lotie que les autres, bénéficie de divers avantages, comme des lieux de culte gratuits.

[2] À partir de Pépin-le-Bref en particulier, qui instaura le sacre, en mémoire de Clovis (surtout pour justifier l'installation de sa propre dynastie carolingienne sur le trône).

cette laïcité française, fondée sur une séparation explicite : « la République ne reconnaît, ne salarie, ni ne subventionne aucun culte » dit ce texte. Malheureusement, cette rédaction au lieu de viser les « activités religieuses » ne vise que le « culte » dont le Conseil d'État donne une définition très restrictive – réduite aux rituels collectifs ouverts au public[3] –, laissant ainsi la possibilité à l'État de reconnaître ou subventionner des activités religieuses non cultuelles.

Cette situation est problématique, car une différence de traitement entre les religions peut provoquer une frustration chez les croyants d'autres religions, et une tension peut en découler. Celle-ci peut être nourrie ou nourrir le communautarisme, entendu comme une communauté, un groupement, dont les membres sont liés par un intérêt commun, qui peut être de diverses natures : idéologique (politique, philosophique, syndical), sexuel (comme dans le cas de la communauté homosexuelle par exemple), culturel (linguistique, historique, alimentaire etc.) ou, pour ce qui nous intéresse, religieux.

Le regroupement de personnes liées par de telles affinités est source de solidarités très fortes, au sens étymologique du terme : la solidarité dont il s'agit a la même racine que le terme « solidité », car elle induit l'idée de bloc solide, les individus se regroupant pour devenir plus forts.

Plus les affinités sont nombreuses plus l'entraide est importante et plus le ciment communautaire est solide. La question qui se pose dès lors est de savoir si la solidarité issue de ce communautarisme religieux est une chance pour une démocratie laïque (I) ou au contraire une faiblesse dangereuse pour elle (II).

---

[3] Le terme « culte » utilisé par la loi (articles 2 et 19 de la loi du 9 décembre 1905) est interprété restrictivement par le Conseil d'État. V. décision du 9 octobre 1992, St-Louis de la Réunion, req. n° 94455 : le CE annule une subvention de la ville à l'association Hindoue « Société Siva Supramanien » qui avait d'autres activités que le « culte ». Dans le même sens, v. la décision du 21 janvier 1983, Association Fraternité des Serviteurs du monde nouveau, req. 32350. Cette jurisprudence fait suite à celle de la Cour de cassation 1re Civ. 1er juillet 1968, Association orthodoxe russe Ste-Anastasie, Bull. civ. n° 189 qui applique la restriction, même à des activités caritatives.

I. LE COMMUNAUTARISME RELIGIEUX PEUT ÊTRE UN TREMPLIN VERS LA LIBERTÉ ET L'EGALITE ET DONC ALLER DANS LE SENS DE LA LAÏCITÉ DÉMOCRATIQUE, GRACE A LA LÉGISLATION ASSOCIATIVE

Le communautarisme religieux, sur le plan juridique dispose d'un outil efficace pour être mis en œuvre : le statut associatif général de la loi du 1er juillet 1901 (A) et pour ceux qui désirent un statut plus favorable fiscalement, celui de l'association cultuelle prévu par la loi du 9 décembre 1905 (B). Mais cette liberté associative est aussi un moyen de faire respecter le principe essentiel de l'égalité démocratique.

A. LA NECESSAIRE COMMUNAUTARISATION PAR LE BIAIS ASSOCIATIF

Le statut d'association est particulièrement libéral en France en vertu de la loi du 1er juillet 1901. En effet, il repose sur un système contractuel et déclaratif. Ainsi, dès lors qu'il y a au moins deux membres (Président et Trésorier), les statuts, véritables contrats d'association, (dont l'objet et le siège social doivent être précisés, en particulier dans le PV constitutif qui identifie aussi les dirigeants) doivent être déposés à la préfecture (ou sous-préfecture selon le lieu), pour que l'entité ait la personnalité morale. Celle-ci sera alors effective avec la publication de la création de l'association au *Journal Officiel* (art. 5 de la loi de 1901).

Conformément à l'esprit libéral qui a inspiré le texte, l'organisation interne d'une association est complètement libre, dès lors, que – comme pour tout contrat – l'objet décrit dans les statuts n'est pas contraire à l'ordre public, aux bonnes mœurs (article 6 du Code civil) ou à la forme républicaine du gouvernement, et ne porte pas atteinte à l'intégrité territoriale (article 3 de loi de 1901), sous peine d'être annulée et dissoute par un TGI, à la demande du Parquet ou d'une partie privée.

Cette dissolution est très rare, mais constitue un outil efficace lorsqu'une communauté religieuse se fanatise et prône une forme non « républicaine de gouvernement » (théocratie, invocation de textes religieux contre les lois républicaines, etc.), comme cela peut se voir chez les islamistes qui veulent imposer la Charia comme une loi juridique[4] ; ou encore chez les fanatiques

[4] Ainsi le port du voile intégral interdit en France est pourtant régulièrement pratiqué (cf. http://plus.lefigaro.fr/tag/voile-integral), sans parler des actes terroristes se revendiquant de sourates coraniques telles que celles-ci : *« les incrédules (...) tuez les partout où vous les trouverez »* (Sourate 4, Verset 89) ; *« tuez les polythéistes, partout ou vous les trouverez »* (s9,

catholiques et évangéliques, qui s'opposent aux femmes qui veulent se faire avorter[5] ou au mariage pour tous[6].

Cette grande liberté permet à tous les courants religieux d'exister légalement, et éventuellement de lutter, en se portant partie civile, contre toute forme de discrimination fondée sur la religion (cf. art 2-1 du Code de procédure pénale) : dès lors que cette lutte contre la discrimination religieuse est inscrite dans les statuts et que l'association a plus de 5 ans d'âge.

Cette possibilité de se porter partie civile est importante, en particulier en matière de presse et d'Internet, où certains extrémistes peuvent tenir des propos diffamatoires, ou injurieux, inciter à la haine religieuse, sexiste, homophobe, à la discrimination ou encore à commettre des actes illégaux à l'encontre de telle ou telle communauté. Car ces propos constituent des délits de presse selon la loi du 29 juillet 1881[7].

Néanmoins cette grande liberté doit être nuancée par les choix fiscaux, en particulier si l'association souhaite obtenir des dons défiscalisés. Ceux-ci sont en effet taxés à 60% aux termes de l'article 777 du CGI (ce qui paraît assez confiscatoire!), sauf s'ils sont versés à une association cultuelle[8].

B. La communautarisation du religieux par le biais des pratiques cultuelles collectives permises par la loi du 9 decembre 1905

Pour éviter d'avoir à payer l'imposition sur les dons de 60%, certains choisissent de se réunir sous forme d'associations cultuelles au sens de la loi

v5) ou encore : « *Telle sera la rétribution de ceux qui font la guerre contre Dieu et contre son prophète, et de ceux qui exercent la violence sur la terre : ils seront tués et crucifiés, ou bien leur main droite et leur pied gauche seront coupés* » (s5, v.33). Contrairement aux Évangiles Chrétiens, qui n'imposent aucune règle de type juridique, sanctionnée positivement, ici et maintenant, ou au judaïsme, qui a perdu la tradition d'appliquer juridiquement la Tora, le Coran impose des règles de type juridique généralement mises en œuvre dans le monde musulman et qui peuvent entrer en contradiction avec la loi démocratique.

[5] Les 15 et 17.12.2016, par exemple, Bruno Durieux, le ministre délégué à la santé, a incité les hôpitaux à faire intervenir les forces de l'ordre quand cela arrive (http://www.humanite.fr/node/16223).

[6] http://www.lefigaro.fr/actualite-france/2017/01/05/01016-20170105ARTFIG00154-la-maire-de-bollene-jugee-pour-son-refus-de-marier-un-couple-lesbien.php.

[7] Diffamation (art. 32) ; injure (art. 33) ; provocation à la discrimination à raison de la religion (art. 24). L'action publique peut être déclenchée par le procureur (art. 48) ou les associations (art. 48-1).

[8] Car si les associations d'utilité publique sont aussi dispensées de cette taxation, elles doivent obtenir ce statut par décret. Et si les associations d'intérêt général en sont également exemptées, la religion n'est pas considérée par la jurisprudence, comme étant d'intérêt général, ce qui est logique dans un système laïc où la « *veritas facit legem* ». En effet, le dogmatisme religieux s'oppose aux vérités scientifiques en prônant souvent l'obscurantisme : même si la vérité scientifique est toujours relative car contestable, elle est vérifiable par tous, à la différence des vérités religieuses pseudo absolues (qui varient selon les religions…).

du 9 décembre 1905. Ce n'est pas obligatoire. De sorte que certaines associations préfèrent le statut de base de la loi de 1901, lorsque leur objet n'est pas exclusivement cultuel, mais aussi culturel, social, caritatif, etc.

En effet, la loi de 1905 ne bénéficie qu'aux associations dont l'objet est « l'exercice public du culte », de « subvenir aux frais et à l'entretien du culte » ou « la création et la gestion des lieux de culte » (art. 18). On peut rajouter, selon le conseil d'État, « toutes les activités qui contribuent à l'acquisition, la location, l'aménagement, l'entretien, ou la construction de lieux de culte ainsi que l'entretien et la formation de ministres du culte et autres personnes concourant au culte »[9].

Sur le plan financier, l'article 19 de la loi prévoit diverses possibilités de financements, en relation avec l'objet social : les cotisations (d'adhésion et/ou d'activité)[10] ; les « rétributions pour cérémonies et services religieux » ; le denier du culte (« quêtes et collectes pour les frais du culte ») ; les dons et legs. Ces revenus sont transmis au trésorier de l'association qui les dépose sur son compte[11]. Il en donne un reçu, le cas échéant utilisable par le donateur pour obtenir une déduction fiscale (art. 200 et 238 bis b du CGI).

Sur le plan procédural, le processus de création est le même que pour les associations type loi 1901, sauf que, tous les 5 ans, l'association doit demander à la préfecture (ou à la direction départementale de l'administration fiscale via la demande d'un rescrit fiscal) de lui confirmer son statut cultuel : en lui fournissant la comptabilité des 4 exercices précédents. Ce qui permet une certaine surveillance de ses activités (et explique le choix de certaines communautés religieuses de rester sous la forme d'une association type loi 1901, pour déjouer cette surveillance). Mais ce contrôle par l'administration aboutit finalement à la « reconnaissance » par l'État de ces associations cultuelles. Ce qui contrevient à l'article 2 de la loi de 1905[12] et porte atteinte en soi au principe d'égalité entre les cultes et les croyants. En effet, seules certaines associations seront reconnues cultuelles, tant et si bien que la porte à la discrimination est ouverte. Certaines associations qualifiées de « sectes » en France par le rapport

---

[9] CE Ass. 24 octobre 1997, Avis n° 187122 confirmé par l'arrêt ndu 31 mai 2000, req. n° 215109.

[10] Cf. art. 207 5° bis – exonération de l'impôts sur les sociétés – et 261 7° a, b, c, d du CGI – exonération de la TVA. Appréciation guidée par la règle des « 4 P » des instructions fiscales de 1998 et 2006 : l'activité est considérée comme non marchande si elle s'adresse à un public fermé ; à un prix inférieur à celui du marché ; en offrant des produits non en concurrence avec ceux du secteur marchand ; sans recourir à la publicité.

[11] Rappelons les points importants de la réglementation fiscale : capacité à recevoir des dons (art. 910 du CGI) ; principe de taxation des dons manuels (art. 757 du CGI) fixant à 60% la taxation du donataire (art. 777 du CGI), sauf pour les cultes(art. 795, 10°), l'intéressé pouvant alors bénéficier d'une déduction fiscale (art. 200 e et 238 bis b du CGI).

[12] En effet, si elle proclame la liberté de religion dans son article 1er, la loi de 1905 impose, comme on l'a vu, à l'État que la « république ne reconnaît, ne salarie ni ne subventionne aucun culte ».

parlementaire Guyard Gest de 1995 ont notamment été discriminées sur le plan fiscal par l'État français qui a cherché par ce biais à les détruire financièrement. Le statut cultuel a par exemple été refusée aux Témoins de Jéhovah [13] ou aux Mandarom [14] qui ont ainsi perdu le bénéfice de l'exonération de la taxe sur les dons de 60% et ont été condamnés *a posteriori* à payer d'importantes sommes avec pénalités de retard. Ce qui a valu à la France d'être condamnée par la CEDH et entrainé un revirement de la jurisprudence du Conseil d'État qui admet depuis leur statut cultuel.

Pour éviter tout problème fiscal, il arrive aux cultes de doubler leurs associations cultuelles de sociétés commerciales, par exemple chargées du commerce de la viande Hallal ou Cachère, de vêtements et autres objets religieux... Ainsi, une association type loi de 1901 peut être adossée à une association type loi de 1905 elle-même adossée à une société commerciale, chacune ayant un objet spécifique : culturel pour l'association type loi de 1901, cultuel pour l'association type loi de 1905 et matériel pour la société commerciale.

On citera enfin la forme ultime du communautarisme religieux, celui des congrégations monastiques de la loi du 1er juillet 1901. Ce texte concerne les moines ayant fait vœux de pauvreté, ne possédant rien en propre mais partageant tout. Ces congrégations monastiques qui devaient être reconnues par l'État furent chassées de France sous le ministère Combes qui voyait dans le vœu d'obéissance, une aliénation de la liberté jusqu'à ce que Vichy les autorise à revenir sur le territoire national.

Ces formes juridiques peuvent, quoiqu'il en soit, permettre un communautarisme positif garant de la liberté d'exercice des activités religieuses dans leurs différentes dimensions, de l'égalité de traitement des cultes et des croyants, et de la lutte contre les éventuelles discriminations (qui seraient susceptibles d'être sanctionnées sur le fondement de l'article 14 de la CESDH).

A l'inverse, certaines formes de communautarisme, surtout de fait, non structurées, sont négatives, voire dangereuses pour la démocratie laïque.

[13] Qui bénéficie même désormais, de la possibilité de créer des aumôneries (CAA de Paris 30 mai 2011, req. n° 10PA03567, 10PA03589, 10PA03618, 10PA03619).

[14] CEDH 31 janvier 2013, Assoc. des Chevaliers du Lotus d'Or c/ France, req. n° 50615/07.

II. LE COMMUNAUTARISME RELIGIEUX PEUT ÊTRE UN REPLI SUR SOI, FACTEUR D'INÉGALITÉ ET LIBERTICIDE, INCOMPATIBLE AVEC LA LAÏCITÉ ET LA DÉMOCRATIE

Le repli issu du communautarisme religieux identitaire aboutit à la création de zones de non droit, surtout lorsque certaines religions contiennent, dans leurs textes, des injonctions juridiques qui exigent des dérogations à l'ordre public. Il s'agit là de véritables discriminations revendiquées (A) qui menacent directement les principes de liberté, d'égalité et de laïcité, et risquent à terme de déboucher sur des discriminations subies (B).

A. LE REPLI SUR SOI DU COMMUNAUTARISME IDENTITAIRE ENGENDRE UNE DISCRIMINATION REVENDIQUEE

Le communautarisme de fait[15], que l'on constate essentiellement dans les banlieues, d'où sont originaires certains terroristes se revendiquant de l'islamisme – comme les auteurs de l'attentat du RER B à Paris[16], Mohamed Mera[17] à Toulouse, les frères Kouachi et Amedy Coulibali[18] dans le cadre de l'attaque de l'hyper cacher, Salah Abdeslam dans celle du Bataclan[19], etc. – résulte d'un faisceau de causalités : économiques (chômage, trafic de drogue), sociales (sentiment d'exclusion), éducationnelles (études défaillantes) et psychologiques (souffrance, blessure narcissique).

[15] Il a pu exister aussi, de droit, comme à Mayotte (101e département) où des tribunaux islamiques (cadis traditionnels) jugeaient le droit familial selon la Charia, ce qui pose problème vis-à-vis de l'adhésion au contrat social fondé sur les droits de l'homme : l'identité collective locale doit-elle pouvoir violer ces droits fondamentaux ? Mais il est vrai que depuis la loi du 11 juillet 2001, ils n'ont plus qu'un rôle de médiateurs cf : http://www.est-et-ouest.fr/chronique/2016/160812.html.

[16] Attentat du Metro St-Michel du 25 juillet 1995 (cf. http://www.la-croix.com/Archives/Ce-Jour-la/Le-25-juillet-1995-l-attentat-du-RER-B-a-Saint-Michel-2015-07-20-1336332).

[17] Le 21 avril 2012 (cf. http://www.lemonde.fr/societe/article/2017/03/11/hommage-aux-victimes-de-mohammed-merah-cinq-ans-apres-l-equipee-meurtriere-du-terroriste_5093079_3224.html).

[18] Le 9 janvier 2015 (cf. http://www.lefigaro.fr/actualite-france/2015/02/17/01016-20150217ARTFIG00255-attentats-les-freres-kouachi-et-amedy-coulibaly-se-seraient-coordonnes-par-sms.php).

[19] Le 13 novembre 2015 (cf. http://www.lemonde.fr/attaques-a-paris/article/2016/04/27/salah-abdeslam-a-ete-transfere-en-france_4909414_4809495.html).

Ce phénomène a été favorisé par le regroupement familial et la concentration des populations immigrées décidé sous V. Giscard d'Estaing[20] et amplifié depuis les mandats de F. Mitterrand. Le regroupement des communautés mené par la politique des HLM [21] a conduit à concentrer 20% d'habitants ayant la même origine ethnique dans certains quartiers, compromettant de fait leur intégration[22] par la reproduction spontanée du mode de vie communautaire.

Dès 2011-2013, le Haut conseil à l'intégration (HCI) a en conséquence appelé à plus de mixité sociale dans ses rapports publics, dénonçant la concentration accrue des populations immigrées [23] jusqu'à une véritable ghettoïsation [24], voire l'émergence d'espaces de non droit [25], d'où les populations autochtones qui en ont les moyens fuient dès qu'elles le peuvent, enclenchant un cercle vicieux. Celui-ci compromet l'activité des commerçants, parfois victimes de racket ou de dégradations, et même l'exercice des services publics : écoles[26], pompiers, véhicules de transports publics, salles de sports et même commissariats sont en effet parfois pris pour cible, au grand dam des résidents parfaitement intégrés de ces quartiers.

Cette situation génère depuis plus de 30 ans de véritables émeutes, comme celles qui ont eu lieu à Vaulx-en-Velin le 15 septembre 1979[27] ou à Aulnay-sous-Bois, dans le cadre de l'affaire Théo le 7 février 2017[28]. Ces émeutes sont la plupart du temps le résultat d'un enchaînement récurent : une action policière de contrôle d'identité (parfois au faciès, ressentie comme abusive, surtout quand une même personne est contrôlée plusieurs fois par jour) menée dans ces quartiers de non droit où la drogue, le racket et l'islamisme sévissent, provoque une résistance de la part de jeunes à la suite d'un

---

[20] Et consacré par l'arrêt GISTI du Conseil d'Etat du 8 décembre 1978 (*R.* 493) reconnaissant le droit à la vie familiale issue de la CESDH (article 8), rendu contre la décision de Raymond Barre (alarmé par l'afflux massif d'immigrés) de suspendre un décret du 29 avril 1976 instaurant ce regroupement, pour des raisons humanitaires. Depuis, la Directive 2003/86/CE du 22 septembre 2003 pose les règles minimales pour les États membres concernant le regroupement familial. Il est néanmoins regrettable que ces jurisprudences ne prennent pas en compte la réciprocité des rapports internationaux.

[21] http://www.hommes-et-migrations.fr/docannexe/file/1229/1229_09.pdf

[22] http://www.la-croix.com/amp/606683.

[23] Cf le Rapport du 12 mars 2013 (p. 28 s.). Cf. http://www.immigration.interieur.gouv.fr/Info-ressources/Documentation/Rapports-publics/Les-rapports-du-Haut-conseil-a-l-integration-HCI.

[24] *Id.* p. 33.

[25] Cette déshérence socio-économique engendrant la violence urbaine et tous les trafics, aboutit à des emprisonnements répétés où ces jeunes reçoivent des plus anciens détenus cette islamisation.

[26] Comme le lycée Suger (8 mars 2017) à Saint-Denis (http://resistancerepublicaine.eu/2017/03/08/le-lycee-suger-attaque-a-saint-denis-93).

[27] Cf http://www.liberation.fr/evenement/2006/10/27/trente-ans-de-violences-urbaines_55599.

[28] http://www.lexpress.fr/actualite/societe/fait-divers/aulnay-sous-bois-des-policiers-accuses-de-viol_1876167.html.

accident (ou d'une bavure). Parfois même, la police est victime de guet-apens, comme le 24 octobre 2016 à Viry-Chatillon, en dehors de toute opération spécifique.

Or, ces faits sont révélateurs d'un communautarisme religieux, hostile aux valeurs portées par la démocratie française, surtout lorsqu'il se nourrit de certaines rancœurs contre l'ancienne puissance colonisatrice[29]. On comprend dès lors que cette violence se manifeste parfois contre les symboles de l'État français mais aussi contre d'autres minorités migrantes, comme les communautés asiatiques (hindoues et bouddhistes comme à Paris ou autres grandes villes) pour lesquels n'existent pas le contentieux colonial.

Ces populations, souvent minoritaires dans les « quartiers », se plaignent parfois d'un racisme de la part des islamistes (étant la plupart bouddhistes[30], ils sont mécréants de leur point de vue) et de l'absence de protection par les autorités françaises. Celle-ci leur donne le sentiment d'être laissés pour compte, en raison de leur comportement silencieux et discret.

On voit donc que le communautarisme religieux qui est le résultat d'une déshérence sociale, économique, culturelle et finalement psychologique, est surtout négatif lorsqu'il se nourrit d'idéologies intolérantes : il menace alors directement les valeurs démocratiques et laïques. L'État se doit pour cette raison d'être intransigeant contre ses menaces, au besoin en prononçant la dissolution des associations qui incitent à la violation des lois républicaines, en procédant à l'expulsion des religieux étrangers qui diffusent ces messages

---

[29] « La colonisation est un crime contre l'humanité » disait le candidat Macron le 15 février 2017. Si cette affirmation n'est pas tout à fait exacte du point de vue juridique (il n'y a pas eu, lors de la colonisation française, « d'attaque généralisée ou systématique lancée contre toute population civile » avec « extermination », « torture », « meurtres »… au sens du Statut de Rome de l'ONU entré en vigueur le 1er juillet 2002 et créant la Cour pénale internationale), c'est néanmoins vrai du point de vue de la philosophie démocratique issue du siècle des Lumières. Toutefois, l'histoire n'est faite que de rapports de force et de colonisation : seule la démocratie cherche à instaurer un rapport contractuel, égalitaire, de droit pacifique qui protège les faibles, et respecte la volonté générale majoritaire. Pour le reste, il ne faut pas oublier que l'esclavage est une invention mésopotamienne (Cf. le Code d'Hammourabi) et biblique (v. dans la Torah juive, la Genèse 9.25) dont les plus anciennes traces apparaissent en Afrique (Égypte). Certes, les européens l'ont pratiquée dans l'Antiquité entre eux, mais à partir du Moyen-âge les arabes y on recouru également, y compris contre les populations européennes : les historiens estiment à 1,5 millions le nombre d'européens razziés par les arabes et vendus en esclaves, puisque le Coran admet l'esclavage. Ainsi Cervantes, l'auteur du fameux *Don Quichotte* a été vendu suite à une razzia sur le marché d'Alger avant de s'échapper et de rentrer en Espagne. A Salé, ville jumelle de Rabat, il y avait un comptoir de vente des esclaves européens. Le drapeau Corse que le gardien des tours génoises hissait était destiné à avertir les populations pour qu'elles aillent se réfugier dans le maquis pour ne pas être razziées. Le massif des Maures au Provence était une tête de pont pour de telles razzias. Certains pensent qu'une des justifications de la conquête de l'Algérie par la France était de les faire cesser.

[30] V. les agressions du 7 août 2016 ayant déclenché des manifestations d'asiatiques (cf. https://www.franceinter.fr/emissions/l-enquete-de-secrets-d-info/l-enquete-de-secrets-d-info-28-octobre-2016).

haineux, et en interdisant les financements cultuels en provenance de pays étrangers, surtout lorsqu'il s'agit d'États totalitaires islamistes. L'État doit de même prendre garde à ne pas tomber dans le piège du compromis sur les valeurs de la laïcité et de la République, en autorisant par exemple l'existence de tribunaux islamiques comme l'Angleterre l'a fait, sauf à faire de ces discriminations revendiquées des discriminations subies par ceux qui les rejettent.

B. La discrimination revendiquee devient une discrimination subie, a terme

L'archaïsme social et la « loi naturelle » divine conduit certains cultes à imposer le respect des puissants (confucianisme), des castes (hindouisme), des Églises et autres autorités ecclésiastiques (christianisme, bouddhisme tibétain), des Fatuah islamiques, des hommes par rapport aux femmes, des maîtres sur les esclaves (islam)..., instaurant quasi systématiquement des discriminations sociales.

Le burkini[31] et le voile sont autant d'exemple récents de revendications infériorisant les femmes, au nom de l'identité communautariste religieuse. Il est regrettable, selon nous, que les hautes juridictions françaises et européennes refusent dans ces hypothèses de faire respecter la laïcité dans toute sa rigueur, faute de trouble à l'ordre public avéré, en présence de comportements pourtant ostensiblement contraires au contrat social. L'analyse vaut également pour les crèches[32].

Bien qu'elles aient sanctionné des comportements provocateurs dans l'affaire Baby Loup[33], la Cour de cassation et la CJUE[34] adoptent par exemple une position nuancée qui nous semble contraire à la conception française de la laïcité : pourquoi les principes de neutralité et de laïcité ne pourraient-ils pas s'appliquer dans le monde privé alors que les salariés sont en contacts quotidiens entre eux ; et que certains n'ont peut-être pas envie

---

[31] CE Ord. référé du 26 septembre 2016, Association de défense des droits de l'homme, req. n° 403578 : annule un arrêté municipal interdisant le burkini en l'absence de trouble à l'ordre public.

[32] Le Conseil d'État, dans la décision du 9 novembre 2016, Fédération départementale des libres penseurs de Seine-et-Marne (req. n° 395122) a annulé la décision du maire de Melun décidant de l'installation d'une crèche sans lien avec une activité culturelle ou une tradition avérée, ce qui *a contrario* l'autoriserait dans ces cas. Mais une mairie qui est un lieu d'actes administratifs est-elle le lieu pour installer des crèches ? et que penseraient les autres religions ?

[33] Arrêt n° 612 du 25 juin 2014 de la Cour de cassation, Assemblée Plénière : « Mais attendu qu'il résulte de la combinaison des articles L. 1121-1 et L. 1321-3 du code du travail que les restrictions à la liberté du salarié de manifester ses convictions religieuses doivent être justifiées par la nature de la tâche à accomplir et proportionnées au but recherché ». Cf. https://www.courdecassation.fr/jurisprudence_2/assemblee_pleniere_22/612_25_29566.html

[34] CJUE GC 14.3.2017, Asma Bougnaoui et Samira Achbita, Aff. C 157/15.

d'être confrontés en permanence à une expression religieuse qu'ils ne partagent pas ? Dès lors que le vêtement religieux correspond à la liberté d'expression, n'est-ce pas du harcèlement pour les autres que d'y être systématiquement confrontés, voire traités de « mécréants » ?

La montée des extrémismes un peu partout en Europe met à rude épreuve l'humanisme et la tolérance des populations européennes face à ce genre de comportements en ces temps de crise économique. Le risque existe d'une montée en puissance des nationalismes totalitaires, comme cela ressort des finales électorales opposant des partis d'extrême droite aux partis modérés dans des pays comme l'Autriche, les Pays-Bas, la Hongrie, la Pologne et même… la France. Les prises de positions politiques dénonçant à droite une « invasion » (V. Giscard-d 'Estaing), appelant à « nettoyer les banlieues au karcher », à pratiquer une « immigration choisie » (N. Sarkozy), à aimer la France ou à la quitter (P. de Villiers)[35] sont l'expression d'une radicalisation qui risque de faire des membres des communautés religieuses des boucémissaires de la désintégration du lien social alors que la réalité est, comme on l'a vu, plus nuancée : si le communautarisme religieux est respectueux par la promotion de règles morales non opposées à l'ordre public et au contrat social, il s'insère parfaitement dans la laïcité démocratique. C'est lorsqu'il promeut des règles contraires à la loi républicaine qu'il constitue un danger pour la démocratie et doit être combattu sans faiblesse. À cet égard, les propositions ne manquent pas : contrôler davantage l'immigration en provenance des pays qui placent la morale religieuse au-dessus de la loi démocratique ; délictualiser l'immigration illégale ; imposer légalement aux associations d'inscrire dans leurs statuts la primauté de la loi républicaine sur tout autre texte y compris religieux, sous peine de dissolution ; interdire le financement des activités religieuses par des personnes publiques étrangères (comme l'Arabie Saoudite par exemple), surtout en l'absence de réciprocité ; informer systématiquement l'administration des lieux de cultes et de prêches, afin de lui permettre d'identifier plus facilement les « incitateurs à la haine religieuse », en enregistrant les prêches et les transmettant directement au ministère des cultes ; conditionner le regroupement familial au moins à l'obtention d'une carte de résidant et à l'acceptation du « contrat social » républicain (primauté de la loi sur tout autre texte y compris religieux) ; garantir la mixité sociale des logements à loyer modéré ; organiser un soutien linguistique pour aider, lorsque c'est nécessaire, les enfants nés en France de parents immigrés, à acquérir une bonne maîtrise de la langue française et à s'intégrer ; subordonner l'octroi de la nationalité française par droit du sol à la majorité à une demande expresse, en l'absence de condamnations pour crime ou délit grave ; déchoir de la nationalité

[35] https://www.youtube.com/watch?v=Cyou1LnO2Is ; https://www.nouvelobs.com/politique/20060423.OBS4973/villiers-accuse-sarkozy-d-avoir-copie-le-slogan-du-mpf.html.

française ceux qui manquent à leurs obligations républicaines, dans les conditions prévues par l'article 23-8 du Code civil... comme on le voit, diverses pistes ont été avancées pour lutter contre le communautarisme religieux dans sa forme la plus négative.

**
*

En conclusion, combattre le communautarisme religieux dans sa forme la plus négative passe aussi – et peut-être surtout selon nous – par l'abrogation de la loi de 1905 maintenant que la séparation entre les Églises et l'État a été réalisée. Malgré son apport historique, ce texte est devenu inutile pour le lien social, en raison de ses contradictions. Il conviendrait à la place de constitutionnaliser la définition de la laïcité en gravant dans le texte suprême que : « la République ne reconnaît ni ne subventionne (directement ou indirectement, via des exonérations fiscales) aucune activité religieuse et les institutions religieuses n'interviennent pas dans les activités Étatiques », comme le prévoit la Constitution japonaise de façon remarquable.

Ainsi, les activités religieuses suivraient le droit commun des associations de la loi 1901. La liberté de religion serait respectée en même temps que la République garantirait une véritable égalité de traitement entre les cultes et les croyants, sapant par la même l'impression d'injustice à l'origine de la radicalisation de certaines minorités. Autant dire que ce plus grand respect de la laïcité serait vecteur de plus de solidarité(s).

Il résulte de la Déclaration des Droits de l'Homme qu'il n'y a pas de « bonheur de tous » (Préambule), sans liberté, et qu'il n'y a pas de liberté sans égalité (car l'excès de liberté tue la liberté et l'égalité, de même que l'excès d'égalité tue la liberté et l'égalité) : l'équilibre entre les deux est la base de notre Contrat social.

LA RHÉTORIQUE DU POUVOIR ET LA CRISE DE L'ÉTAT-NATION

Par
Jean-Marc Roy
Maître de conférences HDR en droit privé
à l'Université Le Havre-Normandie

Le pouvoir s'annule en tant que pouvoir. Il organise sa disparition pour s'imposer. C'est au langage — à l'idéologie et au mythe dans les ordres qui nous ont précédés — que revient ce travail de dissimulation. Là où le pouvoir est le plus déterminant existentiellement, il est politique. Mais son idéologie ne favorise pas la conscience du politique et elle laisse invariablement les hommes démunis devant les évolutions et les crises du politique.

Le politique apparaît aujourd'hui comme une notion complexe, puisqu'il est souvent recherché dans des oppositions[1] à l'économie, au religieux, à la morale, voire au droit. À chaque fois, le politique n'est pas envisagé en lui-même ou il évoque l'État, car c'est l'État que l'on cherche aujourd'hui à différencier de la société, de la religion, voire de la morale et du droit. Comme dans la pensée moderne l'État semble accaparer le politique, il n'est pas étonnant que la démocratie, la séparation des pouvoirs et la lutte des partis, au moins pour l'Occident, doivent épuiser la question politique. Or, le politique a existé sans l'État et il pourra s'imposer après.

Si on ne se laisse plus fasciner par la dilution du politique dans l'État, si on ne cherche plus le politique dans des différences avec l'économie, la religion ou des règles morales ou juridiques, on l'observe installer le pouvoir le plus contraignant qui soit à toutes les époques et travailler en conséquence aux deux plus grandes séparations qui règnent parmi les hommes : celle qui les oppose entre citoyen et étranger ; celle qui les oppose à l'intérieur de la communauté entre gouvernants et gouvernés.

Mais le pouvoir n'introduit pas ces séparations parmi les hommes sans un langage pour les annuler. C'est pourquoi l'inégalité a pu être qualifiée de naturelle ; ou aujourd'hui, l'égalité semble plus réaliste que toute autre considération. Le citoyen et l'étranger, le riche et le pauvre, l'employeur et

[1] Carl Schmitt, *la notion de politique, Théorie du partisan,* Champs Flammarion, 1992, p. 57.

le salarié, l'élu et l'électeur sont d'abord des sujets de droit. Rien à craindre des relations sociales et politiques : personne ne risque de perdre son sujet ni l'égalité que les contemporains contemplent dans leur langage.

La rugosité d'un monde, ses séparations, voire sa violence et ses dominations, n'ont pas de mots pour les dire et les dénoncer dans le langage du pouvoir. Pour des hommes qui ne regardent leur vie qu'à travers leur idéologie, trois idées les dominent aujourd'hui : l'idée de progrès, l'idée de légalité et l'idée de mondialisation ; et c'est fondamentalement la rigueur des séparations qui leur échappe et qui maintenant les surprend : car le retour du politique a sans aucun doute sonné.

La crise de l'État est aussi une crise de l'idéologie du politique.

I. L'IDÉE DE PROGRÈS

Sans doute que le progrès ne semble plus régner en maître absolu sur les consciences dans un monde hanté par la pollution, les désordres économiques, les ambiguïtés de la technique et les tensions politiques. Il n'est pas certain que le progrès soit aujourd'hui une idée totalement désactivée.

Si on interroge nos contemporains sur leur confiance dans le progrès, leurs réponses risquent d'être pour le moins prudentes. Ils ne vont peut-être pas totalement répudier l'idée, mais ils ne manqueront pas d'adresser des reproches à un monde qui s'essouffle devant les attentes de consommation, de confort et d'espoirs pour les générations à venir.

Qui croît encore au progrès ? À une question aussi frontale, les réponses dressent un mur de contestations qui laissent entendre que nous sommes mieux éclairés sur l'époque, mais qui ne permettront pas d'aller au fond de nos sentiments et de nos pensées. Nos critiques sont trop dépendantes des déceptions et des amertumes du temps présent. Surtout, elles n'atteignent pas le cœur de l'idée de progrès, qui à n'en pas douter, continue de battre dans les poitrines de nos contemporains.

Un point semble incontestable : la transformation technique. Elle se traduit par une accumulation des forces déployées par l'homme et par une maîtrise sans précédent de la nature. Cette révolution technique d'abord européenne contribue d'ailleurs à hisser la société occidentale au rang de modèle de développement pour le monde.

Deux observations simples permettent de sérieusement relativiser la candeur de cette marche spontanée et irréversible vers le progrès.

Si la société occidentale se prête à l'imitation, elle a aussi contraint toutes les cultures à entrer dans la révolution moderne : la colonisation a brisé les résistances des cultures traditionnelles.

Des voix s'élèvent aussi dans les sociétés les plus avancées contre la modernité. Avec la technique et ses assauts contre la nature, l'homme moderne comprend, peut-être mieux, que le pouvoir ne donne rien sans prendre : l'énergie nucléaire comporte ses déchets qui dégradent la terre pour plusieurs milliers de générations[2].

La transformation technique ne présente que la face la plus apparente et la plus discutée en conséquence de l'idée de progrès. Elle s'insère toutefois dans une conception plus large de l'idée de progrès qui consiste à se représenter une évolution non seulement du savoir, mais aussi de l'humanité. L'homme n'apparaît pas comme une donnée inerte, mais comme un être qui n'avance pas dans le temps sans progresser moralement, culturellement et politiquement.

Bien sûr, la comparaison de l'homme moderne avec ses devanciers ne prend pas forcément un tour si tranché et si définitif. Mais si l'idée d'une évolution des mœurs et des cultures s'avère parfois moins péremptoire et plus volatile, elle n'en reste pas moins structurante.

Qui doute sérieusement de nos jours que la conscience moderne ne s'élève à un niveau jamais atteint par le passé ? Qui songerait à contester la supériorité de la société moderne sur la société primitive ? Qui ne pense pas au fond que d'un point du point de vue de l'humain, l'homme a grandi, d'autant mieux que l'on reconnaît parfois quelques régressions primitives et sauvages dont le caractère résiduel et anachronique ne remet pas en cause le sens de l'histoire ?

Par la revendication d'une modernité, l'homme adopte en réalité devant l'autre une attitude qui fait de lui un homme très vieux ou de toujours : il continue de rejeter la culture de l'autre[3], à commencer par celles des Anciens ; et il se voit encore devant des sauvages, des barbares, un « axe du mal » ou des « impies », devant un homme à qui il refuse toute humanité. Cette posture traditionnelle permet de déceler la rhétorique dans toutes les spéculations laudatives sur le progrès (moral et politique), surtout si l'on garde présent à l'esprit que ce ne sont plus l'autre, l'étranger, voire une culture que l'homme peut détruire, mais l'humanité elle-même.

La modernité dissimule un archaïsme. Non pas parce que certains parmi nous — le pervers polymorphe et le criminel — seraient des manifestations aberrantes du primitif, mais parce que l'homme a toujours l'homme pour ennemi ; et c'est aujourd'hui comme hier le politique qui est le lieu des séparations les plus radicales et les plus contraignantes. Dans un monde d'ailleurs plus petit en raison des communications, les antagonismes entre les communautés ne sont pas moins vifs et aucune idée de progrès, comme aucune loi ne supprime la difficulté d'être ensemble et la violence, à moins

---

[2] Les déchets de haute activité à vie longue (HAVL) et les déchets de moyenne activité à vie longue (MAVL) : ce sont principalement les déchets issus du cœur du réacteur d'une centrale, hautement radioactifs et dont la radioactivité reste notable pendant des centaines de milliers, voire des millions d'années.

[3] Lévi-Strauss Claude, *Race et histoire,* Denoël, 1987, p. 20.

de remplir une fonction idéologique traditionnelle : annuler linguistiquement le pouvoir.

II. L'IDÉE DE LÉGALITÉ

La loi apparaît comme la garantie ultime, mais elle se voit aussi accuser de servir tous les maîtres, même les plus odieux ! Parfois bonne, parfois mauvaise ; mais son ambivalence n'atteindrait pas sa capacité à établir la justice !

Rien de plus embrouillé dans la modernité que la notion de légalité. C'est à sa position centrale dans l'édifice moderne qu'elle doit cette auréole de puissance ambiguë.

La légalité consiste à accorder au langage le pouvoir de régner sur les hommes. Des mots sont situés au-dessus des relations humaines, afin de dépasser les rapports de force et de proposer une règle pour tout le monde. Il n'y a pas d'ailleurs que la loi qui est placée en dehors des relations : l'homme apparaît aussi comme un sujet, dont l'éminente dignité invite à le ranger au fondement de la loi et donc d'autant mieux à l'abri de la contingence des rapports humains.

Le pouvoir moderne est représenté comme légalité ou comme neutralité. Comme la loi est censée planer au-dessus de tout le monde, il n'est pas étonnant qu'elle soit en plus considérée comme neutre. En raison de sa localisation ou mieux de son absence de localisation, elle se voit reconnaître le grand mérite de ne peser sur personne ou de peser sur tout le monde de la même manière ; bref elle apparaît s'opposer radicalement à toute violence.

Cette conception d'un pouvoir partout et nulle part n'est pas le propre de la modernité. C'est l'un des attributs les mieux assurés du pouvoir parmi les hommes qu'il le nomme *mana*, *wakan tanka*, *orenda*, esprit… ou loi. De plus, cette idée d'une puissance, non seulement au-dessus de tout, mais aussi réversible en son contraire, à la fois bonne et mauvaise, c'est l'autre caractère traditionnel du pouvoir. Le sorcier ensorcelle, mais il peut tout aussi bien désensorceler. La force qu'il contrôle, il peut l'engager pour le bien comme pour le mal. La loi aussi se voit confier la tâche de dominer les hommes ou elle se voit reconnaître la possibilité de constituer un îlot de neutralité dans le monde. Elle sert l'État dit totalitaire comme l'État qualifié de démocratique.

Comment la loi peut-elle être parfois bonne, parfois mauvaise ? Ne serait-ce pas parce qu'elle n'existe jamais au-dessus des hommes, mais parmi des hommes ?

S'il existe aussi une loi neutre, il est possible de se représenter, au-dessous d'elle, un espace et un temps enfin dégagés de tout autre pouvoir et même de toute violence. Sous la loi, les hommes se mettraient simplement côte à côte et ils s'inventeraient même, chacun pour leur compte, une règle de vie.

L'individualisme et le pluralisme ne sont qu'une autre manière de dire l'avènement d'un pouvoir neutre. Si les hommes se sentent libres de désirer en tout sens, si chacun d'entre eux s'imagine autonome (auteur de sa loi), c'est dans la mesure où ils considèrent que le pouvoir appartient à une loi que personne ne détient, puisqu'ils la logent au-dessus de tous et qu'ils peuvent ainsi la dire neutre.

D'une manière générale, une telle théorie du pouvoir se constitue par le rejet du corps et du territoire. On pourrait en rechercher les origines chrétiennes[4], bien qu'il s'agisse fondamentalement d'une manifestation du pouvoir qui, pour dominer, cherche invariablement à s'abolir par son langage. L'idéologie nettoie le pouvoir de toutes ses implications existentielles pour l'éloigner des contestations. Pour réaliser cet objectif, quoi de mieux qu'un sujet et une loi au-delà des relations, au-delà de leur lieu, du corps et de l'espace des hommes ?

Les grandes lois sociales, dès la fin du XIXe siècle, l'évolution d'abord jurisprudentielle de la responsabilité civile [5] et les lois bioéthiques contemporaines nous montrent un salarié, une victime d'accident, ou un donateur d'organes dont il ne suffit pas de dire qu'ils ont un sujet pour les protéger. Le sujet ne sort pas du corps pour éviter à l'homme le milieu professionnel, le machinisme ou la science. Ou l'homme affublé d'un sujet reste au milieu de la mêlée, jusqu'à y laisser parfois des « plumes » !

Si le sujet est revenu sur terre avec l'âpreté des rapports économiques et sociaux, la loi a aussi du mal à conserver son angélisme et ses ailes pour survoler le politique.

Dans une approche volontariste et rationaliste (nationalisme civique), la Nation semble compatible avec la légalité moderne. Le langage de la loi et plus particulièrement la Constitution seraient placés au-dessus d'eux par des hommes qui s'émanciperaient des tutelles traditionnelles, communautaires, seigneuriales, familiales et religieuses et qui découvriraient un « marché autorégulateur », où chacun offre et demande spontanément pour avoir une existence sociale.

Or l'introduction du marché ne s'est pas faite sans heurts. Ou l'émancipation du peuple a tout de la contrainte. Les hommes devaient renoncer aux solidarités et aux assurances du passé et pour la plupart d'entre eux vendre leur force de travail. Dans sa *Dissertation sur les lois d'assistance publique*, Joseph Townsend (1739-1816) ne doute pas de la victoire du marché. S'il n'évoque pas – ou à peine, en passant – les législations successives qui ont permis les *enclosures* (la privatisation des terres communales) et ont dépossédé le peuple rural de sa terre nourricière, il

[4] Iogna-Prat, *Ordonner et exclure, Cluny et la société chrétienne face à l'hérésie, au judaïsme et à l'islam (1100-1500)*, Champs Flammarion, 2000, p. 365.

[5] Jean-Pierre Baud, *L'affaire de la main volée. Une histoire juridique du corps.* Éditions du seuil, 1993.

en repère toute l'importance dans la formation du marché : « la faim seule peut éperonner et aiguillonner {les pauvres} pour les faire travailler »[6].

La formation des nations ne se résume pas à quelques mots écrits au fronton des palais de justice. Sans oublier toute la violence sociale et économique, sans oublier les morts de la Révolution, des guerres napoléoniennes et de la dislocation des Empires, la Nation n'est pas de toute façon une loi sans une révolution de l'écrit et de la culture. D'abord de l'imprimerie[7] sans laquelle un langage enfin fixe et accessible n'aurait pu constituer une légalité pour tous. Ensuite de la culture sans laquelle la révolution de l'imprimerie n'aurait pas conduit à l'intériorisation de la loi. Il fallait dresser les corps à l'écriture et former les esprits à la lecture : la francisation de la France sera l'œuvre d'une pédagogie intensive et parfois brutale de L'État.

On ne peut donc pas seulement chercher les Nations dans un langage — une loi — qui aurait de surcroît la propriété de subsister au-dessus des hommes, lesquels n'auraient plus qu'à se glisser sous sa protection. Il faut faire une place aux pratiques, à la violence avec l'instauration du marché, au développement d'une culture de masse avec l'imprimerie et avec l'école publique obligatoire.

On peut suivre Renan[8] et son enquête sur la Nation pour essayer de dévoiler toute l'importance des pratiques dans la vie politique. Dans son analyse, le langage, la race, la culture, le territoire, la religion rivalisent pour accéder au rang de critère de la Nation. Mais c'est à chaque fois une manière de réhabiliter les comportements et de ne pas succomber au mirage d'un langage légal omnipotent.

La langue n'est plus simplement le sens (le rapport du signifiant au signifié) dans lequel se dresse la loi. C'est d'abord une pratique linguistique commune, une formidable source d'homogénéité parmi les hommes.

La race nous invite à regarder du côté des généalogies et donc elle réduit le langage à être un simple témoin des liens de sang qui se tissent parmi les hommes : de la famille jusqu'au peuple.

La culture peut nous attirer vers la communauté linguistique, vers l'ethnie, vers l'ensemble aussi des pratiques qui nous permettent de parler de culture noire, hindoue, arabe… française.

Le territoire nous indique le sol sur lequel les hommes d'une Nation posent les pieds et qu'ils ne doivent pas se contenter de chanter, mais qu'ils doivent occuper pour se donner un espace de vie commune.

---

[6] Karl Polanyi, *La grande transformation,* Tel Gallimard, 2016, p. 173.

[7] Eisenstein, Elisabeth L., *La révolution de l'imprimé dans l'Europe des premiers temps modernes*, Éditions de la découverte, 1991.

[8] Ernest Renan, Qu'est-ce que la nation ? Éditions Mille et une nuits, 2014.

La religion nous oblige encore à considérer le culte sans lequel une théologie ne forme qu'un pieux langage.

Dans leur prétention à définir la Nation, aucun de ces critères n'évite des critiques ou des polémiques. Ce qu'il importe de constater, c'est qu'avec eux l'analyse s'oriente vers une conception organiciste, culturelle, sentimentale de la Nation et elle nous demande de prêter attention à ce que font les hommes, et pas simplement à leurs discours.

Que font donc les hommes lorsqu'ils donnent un État à leur Nation ? Il ne leur suffit pas de se choisir des lois ou une Constitution. Dire ne fait pas tout. Les hommes doivent agir pour se mettre en ordre, pour prendre et maintenir leur distance à l'égard de l'étranger et pour repousser le déviant.

Si on ne reste pas fasciné par l'omnipotence magique de la loi et du langage, on peut observer que pour se constituer politiquement les hommes ne font pas que parler. À l'intérieur de leur communauté, ils se séparent déjà en gouvernants et gouvernés.

La modernité a quelques difficultés avec les pratiques et les hiérarchies, prisonnière qu'elle est de son égalitarisme et de sa conception légale du pouvoir. Le pouvoir divise toujours les hommes.

Dans la démocratie, la Constitution loge le pouvoir dans le peuple. Mais elle s'empresse aussi de le voir dans les mains d'une minorité. Pour ne pas contrevenir à l'égalitarisme ambiant, elle défend la possibilité d'une homogénéité du pouvoir de quelques-uns et du peuple[9] : grâce aux idées de représentation, d'incarnation, d'identification, ou de l'existence d'une avant-garde de la conscience du peuple… Cette idée d'une possible fusion du plus grand nombre dans le plus petit nombre soulève invariablement les mêmes contradictions et révèle les mêmes faiblesses de la loi constitutionnelle.

Comment le tout pourrait-il être dans la partie ? Comment le peuple peut-il entrer dans la minorité ? Il ne le peut pas. Mais on peut le dire. C'est là l'œuvre d'une idéologie démocratique dont le travail linguistique principal consiste à annuler le pouvoir et à nous détourner des distances entre le gouvernant et le gouverné, voire à nous distraire du problème de la domination.

L'idéologie sublime la servitude et ce n'est pas son moindre mérite que d'être partagée par ceux qui ont le plus à en pâtir. Mais elle ne peut garantir l'avenir. Si elle réussit à enrober de ses mots le pouvoir, elle ne supprime pas les inégalités que les hommes doivent mettre entre eux pour organiser un pouvoir et qu'ils peuvent toujours modifier.

Il ne suffit pas de dire que les hommes sont égaux et que le pouvoir est dans la loi. Pour ordonner les hommes, il faut faire et même faire le contraire du discours démocratique. Le peuple doit agir et laisser s'installer des distances entre gouvernants et gouvernés ; il doit laisser s'installer une

[9] François Furet, *Penser la Révolution française*, Gallimard, 1978

minorité dirigeante dans la démocratie moderne, et c'est pourquoi il peut reprendre demain ce qu'il a donné hier, afin de changer de maître.

Sous les mirages de la légalité et de l'égalité disparaît le pouvoir qui ne se contente jamais du langage. Non seulement l'inégalité parmi les hommes et l'effort du plus grand nombre sont escamotés, mais aussi l'autre dimension pratique du politique est esquivée : la séparation du citoyen et de l'étranger.

Pour se constituer politiquement, des hommes se séparent aussi de ceux qu'ils maintiennent en dehors de la communauté : les étrangers ; et l'on vérifie d'ailleurs dans le phénomène politique toute l'importance des pratiques, du temps long, du poids de la culture, de la religion et, plus largement, de la tradition.

Dans l'hyper modernité, la mondialisation constitue l'idée centrale autour de laquelle s'organise la disparition d'un pouvoir humain en réalité morcelé en pouvoirs concurrents.

III. L'IDÉE DE MONDIALISATION

La mondialisation, c'est d'abord une européanisation du monde. Les grandes découvertes, la révolution industrielle et la colonisation imposent les valeurs et les pratiques européennes et notamment l'échange marchand au reste du monde.

Le désenclavement du monde prend une tout autre ampleur avec la fin de la Seconde Guerre mondiale. La décolonisation laisse émerger de nouveaux acteurs à partir des années 1970 en Asie : Corée du Sud, Taïwan, Hong Kong, Singapour. Après la chute du mur de Berlin, des États du tiers-monde s'ouvrent : la Chine, le Mexique, l'Inde, le Vietnam, la Malaisie, la Thaïlande.

La terre devient un espace économique. Industrialisation du monde, production de masse et urbanisation. Circulation des hommes, des biens et des services et même de l'argent.

Dans un monde plus petit grâce aux moyens de communication, sous l'hégémonie de la marchandise, les idées, les images et les pratiques se rapprochent ; les cultures et les hommes se mélangent ; le rêve d'une homogénéité ethnique, religieuse, culturelle s'éloigne.

Les guerres deviennent aussi mondiales. Elles éveillent le besoin de législations et d'institutions internationales. À l'issue de la Première Guerre mondiale : SDN et OIT. À la fin de la Seconde Guerre mondiale : l'ONU, le FMI, l'UE, la CPI, le GATT puis l'OMC. En 1945, 51 États participent à l'ONU. En 2016, 193.

Il n'y a pas que des normes et des institutions qui s'internationalisent ; une opinion publique mondiale se développe avec les réseaux d'information et de communication ; des activités sociales mondiales s'imposent avec des ONG comme Amnesty International (1961), médecins sans frontières ; une gouvernance privée à vocation mondiale s'installe avec le forum de Davos ; des formes de protestations mondiales s'élèvent avec mouvements dits antimondialisation, altermondialistes, indignés.

Dans un monde où il n'y a plus d'espace libre, le destin des hommes devient finalement de mieux en mieux commun. Nombre d'enjeux de la société occidentale prennent une résonance mondiale : condition de la femme, urbanisation, gestion de l'environnement, criminalité.

La division du travail entretient également l'interdépendance des peuples. Un incident économique[10], politique ou naturel à un endroit du globe a vocation à se répercuter partout. La production, la consommation[11] et la poussée démographique[12] menacent l'écosystème total.

Dans ce monde en ébullitions, l'État s'affaiblit. L'État, c'est des solidarités sur un territoire : entre gouvernants et gouvernés, entre riches et pauvres, entre jeunes et vieux, entre producteurs et consommateurs. L'État ne s'est pas adapté au marché sans fragiliser et sans contourner ces solidarités.

Les exigences du marché heurtent la territorialité du politique. Les individus et les multinationales veulent s'installer là où leurs intérêts les portent.

La concurrence économique sape la légitimité démocratique. Il s'agit d'attirer les touristes, les entreprises et les capitaux jusqu'à admettre que les échanges internationaux réclament des règles et une juridiction particulières — l'arbitrage — qui permettent d'échapper au droit et à la justice de l'État.

Le marché mine les solidarités sociales. Les écarts considérables entre les coûts de la main-d'œuvre, selon les pays, invitent les entreprises à délocaliser. La nouvelle donne technologique permet de déprécier encore mieux le travail. Le territoire de l'État se morcelle ; des mégapoles se forment et s'enrichissent, au milieu d'un désert économique qui gagne du terrain. Le secteur privé durement touché par la concurrence se dresse contre des fonctionnaires réputés « planqués ».

Les conditions sociales et économiques dégradées privent la population et l'État de ressources. L'État s'endette sur les marchés financiers qui le transforment à son tour en objet de spéculation et le réduisent à son impuissance politique.

La mondialisation semble aussi irrésistible qu'implacable. Sans doute vécue par beaucoup comme une force sans visage, elle paraît avancer contre vents et marées et tout bousculer sur son passage : les conditions, la richesse, les cultures et même les États.

---

[10] Le krach de 1929 frappe aussi bien le banquier de Wall Street que l'ouvrier européen.

[11] Si la consommation des pays occidentaux devenait la règle, il faudrait plusieurs terres pour y pourvoir.

[12] Au XIXe 1 milliard d'homme ; en 2011, sept ; en 2050, neuf ; de 1750 à 1900 le nombre d'européen passe de 114 millions à 423 millions.

Cette représentation d'un mouvement humain irrépressible a une histoire déjà très longue, peut-être se confond-elle avec l'histoire de l'homme. Dans le récit de la Tour de Babel, la Genèse montre déjà des hommes qui avançaient vers leur unité à la recherche d'un nom, d'une ville, d'une communauté et d'une langue pour tous (Gn 11). Le cosmopolitisme de l'Antiquité qui naît dans le monde hellénistique après la faillite de la cité État offre à ce mouvement un contour plus intellectuel et programmatique ; Diogène ne se proclame-t-il pas citoyen du monde ? Les religions universelles donnent un élan mystique et transcendant à cette marche humaine.

Au moment où l'État Nation conquiert la souveraineté, des projets de paix perpétuelle (Abbé de Saint-Pierre 1712, Kant) maintiennent le flambeau de l'évolution de l'humanité. Dans l'économie moderne naissante, Marx voit la solidarité de la classe ouvrière réunir un monde sous son autorité. Les ouvriers n'ont pas de patrie. Marx et Engels modifieront leurs analyses pour soutenir les mouvements d'indépendance en Inde, en Chine ou en Algérie, tout en s'opposant à leur caractère xénophobe.

Durkheim représente le monde moderne hanté par une lutte entre le patriotisme et le cosmopolitisme, mais il prédit aussi le terme de ce conflit et son dépassement pour une humanité enfin réconciliée.

« *Tout le monde aujourd'hui sent bien qu'au-dessus des forces nationales, il en est d'autres, moins éphémères et plus hautes, parce qu'elles ne tiennent pas aux conditions spéciales dans lesquelles se trouve un groupe politique déterminé et qu'elles ne sont pas solidaires de ses destinées. Il y a quelque chose de plus universel et de plus durable. Or, il n'est pas douteux que les fins les plus générales et les plus constantes sont aussi les plus élevées. Plus on avance dans l'évolution, et plus on voit l'idéal poursuivi par les hommes se détacher des circonstances locales et ethniques, propres à tel point du globe ou à tel groupe humain, s'élever au-dessus de toutes ces particularités et tendre vers l'universalité. On peut dire que toutes les forces morales se hiérarchisent d'après leur généralité ! Tout autorise donc à croire que les fins nationales ne sont pas au sommet de cette hiérarchie et que les fins humaines sont destinées à prendre le premier plan* »[13].

Si la mondialisation est réputée avoir de la force contre l'homme et contre les États, elle n'apparaît pas pour autant totalement anarchique et elle entretiendrait et amplifierait même le mouvement constant de l'humanité en chemin vers un monde enfin uni, où l'autre et la frontière s'évanouiraient avec l'uniformisation des genres de vie, du travail, de la nourriture (pizza, sushi ou burger partout), des modes de transports (avion, bateau, voiture,

---

[13] Emile Durkheim, Leçons de sociologie, PUF, 2003, p. 107.

vélo...) des marques, des vêtements, des musiques. L'homme serait partout chez lui dans un monde sans extériorité[14].

Pour penser ce monde sans autres, deux concepts structurent les interprétations : la **déterritorialisation** et la **dématérialisation** qui se proposent d'évaluer une mondialisation indissociable d'un développement de l'information et de la communication.

Le temps et l'espace se sont contractés. Naissance de télévisons à vocation planétaire : Cable News Network, 1980 (CNN). Explosion des réseaux sociaux en ligne depuis les années 2000.

La conscience humaine se dilate. La circulation sans frein des idées et des images donnent une dimension dorénavant planétaire à des émotions (devant les drames humains : tremblements de terre, famines, soulèvement populaire) et à l'imitation des hommes entre eux : de la mode au terrorisme.

Le concept de déterritorialisation n'indique pas simplement la migration d'un sol ancestral vers d'autres lieux. Des diasporas (Sikhs, Tamoul, Haïtiens, Arméniens) n'ont plus de territoire pour leur imaginaire politique. Si on remarque aujourd'hui qu'une Nation peut survivre sans sa terre, c'est d'abord pour dire que l'existence se passe très bien du territoire.

Avec internet des modes de vie se déploieraient sans territoire. L'homme vit au milieu d'un bain informationnel. Personne ne sait ce qui se dit vraiment. Personne ne détient ce flux d'informations. Ce flux informationnel serait le lieu de désirs avant d'être un espace politique. Comme tout le monde peut participer à ce nouvel espace déterritorialisé, une communauté de vie sans unité géographique et des désirs hors-sol et volatiles conduiraient au déracinement de la modernité : un partage de valeurs transcenderait dorénavant les identités ethniques, religieuses, linguistiques et nationales. Avènement d'un monde sans frontières, d'une civilisation globale ?

Une autre manière d'envisager un monde sans autres, c'est de parler de la dématérialisation des relations. Le capitalisme de l'imprimerie a créé les Nations. Le capitalisme de l'électronique pourrait présider à l'émergence d'un monde post national.

Par le concept de dématérialisation, on se propose de rendre compte des effets de l'information numérique qui introduit encore mieux des relations humaines sans face à face, tout en les accélérant, en les démultipliant et en modifiant finalement considérablement le travail, l'administration et l'économie.

Dans un domaine, la dynamique moderne de l'information se renforce naturellement. L'économie.

L'argent se propose de tout rendre commensurable et métamorphose tout en une information : le prix.

---

[14] Raphaël Liogier, *La guerre des civilisations n'aura pas lieu, Coexistence et violence au XXIe siècle*, CNRS Éditions, 2016.

Les circonstances économiques ont favorisé la circulation de la monnaie. Pendant les Trente Glorieuses (1945-1975), l'enrichissement des sociétés occidentales accroît la consommation, mais aussi l'épargne. Depuis le début des années 1970, d'abord aux États-Unis, des fonds de pension se développent ; ils collectent et gèrent des sommes colossales ; et ils les investissent vers les marchés financiers, pour financer, par la capitalisation, des retraites de plus en plus lourdes, en raison du vieillissement des populations.

La circulation de l'argent s'accélère de surcroît avec la dérégulation du cours des monnaies (en 1976, l'accord de Kingston).

La technique financière concourt aussi au règne de l'information. La titrisation, née aux États-Unis dans les années 1960, transforme tout élément d'actif en titre négociable (des prêts immobiliers, des crédits pour l'achat de voiture, des produits issus de l'assurance).

Avec l'argent et la technique financière, tout semble se changer en information. Avec la dématérialisation de l'argent et des titres, rien ne semble échapper à la circulation ! Non seulement tout à vocation à se transformer en valeurs et à accéder à la disponibilité de la marchandise, mais tout a aussi vocation à se dématérialiser et à circuler. La carte de crédit installe dans le quotidien de la population cette évolution. L'écart vertigineux entre les capitaux en circulation et les ressources des banques centrales constitue le quotidien impensé des populations.

Si, avec l'information, le monde semble se globaliser, il apparaît aussi comme un simple flux, sans centre, sans autre, sans territoire, dématérialisé. Dans un monde où tout circulerait, l'individu échapperait seul au mouvement généralisé ! Il resterait le seul point de contact entre l'existence et le tout. C'est de lui que dépendrait la communauté. Les communautés façonnées par le temps (famille, village, peuple, Nation, État...) seraient remplacées par des associations fonctionnelles (firme, bandes, filière de migration). L'individu n'appartiendrait plus à un groupe ; il le choisirait. La multinationale doit apparaître d'autant plus insaisissable dans un monde où la réalité semble d'abord passer par un individu lui-même déterritorialisé et qui ne voue de surcroît une dévotion qu'à son argent et à ses intérêts... dématérialisés.

Sans doute faut-il remarquer la compatibilité entre les développements récents du capitalisme et cette conception ultra moderne de l'homme et des relations. Mais avant de s'inquiéter de savoir à qui profite cette rhétorique, il faut en déterminer la filiation. Car elle ne s'avère pas si originale qu'il y paraît. Elle s'inscrit dans la continuité du langage politique contemporain.

Avec beaucoup de « candeur », l'homme a pu légitimer des conditions économiques, sociales et politiques très différentes. Il lui a suffi de dire qu'il est aussi un sujet dont l'éminente dignité échappe au contexte relationnel. Il lui a suffi également de dire que la loi se trouve au-dessus des hommes et donc de leur violence.

Les concepts de sujet et de loi sont idéologiques. Le sujet n'évince pas les acteurs et leur loi n'est donc pas au-dessus d'eux. Elle naît et elle s'applique parmi les hommes, dans le rapport de la majorité à la minorité, dans le rapport du juge au justiciable.

Les concepts de sujet et de loi, en raison de leur désincarnation, ont sans aucun doute préparé les esprits à cette représentation aujourd'hui d'un homme et d'une activité économique au-dessus de la trivialité des relations. Mais c'est avec le flux informationnel mondial que l'homme rend même vraisemblable sa fuite avec son entreprise, en dehors de l'État. Avec la communication électronique, l'homme entreprenant n'apparaît-il pas dorénavant insaisissable ? Ne peut-il pas s'engager partout et où il veut ? Comment des frontières pourraient-elles arrêter l'homme fantomatique de la modernité électronique ?

Même si les acteurs ne sont pas face à face, ils ne s'évanouissent pas dans la machine. Ils restent devant leur ordinateur ! Leurs relations ne se passent pas d'une technique, consommatrice d'énergie et de matières premières.

Rien n'échappe à la localisation. Ni les hommes, ni leurs relations, même si elles passent aujourd'hui par l'informatique, les télécommunications, et le réseau Internet : les serveurs, les antennes-relais, les terminaux, les accessoires, les câbles transocéaniques de faisceaux de fibres optiques sont bien là.

Comme l'homme garde les pieds sur terre et comme la communication n'a rien d'immatériel, l'homme et ses relations ne s'extraient pas non plus des contraintes de l'espace et de la vie commune. Un homme peut être appréhendé. Des câbles peuvent être coupés.

Les concepts de déterritorialisation et dématérialisation ont donc une fonction idéologique. Contrairement aux termes de sujet et de loi qui les précèdent, ils ne visent pas à défendre l'État ; ils cherchent à établir son obsolescence. Mais s'ils ont aujourd'hui autant de crédit, c'est en raison du soutien qu'un tel individualisme trouve dans l'État !

L'État lutte aujourd'hui contre lui-même. La crise de l'État est aussi une crise de l'idéologie étatique. L'apolitisme a sans aucun doute gagné du terrain.

L'idée de progrès a entretenu une modernité condescendante envers des cultures jugées primitives ou archaïques et, en général, envers un passé qui apparaît révolu devant l'avènement de la démocratie. Le mot même de démocratie ne semble pas pouvoir être aujourd'hui prononcé sans anesthésier toute réflexion sérieuse et critique sur la nature du politique. Il paraît difficile à nos contemporains de considérer qu'ils sont tout simplement des citoyens devant des étrangers et qu'ils ont un territoire.

Il est vrai que les concepts de sujet, de loi et aujourd'hui de déterritorialisation et de dématérialisation nous plongent avec enthousiasme dans une mystique totalement libératrice. Qui ne voit pas une loi en surplomb des rapports humains et un pouvoir vraiment neutre ? Qui ne voit pas l'homme toujours en compagnie de son double — son sujet — d'autant mieux éthéré et insaisissable avec la communication moderne ? Chacun peut avoir aujourd'hui l'impression, plus vive que par le passé, que le sujet en lui échappe à cette contingence territoriale, que la loi a pour seul horizon la neutralité, que la communication le transporte au-dessus du politique.

Si on ne regarde pas le politique à travers son idéologie lénifiante, on ne voit pas disparaître les désordres, les incertitudes, la souffrance et la violence de l'époque. Mais l'état du monde cesse d'être si surprenant, même s'il reste inquiétant. On observe le politique dans sa trivialité pratique : il sépare les hommes en citoyens et en étrangers, en gouvernants et en gouvernés. Il ne brise pas pour autant leurs liens. Des biens, des idées et des hommes circulent et circuleront.

Mais tout ne circule pas[15]. Ni la Constitution, ni le territoire ne sont à vendre. Des liens ne sont pas négociables. Un homme ne peut ni devenir membre de la communauté politique ni cesser de l'être à son gré. Comment est-ce possible ? Des citoyens doivent maintenir des distances avec des étrangers, maîtriser un territoire, pour avoir une légalité et vivre une solidarité, c'est-à-dire constituer une communauté.

De la dissidence devant l'effort collectif reste possible. Certains préféreront leurs affaires, leur foi, leur pensée… Mais la communauté existe politiquement tant qu'elle mobilise le plus grand nombre dans cet effort pour séparer le citoyen de l'étranger et pour contrôler un territoire.

Cette séparation constitue la pratique minimum du politique. Dans l'hypothèse où leur pratique politique entrerait en conflit avec le savoir et son « universalité », avec l'économie et ses affaires, avec la morale et son devoir ou avec la religion et son culte, les hommes doivent préférer le politique à leurs affaires, à leur devoir, à leur culte, à leur pensée ; ils doivent faire cette séparation et donc tout lui subordonner, car c'est à cette seule condition qu'ils ont alors une existence politique.

Personne ne quitte une seule seconde le sol de l'existence commune. Quelques-uns en accréditent malicieusement l'idée pour servir leurs intérêts. Beaucoup adhèrent à cette sympathique mentalité du désengagement. Une idéologie apolitique domine ou laisse sans voix. Les réactions nationalistes les plus récentes montrent que les peuples n'ont pas disparu de l'histoire et que la mort du politique n'est pas au programme !

---

[15] Maurice Godelier, L'énigme du don, Champs essais, 2008.

DROITS FONDAMENTAUX ET CRISE(S) DES SOLIDARITÉS RAPPORT DE SYNTHÈSE

Par
Guy QUINTANE
Doyen honoraire de la Faculté de droit, des sciences économiques et de gestion de l'Université de Rouen-Normandie

Si les critères de la fondamentalité reconnus à certains droits restent peu précis[1], un point de vue est largement partagé : celui selon lequel ils sont pour l'essentiel des prérogatives que la société ne peut retirer à leurs titulaires : y sont donc naturellement rattachés, les Droits de l'homme. Dès lors que l'on découpe aujourd'hui ceux-ci en « générations », la question de savoir si peuvent revendiquer la fondamentalité ceux relevant de la deuxième génération, à savoir les droits sociaux, reste controversée, et ce même si de nombreux textes évoquent l'indivisibilité [2] des droits de l'Homme. Les droits sociaux, en ce qu'ils reconnaissent une forme de créance de l'individu sur la société, sont l'expression d'une forme particulière de lien social, celle mobilisant, plus ou moins explicitement, le concept de solidarité. Celui-ci est de formation récente et ce n'est qu'à compter du milieu du XIXe siècle qu'on lui attribue le sens qu'on lui donne aujourd'hui. Longtemps en effet, comme le rappelle Élise Frélon, il resta un terme exprimant une catégorie d'obligations dont la particularité tient au fait que, soit celles-ci engagent une pluralité de débiteurs, soit elles reconnaissent des droits à une pluralité de créanciers. Si c'est avec un sens nouveau qu'il est utilisé dans les travaux d'Auguste Comte ou de Pierre

[1] Sur ces questions, voir notamment E. Picard, « L'émergence des droits fondamentaux en France », *AJDA* n° spécial juillet-août 1998 ; voir aussi la thèse de C. Coudert, *Réflexions sur le concept de fondamentalité en droit public français*, Université d'Auvergne 2011.

[2] Cette indivisibilité est proclamée par la Déclaration Universelle des Droits de l'homme ; l'Acte final de la Conférence Internationale des droits de l'Homme de Téhéran du 13 mai 1968, l'affirme avec une force particulière ; la Conférence mondiale des droits de l'Homme de Vienne fit de même le 25 juin 1993 ; le principe d'indivisibilité a été affirmé à plusieurs reprises par le Conseil de l'Europe et par le Comité européen des droit sociaux ; la Charte européenne de droits fondamentaux l'admet implicitement.

Leroux[3], c'est la convergence pour l'essentiel des œuvres d'Émile Durkheim et de Léon Bourgeois qui a conduit à sa consécration. Pour Durkheim, la solidarité désigne le cadre dans lequel s'inscrivent, ou devraient s'inscrire, les interactions entre des humains qui, du fait notamment de la division du travail social, ont abandonné la forme que prenaient les sociétés traditionnelles, celles dans lesquelles le lien social était de nature « mécanique ». Désormais, les sociétés mobiliseraient des dispositifs de coopération, d'entraide, fondés à la fois sur l'intérêt, mais aussi sur quelque chose de plus que ledit intérêt : une morale dotée d'une dimension altruiste, et qui en même temps a pour fonction de poser les interdits garantissant le maintien de l'ordre social[4]. La solidarité, exprimant l'altruisme précité, est dès lors une des réponses apportées à la question sociale[5].

L'œuvre de Durkheim va trouver dans le solidarisme, une légitimité et une audience nouvelle. Comme l'écrit Michel Borgetto, à propos de la doctrine solidariste, celle-ci « marqua sans conteste dans l'histoire des idées et des institutions, une étape capitale »[6], d'abord parce qu'elle fait une sorte de synthèse des œuvres précitées, et au moins autant par la traduction juridique qu'elle en donne avec la mobilisation du concept de quasi-contrat. Le solidarisme va dès lors permettre de revisiter les fondements du droit, à partir des œuvres d'auteurs tels Léon Duguit, mais sans doute aussi Maurice Hauriou, et étayer les grandes lois sociales adoptées à compter de la fin du XIXe siècle, dont on pourrait considérer que la consécration intervint avec le Préambule de la Constitution de 1946. La forme de société dont il constitue le socle juridique, est finalement celle dont Durkheim avait posé les fondements théoriques, celle dont l'organisation, voire le maintien, implique la solidarité, et que droit social aura pour vocation d'ordonnancer. Le préambule exprime en quelque sorte un droit à la solidarité. Si le projet dont il est porteur a été mené pendant la plus grande partie du XXe siècle, il semble aujourd'hui remis en cause et la solidarité, dans l'acception précitée, est de plus en plus contestée.

La ou les crise(s) de la solidarité et de ses expressions est (sont) aujourd'hui l'expression d'une crise peut-être plus lourde encore : celle de l'idée même de société dont on dit qu'elle est une forme « en déclin »[7]. Si certains auteurs font apparaître les risques que la disparition de ladite forme

---

[3] P. Leroux, *La grève de Samarez*, éd. Dantu, 1863.

[4] C'est ainsi qu'il écrit que la morale, comme système d'interdits forme « une sorte de barrière idéale au pied de laquelle le flot des passions humaines vient mourir sans pouvoir aller plus loin » (*Education morale*, PUF Quadrige 2012, p. 36).

[5] Voir notamment, J. Donzelot, *L'invention du social. Essai sur le déclin des passions politiques*, Fayard 1984.

[6] M. Borgetto, *op. cit.*, p. 375.

[7] Voir par exemple François Dubet, notamment, *Dans quelle société vivons-nous ?* (avec Danilo Martucelli) Seuil, 1998 ; *Le déclin de l'institution*, Seuil 2002 ; *Le travail des sociétés*, Seuil 2009.

pourrait entraîner, d'autres considèrent au contraire qu'une telle évolution pourrait être constitutive de plus-value pour des hommes rendus ainsi plus libres. Ces divergences de points de vue démontrent, s'il en était besoin, les limites de la démarche scientifique, une démarche dont la neutralité, sans doute encore davantage dans le cas des sciences sociales que ce n'est le cas dans les autres branches du savoir, peut difficilement prétendre dévoiler la vérité de l'objet qu'il interroge. Le discours scientifique se fonde sur des choix exprimant un regard sur le monde : il est difficilement neutre et ce d'autant plus que le choix des matériaux utilisés dans une démarche conceptuelle peut être rendu plus ou moins facile, et que la liberté du chercheur n'est pas toujours, comme l'a montré la communication de Catherine Puigelier, aussi bien garantie qu'elle devrait l'être.

La mise à l'écart délibérée du concept de société accompagne la dénonciation de l'État, tout particulièrement en sa forme d'État-nation, une forme présentée souvent comme quasi-synonyme de société. Pour ce faire toute une rhétorique sera développée. Si l'on adopte ainsi une lecture du langage à partir d'une interrogation portant sur ses implications sociales, il est difficile de nier que le langage de l'État, et notamment celui relatif au mode d'exercice de son pouvoir a beaucoup changé comme nous l'a montré Jean-Marc Roy. Il est devenu, avec des termes tels ceux de *gouvernance*, de *régulation*, ou de *performance*, un langage favorisant la banalisation de la place dudit État, de sa fonction, et peut-être même celui de l'exercice d'une domination douce, d'une domination que l'on pourrait qualifier de « foucaldienne ».

Si la mutation de l'ordre social, largement au cœur de la proposition néolibérale, a souvent été étudiée par la sociologie, la philosophie politique ou la science politique, le droit n'y a pas toujours engagé les moyens suffisants dont il dispose, du fait sans doute d'une approche qui considère que l'étude du juridique peut être faite en l'isolant de tout ce qui est présenté comme exogène par rapport à l'ordonnancement des normes qui le constitue. L'intérêt d'une étude des interactions entre le droit et la société semble pourtant réel[8], et on ne voit pas au nom de quoi la qualité de juriste disqualifierait ceux qui peuvent la revendiquer pour la mener. Il était dès lors opportun qu'un projet aux fins de montrer comment le droit peut être mobilisé pour mettre en crise la solidarité, et bien entendu la société elle-même, autrement dit, pour promouvoir ce que l'on qualifiera de « désociétisation », soit mené par des juristes. On le présentera en regroupant les approches proposées autour de deux thèmes : celui de l'étude des conséquences de la façon dont l'homme est pensé, singulièrement lorsque celui-ci se meut dans l'espace privé avec ses conséquences sur l'essoufflement des solidarités (I), celui qui permet de relier la crise des solidarités au projet d'une organisation sociale « post-nationale », laquelle,

---

[8] Voir par exemple, Jacques Commaille, *A quoi nous sert le droit ?*, Ed. Gallimard, 2015.

paradoxalement semble faire apparaître le caractère irremplaçable de l'État-nation pour assurer la préservation du social (II).

I. L'HOMME NOUVEAU, L'ESPACE PRIVE, ET L'ESSOUFFLEMENT DES SOLIDARITÉS

Si la formation des sociétés a sans doute été favorisée par la mobilisation du concept de solidarité, ce que celui-ci recouvre peut être utilement conjugué au pluriel. Le choix d'un tel mode peut faciliter l'analyse de la crise qui en affecte le contenu. Celle-ci est en lien avec la montée en puissance d'une conception de l'homme selon laquelle celui-ci serait par nature un être présocial, titulaires de prérogatives dont il serait en quelque sorte le propriétaire exclusif qui peu à peu s'éloigne de celle qu'avait défendue notamment la sociologie de la fin du XIXe siècle, remettant plus ou moins directement, en cause les modes d'interactions sociales fondées sur la solidarité ou à tout le moins affecte des pans entiers de la déclinaison de celle-ci. Dans le même temps, la proposition d'une théorie des motivations qui doit beaucoup au paradigme revisité de l'économie classique, pose en la forme d'un postulat, le principe selon lequel les hommes seraient, également par nature, mus pour l'essentiel par la recherche de leur intérêt, la concurrence en permettant en quelque sorte l'articulation. Dès lors, dans les espaces de la vie privée, qu'il s'agisse par exemple de la sphère familiale (A) ou de celle de l'entreprise (B), la subjectivité va monter en puissance, contribuant à fissurer la solidarité et tout particulièrement la dimension distributive qu'elle exprime.

A. LA SOLIDARITE ET LA NOUVELLE CONCEPTION DE LA FAMILLE

La famille marque d'autant mieux l'ébranlement de la façon dont a été longtemps pensée la solidarité dans le cercle qu'elle constitue, que ce qui fut longtemps sa finalité – la filiation – est de plus en plus fréquemment mise en cause.

La singularité de l'humain fait aujourd'hui l'objet d'approches qui conduisent à penser celui-ci comme une entité dont les éléments constitutifs, pour ne pas dire l'essence, seraient dans leur « dimension matérielle » d'autant plus malléables, que le progrès technique a pu monter comment procéder aux mutations de ceux-ci. L'élargissement du champ des possibles dont chacun pourrait décider du sens qu'il leur donne, contribue ainsi à une montée en puissance de l'individualisme, et ne peut dès lors ne pas avoir de conséquences sur la question de la solidarité, avec la proposition de nouveaux dispositifs de socialisation insistant sur la légitimation de choix personnels sans nécessairement prendre en compte les conséquences que ceux-ci peuvent avoir sur l'ordre social.

Ces évolutions confortent la façon dont on tente de repenser des solidarités familiales comme l'a évoqué Laurence Mauger-Vielpeau. Même si le Code civil reste pour l'essentiel un code de l'individu, ses articles 203 à 211 ont instauré des « obligations de solidarité », et en particulier, celle de l'obligation alimentaire. Si ces dispositions sont anciennes, la banalisation de leur invocation devant le juge semble récente, ladite banalisation pouvant être le signe d'une famille dont le caractère contractuel peut contribuer à affaiblir sa dimension institutionnelle. La question ici semble celle du rapport entre l'altruisme et l'intérêt, même s'il est vrai que de nouveaux dispositifs d'entraide semblent se développer comme cela a pu être évoqué à partir de l'exemple du dispositif de la « personne de confiance ».

Cela étant si, dans la relation de couple, l'institutionnalité avec ce qu'elle implique cède du terrain, les rapports parents-enfants restent empreints de solidarité – même si ici le terme peut sembler insuffisamment doté de densité – comme le mettent en lumière les aides accordées par les parents à leurs enfants, au-delà même de leur majorité, ou encore celles qu'apportent souvent les personnes à leurs ascendants. Comment pourtant ne pas se poser la question de savoir vont demain s'organiser les solidarités familiales, dans un monde où le couple n'aura de plus en plus souvent été que la rencontre de plus en plus transitoire d'individus[9] ? Par ailleurs, la promotion d'une solidarité familiale ayant vocation à se substituer à certains dispositifs relevant de la solidarité nationale, pourrait poser avec une acuité particulière la question des inégalités, et contribuer également à l'essoufflement de l'idée de société, en la forme à tout le moins qui en avait été proposée dans le prolongement du solidarisme.

B. Un nouveau rapport aux biens et ses consequences sur les solidarites

C'est ici le thème de la société de marché qui est au cœur de la proposition, une proposition fondée qui s'appuie sur l'idée que l'on se fait des motivations des humains, évoquée plus haut. Essentiellement mus par la recherche de leur intérêt, dans le cadre de dispositifs de rivalité qui seraient « dans la nature des choses », il conviendrait simplement de faire en sorte que ladite rivalité ne génère pas de tensions excessives. Christian Laval écrit à ce propos que « la grande nouveauté à cet égard n'est pas la révélation de l'égoïsme humain et son caractère condamnable. C'est bien plutôt que la préférence que chacun a pour lui-même soit affirmée comme une donnée

[9] Sur toutes ces questions, voir I. Théry, « Transformations de la famille et « solidarités familiales » : questions sur un concept », in S. Paugam (dir.), *Repenser la solidarité*, PUF Quadrige, 2011

irrépressible de l'humanité, et qu'elle soit présentée comme la seule base des rapports moraux et politiques que les hommes entretiennent entre eux »[10].

Pour étayer un nouvel agencement des interactions sociales que l'on qualifiera souvent de « société de marché », de nouveaux dispositifs normatifs vont dès lors être conçus ou à tout le moins affinés en vue de dessiner un nouvel « ordre public économique » fondé sur la volonté de favoriser une concurrence, présentée comme étant « un principe universel »[11] favorisant le développement harmonieux des sociétés. Les fondements de ce nouvel ordre seront, avec une grande constance, présentés comme étant partie intégrante du socle juridique de la République, et plus particulièrement de l'ordonnancement constitutionnel de celle-ci comme le montre Fabien Bottini. Le Conseil constitutionnel rappelle ainsi qu'il lui appartient de veiller au respect d'un ordre public économique constituant le socle des garanties permettant, « d'assurer un fonctionnement concurrentiel au marché »[12]. L'auteur pose la question de savoir si la sédimentation des normes qui en fixent le cadre ne pourrait être considérée comme formant une Constitution économique de la France, une Constitution dont il expose ce qu'en sont pour lui les grandes lignes à savoir, la garantie des droits nécessaires au bon fonctionnement du marché, mais aussi, découlant au moins pour partie d'une forme d'idéalisation de celui-ci, la reconnaissance de droits sociaux de valeur constitutionnelle, réservés seulement aux plus défavorisés. Fabien Bottini nous montre que le contrôle de ces normes par le Conseil ne mobilise pas les mêmes techniques, celui destiné à garantir le respect des libertés économiques étant plus exigeant que ne l'est celui destiné à la protection des droits sociaux précités.

Rien d'étonnant à ce qu'un nouveau droit des contrats, dont Amandine Cayol a rappelé les grandes lignes, ait été écrit. On peut y voir s'y estomper la trace solidariste qui en avait marqué les versions antérieures, telles à tout le moins qu'elles avaient pu être interprétées. Ce nouveau droit diffuse ainsi l'idée de cocontractants qui, dès lors qu'ils auront loyalement été informés et auront pu s'engager dans une négociation, n'auront plus besoin, si ce n'est lorsqi'ils appartiendront à la catégorie, élargie aux contrats d'adhésion, de ceux pour lesquels des clauses abusives pourront être invoquées (clauses qui au demeurant ne seront pas celles soupçonnées d'avoir pu entraîner un déséquilibre significatif, ou même sur « l'adéquation du prix à la prestation »), des mécanismes protecteurs que leur offrait la société. Ces

---

[10] C. Laval, *L'homme économique*, Gallimard, p. 20. Il est vrai que l'on pourrait ici évoquer les propositions de relégitimation de l'égoïsme rappelées notamment par Dominique Lecourt (D. Lecourt, *L'égoïsme. Faut-il vraiment penser aux autres ?,* Ed. Autrement, 2015

[11] P. Dardot et C. Laval, *La nouvelle raison du monde*, La découverte/ poche, 2009, 2010, p. 6.

[12] CC 280 QPC du 12.10.2012, Sct Groupe Canal Plus ; le Conseil d'État va reprendre cette jurisprudence avec CE 21.12.2012, *Sct Groupe Canal Plus et Vivendi Universal*, et CE Ass. 23.12.2013, *Sct Métropole Télévision.*

mécanismes mobilisaient notamment le concept de cause qui ne figure plus dans le nouveau droit des contrats, et celui de lésion, lequel ne pourra être invoqué que dans certaines hypothèses, les dispositions générales de l'article 1118 du Code civil ayant tout simplement été abrogées. On sait que l'invocation par le juge de la cause, toujours très prudente et nuancée, pouvait à tout le moins rappeler que l'exigence d'équité des contrats ne devait pas être oubliée, tirant lesdits contrats vers l'institutionnalité : « tout n'est pas contractuel dans le contrat », comme l'écrivait Durkheim. Une telle évolution semble exprimer la volonté de réhabilitation d'une commutativité qui aurait pu au fil du temps s'imprégner de scories, en présentant les « volontés » comme souveraines, malgré la trace qui imprime le rapport de forces lors de leur rencontre.

Au nom des exigences de la compétitivité dans un monde ouvert, le droit du travail va également être profondément transformé par le biais de dispositifs qui vont, eux aussi, affecter l'ordonnancement des solidarités, ici celles qui se déploient dans l'univers professionnel avec la transposition de dispositifs qui risquent d'affecter les protections des salariés. On peut citer les dispositifs adoptés aux fins de permettre le « détachement » de salariés ressortissant d'États autres que celui dans lequel ils sont employés, ou encore la pratique banalisée du CDD ou du contrat d'intérim. La loi du 8 août 2016, dite « El-Khomri » qu'a évoqué Jacques Bouveresse, est emblématique de cette évolution[13], avec la facilitation du licenciement pour motifs économiques que permet la prise en compte de nouveaux critères pour mesurer la réalité des difficultés invoquées par les entreprises souhaitant licencier, et avec surtout le renforcement de la primauté de l'accord d'entreprise, sur celui de branche ou même sur la réglementation nationale, dans plusieurs domaines, comme pour ce qui concerne la fixation du taux de majoration des heures supplémentaires, l'assouplissement des dérogations à la durée légale de travail, mais aussi avec les modalités d'adoption d'accords majoritaires, qui, en cas de « blocage » pourront être valablement conclus par référendum que pourra solliciter le syndicat ayant obtenu au moins 30% des voix. Mais le recul des solidarités passe ici au moins autant par des pratiques que la règle de droit peine à encadrer, à savoir celles qui sont la conséquence de l'individualisation de la relation de travail dont le modèle managérial fournit les recettes, avec la mise sous tension et sous surveillance qu'elles favorisent. Enfin, l'organisation traditionnelle du travail est de plus en plus affectée par la promotion de modèles favorisant la sortie du salariat. Si celle-ci est souvent présentée comme facteur d'émancipation, une telle présentation mériterait d'être nuancée. En est emblématique la création du statut d'autoentrepreneur dont on a pu dire, non sans raisons, qu'il pourrait être « un moyen de réduire le coût du travail à des

---

[13] Sur les questions que pose la loi n° 2016-1088, du 8 août 2016, voir *Droit social*, mai, juin et novembre 2016.

niveaux de pays pauvres en sortant partiellement des salariés du système de protection sociale »[14]. Il est peu contestable que ces nouveaux dispositifs sont une contribution à la sortie de la société salariale telle qu'elle avait été conçue jusqu'au tournant des années 80.

Aux fins de donner à l'économie une dimension sociale plus affirmée qu'elle ne l'est traditionnellement, on a pu considérer que le développement d'une économie pouvant revendiquer son caractère « social et solidaire » pourrait permettre d'encourager le développement d'entreprises porteuses d'un tel projet. Il apparaît toutefois, comme l'ont montré tour à tour Marina Ferreira Da Silva et Jocelyn Clerckx, que le caractère précité qu'elles revendiquent est porteur de nombreuses incertitudes et même qu'elles peuvent quelquefois ne servir que d'alibi à des entreprises dont la finalité sociale et solidaire reste discutable.

II. LES SOLIDARITÉS ET LA QUESTION DE L'ÉTAT-NATION

L'effritement des solidarités ne passe pas seulement par un nouvel agencement des relations qu'entretiennent les hommes dans l'espace privé. Il est aussi la conséquence de l'affaiblissement de la forme étatique (A). Dans le même temps, l'Union européenne ne semble pas pouvoir occuper la place que ledit État a pu jouer pour organiser lesdites solidarités, ce qui conduit à la redécouverte de l'importance de son rôle (B)

A. L'AFFAIBLISSEMENT DE L'ÉTAT ET LA QUESTION DE LA SOLIDARITE

Outre l'affaiblissement des moyens de l'État, le resserrement de son périmètre peut contribuer à l'affaiblissement des solidarités. Ce resserrement conduit, non seulement à l'abandon de fonctions qu'il a longtemps conduites, mais aussi, dans le même temps, à leur prise en charge par des organes relevant à la fois du supra et de l'infra-national. C'est peut-être la place que l'on semble vouloir accorder au supranational qui pourrait le plus profondément affecter les fondements de sociétés qui ont pu être assimilées à l'État-nation[15]. Il ne faut pas négliger pour autant les conséquences de la promotion de la décentralisation. Présentée le plus souvent comme constitutive d'une plus-value sociale du fait du rapprochement entre les citoyens et les politiques que cette nouvelle organisation de l'action publique favoriserait, son apport à la promotion, voire au maintien de réelles solidarités mérite à tout le moins d'être nuancé. Les profondes réformes du

---

[14] V. Segond, *Va-t-on payer pour travailler ?*, Stock 2016.

[15] François Dubet et Danilo Martucelli écrivent : « La société, c'est l'Etat-nation » (*Dans quelle société vivons-nous ?*, Seuil, coll. l'épreuve des faits, 1998, p. 29).

secteur local, évoquées par Antoine Siffert, avec la montée en puissance des régions et des intercommunalités, et tout particulièrement des métropoles, pourraient ainsi élargir la « fracture territoriale » et creuser le fossé entre la France des métropoles et la France périphérique. Il est par ailleurs difficile de ne pas admettre que la décentralisation a largement contribué à une modification de l'assiette et des taux des prélèvements obligatoires dans un sens qui a allégé la charge supportée par les plus aisés : en même temps que l'impôt sur le revenu connaissait une baisse sensible, celle prélevée sur les ménages par le biais de la fiscalité locale a connu une progression telle, qu'elle a largement contribué à ce que le prélèvement fiscal devienne, pour une part non négligeable des foyers, dégressif. La décentralisation semble aussi avoir favorisé la mobilisation de plus en plus fréquente du processus d'externalisation de la gestion du service public qui a pu favoriser la hausse des tarifs que l'on a souvent observé.

L'ouverture toujours plus grande des États les uns aux autres a modifié sensiblement l'ordonnancement des solidarités. Cette ouverture, importante et rapide, s'est faite en insistant sur l'apport à l'économie qu'elle favoriserait. En trente ans, de 1995 à 2014, le ratio du commerce mondial dans le PIB est passé de 20 à 30%. On constate aujourd'hui que les mouvements quotidiens sur les marchés financiers sont à peu près équivalents à deux fois le PIB de la France. Les sociétés multinationales ont pris une importance telle, que le Danemark a annoncé, début 2017, son intention de nommer un ambassadeur auprès des GAFA [16]. Si la mondialisation a pu être présentée comme de nature à favoriser les solidarités, il s'agit de solidarités « transnationales », favorisant souvent la pression sur les salaires et l'accès à des mains-d'œuvre étrangères exerçant sans nul doute une pression sur les revenus des nationaux : on a pu ainsi écrire que « la mondialisation dynamite les solidarités nationales »[17]. Depuis le début des années 90, la répartition des richesses au plan international a connu un mouvement de grande ampleur bénéficiant à deux catégories. La première est constituée des populations des pays en voie de développement dont le revenu moyen a sensiblement progressé, la deuxième, celle des populations les plus favorisées des pays occidentaux, ici au détriment essentiellement des populations constituant les classes moyennes. Dans le même temps qu'augmentaient sensiblement les revenus des plus fortunés[18], ceux des classes moyennes stagnaient.

---

[16] A cette occasion, son ministre des Affaires étrangères a déclaré : « dans le futur, nos relations bilatérales avec Google seront plus importantes que celles que nous avons avec la Grèce ».

[17] A. Cheyvalle et J.-P. Robin, « Le modèle d'État providence européen est-il condamné ? », *Le Figaro* 28.5.2013.

[18] Que les revenus du dernier décile, et plus encore d'une simple fraction de ce dernier décile permettrait de mesurer : pour la France, entre 50 et 100 000 foyers. Il serait sans doute utile de

Une telle situation pourrait expliquer la demande de « démondialisation » qu'a évoquée Gourmo Lô lors d'une intervention spontanée, demande dont le net ralentissement du commerce mondial, le coup d'arrêt porté à la baisse des droits de douane, ou encore la réduction des mouvements internationaux, pourrait conduire à penser qu'elle commence à être entendue. Par ailleurs, les perspectives aux fins de redynamiser le commerce international, telles qu'ouvriraient, selon leurs promoteurs, les nouveaux traités entre grandes zones commerciales, font l'objet de critiques appuyées en ce que les nouveaux accords pourraient affecter des systèmes en lien avec l'institutionnalité des États, tels ceux relatifs à la protection des populations contre des risques, pesant notamment sur la santé[19], ou ceux portant sur les modalités traditionnelles de règlement des litiges.

Au-delà de l'économie, ce sont d'autres formes d'interactions qui sont concernées par une ouverture, souvent présentée comme favorisant l'expression de nouvelles solidarités dont on encourage le mouvement, comme le préconise ainsi la proposition de politiques plus souples à l'égard de l'immigration. La question des migrants, que Michel Bruno a évoquée, va ainsi tomber à point nommé pour les légitimer. Elle prend une acuité particulière du fait des mouvements de population enregistrés dans les dernières années. C'est ainsi qu'en 2015, plus d'un million de personnes ont traversé la méditerranée pour rejoindre l'Europe, plus d'un million trois cent mille d'entre elles déposant une demande d'asile. La France pour sa part aura ainsi reçu en 2017, outre les flux traditionnels d'immigrés, supérieurs à deux cent mille personnes, cent mille étrangers revendiquant le statut de réfugié (soit deux fois plus environ qu'en 2012). Dans le même temps, la CEDH imposait un accueil toujours plus libéral de ces populations. C'est ainsi que le séjour irrégulier d'étrangers sur le territoire national a, à la suite de la jurisprudence El Dridi de la CEDH, été dépénalisé et l'aide fournie pour favoriser ou faciliter le séjour d'étrangers en situation irrégulière relève de cette étrange catégorie des « délits de solidarité » évoquée par Christelle Palluel, délits dont l'approche soulève des questions qui sont trop peu souvent clairement mises sur la table.

Une immigration mal maîtrisée peut avoir notamment comme conséquence, celle d'accroître une communautarisation dont l'impact semble souvent mal perçu, une communautarisation, qui, pour reprendre l'expression de Mathieu Bock-Coté prend souvent la forme d'une « dénationalisation »[20], laquelle favorise la promotion d'« un espace social abstrait où le seul principe de légitimité réside désormais dans les droits de l'homme compris comme les droits illimités de la particularité

mieux communiquer sur la répartition des revenus et des patrimoines au sein du dernier décile.

[19] On peut ainsi noter que le droit américain ignore le « principe de précaution ».

[20] M. Bock-Coté, « Le multiculturalisme ou le refus de la Nation », *ENA mensuel*, sept. 2016.

individuelle », l'auteur ajoutant qu'alors, « il n'y a plus d'associations ni de communions qui vaillent et au fond qui existent réellement »[21], et va même jusqu'à évoquer une « éviscération spirituelle »[22]. L'ouverture des États et des sociétés peut fragiliser l'espace national, en sa qualité de foyer de solidarités longtemps considérées devant, pour l'essentiel, être réservées aux nationaux. Cette fragilisation n'est guère compensée par les dispositions d'ordonnancement des solidarités dans un cadre supranational. L'Europe, comme l'évoque Sébastien Adalid, en est un bon exemple.

B. Les solidarites, l'Union europeenne et l'État-nation

Pour répondre à certaines des questions posées par l'évolution précitée, on a pu défendre, dans l'espace européen, l'idée selon laquelle les solidarités pourraient désormais être agencées au niveau de celui-ci, et ce par le biais de l'élaboration et la mise en œuvre d'une véritable politique sociale européenne. Ces tentatives, sans qu'elles soient dépourvues d'intérêt, ont cependant vite montré leurs limites (1). C'est probablement un tel constat, articulé avec l'idée selon laquelle l'harmonie des sociétés peut difficilement se passer d'un socle solide de droits sociaux qui a conduit à redécouvrir le rôle d'un État-nation qui semble la seule instance pouvant poser un tel socle (2)

1. A. Les limites de la politique sociale europeenne

Si l'Union européenne revendique son attachement au social, par le biais notamment de son projet de construction d'une économie sociale de marché, les normes sociales qu'elle adopte constituent une sorte de socle de droits sociaux définis de manière « minimaliste », comme en témoigne l'exemple du plafonnement de la durée de la semaine de travail ou celle de la durée du congé de maternité, sans même parler de la question des minima sociaux dont l'harmonisation, compte tenu de l'écart de richesse entre pays, est illusoire[23]. Quant au Fonds Social Européen, il est en surtout un instrument réservé à l'aide aux populations touchées par des reconversions industrielle, avec des ambitions plutôt modestes comme en témoigne le montant de sa dotation : une dizaine de milliards d'euros par an pour 27 pays. Enfin, les réticences de certains pays pour ce qui est de l'octroi d'aides à ceux dont les

---

[21] P. Manent, *Situation de la France,* Desclée de Brouwer, 2016, p. 102.
[22] *Id.*, p. 103.
[23] Le coût moyen d'un salarié est ainsi environ 10 fois supérieur au Danemark par rapport à ce qu'il est en Bulgarie.

difficultés entraînent de lourdes tensions sociales, semblent une illustration signifiante de la politique sociale de l'Union.

La proposition d'un socle de droits sociaux européens vient pourtant régulièrement à l'ordre du jour. La dernière en date a été présentée en avril 2017. Gilles Lebreton a évoqué la modestie de ses ambitions. Il est peu probable que l'on aille au-delà, pour des raisons au demeurant compréhensibles. L'Union européenne n'a jamais été pensée comme une institution pouvant devenir le véritable régulateur du social. C'est ainsi que si les États du Conseil de l'Europe, dont sont membres tous les États de l'Union, se sont accordés sur la rédaction d'une nomenclature de droits de l'Homme dont la protection doit être assurée, on sait qu'ils ont fait le choix d'en exclure les droits sociaux. Il est vrai que, comme le note Édouard Dubout, « progressivement les juges européens se sont emparés de la question, la faisant ainsi pénétrer dans le champ de la protection juridictionnelle »[24]. Cela étant, leurs prises de position n'ont cependant guère brillé par leur audace. Finalement, les droits dont la justiciabilité est reconnue, sont des droits processuels, plus que des droits substantiels, tel le droit de négocier[25], la Cour européenne des Droits de l'Homme jugeant qu'elle n'avait pas reçu mission de garantir les droits sociaux « en tant que tels »[26]. Si le Conseil a adopté une Charte sociale dont les rédacteurs considéraient qu'elle serait, dans le domaine social, le pendant27 de la convention précitée, ce n'est que récemment que ce caractère a été clairement reconnu[28]. L'Union a également affiché sa volonté de garantir un certain nombre de droits sociaux à l'intérieur de l'espace qu'elle constitue, essentiellement par le biais de la Charte européenne des droits fondamentaux. Parmi les éléments ayant justifié l'adoption d'une telle Charte, la volonté de proclamer des droits sociaux fondamentaux était mise en avant. Guy Braibant a pu ainsi déclarer que « la question des droits sociaux représente (...) l'enjeu principal de la Charte »[29]. Le texte énumère une dizaine de droits, ou principes appartenant à la catégorie des droits sociaux. On note que, à l'exception de la reconnaissance d'un droit d'accès aux services d'intérêt économique général, ils sont tous mentionnés dans la

[24] « Les "nouvelles" frontières des droits de l'homme et la définition du rôle du juge européen », *in* S. Hennete-Vauchez et J.-M. Sorel, *Les droits de l'homme ont-ils constitutionnalisé le monde ?*, Bruylant 2011, p. 38-39.

[25] CEDH 25.4.1996, *Gustafsson c/ Suède*.

[26] CEDH 28.10.1999, *Panceko c/ Lettonie*.

[27] Message spécial du Comité des ministres de mai 1954 chargeant la Commission sociale de rédiger la Charte sociale ; *in* Conseil de l'Europe, *Charte sociale européenne, recueil des travaux préparatoires* (édition provisoire), vol. I, 1953-1954, p. 25. Sur la Charte sociale, voir notamment O. de Schutter, *La Charte sociale européenne : une constitution pour l'Europe*, Bruylant 2010.

[28] CEDS 10.9.1999, *CIJ c/ Portugal*, réclam. n° 1/1998.

[29] G. Braibant, « Conclusions des actes du colloque de Strasbourg relatif à la Charte », *in* F. Benoit-Rohmer, « La Charte des droits fondamentaux de l'UE », *RUDH*, 2000-1/2. 67.

Charte sociale européenne. Par ailleurs, qu'il s'agisse du droit social élaboré par le Conseil de l'Europe ou de celui qui l'est dans le cadre de l'Union, leur « justiciabilité »[30] et, par conséquence, leur effectivité reste relative, à tout le moins lorsqu'ils ne peuvent être rattachés à des droits-libertés, comme c'est par exemple le cas du droit syndical ou du droit à la négociation. Les raisons avancées sont bien connues. De tels droits s'expriment souvent en des termes considérés comme trop vagues et comme marqués par une évolutivité peu compatible avec la fixation d'un contenu qui pourrait rapidement être considéré comme étant dépassé. Dans le fond, ils sont le plus souvent des « droits-proclamations » qui au demeurant, seront souvent considérés dans des espaces supranationaux comme relevant de la catégorie des principes, ou de celle regroupant des objectifs. Ils sont rarement considérés comme dotés d'effet direct, qu'ils relèvent de l'une ou de l'autre des catégories normatives précitée, et doivent donner lieu à une mise en normes opposables, prises en aval par le détenteur du pouvoir normatif, et le plus souvent le législateur national.

2. LA REDECOUVERTE DE L'ÉTAT NATION COMME FOYER DES SOLIDARITES

La définition et la mise en œuvre, à un niveau supra-national, d'une politique sociale dotée d'une densité comparable à celle relevant des États ne semblent pas de mise. Un tel constat a sans doute contribué à la prise de conscience du caractère irremplaçable de l'État-nation en la matière. Celui-ci est d'ailleurs aujourd'hui largement admis par les institutions européennes elles-mêmes, et notamment par celles chargées d'en faire appliquer le corpus juridique. Elles le font notamment par le bais de la reconnaissance, au bénéfice des États, de larges marges d'appréciation pour donner contenu au droit social dont chacune des nations coopérant au sein de l'Union s'est dotée.

Il est vrai que la justiciabilité des droits sociaux reste aussi limitée dans le cadre national. Mais il ne s'agit ici que de la conséquence des positions prises par le détenteur du pouvoir normatif au sein d'États que rien n'empêcherait d'agir pour préciser le contenu des créances dont il pose le principe. C'est ainsi par exemple que le Conseil constitutionnel précise qu' « il incombe au législateur, comme à l'autorité réglementaire, de déterminer, dans le respect des principes posés par ces dispositions, les modalités concrètes de leur mise en œuvre ; [...] qu'il est à tout moment loisible au législateur, statuant dans le domaine qui lui est réservé par l'article 34 de la Constitution d'adopter [...] des modalités nouvelles dont il lui appartient d'apprécier l'opportunité ; que cependant, l'exercice de ce

[30] Voir sur le concept, C. Nivard, « La justiciabilité des droits sociaux. Etude de droit conventionnel européen », Bruylant 2012.

pouvoir ne saurait aboutir à priver de garanties légales les exigences de caractère constitutionnel »[31]. Si le Conseil constitutionnel français a peu souvent invalidé des lois sur le fondement d'un alinéa du préambule de 1946[32], le détenteur du pouvoir normatif a une grande latitude pour donner contenu à ces droits, ce qui est peu concevable dans un espace post-national.

L'État, dans sa dimension d'État-nation, exprime ainsi la particularité d'une société dont la solidarité exprime autre chose que l'idée d'intérêts appréhendés selon le critère de l'utilité, une solidarité qui s'appuie sur un socle de symboles rappelant l'importance d'une distributivité dont le lien avec l'empreinte religieuse est souvent étroit. Le récit exprimant les croyances fondamentales d'une société a souvent été, à tout le moins à son ouverture, de nature religieuse. Les États-Unis en sont l'un des meilleurs exemples. La situation semble différente en France, avec la revendication d'une société devant s'inscrire dans un cadre laïque. Le principe de laïcité, dans sa version initiale, celle dont la loi de 1905 est l'expression, n'est pas cependant porteur d'une contestation de l'importance du religieux. Elle se borne à garantir la neutralité d'un État ne devant pas se déterminer en fonction de ce qu'il considérerait être une forme de vérité religieuse, et à garantir l'exercice de cultes qui doivent demeurer éloignés de l'espace public. Cela étant, cette laïcité à la française s'est longtemps, et facilement, articulée avec les croyances dominantes dans la société française : celles du christianisme, tout particulièrement dans la version catholique de celui-ci : « l'expérience française de la laïcité, loin de donner l'exemple d'une vie commune religieusement neutre et d'un État simplement protecteur des droits individuels, présente la trinité suivante : l'État neutre ou « laïque », la société de mœurs chrétiennes, la nation sacrée. Ces trois éléments, loin d'être « séparés », étaient réunis dans une très puissante et très intime synthèse »[33] qui ont longtemps servi de support de cette « foi laïque » dont Durkheim soulignait l'importance.

Les choses ne sont plus aujourd'hui les mêmes, et la laïcité est de plus en plus interprétée dans le sens de l'évolution vers une société devenant une juxtaposition de communautés marquée par une montée en puissance d'un Islam dont Philippe Gast a montré certaines des questions qu'elle posait du fait de la conception de l'ordre social que certains des mouvements qui le structurent, véhiculent. Une telle évolution n'est pas sans conséquence sur la façon dont se pense et peut s'organiser la solidarité.

---

[31] CC 416 DC du 23.7.1999.

[32] Une des quatre décisions d'invalidation doit être soulignée, celle 25 DC des 12-13 août 1993, rendue à propos de la loi relative à la Maîtrise de l'immigration (*R.* 224) prise sur le fondement de l'alinéa 10 aux termes duquel « la Nation assure à l'individu et à la famille les conditions de son développement ».

[33] P. Manent, *op. cit.*, p. 33.

**
*

L'offensive est peut-être engagée contre la conception de la solidarité telle qu'elle est diffusée par les textes qui en actualisent le message, ne serait-ce que par le rappel de son institutionnalité, et notamment le Préambule de la Constitution de 1946. Peut-être même que certains, au nom de l'idée qu'ils se font de leur intérêt considèrent qu'ils pourraient ne plus avoir besoin de s'appuyer, comme l'écrit Jean-Marc Roy sur « le sol de l'existence commune », ici celui de la nation-France pour construire leur vie. Effacer progressivement d'une part, les traces de la forme qu'avait adoptée la société française, d'autre part la promesse de l'existentialité portée par les français en tant qu'ensemble de « bergers des êtres », voilà ce qui est peut-être aujourd'hui le véritable enjeu de la crise des solidarités.

TABLE DES MATIÈRES

II.
LE RENOUVEAU DES SOLIDARITÉS ?

CONCLUSIONS

DROIT
AUX ÉDITIONS L'HARMATTAN

Dernières parutions

L'EXPLOITANT DE BANQUE ET LE DROIT AU TCHAD

Thomas Dingamgoto

De toutes les activités entrepreneuriales, le secteur bancaire est de celles qui font l'objet d'un encadrement législatif scrupuleux et d'une veille règlementaire permanente. Si l'histoire du droit bancaire tchadien est étroitement liée à celle du droit bancaire français, les textes législatifs et règlementaires des activités bancaires au Tchad ont connu des évolutions internes notables. Pour l'exploitant de banque comme pour l'ensemble des acteurs de la chaîne économique et financière, ces mutations rendent indispensables l'appropriation de ces normes nouvelles.

(Coll. Études Eurafricaines, 674 p., 49 euros)

ISBN : 978-2-343-16034-4, EAN EBOOK : 9782140104879

L'ÉGALITÉ DE L'HOMME ET DE LA FEMME DANS LE MARIAGE
Etude comparée des droits du Bénin, du Burkina Faso et du Mali

Aïssata DABO

Des États africains ont rénové leurs législations sur le mariage dans l'idée de les conformer au dispositif juridique international, qui place désormais l'égalité homme-femme au centre des débats. Toutefois, l'objectif est largement dévié par le pluralisme juridique qui demeure, en droit et en fait, un frein pour l'indifférenciation des droits des sexes. Cet ouvrage se propose de rechercher la mesure de l'égalité, en matière de mariage, réellement promue par les droits béninois, burkinabè et malien.

(Coll. Études africaines, 614 p., 49 euros)

ISBN : 978-2-343-15377-3, EAN EBOOK : 9782140105197

LA NATIONALITÉ ET L'APATRIDIE EN AFRIQUE

Charles Lasserre Yakite

Le droit à la nationalité est un droit humain fondamental reconnu par le droit international. Les apatrides ne peuvent se prévaloir de la protection de la nationalité et sont donc vulnérables à la privation de leurs droits. Les États africains doivent élaborer des cadres législatifs et mettre en place des politiques nationales pour lutter contre l'apatridie. Cet ouvrage vise à faire des recommandations à l'Union africaine et aux organisations internationales intéressées pour résoudre l'épineux problème de nationalité et de l'apatridie.

(Coll. Études africaines, 156 p., 17 euros)

ISBN : 978-2-343-15353-7, EAN EBOOK : 9782140104725

LE CONTENTIEUX DE L'ANNULATION AU CONGO

Lovane Lhakhy-Tsamby

Dans ce livre, l'auteur examine la question relative au contentieux de l'annulation, au Congo. Lorsqu'un acte administratif est entaché d'illégalité, il est susceptible d'annulation. Au Congo, l'annulation d'un acte administratif illégal relève de la compétence exclusive de la chambre administrative de la Cour suprême. La Cour constitutionnelle est exceptionnellement compétente pour annuler un acte administratif entaché d'illégalité lorsqu'il est pris dans le domaine électoral. Elle n'est pas juge de la légalité des actes administratifs au même titre que le juge administratif ordinaire.

(Coll. Harmattan Congo-Brazzaville, 120 p., 14 euros)

ISBN : 978-2-343-15430-5, EAN EBOOK : 9782140104305

PROTECTION DE LA QUALITÉ DES EAUX DOUCES AU CANADA ET DANS L'UNION EUROPÉENNE

Le partage des compétences

Claire Joachim

Cet ouvrage analyse l'organisation des rapports entre les ordres juridiques par le droit constitutionnel canadien et le droit de l'Union européenne. Cette étude est innovante car : la grille d'analyse du droit constitutionnel canadien a été appliquée à l'Union européenne. Ce qui met en évidence des mécanismes similaires dans le partage des compétences. Le domaine de la protection de la qualité des eaux douces a été choisi pour révéler les enjeux de ces relations dans une perspective globale. Ce travail fait ressortir que l'intégration européenne est accentuée par une centralisation des compétences. Ainsi, la sphère du pouvoir des états membres se vide progressivement de sa substance. Le droit entrerait donc en mutation à l'aune de la protection de l'environnement.

(Coll. Le Droit aujourd'hui, 546 p., 49 euros)

ISBN : 978-2-343-10974-9, EAN EBOOK : 9782140104541

LE BIEN-ÊTRE ANIMAL : DE LA SCIENCE AU DROIT

Sous la direction de Sophie Hild et Louis Schweitzer

Chercheurs, experts, membres de la Commission européenne ou du ministère de l'Agriculture se sont succédé pour répondre à plusieurs questions du plus haut intérêt : quelle définition scientifique donner au bien-être de l'animal ? Sur quels critères l'évaluer ? Quels droits nationaux ou internationaux le prennent-ils en compte ? Quels animaux sont concernés ? Quels obstacles s'opposent au souci d'assurer le bien-être animal ? Les réponses données conforteront les démarches à conduire en faveur de dispositions réglementaires nouvelles.

(Coll. Colloques et rencontres, 364 p., 37 euros)

ISBN : 978-2-343-15918-8, EAN EBOOK : 9782140104329

DROITS FONCIERS DES FEMMES ET DES CADETS SOCIAUX EN CÔTE D'IVOIRE

Cellule de Suivi et d'Analyse de la Mise en Oeuvre de la Loi sur le Foncier Rural

Le séminaire-atelier "Sécurisation des droits fonciers des femmes et cadets sociaux en milieu rural" tenu à Grand-Bassam en 2017 avait pour objectif d'identifier les dispositions, existantes ou à adopter, pour améliorer la sécurisation des droits fonciers des femmes et des cadets sociaux en milieu rural. Comment comprendre la nature des obstacles qui y nuisent, identifier et clarifier les dispositions qui existent dans le cadre juridique et institutionnel de la Côte d'ivoire ? les services centraux et décentralisés de l'Administration, Chambre des Chefs et Rois Traditionnels de Côte d'Ivoire, partenaires internationaux de développement, organisations professionnelles agricoles, notaires, juristes, géomètres, chercheurs, ONG, presse etc, tous sont concernés par cette problématique.

(Coll. Harmattan Côte-d'Ivoire, 192 p., 22 euros)

ISBN : 978-2-343-15394-0, EAN EBOOK : 9782140103728

L'UNIVERS CARCÉRAL, LA MÈRE DÉTENUE ET SON ENFANT

Elaine Mangin

Sur les 80 893 personnes écrouées en France au 1er février 2018, on dénombre 3103 femmes. 2482 sont détenues au sein d'un établissement pénitentiaire, exécutant une peine privative de liberté. Parmi elles, des mères de famille qui ont souvent la charge exclusive des enfants restés en milieu libre, mais aussi des femmes incarcérées avec leur bébé. Mais les efforts du droit positif et de la pratique pénitentiaire pour leur assurer le respect de la vie familiale et veiller au maintien d'un lien mère-enfant sain, des difficultés juridiques et psychologiques subsistent.

(Coll. Bibliothèques de droit, 158 p., 17,5 euros)

ISBN : 978-2-343-15834-1, EAN EBOOK : 9782140103681

CONSTITUTIONNALISME ET MÉTISSAGE CULTUREL AU-DELÀ DES DROITS DE L'HOMME

Salvatore Bonfiglio

Les sociétés multiculturelles demandent une réinterprétation des principes constitutionnels, capable de favoriser la cohésion sociale, notamment par l'extension des droits fondamentaux aux « non-citoyens ». Il s'agit de reconnaître à l'individu en tant que tel un statut de droits fondamentaux, pour affirmer ainsi le caractère à la fois moral et juridique de la dignité de la personne.

(Coll. Harmattan Italia, 208 p., 26 euros)

ISBN : 978-2-336-31233-0, EAN EBOOK : 9782140103193

LA PROCÉDURE

Sous la direction de Joanna Genovese et Giovanna Debernardi

La procédure est souvent perçue par les parties comme une source de difficultés supplémentaires dans la résolution d'un conflit. Elle est en réalité protectrice des droits des individus. Il n'existe pas qu'une procédure mais une pluralité. Il est question de procédure civile, de procédure collective, de procédure pénale... La procédure s'adapte en fonction des contraintes et besoins tant par la dématérialisation que la déjudiciarisation.

(Coll. Droit privé et sciences criminelles, 138 p., 16,5 euros)

ISBN : 978-2-343-15460-2, EAN EBOOK : 9782140102769

LE RECOURS AUX MODES ALTERNATIFS DE RÈGLEMENT DES LITIGES EN MATIÈRE DE PROPRIÉTÉ INTELLECTUELLE

Jean Tankeu

Préface de Joseph Fometeu

La mondialisation et le développement des échanges économiques posent de nouveaux défis en matière d'application des droits de propriété intellectuelle. Plus le commerce et les affaires s'intensifient au niveau international, plus la question des effets des droits de propriété intellectuelle et de leur application au-delà des frontières nationales devient pertinente. D'où le développement du contentieux non juridictionnel international de la propriété intellectuelle auquel l'auteur consacre cet ouvrage.

(326 p., 33 euros)

ISBN : 978-2-343-15648-4, EAN EBOOK : 9782140102653

MÉTHODOLOGIES DE LA SÉCURITÉ URBAINE

François Dieu, Bruno Domingo

Quelles sont les méthodologies de la sécurité urbaine ? Comment réaliser un diagnostic local de sécurité ? Quelles sont les précautions à prendre avec les chiffres de la délinquance ? Comment mesurer le sentiment d'insécurité et la victimisation ? Quelles sont les modalités de diffusion de l'information au sein des dispositifs de prévention ? Comment mettre en place un observatoire local de la délinquance ? En bref, comment impulser une réflexion objective et un partenariat dynamique pour une politique de sécurité efficace ?

(Coll. République et sécurité, 276 p., 28,5 euros)

ISBN : 978-2-343-15718-4, EAN EBOOK : 9782140102295

DROIT DES ENTREPRISES INDIVIDUELLES

Commerçant / Entreprenant / Bail à usage professionnel / Fonds de commerce / Vente commerciale / Commerce électronique

Cheikh Abdou Wakhab Ndiaye

L'entreprise est une notion moderne et polysémique qui n'a fait son apparition que très récemment dans le droit sénégalais. L'entreprise individuelle concerne le commerçant, personne physique, et l'entreprenant. Son droit est un véritable droit du développement. Il matérialise une volonté de promouvoir l'initiative privée par, d'une part, la facilitation des conditions d'accès au monde des affaires et, d'autre part, la mise en place d'un climat favorables aux investissements. Il est ainsi un creuset où les droits OHADA, UEMOA et sénégalais sont conjugués pour la réalisation de cette ambition.

(Coll. Harmattan Sénégal, 404 p., 40 euros)

ISBN : 978-2-343-15882-2, EAN EBOOK : 9782140102196

LES FINANCES PUBLIQUES DU GABON
Droit budgétaire et droit de la comptabilité publique
Fidèle Mengue Me Engouang

Considéré comme un pays riche, grâce à ses ressources naturelles, le Gabon demeure pourtant un Etat pauvre. L'une des raisons de ce paradoxe est la mauvaise gestion des moyens financiers dont dispose l'Etat. L'assainissement de la gestion des finances publiques constitue donc un des défis majeurs que doivent relever le gouvernement et l'administration. Ce qui exige une parfaite maîtrise des normes juridiques applicables en la matière, en plus d'une grande probité morale. Cet ouvrage veut contribuer au renforcement des capacités des personnes. Il traite des règles et des procédures d'élaboration, d'adoption, d'exécution et de contrôle du budget de l'Etat.

(Coll. Finances publiques, 386 p., 38 euros)
ISBN : 978-2-343-15534-0, EAN EBOOK : 9782140101335

L'INCOHÉRENCE DES LOIS DE CIRCONSTANCES EN MATIÈRE PÉNALE
Paul Laurent

Pour adapter le droit pénal à la criminalité, le Législateur adopte des lois pour des motifs qui échappent à la stricte nécessité juridique, au profit de l'opportunité. Ces lois en réponse à des faits divers sont des lois de circonstances. Leur développement est indéniable. Ce mouvement s'opère aux dépens de la politique pénale de réflexion et des règles de forme classiques. Cette adaptation du droit aux évolutions de la criminalité mérite analyse et débat.

(Coll. Bibliothèques de droit, 272 p., 27 euros)
ISBN : 978-2-343-15317-9, EAN EBOOK : 9782140101625

LE TRAIN DE VIE EN DROIT PRIVÉ
Michaël Martinez
Préface de Philippe Delmas Saint-Hilaire

Locution issue du langage courant, « train de vie » a été importée dans la sphère juridique à la fin des années 1930 pour lutter contre la fraude fiscale et s'y est répandue à partir des années 1960 sans être définie. La première partie de cet ouvrage s'intéresse au contenu juridique de cette notion. Elle est définie comme la jouissance, à titre habituel d'une certaine quantité de biens et de services, caractérisant à la fois un niveau de vie et une habitude de vie. La seconde partie porte sur les effets attachés au train de vie.

(Coll. Logiques Juridiques, 526 p., 45 euros)
ISBN : 978-2-343-15845-7, EAN EBOOK : 9782140101731

L'ORGANISATION DES NATIONS UNIES ET L'EFFECTIVITÉ DES DROITS FONDAMENTAUX DES DÉPLACÉS INTERNES
Rolince Mbungo

Le déplacement interne des populations au sein de leur propre pays pose un réel défi de protection des droits de l'homme. Si l'ONU s'est intéressée tardivement à ce phénomène, elle a entrepris de construire un meilleur cadre juridique et institutionnel international pour la protection des déplacés internes. Plus de deux décennies après ses principales initiatives, il a fallu éprouver la capacité de celles-ci à concrétiser les droits déclarés en droits effectifs. Il importerait que l'ONU renforce le cadre juridique et en restructure l'architecture institutionnelle.

(Coll. Le Droit aujourd'hui, 574 p., 45 euros)
ISBN : 978-2-343-11008-0, EAN EBOOK : 9782140099908

Structures éditoriales du groupe L'Harmattan

L'Harmattan Italie
Via degli Artisti, 15
10124 Torino
harmattan.italia@gmail.com

L'Harmattan Hongrie
Kossuth l. u. 14-16.
1053 Budapest
harmattan@harmattan.hu

L'Harmattan Sénégal
10 VDN en face Mermoz
BP 45034 Dakar-Fann
senharmattan@gmail.com

L'Harmattan Cameroun
TSINGA/FECAFOOT
BP 11486 Yaoundé
inkoukam@gmail.com

L'Harmattan Burkina Faso
Achille Somé – tengnule@hotmail.fr

L'Harmattan Guinée
Almamya, rue KA 028 OKB Agency
BP 3470 Conakry
harmattanguinee@yahoo.fr

L'Harmattan RDC
185, avenue Nyangwe
Commune de Lingwala – Kinshasa
matangilamusadila@yahoo.fr

L'Harmattan Congo
67, boulevard Denis-Sassou-N'Guesso
BP 2874 Brazzaville
harmattan.congo@yahoo.fr

L'Harmattan Mali
Sirakoro-Meguetana V31
Bamako
syllaka@yahoo.fr

L'Harmattan Togo
Djidjole – Lomé
Maison Amela
face EPP BATOME
ddamela@aol.com

L'Harmattan Côte d'Ivoire
Résidence Karl – Cité des Arts
Abidjan-Cocody
03 BP 1588 Abidjan
espace_harmattan.ci@hotmail.fr

L'Harmattan Algérie
22, rue Moulay-Mohamed
31000 Oran
info2@harmattan-algerie.com

L'Harmattan Maroc
5, rue Ferrane-Kouicha, Talaâ-Elkbira
Chrableyine, Fès-Médine
30000 Fès
harmattan.maroc@gmail.com

Nos librairies en France

Librairie internationale
16, rue des Écoles – 75005 Paris
librairie.internationale@harmattan.fr
01 40 46 79 11
www.librairieharmattan.com

Librairie l'Espace Harmattan
21 bis, rue des Écoles – 75005 Paris
librairie.espace@harmattan.fr
01 43 29 49 42

Lib. sciences humaines & histoire
21, rue des Écoles – 75005 Paris
librairie.sh@harmattan.fr
01 46 34 13 71
www.librairieharmattansh.com

Lib. Méditerranée & Moyen-Orient
7, rue des Carmes – 75005 Paris
librairie.mediterranee@harmattan.fr
01 43 29 71 15

Librairie Le Lucernaire
53, rue Notre-Dame-des-Champs – 75006 Paris
librairie@lucernaire.fr
01 42 22 67 13

www.ingramcontent.com/pod-product-compliance
Lightning Source LLC
LaVergne TN
LVHW011308061026
849535LV00005B/1461